山东大学儒学高等研究院教授自选集

墨家与纵横家论丛

郑杰文 著

山东大学出版社
SHANDONG UNIVERSITY PRESS
·济南·

图书在版编目(CIP)数据

墨家与纵横家论丛/郑杰文著. —济南:山东大学出版社,2023.4
(山东大学儒学高等研究院教授自选集)
ISBN 978-7-5607-7714-6

Ⅰ.①墨... Ⅱ.①郑... Ⅲ.①墨家-研究②纵横家-研究 Ⅳ.①B224.5②B228.05

中国国家版本馆 CIP 数据核字(2023)第 003076 号

责任编辑 李 淼
封面设计 王秋忆

墨家与纵横家论丛
MOJIA YU ZONGHENGJIA LUNCONG

出版发行	山东大学出版社
社 址	山东省济南市山大南路 20 号
邮政编码	250100
发行热线	(0531)88363008
经 销	新华书店
印 刷	山东新华印务有限公司
规 格	880 毫米×1230 毫米 1/32 18.5 印张 413 千字
版 次	2023 年 4 月第 1 版
印 次	2023 年 4 月第 1 次印刷
定 价	94.00 元

总 序

山东大学素以文史见长，人文学科为山东大学学术地位和学术声誉的铸就做出了极为重要的贡献。而在目前山东大学的人文学科集群中，2012年重组的儒学高等研究院当之无愧地位于第一方阵，是打造“山大学派”的一支生力军。山东大学儒学高等研究院已成为目前国内规模最大、实力突出的国学研究机构。而儒学高等研究院的前身和主体是2002年成立的文史哲研究院。如此说来，儒学高等研究院已然走过了20年的岁月，恰如一个刚刚走出懵懂、朝气蓬勃的青年。

在这20年的生命历程中，儒学高等研究院锻造形成了鲜明的学术特色，即以中国古典学术为重心，以古文、古史、古哲、古籍为主攻方向。本院学者在中国古典学术领域精耕细作，取得了一批具有时代高度的标志性成果，受到学术界广泛赞誉。这一学术特色使儒学高等研究院积极融入了当代学术主流。20世纪90年代以降，中国人文学术发展的大趋势是从西方化向本土化转型，而古典学术是实现本土化的一项重要资源。儒学高等研究院顺应时势，合理谋划，全力推进，因此成为近20年来中国古典学术研究复兴与前行的重要参与者和推动者。

儒学高等研究院的另一特色是横跨中文、历史、哲学、社会学(民俗学)四个一级学科,并致力于打破学科壁垒,在合理分工的基础上力求多学科协同融合。儒学高等研究院倡导和推行的儒学研究实质上是广义的国学,不以目前通行的单一学科为限。在这种开放多元的学术空间中,本院学者完全依据自身的兴趣和能力进行自主探索、自由创造,做到术业有专攻。目前,本院在史学理论、文献学、民俗学、先秦两汉文学、杜甫研究等若干领域创获最丰,居于海内外领先地位。今后的工作重点是在学科协同和学科整合上做进一步探索尝试,通过以问题为轴心的合作研究产生新的学术优势和学术生长点。

在20年的发展中,儒学高等研究院一方面继承前辈山大学者朴实厚重、精勤谨严的学风,一方面力图贯彻汉宋并重、考据与义理并重、沉潜与高明并重、传世文献与出土文献并重、国学与西学并重、历史与现实并重、基础研究与开发应用并重、个人兴趣与团队合作并重、埋头做大学问与形成大影响并重的科研方针,致力于塑造一种健康、合理、平衡的新学风。本院学者中,既有人沉潜于古籍文献的整理考释,也有人从事理论体系的创构发明,他们能够得到同等的尊重和支持。古典学术研究的学派或机构具有自身特色或专长无可厚非,但必须克服偏颇和极端倾向,摒弃自大排他心态。唯有兼顾各种风格、路向的平衡,才能更好地契合学术发展规律,更大限度地释放学术创造力。

当下,古典学术研究正面临五四以来百年未有的历史机缘。中央高度重视中华优秀传统文化的创造性转化、创新性发展,注重发挥传统文化在提升国家文化软实力、推动世界文明交流互鉴、为社会治理提供历史智慧等方面的独特功用。儒学高等研究院将顺势而为,与时俱进,将现有的学术优势与国家重大需求相对接,在古典文献整理研究、儒家思想理论阐释、传统文化精华推广普及等领域齐头并进,努力为古典学术研究的全面繁荣做出新的贡献。

2005年的“山东大学文史哲研究院专刊”第一辑出版说明中曾提出:“‘兴灭业,继绝学,铸新知’,是本院基本的科研方针;重点扶持高精尖科研项目,优先资助相关成果的出版,是本院工作的重中之重。”这是当年我们这项学术事业“筚路蓝缕,以启山林”时的初心。而今机构名称虽已更易,但初心不变。“山东大学儒学高等研究院教授自选集”即是这一事业的赓续和拓延。这套书是本院33位专家学者历年学术成果的集中盘点和展示,有的甚至是毕生心血之结晶。这同时也是对文史哲研究院成立20周年暨儒学高等研究院重组10周年的一个纪念。期待学界同行的检阅和批评。

山东大学儒学高等研究院
教授自选集编辑委员会
2022年10月

自　序

先秦诸子研究是我们师门的传统研究领域之一，高亨先生于1925年秋考入清华大学国学院读研究生，毕业论文即为《韩非子集解补正》；其后写出并出版的诸子学著作有《诸子新笺》（含《墨子》《庄子》《荀子》《韩非子》《吕氏春秋》五种先秦子书的“新笺”）《老子正诂》《墨经校诠》《商君书注释》以及《老子哲学》《庄子哲学杂论》《先秦诸子文献研究目录》等。所以，我在1987年研究生班毕业留校探讨学术研究发展方向时，导师董治安先生为我指定了“先秦诸子研究”。照此方向，我延续硕士学位论文的选题“路数”，专做古籍目录学的杜泽逊师弟帮助我选定《鬼谷子》作为研究对象。

像做硕士学位论文“《穆天子传》研究”那样，我先从《鬼谷子》文本整理入手。作为战国纵横家传世文献的《鬼谷子》，因其首见于《隋书·经籍志》而不是像其他先秦诸子典籍那样曾载于《汉书·艺文志》，故学界多目为“伪书”，所以我先从考辨其真伪入手，梳理《邓析子》《管子》《虞氏春秋》等战国典籍与《鬼谷子》文句的同与似，考列《史记·太史公自序》《说苑》《法言》《汉书·杜周传》《周礼·春官·典同》郑玄注等对《鬼谷子》或明或暗的引用，钩稽杨泉在《物理论·口铭》中、左思在《蜀都赋》中、裴骃注《史记·苏秦列传》时、沈约在《宋书》中、刘勰在《文心雕龙·论说》中、阮孝绪在《七录》中、庾仲容在《子略》中对《鬼谷子》的引用或评说，考定西晋皇甫谧、东晋陶渊明、萧梁人陶弘景都曾注释过《鬼谷子》，因此从文献辨识的角度得出结论：《鬼谷子》的主体内容在战国后期已经形成，我们应把它作为先秦子书来研究。其后，我对《鬼谷子》三卷文字细细考订诂释，对文意详加融串解说，撰成并出版了《鬼谷子奥义解说》。该书面世后，多次被他人化用甚至盗用，多家出版社约稿要求出不同的整理本。我又在此融会文献的基础上经多年研究，写成并出版了《鬼谷子研究》（张岱年先生赐题书名，惜乎出版社为"市场效益"改名《鬼谷子天机妙义》而未用）《中国古代纵横家论》《战国策文新论》等多种研究著作。其中《战国策文新论》曾获教育部评"第三届中国高校人文社会科学研究优秀成果奖"中国文学三等奖、山东省社科优秀成果奖一等奖等。

说起我的墨学研究机缘，不能不说到山东大学历史系的张知寒教授。知寒教授热心乡邦传统文化，20世纪50年代曾考察过岗上遗址，首次发现山东彩陶古文化，惜乎不久被错划为"右派"，使得这种以彩陶为标识的中华史前文化未能以"岗上文化"命名，而后来被命名为"大汶口文化"。右派平反后，知寒教授仍热衷于乡邦文化研究，促成滕州地方政府与山东大学联合推动墨学研究，带动长达十数年的国内墨学研究热潮。我也因此从1991年6月起奉师命协助知寒教授处理墨子学会事务，并遵其所嘱从事墨家学术研究，除发表了数十篇论文外，先后出版过《20世纪墨学研究史》《中国墨学通史》及《墨学对中国社会发展的影响》（第一作者）、《墨学与新伦理道德》（第一作者）、《墨子（简明读本）》（第一作者）等。其中，《中国墨学通史》作为国家社科基金项目成果，入选《国家社科基金成果文库》（首批10种），并获教育部评“高等学校科学研究优秀成果奖（人文社科学术）”一等奖、山东省社科优秀成果重大成果奖等，其创新性得到学界肯定。

我参与墨子学会工作前后计8年，花费了不少心力，但我也因此有了更多接触热心指导墨学研究的老先生诸如张岱年先生、杨向奎先生、任继愈先生等大师的机会，在请教中获益良多。例如，在文史研究方法方面，我遵从杨向奎先生“注意时空问题”的面教，参照胡适先生“考证辨伪、明变求因、评判论说”的文史研究三步骤，逐步发展为“四维时空考辨”的古代文史研究方法：空间是三维的，其与一维性的时间结合，从而形成“四维时空”。我们做古代文史研究，首先需要确定研究对象在一维性时间线上的具体“时间点（或段）”（这个“时间点［或段］”考证得越精细准确，研究就能做得越深入）；然后去考求这个“时间点（或段）”上的三维空间的状态与特点——主要考求彼时的社会状况（政治的、军事的、经济的、风俗的等）、文化思潮（社会文化思潮、地域文化特征、家族文化特点等）、个体因素（含家族教育特色、个人成长历程、性格特点等），去寻求研究对象特征“即此而非彼”的成因；因研究对象的形态（及特点）在一维性的时间线上是不断发展变化的，于理清研究对象在一维性的时间线上的形态特点变化轨迹之后，也要“分别求因”，寻找是什么样的变化了的社会状况、文化思潮、个体因素使得研究对象发展变化成“这样”而非“那样”；最后再统括整个研究对象的形态、特点，将它作前后对比，考察它相对于其前发展了什么，对后世产生怎样的影响，从而对其历史作用做出评判。这样，在文献汇通基础上去展示研究对象的形态、特点，寻求其社会、文化、个体诸方面的成因，最后得出历史评判，做出的研究就能扎实而又丰满。

儒学高等研究院策划出版“教授自选集”，我选出自己的30余篇墨家、纵横家论文构成此集。本集由张瑞、钱永棒、李灿整理统编。

我期待着大家的批评。

郑杰文

2022年6月27日

于山东大学南山小区寓所

目　录

墨家与墨学考(上)

墨家与墨学考(下)

墨学流传考(上)

墨学流传考(下)

纵横家考论

墨家与墨学考（上）

“墨家出于清庙之守说”考析*

论及墨家学术源出,《汉书·艺文志》从刘向、刘歆父子之说,谓:“墨家者流,盖出于清庙之守。茅屋采椽,是以贵俭;养三老五更,是以兼爱;选士大射,是以上贤;宗祀严父,是以右鬼;顺四时而行,是以非命;以孝视天下,是以上同:此其所长也。及蔽者为之,见俭之利,因以非礼;推兼爱之意,而不知别亲疏。”①它追寻了墨家学术的文化渊源。《庄子·天下》曾谓:“古之人其备乎!……其明而在数度者,旧法世传之史尚多有之。……其数散于天下而设于中国者,百家之学时或称而道之。”②“清庙之守”“茅屋采椽”等“旧法”,与墨家“贵俭”等学说有无关联,这是需要加以探讨的。

一、清庙节俭体制与墨家“节用”学说

墨家“节用”说,包含节用、节葬、非乐诸论,与古代清庙节

---

* 本文原载于《中国文化研究》2013年秋之卷。收入本书时有改动,以下各篇同,不再一一注明。

① 《汉书》卷三十《艺文志》,中华书局1962年版,第1738页。

② 郭庆藩辑:《庄子集释》,中华书局1961年版,第1067页。

俭的风尚体制应有渊源关系。清庙,《文选·司马相如〈上林赋〉》"登明堂,坐清庙"郭璞注"清庙,太庙也"。而《左传·桓公二年》载:"夏四月,取郜大鼎于宋。戊申,纳于大庙。"臧哀伯谏曰:"君人者,将昭德塞违,以临照百官,犹惧或失之,故昭令德以示子孙。是以清庙茅屋,大路越席,大羹不致,粢食不凿,昭其俭也。……夫德,俭而有度,登降有数,文物以纪之,声明以发之,以临照百官。"①清庙之顶,覆以茅草遮雨避风而不用瓦顶,以示节俭。采椽,颜师古注《汉书》曰:"采,柞木也。"苏轼《超然台记》曰:"去雕墙之美,而蔽采椽之居。"采椽,亦被目为节俭之标示。在周人"尚德"说教中,节俭被视为重要德行之一,由此作为规范君王的一种信条。墨家正是遵奉了这一学说,才提出了"贵俭节用"之说。

据《淮南子·要略》讲,墨学因纠正儒学的弊端而生。"墨子学儒者之业,受孔子之术,以为其礼烦扰而不说,厚葬靡财而贫民,[久]服伤生而害事,故背周道而用夏政。……故节财、薄葬、闲服生焉。"②就思想学说的继承来说,墨家改"从周"为"从夏",改周之奢为夏之俭,于是演化出"节财、薄葬、闲服"节用学说,故被《吕览·不二》称"墨翟贵廉"。

《墨子·节用上》称:"圣王为政,其发令兴事,使民用财也,无不加用而为者。"故而,"其为衣裘","冬以圉寒,夏以圉暑"即可;"其为宫室","冬以圉风寒,夏以圉暑雨"即可;"其

① 杜预注,孔颖达正义:《春秋左传正义》,《十三经注疏》本,中华书局1980年版,第1741—1742页。

② 刘文典撰:《淮南鸿烈集解》,中华书局1989年版,第709—710页。"久"字,从王念孙校增。参见王念孙撰:《读书杂志》,江苏古籍出版社1985年版,第961页。

为甲盾五兵”,“加轻以利,坚而难折”即可;“其为舟车”,“加轻以利”即可:这样,便可“用财不费,民德不劳”。[①]《墨子·节用中》载,墨家特别强调“古者圣王制为节葬之法曰‘衣三领,足以朽肉,棺三寸,足以朽骸,堀穴深不通于泉,流不发洩则止。死者既葬,生者毋久丧用哀’”[②]。这些论说,应与古代清庙的节俭体制和尚俭风尚的流衍是有关联的。

二、“养三老五更”制度与墨家“兼爱”学说

何谓三老?何谓五更?《左传·昭公三年》曰“三老冻馁”,杜预注:“三老,谓上寿、中寿、下寿,皆八十已上。”[③]《通典》卷二十《职官二》“三老五更,昔三代所尊也”注:“三者,道成于三,谓天、地、人也。老者,旧也,寿也。”“五者,训于五品。更者,更也,五世长久,更相代,言其能以善道改更己也。故三老五更,皆取有道、妻男女完具者为之。郑玄曰:‘老更互言之耳,皆老人更知三德五事者也。’”[④]三老五更,即有贤德之老者。

尊养三老五更,是周代的一种礼制。《礼记·文王世子》

---

① 孙诒让撰:《墨子间诂》,《新编诸子集成》本,中华书局1986年版,第145—146页。

② 孙诒让撰:《墨子间诂》,《新编诸子集成》本,中华书局1986年版,第152页。

③ 杜预注,孔颖达正义:《春秋左传正义》,《十三经注疏》本,中华书局1980年版,第2031页。

④ 杜佑撰:《通典》,中华书局1988年版,第502页。

载:“天子视学……适东序,释奠于先老,遂设三老五更,群老之席位焉。”[①]《乐记》亦曰:“食三老五更于大学,天子袒而割牲,执酱而馈,执爵而酳。”[②]故《孝经援神契》曰:“天子……尊事三老,兄事五更。”[③]

周人设此尊养三老五更之礼的目的,在于推行“悌道”“友道”。《礼记·祭义》明言:“食三老五更于大学,所以教诸侯之弟(悌)也。”[④]《尚书·周书·康诰》载周公强调孝和友的社会政治作用,“元恶大憝,矧惟不孝不友”[⑤],并以此作为衡量德政的标准之一。《左传·昭公三年》载,晏子抨击齐国政治腐败时就曾说“公聚朽蠹,而三老冻馁”[⑥]。

我们知道,推行德政,是周初思想家周公旦对后辈的谆谆教诲。周公旦的“德政”说,是基于当时的社会现实需要而产生的。在周灭殷后,周人为稳定社会,有两大思想问题需做出回答。其一,周人是否像殷人系“天神后裔”那样具有作为“天之子”的资格? 回答这一问题,周人有“姜嫄履巨人迹生后稷说”。《史记·周本纪》曰:“周后稷,名弃。其母有邰氏女,曰

---

① 郑玄注,孔颖达疏:《礼记正义》,《十三经注疏》本,中华书局1980年版,第1410页。

② 郑玄注,孔颖达疏:《礼记正义》,《十三经注疏》本,中华书局1980年版,第1543页。

③ [日]安居香山、[日]中村璋八辑:《纬书集成》,河北人民出版社1994年版,第968页。

④ 郑玄注,孔颖达疏:《礼记正义》,《十三经注疏》本,中华书局1980年版,第1600页。

⑤ 孔安国传,孔颖达疏:《尚书正义》,《十三经注疏》本,中华书局1980年版,第204页。

⑥ 杜预注,孔颖达正义:《春秋左传正义》,《十三经注疏》本,中华书局1980年版,第2031页。

姜原。姜原为帝喾元妃。姜原出野,见巨人迹,心忻然说,欲践之,践之而身动如孕者。居期而生子。”[①]可见周人像殷人那样,同为“天神后裔”,且其母系神“姜原为帝喾元妃”,地位高于“为帝喾次妃”的殷人母系神简狄[②],因而周人同样具有作为“天之子”以统摄黎民的资格。接续此一问题的是第二个问题,周人与殷人同有作为“天之子”的资格,“小邦周”缘何取代“大邑商”?为此,周公旦承接伊尹的“天难谌,命靡常”[③]思想而创“天命靡常,惟德是辅”[④]说,谓有德者方可被天神选为“天之子”;并主张考量是否有德的标志主要是看民心向背,在殷周决战时“纣兵皆畔纣”,就是周人有德、可得“天佑”的明证。[⑤] 为了推行德政,也为了完善周人的血缘宗亲礼制,周人在“孝道”之外以“悌道”作为补充,再做推演而衍生出“友”,于是有了周初分封功臣姜太公等举动,于是有了尊养三老五更之礼,于是有了“老吾老以及人之老”之说。

从人类文化学的角度看,尊老养老具有更为深远的历史渊源。孝悌亲亲,本是古老氏族经济的一种衍生物,它产生在群婚制向对偶婚转化时期。那时还没出现家庭私有经济,实行的

---

① 《史记》卷四《周本纪》,中华书局1959年版,第111页。

② 《史记》卷三《殷本纪》:“殷契,母曰简狄,有娀氏之女,为帝喾次妃。三人行浴,见玄鸟堕其卵,简狄取吞之,因孕生契。”(中华书局1959年版,第91页)

③ 孔安国传,孔颖达疏:《尚书正义》,《十三经注疏》本,中华书局1980年版,第165页。

④ 《尚书正义·周书·蔡仲之命》载:“皇天无亲,惟德是辅。”(孔安国传,孔颖达疏,《十三经注疏》本,中华书局1980年版,第227页)

⑤ 详见《史记》卷四《周本纪》,中华书局1959年版,第120—124页。

是氏族公有制经济，大家共同劳动，共同享用劳动果实；曾经为氏族做出贡献的老年人，理所当然地可以享用后辈创造的共有劳动果实。所以，孝的权利和义务是在全氏族年轻和年长两派人中进行的。[①] 后来，随着生产工具的改进和原始农业生产的发展，特别是战争的出现，年长者可以提供生产经验和战争智慧，因而在“养老”行为之外又出现了尊老风尚。从古时的尚齿和长老制的风俗中，可看出这种“养老”行为和尊老风尚已与政治观念发生了联系。周初，周公制礼作乐，强调孝和友的社会政治作用，“元恶大憝，矧惟不孝不友”[②]。由于那时的政治结构是宗法分封制下的血缘宗亲社会结构，故周人所强调的孝主要是在大宗、小宗和嫡庶之间进行的，而以“悌道”的衍生物“友道”作为对血缘宗亲所不能涵盖的非血亲“功臣”实行笼络措施的学说指导。

墨家继承的正是这种从“友道”出发而形成的尊老、养老传统思想，并由此发展出自己的“兼爱”学说。墨家认为，天下之乱，起于人人“不相爱。臣子之不孝君父，所谓乱也。子自爱不爱父，故亏父而自利；弟自爱不爱兄，故亏兄而自利……此所谓乱也”；“兄之不慈弟，君之不慈臣，此亦天下之所谓乱也”；“大夫之相乱家，诸侯之相攻国者亦然”。[③] 这样，“天下之人皆不相爱”，必然“强必执弱，富必侮贫，贵必敖贱，诈必欺

---

① 参见[德]恩格斯：《家庭、私有制和国家的起源》，人民出版社2018年版，第92—93页。

② 孔安国传，孔颖达疏：《尚书正义》，《十三经注疏》本，中华书局1980年版，第204页。

③ 以上见于孙诒让撰：《墨子间诂》，《新编诸子集成》本，中华书局1986年版，第91—92页。

愚”。因而,墨家得出结论“凡天下祸篡怨恨,其所以起者,以不相爱生也”;那么,要使得天下太平,就必须“以兼相爱、交相利之法易之”,使人们“视人之国若视其国,视人之家若视其家,视人之身若视其身”,这样就能达到天下太平:“诸侯相爱则不野战,家主相爱则不相篡,人与人相爱则不相贼,君臣相爱则惠忠,父子相爱则慈孝,兄弟相爱则和调。天下之人皆相爱,强不执弱,众不劫寡,富不侮贫,贵不敖贱,诈不欺愚。”①由此,墨家号召“兼相爱,交相利”,“为人君必惠,为人臣必忠,为人父必慈,为人子必孝,为人兄必友,为人弟必悌”。②

墨家强调的这种父子兄弟的血缘之爱,与超出血亲之爱的君臣间、诸侯间、家主间的互爱相结合,使得天下人“兼相爱,交相利”就必然达到天下大治的思想学说,既与儒家的孝亲之爱有理论关联,也与“养三老五更”的古代制度有渊源关系。

三、“大射选士”制度与墨家“尚贤”学说

据《仪礼》《礼记》记载,古有射礼。射礼包括大射、宾射、燕射、飨射四种。大射是天子、诸侯、卿大夫祭祖、祭神前所设之典,以射选择参加祭礼的贡士。宾射是天子因诸侯来朝举行的射礼。燕射是天子与群臣燕息之射,以表君臣之礼。飨射是举行飨饮酒礼时所行的射礼,以竞技、选贤,表长幼之序。大射

① 孙诒让撰:《墨子间诂》,《新编诸子集成》本,中华书局 1986 年版,第 94—95 页。

② 孙诒让撰:《墨子间诂》,《新编诸子集成》本,中华书局 1986 年版,第 117 页。

礼的仪式礼法，见于《仪礼·大射仪》，有燕饮、纳宾、献宾、酬酢、娱宾、射箭等程序。

大射礼的目的、意义见于《礼记·射义》。[①] 其一，《射义》说："故天子之大射谓之射侯；射侯者，射为诸侯也。射中则得为诸侯；射不中则不得为诸侯"，是天子用射礼来选诸侯。《射义》说："射者，所以观盛德也。是故古者天子，以射选诸侯、卿、大夫、士。"天子不仅用射礼选诸侯，而且还用射礼来选卿、大夫、士。其二，《射义》又说："天子将祭，必先习射于泽。泽者，所以择士也。已射于泽，而后射于射宫。射中者得与于祭；不中者不得与于祭。"可知大射礼是天子在重大祭祀之前，为了挑选助祭者而举行的射礼。其三，《射义》又说："……不得与于祭者有让，削以地；得与于祭者有庆，益以地。进爵、绌地是也"。可见大射礼还具有"进爵、绌地"的功能。故《射义》说，清平盛世，诸侯每年都要进京向天子述职，天子则行射礼以观验诸侯的射艺品行修养。那些屡屡射中，而且容体合于礼、动作合于乐者，不但可参与助祭典，而且还可"进爵"、益地、增民；反之，射礼中表现不佳，不但没有资格参与国家祭典，还要"绌地"、削爵、减民。

大射有如此重要的三种功能，种种都关涉到诸侯士大夫的切身利益，其"争"是必然的，故《论语·八佾》载孔子语"君子无所争。必也射乎！揖让而升，下而饮。其争也君子"[②]。正是在这"争"中，技艺精良、德容皆佳的贤士被选拔出来。

---

① 参见郑玄注，孔颖达疏：《礼记正义》，《十三经注疏》本，中华书局1980年版，第1687—1689页。

② 杨伯峻译注：《论语译注》，中华书局1980年版，第25页。

墨家的"尚贤"学说就是从这种比技艺、比德容的大射选士之礼中生发出来的。《墨子·尚贤上》论说"大人之务,将在于众贤"时特别强调"欲众其国之善射御之士",要对他们"富之,贵之,敬之,誉之",使"国之善射御之士将可得而众";然后对"贤良之士""富之,贵之,敬之,誉之",使"国之良士亦将可得而众"。[①] 这样,武士、文士既众,便为国家治理奠定了人才基础。所以墨家号召当政者要效仿"古者圣王之为政,列德而尚贤,虽在农与工肆之人,有能则举之,高予之爵,重予之禄,任之以事,断予之令"[②],要效仿"古者圣王甚尊尚贤而任使能,不党父兄,不偏贵富,不嬖颜色,贤者举而上之,富而贵之,以为官长;不肖者抑而废之,贫而贱之以为徒役";对贤者,要"高予之爵,重予之禄,任之以事,断予之令";要量才而用,"听其言,迹其行,察其所能,而慎予官","可使治国者,使治国;可使长官者,使长官;可使治邑者,使治邑"。[③]

可见,墨家的这种"唯贤而用"的"尚贤"学说,与古代的"大射选士"制度是有一定学术关联的。

四、"宗祀严父"制度与墨家"右鬼"学说

墨家的"右鬼"学说包含尊天、事鬼两个方面,《墨子》中有

---

① 孙诒让撰:《墨子间诂》,《新编诸子集成》本,中华书局 1986 年版,第 39—40 页。

② 孙诒让撰:《墨子间诂》,《新编诸子集成》本,中华书局 1986 年版,第 41 页。

③ 孙诒让撰:《墨子间诂》,《新编诸子集成》本,中华书局 1986 年版,第 45 页。

《天志》《明鬼》诸篇。《汉书·艺文志》所说"宗祀严父",泛指祭祀逝去的祖先。"严",《诗·商颂·殷武》曰:"天命降监,下民有严",毛传"严,敬也"①;"严父",即敬父。《孝经·圣治》曰:"孝莫大于严父,严父莫大于配天,则周公其人也。昔者,周公郊祀后稷以配天,宗祀文王于明堂,以配上帝。"②以祖配天而祭,始于殷人,《易·豫卦》载:"《象》曰'……殷荐之上帝,以配祖考'。"③姬周代殷,周公旦仿此而神其祖。宗祀,狭义上讲专指在宗庙里祭祀,与"郊祀"等有别;这里是泛指祭祀。

祖先逝去曰"归",逝去之祖先又被称为"鬼"。《韩诗外传》曰"人死曰鬼,鬼者归也";《礼记·祭法》曰"人死曰鬼"④;《礼记·礼运》曰"魂气归于天,形魄归于地"⑤,故古人有"事死若事生"的祭祀理念。据此,《墨子·明鬼下》曰:"昔者虞夏商周三代之圣王,其始建国营都日,必择国之正坛,置以为宗庙;必择木之修茂者,立以为菆位;必择国之父兄慈孝贞良者,以为祝宗;必择六畜之胜腯肥倅毛以为牺牲;珪璧琮璜,称财为度;必择五谷之芳黄,以为酒醴粢盛,故酒醴粢盛与岁上下也。故古圣王治天下也,故必先鬼神而后人者此也。"⑥进而宣扬

---

① 毛亨传,郑玄笺,孔颖达疏:《毛诗正义》,《十三经注疏》本,中华书局1980年版,第628页。

② 胡平生译注:《孝经译注》,中华书局1996年版,第19页。

③ 王弼注,孔颖达疏:《周易正义》,《十三经注疏》本,中华书局1980年版,第31页。

④ 郑玄注,孔颖达疏:《礼记正义》,《十三经注疏》本,中华书局1980年版,第1588页。

⑤ 郑玄注,孔颖达疏:《礼记正义》,《十三经注疏》本,中华书局1980年版,第1457页。

⑥ 孙诒让撰:《墨子间诂》,《新编诸子集成》本,中华书局1986年版,第213—214页。

“鬼神之明,不可为幽间广泽,山林深谷,鬼神之明必知之。鬼神之罚,不可为富贵众强,勇力强武,坚甲利兵,鬼神之罚必胜之”①,形成墨家“明鬼”“天志”的“右鬼”学说。

墨家“明鬼”说认为,世上有鬼神,鬼神具有罚恶赏善功能。《明鬼下》载墨子曾举“周之《春秋》”载周宣王“杀其臣杜伯而不辜”,三年后杜伯杀周宣王报仇,举“燕之《春秋》”载“燕简公杀其臣庄子仪而不辜”,期年庄子仪杖杀燕简公报仇,举“宋之《春秋》”载宋祝观辜因“不敬慎祭祀”而被鬼神殪于坛上等数例书证,来阐明世间有鬼神。墨家还强调鬼神的社会作用在于赏善惩恶,世人若做了好事,鬼神便赐以年寿;反之,鬼神便为之减寿。《明鬼下》载鬼神因郑穆公有“明德”而赐寿十九年。《天志上》载,禹、汤、文、武因“上尊天,中事鬼神,下爱人”而天使其“富有天下,业万世子孙”;但“昔三代之暴王桀、纣、幽、厉”却因“上诟天,中诟鬼,下贼人”,故天“使不得终其寿,不殁其世”。② 墨家通过这些对比,来宣扬为善可有福而荫庇子孙、为恶则减年损寿的“鬼罚”学说。

墨家“天志”说主张天有意志,天欲使世人为善,不欲世人为恶。对于士君子来说,“天欲义而恶不义”,若“为天之所欲”,则天会使其得“福禄”而远“祸祟”;反之,“为天之所不欲”,则天会使其“从事于祸祟中”。对天子来说,“顺天意者,兼相爱,交相利,必得赏”,必然会“贵为天子,富有天下,业万世子孙。传称其善,方施天下,至今称之”;反之,“反天意者,

---

① 孙诒让撰:《墨子间诂》,《新编诸子集成》本,中华书局 1986 年版,第 220—221 页。

② 孙诒让撰:《墨子间诂》,《新编诸子集成》本,中华书局 1986 年版,第 177—178 页。

别相恶,交相贼,必得罚”,必然会“不得终其寿,不殁其世,至今毁之”。[①] 因此,墨子说:“天子为善,天能赏之;天子为暴,天能罚之。”[②]对于诸侯来说,若“为天之所不欲”,“处大国则攻小国,处大家则乱小家,欲以此求赏誉,终不可得,诛罚必至”。[③] 所以墨子得出结论“天之意也,上将以度天下之王公大人为刑政也,下将以量天下之万民为文学出言谈也”,“置此以为法,立此以为仪,将以量度天下之王公大人卿大夫之仁与不仁”。[④]

墨家那“明鬼”“天志”的“右鬼”学说,是在古代“宗祀严父”祭祀祖先的宗庙制度基础上发展出来的。墨家将“宗祀严父”祭祀祖先的制度,扩展为号召世人对所有鬼神敬重而畏惧,以此规范世人,淳正民风、治理社会;进而将“宗祀严父”的祭祀主张,扩展为对冥冥中最高神灵——天神的崇信,以天那无限的“赏善罚暴”功能,来号召“王公大人士君子”“顺天之意”,以达到寝攻止伐的目的。

五、“顺四时而行”思想理念与墨家“非命”学说

天地、日月、星辰、风雨尤其是四时寒暑变化,对于原始农

---

① 孙诒让撰:《墨子间诂》,《新编诸子集成》本,中华书局 1986 年版,第 177—178 页。

② 孙诒让撰:《墨子间诂》,《新编诸子集成》本,中华书局 1986 年版,第 180 页。

③ 孙诒让撰:《墨子间诂》,《新编诸子集成》本,中华书局 1986 年版,第 182 页。

④ 孙诒让撰:《墨子间诂》,《新编诸子集成》本,中华书局 1986 年版,第 188 页。

业社会的影响是巨大的。在原始农业较为发达的黄河流域,形成“顺四时而行”的思想理念,应是顺理成章的事情,只是由于后世文献缺载,对这一古老的思想理念,我们已经难以追寻它的源起,但它对于春秋战国时期政治治理、养生理念的影响,我们却是可以钩稽出来的。

《管子·四时》载管仲有遗言曰,“四时者,阴阳之大经也”,“令有时”,“不知四时,乃失国之基”。稷下学者发展为“春凋,秋荣,冬雷,夏有霜雪,此皆气之贼也。刑德易节失次,则贼气速至;贼气速至,则国多灾殃。是故圣王务时而寄政焉,作教而寄武,作祀而寄德焉”。[①] 这与《鬼谷子·持枢》所言“持枢……谓春生、夏长、秋收、冬藏,天之正也,不可干而逆之。逆之者,虽成必败。……故人君亦有天枢:生、养、成、藏,亦复不可干而逆之。逆之者,虽盛必衰。此天道,人君之大纲也”[②]的思想相合,而与儒家讲“为政以德”、效法历代圣王政治而施政,显然有不同的思想学术渊源。

此外,先秦黄帝养生学派的理论学说中也显示出此种影响。《灵枢·顺气一日分为四时》谓“春生夏长,秋收冬藏,是气之常也,人亦应之”[③],《灵枢·本神》提出“智者之养生也,必顺四时而适寒暑,和喜怒而安居处,节阴阳而调刚柔”[④]的四时养生法则,都表现出古老的“顺四时而行”思想理念的影响。

---

① 郭沫若、闻一多、许维遹撰:《管子集校》,科学出版社 1956 年版,第 1457 页。

② 于汝波、李兴斌主编:《中国经典兵书(上)》,山东友谊出版社 2002 年版,第 425 页。

③ 陈梦雷等编:《医经注释(下)》,《古今图书集成医部全录》第 2 册,人民卫生出版社 1988 年版,第 286 页。

④ 陈梦雷等编:《医经注释(下)》,《古今图书集成医部全录》第 2 册,人民卫生出版社 1988 年版,第 62 页。

此一“顺四时而行”的古老思想理念对墨家的影响，表现在墨家“非命”学说方面。《墨子·非命上》载，墨子引“执有命者之言”是“命富则富，命贫则贫，命众则众，命寡则寡，命治则治，命乱则乱，命寿则寿，命夭则夭”①；这种观念导致另外两种现象：“昔上世之穷民，贪于饮食，惰于从事，是以衣食之财不足，而饥寒冻馁之忧至。不知曰‘我罢不肖，从事不疾’，必曰‘我命固且贫’。昔上世暴王，不忍其耳目之淫，心涂之辟，不顺其亲戚，遂以亡失国家，倾覆社稷，不知曰‘我罢不肖，为政不善’，必曰‘吾命固失之’。”②正是基于此，墨子才大力批判“执有命者不仁”。因为若“今用执有命者之言，则上不听治，下不从事。上不听治，则刑政乱；下不从事，则财用不足。上无以供粢盛酒醴，祭祀上帝鬼神；下无以降绥天下贤可之士，外无以应待诸侯之宾客，内无以食饥衣寒，将养老弱。故命上不利于天，中不利于鬼，下不利于人。而强执此者，此特凶言之所自生，而暴人之道也”③。墨子主张，国家的兴亡，取决于统治者的治理及政令的好坏与否；人们的贵贱贫富，取决于各自的努力程度：“古者桀之所乱，汤受而治之；纣之所乱，武王受而治之。此世未易，民未渝，在于桀纣则天下乱，在于汤武则天下治，岂可谓有命哉？”④因而得出结论“夫安危治乱存乎上之为

① 孙诒让撰：《墨子间诂》，《新编诸子集成》本，中华书局 1986 年版，第 239 页。

② 孙诒让撰：《墨子间诂》，《新编诸子集成》本，中华书局 1986 年版，第 245—246 页。

③ 孙诒让撰：《墨子间诂》，《新编诸子集成》本，中华书局 1986 年版，第 247 页。

④ 孙诒让撰：《墨子间诂》，《新编诸子集成》本，中华书局 1986 年版，第 241 页。

政也，则夫岂可谓有命哉”[1]，所以要“非命”。

墨子提出，持“非命”之论，“以为其力”，才可使执政者像“昔者禹汤文武方为政乎天下之时”，“得光誉令问于天下”；才可使“贤良之人，尊贤而好功道术，故上得其王公大人之赏，下得其万民之誉，遂得光誉令问于天下”[2]；才可使万民懂得“赖其力者生，不赖其力者不生”[3]的道理；才可让人们发现并运用自身的力量，自主自立，掌握自己的命运。

六、“以孝视天下”的古老理念与墨家的尚同

前文已经讲过，我国很早便有“养老”行为和尊老风尚。作为商殷王室档案的甲骨文中已出现“孝”字，说明“孝”已成为商王朝所强调的道德观念。周人重祖，所以大倡孝道。《诗经·小雅·蓼莪》中“哀哀父母，生我劬劳”和“哀哀父母，生我劳瘁”[4]的咏叹，分明展示着孝道在民间的普及。孝道的社会作用，诚如《论语·学而》所载有若之言曰：“其为人也孝弟，而

---

① 孙诒让撰：《墨子间诂》，《新编诸子集成》本，中华书局 1986 年版，第 253 页。

② 孙诒让撰：《墨子间诂》，《新编诸子集成》本，中华书局 1986 年版，第 253 页。

③ 孙诒让撰：《墨子间诂》，《新编诸子集成》本，中华书局 1986 年版，第 233 页。

④ 毛亨传，郑玄笺，孔颖达疏：《毛诗正义》，《十三经注疏》本，中华书局 1980 年版，第 459 页。

好犯上者，鲜矣；不好犯上，而好作乱者，未之有也。”①

孝道对于社会“崇上”之风的形成，具有莫大作用。在普及到全社会的这种孝道所带来的“崇上”之风的思想基础上，产生出墨家的尚同。

墨家提出：“古者，天之始生民，未有正长也，百姓为人。若苟百姓为人，是一人一义，十人十义，百人百义，千人千义，逮至人之众不可胜计也，则其所谓义者，亦不可胜计。此皆是其义，而非人之义，是以厚者有斗，而薄者有争。”②为消除此“厚者有斗”与“薄者有争”的动荡局面，墨家提出，“欲同一天下之义也，是故选择贤者，立为天子。天子以其知力为未足独治天下，是以选择其次立为三公。三公又以其知力为未足独左右天子也，是以分国建诸侯。诸侯又以其知力为未足独治其四境之内也，是以选择其次立为卿之宰。卿之宰又以其知力为未足独左右其君也，是以选择其次立而为乡长家君”③；然后“使家君总其家之义，以尚同于国君”，然后“使国君选其国之义，以尚同于天子”④；从而形成“天子之所是必亦是之，天子之所非必亦非之”的局面，使全体百姓“上之所是，必亦是之，上之所非，必亦非之”⑤，从而达到天下一同。

---

① 杨伯峻译注：《论语译注》，中华书局 1980 年版，第 2 页。

② 孙诒让撰：《墨子间诂》，《新编诸子集成》本，中华书局 1986 年版，第 83 页。

③ 孙诒让撰：《墨子间诂》，《新编诸子集成》本，中华书局 1986 年版，第 83—84 页。

④ 孙诒让撰：《墨子间诂》，《新编诸子集成》本，中华书局 1986 年版，第 86 页。

⑤ 孙诒让撰：《墨子间诂》，《新编诸子集成》本，中华书局 1986 年版，第 74 页。

然而,墨子的尚同并不是一味地迎合君上。如《墨子·鲁问》载:"鲁阳文君谓子墨子曰'有语我以忠臣者,令之俯则俯,令之仰则仰,处则静,呼则应,可谓忠臣乎?'子墨子曰:'令之俯则俯,令之仰则仰,是似景也。处则静,呼则应,是似响也。君将何得于景与响哉?若以翟之所谓忠臣者,上有过则微之以谏,己有善,则访之上,而无敢以告。外匡其邪,而入其善,尚同而无下比,是以美善在上,而怨仇在下,安乐在上,而忧戚在臣。此翟之所谓忠臣者也。'"①

七、《汉志》"墨家出于清庙守"评说

关于"诸子出于王官论"的是非曲直,前人有过较大争论,章太炎谓"九流皆出王官,及其发舒,王官所不能与官人守要,而九流究宣其义,是以滋长"②,并特别强调道家、墨家确实出于古王官③。胡适作《诸子不出于王官论》,从《汉志》前诸学术论说如《庄子·天下》、《荀子·非十二子》、司马谈《论六家要旨》、《淮南子·要略》无此说等三个方面,来驳章氏之说。④

---

① 孙诒让撰:《墨子间诂》,《新编诸子集成》本,中华书局1986年版,第432—433页。

② 章太炎:《原学》,《国故论衡》,上海古籍出版社2006年版,第84—85页。

③ 章太炎《国学讲演录·诸子说略》谓:"《艺文志》所称某家者流出于某官,多推想之辞。惟道家之出史官,墨家之出清庙之守,确为事实。"见《国学讲演录》,华东师范大学出版社1995年版,第216页。

④ 参见胡适:《中国哲学史》,《胡适学术文集》,中华书局1991年版,第593—599页。

章太炎前后,又有学者持“中国学术皆出于史官”说,如龚自珍《古史钩沉论》、刘师培《古学出于史官论》皆有此说。[①] 那么,古学是否出于史官,诸子学是否出于王官,是我们应该讨论的问题。

追寻古史,最早从事社会精神生活的人士是巫。从这种意义上说,应是“古学皆源于巫”。当重、黎“绝地天通”,即弗雷泽所说的原始崇拜由“个体巫术”上升为“群体巫术”[②]之后,社会公共精神生活事项日繁,史职最终从巫中分化出来。[③] 从这种意义上说,“古学皆出于史官”是有道理的。

在巫史分化的漫长过程中,随着国家管理体制的逐步健全,官制设置也日益复杂,左言东《先秦职官表》列氏族时代官职 13 种、夏代 23 种、商殷 35 种、西周则为 250 种[④]可资参考。这些官吏各有职守,而不同的职守应该像《周礼》所载那样有相应的职责;各种职守的职责,又应有相应的设置理念;这应该就是“官学”的主要内容。章学诚等考察认为“古无私家著述”[⑤]。从这种意义上说,“诸子学出于王官”也应是有道理的。《庄子·天下》曾谓“古之人其备乎!……其明而在数度者,旧法世传之史,尚多有之。……其数散于天下而设于中国者,百

---

① 参见郑杰文:《战国策文新论》,山东人民出版社 1998 年版,第 3—5 页。

② [英]弗雷泽:《金枝》,徐育新等译,中国民间文艺出版社 1987 年版,第 70 页。

③ 尹达等认为这种分化是在周初最终完成的,见尹达主编:《中国史学发展史》,中州古籍出版社 1985 年版,第 10 页。

④ 左言东编著:《先秦职官表》,商务印书馆 1994 年版,第 1—96 页。

⑤ 章学诚:《文史通义·易教上》,上海书店 1988 年版。

家之学时或称而道之”[①],追述的就是某些“古学”“旧法”自春秋后期起逐步“散于天下”[②],因而被“百家之学”来“称道”、继承和发扬的学术历史。

但是,《汉志》对诸子学术出于王官古学的论说,也不乏缺陷,它或单从名号方面做文章,或仅就表面现象来立说,故引起后人诟病。今就其“墨家出于清庙守”说来分析此一方面的问题。

《汉志》谓墨家“贵俭”等“节用”学说系受清庙“茅屋采椽”制度的影响;墨家“兼爱”学说系受清庙“养三老五更”功能的影响,或有道理,已见前述。同时,墨家的手工业者出身及此种出身所形成的思想意识,也应该是墨家“节用”“兼爱”学说产生的重要原因。《国语·晋语四》载:“庶人食力,工商食官。”韦昭注:“工,百工。”“食官,官廪之。”[③]王官流散之前,手工业者隶属于官府手工业部门,《周礼·考工记》载“轮人”至“施人”职守 30 种。这些手工业者按照官方要求为各级官府制造各种器具,各级官府供给他们生活资料,故曰其“食官”,即由各级官府廪养。春秋后期,随着王官流散,他们中的部分人失去官府廪养,成为最早一批自我谋生、自食其力的自由手工业者。手工业者的收入不厚,故生活节俭,因而倡导“节用”,进而反对挥霍社会资财,生发出“薄葬”“短丧”甚至“非

① 郭庆藩辑:《庄子集释》,中华书局 1961 年版,第 1067 页。

② 如《论语·微子》载“大师挚适齐,亚饭干适楚,三饭缭适蔡,四饭缺适秦,鼓方叔入于河,播鼗武入于汉,少师阳、击磬襄入于海”,可资参考。详见杨伯峻译注:《论语译注》,中华书局 1980 年版,第 197 页。

③ 徐元诰撰,王树民、沈长云点校:《国语集解(修订本)》,中华书局 2002 年版,第 350 页。

乐”诸说。手工业者谋生主要赖其技艺与体力。技艺不传,年老体衰后无人养老;技艺下传,又担心徒弟超过师傅而师傅失去“饭碗”。由此产生墨家“兼爱”学说,宣扬人人相爱,恢复氏族社会时期的人人尽力劳动、人人有权享受劳动果实的传统,以解决师傅养老问题。这也应是墨家形成“节用”“兼爱”学说的重要原因之一。因此,仅用“清庙官守”来解释墨学源出,似较片面。

另外,《汉志》谓墨家“上贤”,出于清庙“选士大射”,殊不知掌握遴选大权的是天子而不是庙守。仅因“选士大射”在清庙举行而谓墨家“上贤”说出于清庙“选士大射”,更为片面。仔细想来,墨家“上贤”思想的形成,与墨家集团以手工业者为主要成分的关系似乎更大一些。手工业者谋生难易、收入多少,主要赖其技艺高下;故集团内论定辈分、次序,技艺高下应为第一指标。技艺超群的墨翟之所以能被推戴为墨家首任巨子,也可能与此有关。

《汉志》谓墨家“右鬼”,出于在清庙举行的“严父”之“宗祀”,殊不知“信鬼”“右鬼”是古代社会的普遍精神现象。而墨家“右鬼”,主要目的在于强调鬼魂监督、威慑作用[1],以保证徒弟赡养年老体衰的前辈师傅。从这一角度而言,墨家集团以手工业者为主要成分,应是墨家“右鬼”说产生的更为重要的因素。

《汉志》谓墨家“非命”出于“顺四时而行”的古老理念。但仔细想来,墨家“非命”说的出现,似乎与墨家集团以手工业

① 参见郑杰文:《墨家“鬼察鬼罚说”与道教“除算减年说”》,《宗教学研究》2008 年第 3 期。

者为主要成分的关系更为紧密。手工业凭技艺谋生，技术日进，工艺日精，才能产品日上，收益日多。故墨家形成了不安于现状，不断进取，挑战命运的思想理念。

《汉志》谓墨家“上同”出于“以孝视天下”的古代思想，固然没错；但墨家“非命”说的出现，似乎与墨家集团以手工业者为主要成分的关系更为紧密。手工业集团要相互协作，统一行动；尤其是墨家集团制作的守城军事设施，体积大多庞大，须在现场安装，更需要统一指挥。故墨家形成了尚同思想。

总之，《汉志》对墨家学术出于“清庙守”的追寻，似有将复杂的学术现象简单化的倾向。《汉志》其他对于儒家等学术源出的追寻，亦有同样缺陷。①

① 参见郑杰文：《战国策文新论》，山东人民出版社 1998 年版，第 8—14 页。

墨学与尹佚之学的学术关联考*

导　言

春秋前之官学，俱世传世守。春秋末年，官学流散，诸子兴起，各师古学。就墨家所师之古学，章太炎曾言："墨家以《尹佚》二篇开端。尹佚即史佚也。《艺文志》所称某家者流出于某官，多推想之辞。惟道家之出史官，墨家之出清庙之守，确为事实。道家辛甲为周之太史，墨家不但史角为清庙之守，尹佚亦清庙之守，《洛诰》逸祝册，可证也。师承之远，历五百余载，学派自不肯轻易改变，故公孟以'无鬼之论'驳墨子，墨子无论如何不肯信也。"①此说是耶非耶，今做以下考察。

尹佚，西周初任太史，活动于武王、成王之世。《史记·周本纪》载武王胜殷，举行盛典，"师尚父牵牲，尹佚策祝"②；《淮南子·道应训》载"成王问政于尹佚"③。又，尹佚亦即史佚，

---

* 本文原载于台湾云林科大汉学应用研究所编：《汉学研究集刊》2015年第20辑。

① 章太炎：《国学讲演录·诸子说略》，华东师范大学出版社1995年版，第216页。

② 《史记》卷四《周本纪》，中华书局1959年版，第125—126页。

③ 刘文典撰：《淮南鸿烈集解》，中华书局1989年版，第402页。

《史记·周本纪》载“师尚父牵牲,尹佚策祝”,《史记·齐太公世家》作“师尚父牵牲,史佚策祝”[①]。《大戴礼记·保傅》载:“《明堂之位》曰:‘……博闻强记,接给而善对者,谓之承。承者,承天子之遗忘者也。常立于后,是史佚也。’”[②]《史记·天官书》载:“昔之传天数者……周室,史佚、苌弘。”《正义》曰:“史佚,周武王时太史尹佚也。”[③]王应麟《汉书艺文志考证》谓:“《尹佚》二篇……《晋语》‘胥臣曰:文王访于辛、尹’,注:‘辛甲、尹佚,皆周大史。’《洛诰》逸祝册,《正义》以为史佚。《淮南鸿烈》引‘成王问政于尹佚’,《保傅》‘傅丞立于后,是史佚也’。”[④]

尹佚即史佚,他佐周武王灭商,建言出谋;他辅成王施政,谏政言失,故“见称于当时”,被后人尊为“立言”之代表。[⑤] 其“立言”中所蕴含的思想学说,就后世文献能见者,可归纳为“使之时而敬顺之”的亲民思想,“无始祸,无怙乱”的慎战思想,“动敬居俭、德让事咨”的自律思想,“据实变礼”的应变思想,“言信行果”的诚信思想,“兄弟致美”“尽绝其爱”的仁爱思想,“非羁何忌”的据礼谦敬思想,“非我族类,其心必异”夷

① 《史记》卷三十二《齐太公世家》,中华书局 1959 年版,第 1480 页。

② 王聘珍撰:《大戴礼记解诂》,中华书局 1983 年版,第 54 页。

③ 《史记》卷二十七《天官书》,中华书局 1959 年版,第 1343—1344 页。

④ 二十五史刊行委员会编集:《二十五史补编》,开明书店 1936 年版,第 1417 页。

⑤ 《左传·襄公二十四年》载穆叔言“三不朽”之“其次有立言”,杜预注“史佚、周任、臧文仲”(《十三经注疏》本,中华书局 1980 年版,第 1979 页)。

夏之辨观念等几个方面。墨家的节用学说,或与尹佚“使民以时”“居莫若俭”的思想有关;墨家“民选天子诸官”说,与尹佚强调对民要“如临深渊,如履薄冰”般“敬顺”的思想有关;墨家改“三年之丧”而为“三月之丧”,或与尹佚“据实变礼”的应变思想有关;墨家“言必信,行必果”思想的形成,或与尹佚“言信行果”的诚信思想有关。

一、尹佚“使之时而敬顺之”的亲民思想与墨家反“劳民”和“民选天子”学说

《淮南子·道应训》载:“成王问政于尹佚曰:‘吾何德之行,而民亲其上?’对曰:‘使之时,而敬顺之。’王曰‘其度安至[①]?’曰:‘如临深渊,如履薄冰。’王曰:‘惧哉,王人乎!’尹佚曰:‘天地之间,四海之内,善之则吾畜也,不善则吾仇也。昔夏、商之臣反仇桀、纣,而臣汤、武;宿沙之民皆自攻其君而归神农;此世之所明知也。如何其无惧也?’”[②]尹佚主张,欲使“民亲其上”,就要对民“便之时”,就要对民“敬顺之”。

尹佚对民“使之时”的思想,是当时姬周执政者共有的思想。《尚书·周书·康诰》载周公对康叔训词中有“诞受厥命,越厥邦厥民,惟时叙”诸说,《尚书·周书·微子之命》载成王训诫微子启时有对民“功加于时,德垂后裔”诸辞。这被

① “至”原作“在”,从王念孙《读书杂志·淮南内篇第十二》(江苏古籍出版社1985年版,第872页)校改。

② 刘文典撰:《淮南鸿烈集解》,中华书局1989年版,第402页。

孔子继承。《论语·学而》载孔子强调“使民以时”,《论语·学而》注疏引苞氏曰“作使民必以其时,不妨夺农务”①;《孟子·梁惠王上》载孟子将其发展为“彼夺其民时,使不得耕耨以养其父母,父母冻饿,兄弟妻子离散。彼陷溺其民,王往而征之,夫谁与王敌”②。《墨子·节用上》中“今天下为政者,其所以寡人之道多。其使民劳,其籍敛厚,民财不足,冻饿死者不可胜数也”③等论说,也是受这类思想的影响发展而来的。

然而,尹佚对民“敬顺之”的思想,在当时的姬周执政者中较为特殊。《尚书·周书·泰誓中》载武王曰“天视自我民视,天听自我民听”④,强调由民意知天意;《尚书·周书·康诰》载周公曾训诫康叔要效仿周文王“不敢侮鳏寡”,《尚书·周书·无逸》载周公曰“保惠于庶民,不敢侮鳏寡”,均强调对社会弱势群体的特殊关照;《尚书·周书·微子之命》载成王要微子像“乃祖成汤”那样“抚民以宽,除其邪虐”,“用康保民”强调执政者要宽以待民。周武王强调“由民意知天意”,似乎有点尹佚强调对民“顺之”的意味。但不管是强调“由民意知天意”,抑或强调“不敢侮鳏寡”,还是强调“抚民以宽”,都没有像尹佚所强调的那种对民“敬之”的意思。据《史记·殷本纪》,

---

① 何晏注,邢昺疏:《论语注疏》,《十三经注疏》本,中华书局 1980 年版,第 2457 页。

② 朱熹撰:《四书章句集注》,中华书局 1983 年版,第 206 页。

③ 孙诒让撰:《墨子间诂》,《新编诸子集成》本,中华书局 1986 年版,第 148 页。

④ 古文《尚书》中《泰誓》等篇的真伪(即时代)问题,学界争论较大。我们以为古文《尚书》的文献学价值不能轻易否定。此容另文详论。

祖己（盘庚）曾说“王嗣敬民，罔非天（胤）”；另外，《尚书·皋陶谟》有“天明畏，自我民明威。达于上下，敬哉，有土”①等语，我们也不能轻易否定它们的文献史料价值，但即便是这些论说果真存在，它们也没有达到像尹佚所强调那样要对民“敬顺”到“如临深渊，如履薄冰”的程度。为什么对民要如此“敬顺”呢？尹佚强调“昔夏、商之臣反仇桀、纣，而臣汤、武；宿沙之民皆自攻其君，而归神农”，指出只有民意才是决定政权存亡的最终因素，故不能“无惧”也。

正是在这种思想基础上，墨家才发展出《墨子·尚同上》所载那“选天下之贤可者，立以为天子”“选择天下之贤可者，置立之以为三公”“选择其国之贤可者，置立之以为正长”的“民选天子诸官”说。②《墨子·尚同上》云：“古者民始生，未有刑政之时，盖其语‘人异义’。是以一人则一义，二人则二义，十人则十义。其人兹众，其所谓义者亦兹众。是以人是其义，以非人之义，故交相非也……天下之乱，若禽兽然。夫明乎天下之所以乱者，生于无政长。是故选天下之贤可者，立以为天子。”③墨子描绘古代社会的情况，揭示古代社会的基本政治矛盾，指出社会混乱源于没有“政长”。因而要选择贤能立为天子，再逐步建立各级政长体制。

① 孔安国传，孔颖达疏：《尚书正义》，《十三经注疏》本，中华书局1980年版，第139页。

② 《淮南子·要略》虽说“墨子学儒者之业，受孔子之术”，但孔子仅强调执政者“其养民也惠，其使民也义”（《论语·公冶长》），提出“惠民”说（这与《尚书·周书·蔡仲之命》“民心无常，惟惠之怀”或有关系）。

③ 孙诒让撰：《墨子间诂》，《新编诸子集成》本，中华书局1986年版，第67—68页。

但是,选择天子的主使者是谁?《墨子·尚同中》曰:“古者上帝鬼神之建设国都立正长也。”《墨子·尚贤中》曰:“昔者三代圣王尧舜禹汤文武……天鬼赏之,立为天子,以为民父母。”《墨子·天志上》曰:“天意曰:‘此之我所爱,兼而爱之;我所利,兼而利之。爱人者此为博焉,利人者此为厚焉。’故使贵为天子,富有天下。”可见墨家认为选择天子的主使者并不是民,而是天帝鬼神。就这一点而言,墨家“民选天子诸官”说,反倒不及尹佚对民要“敬顺之”的思想显得进步。

二、尹佚“无始祸,无怙乱”的慎战思想与墨家非攻学说

周初太史尹佚的政治论说,或当时被记录下来,或为后世思想家追记,至春秋时期,有名为《史佚之志》①的著述在流传,并不断被思想家们引用。

《左传·僖公十五年》载秦国子桑劝秦穆公放走战俘晋惠公时说:“晋未可灭,而杀其君,只以成恶。且史佚有言曰:‘无始祸,无怙乱,无重怒。’重怒难任,陵人不祥。”杜预注:“史佚,周武王时大史,名佚。”②史佚即尹佚。看来尹佚这些话是用来消弭仇视、制止战争的。尹佚说“无始祸”,“始祸”即发动内战。《左传·定公十三年》载赵孟说“晋国有命,始祸者死”之

---

① 《左传·成公四年》载季文子曰“……《史佚之志》有之曰……”。

② 杜预注,孔颖达正义:《春秋左传正义》,《十三经注疏》本,中华书局 1980 年版,第 1806 页。

“始祸”即此意[①];“无怙乱”,《左传·僖公十五年》杜预注“恃人乱为己利”。《左传·宣公十二年》载“君子”引“史佚所谓‘毋怙乱’者,谓是类也”[②],来评说郑国的石制引来楚军助自己另立国君但终被杀,也有反对战争的意思。

另外,《左传·襄公十四年》载卫大夫逐卫献公而立殇公,“晋侯问卫故于中行献子。对曰:不如因而定之。卫有君矣,伐之,未可以得志,而勤诸侯。史佚有言曰:‘因重而抚之。’仲虺有言曰:‘亡者侮之,乱者取之。推亡、固存,国之道也。’君其定卫以待时乎!冬,会于戚,谋定卫也”。“因重而抚之”,杜预注:“重不可移,就抚安之。”[③]结合仲虺之论,可见尹佚此语中包含因势为事、慎战免攻的思想。

尹佚这些消弭仇视、因势为事、慎战免攻、制止战争的“无始祸”“毋怙乱”“因重而抚之”等论说,具有慎战非攻的思想,是墨家“非攻”学说的先导。墨家“非攻”说的本意是要大家“兼相爱,交相利”,从而使社会上没有强凌弱、贵傲贱、智诈愚等丑恶现象,没有互相攻伐的罪恶现象。这表现出墨家出于手工业者的立场,希望世间和平、世人安居的良好愿望,表现出墨家对世人的深深的爱。墨家正是出于这种对世人的深深的爱,

---

① 《春秋左传正义》载:赵、卫二氏构难,赵孟怒,囚杀邯郸午,邯郸午之舅荀寅与荀寅姻亲范吉射等欲攻赵鞅,董安于闻之,告赵孟先下手为强,赵孟曰“晋国有命,始祸者死,为后可也”(杜预注,孔颖达正义,《十三经注疏》本,中华书局1980年版,第2150页)。

② 杜预注,孔颖达正义:《春秋左传正义》,《十三经注疏》本,中华书局1980年版,第1883页。

③ 杜预注,孔颖达正义:《春秋左传正义》,《十三经注疏》本,中华书局1980年版,第1958页。

才对统治者发动战争带来的祸害以及世人礼俗上的奢侈淫乐，进行揭露和尖锐的批判。可见，墨家“非攻”学说当与尹佚的“无始祸”“毋怙乱”的慎战非攻论说有一定思想学术关联，但要比尹佚的慎战非攻论说更加完备和深刻。

三、尹佚“动敬居俭、德让事咨”的自律思想与墨家节用学说

《国语·周语下》载：单之老送叔向，叔向告之曰：“异哉！吾闻之曰：‘一姓不再兴。’今周其兴乎！其有单子也。昔史佚有言曰：‘动莫若敬，居莫若俭，德莫若让，事莫若咨。’单子之贶我，礼也，皆有焉。夫宫室不崇，器无彤镂，俭也。身耸除洁，外内齐给，敬也。宴好享赐，不逾其上，让也。宾之礼事，放上而动，咨也。如是而加之以无私，重之以不殽，能避怨矣。居俭动敬，德让事咨，而能避怨，以为卿佐，其有不兴乎！”①引史佚语作为评说单氏再兴的依据。就史佚的“居莫若俭”，叔向结合单子所作解说为“宫室不崇，器无彤镂”。“宫室不崇，器无彤镂”与《左传·桓公二年》载臧哀伯所说的“清庙茅屋，大路越席，大羹不致，粢食不凿”②，有着相同的节俭精神，与墨家节用学说的形成当有关联。

墨家倡导节用、节丧（含节葬）、非乐，反对奢侈浪费，主张

① 徐元诰撰，王树民、沈长云点校：《国语集解（修订本）》，中华书局2002年版，第102—103页。

② 杜预注，孔颖达正义：《春秋左传正义》，《十三经注疏》本，中华书局1980年版，第1741页。

住房不要雕梁画栋,避风雨则可;人死了不要厚葬而浪费社会资财,亲人不要守丧三年而贻误社会生产;反对听音乐浪费时间与社会财富,与史佚的"动莫若敬,居莫若俭,德莫若让,事莫若咨"诸说有学术关联。

四、尹佚"据实变礼"的应变思想与墨家节葬节丧学说

《礼记·曾子问》载,曾子问"今墓远,则其葬也如之何"时,孔子曰:"吾闻诸老聃曰:'昔者史佚有子而死,下殇也。'墓远,召公谓之曰:'何以不棺敛于宫中?'史佚曰:'吾敢乎哉?'召公言于周公,周公曰:'岂不可?'史佚行之。下殇用棺衣棺,自史佚始也。"①《礼记正义》卷十九《曾子问正义》:"今人敛下殇于宫中,而葬于墓,与成人同。墓涂乃远,其葬当舆其棺乎?载之也?问礼之变也。"②因实际情况而变用礼仪,这对孔子弟子宰我的变"三年之丧"为"期年之丧",对墨家的变"三年之丧"为"三月之丧",都不无启发意义。

《墨子·公孟》载:"子墨子谓公孟子曰:'丧礼,君与父母、妻、后子死,三年丧服;伯父、叔父、兄弟期;族人五月;姑、姊、舅、甥皆有数月之丧。或以不丧之间,诵《诗》三百,弦《诗》三百,歌《诗》三百,舞《诗》三百。若用子之言,则君子何日以听

① 郑玄注,孔颖达疏:《礼记正义》,《十三经注疏》本,中华书局1980年版,第1401页。

② 郑玄注,孔颖达疏:《礼记正义》,《十三经注疏》本,中华书局1980年版,第1401页。

治？庶人何日以从事？'"①儒家之丧制，使"君子无日以听治，庶人无日以从事"，故墨子非之。

墨家认为，与久丧繁礼同样妨害"君子听治""庶人从事"的还有礼乐，故墨家在反对厚葬久丧的同时，也反对儒家的繁礼淫乐，因而同样受到公孟子的质问。《墨子·公孟》载："公孟子曰：'国乱则治之，国治则为礼乐；国贫则从事，国富则为礼乐。'子墨子曰：'……今子曰"国治则为礼乐，乱则治之"，是譬犹渴而穿井也，死而求医也。古者三代暴王桀、纣、幽、厉，薾为声乐，不顾其民，是以身为刑僇，国为戾虚者，皆从此道也。'"②墨子认为"古者三代暴王桀、纣、幽、厉"因为沉湎于音乐，"不顾其民"才"身为刑僇"，失去政权而遗臭万年的。将沉湎于音乐与暴王虐政联系起来，可见墨家对音乐的反对态度的本质。

这些，都与史佚"据实变礼"的应变思想有学术关联。

五、尹佚"天子无戏言"的诚信思想与墨家"言必信，行必果"论说

《史记·晋世家》载："武王崩，成王立，唐有乱，周公诛灭唐。成王与叔虞戏，削桐叶为珪以与叔虞，曰：'以此封若。'史佚因请择日立叔虞。成王曰：'吾与之戏耳。'史佚曰：'天子无戏言，言

① 孙诒让撰：《墨子间诂》，《新编诸子集成》本，中华书局 1986 年版，第 417—418 页。

② 孙诒让撰：《墨子间诂》，《新编诸子集成》本，中华书局 1986 年版，第 418—419 页。

则史书之,礼成之,乐歌之。'于是遂封叔虞于唐。"[1]尹佚的出言必信、行事必果的诚信思想,对后世孔子的"人而无信,不知其可也"[2]、"民无信不立"[3]学说,对墨家的"言必信,行必果,使言行之合犹合符节也,无言而不行也"[4]学说,都有影响。

《墨子·经上》载:"信,言合于意也。"《墨子·经说上》曰:"信:不以其言之当也,使人视城得金。"孙诒让曰:"言言与意相合,无伪饰。"[5]高亨曰:"信之界说,只限于心口之如一,意言之相合,而不涉及其言之当否。设言合于意,其言当,信也;其言不当,亦信也。"[6]《墨子·兼爱下》载:"别士之言曰:'吾岂能为吾友之身若为吾身,为吾友之亲若为吾亲。'是故退睹其友,饥即不食,寒即不衣……兼士之言不然,行亦不然,曰:'吾闻为高士于天下者,必为其友之身若为其身……'是故退睹其友,饥则食之,寒则衣之……当使若二士者,言必信,行必果,使言行之合犹合符节也,无言而不行也。"[7]墨子主张兼爱,"别士"所言与兼爱思想截然相反,但墨子仍称之"言必信"。可见,墨子认为只要言而由衷,即使所言不合于事理和道义,也

---

① 《史记》卷三十九《晋世家》,中华书局1959年版,第1635页。

② 杨伯峻译注:《论语译注》,中华书局1980年版,第21页。

③ 杨伯峻译注:《论语译注》,中华书局1980年版,第126页。

④ 孙诒让撰:《墨子间诂》,《新编诸子集成》本,中华书局1986年版,第108页。

⑤ 孙诒让撰:《墨子间诂》,《新编诸子集成》本,中华书局1986年版,第283、304页。

⑥ 高亨:《墨经校诠》,董治安编:《高亨著作集林》第七卷,清华大学出版社2004年版,第70页。

⑦ 孙诒让撰:《墨子间诂》,《新编诸子集成》本,中华书局1986年版,第107—108页。

可被称为信；倘若言不由衷，就算所言合于事理和道义也不能被称为信。

这些，都与史佚“天子无戏言”的诚信思想有学术关联。

结　论

由上述可见，章太炎所说“墨家以《尹佚》二篇开端”，“墨家之出清庙之守”“尹佚亦清庙之守”，故墨家思想出于尹佚之学的论说，不无道理。

墨家思想与尹佚之学的学术关联最为明显者，大致可归结为如下几个方面：其一，墨家的节用学说，当与尹佚“使民以时”“居莫若俭”的思想有关；其二，墨家“民选天子诸官”说，与尹佚强调对民要“如临深渊，如履薄冰”般“敬顺”的思想有关；其三，墨家改“三年之丧”而为“三月之丧”，或与尹佚“据实变礼”的应变思想有关；其四，墨家的“言必信，行必果”思想的形成，或与尹佚言信行果的诚信思想有关。

《左传·襄公二十四年》载穆叔曰：“豹闻之：‘大上有立德，其次有立功，其次有立言。’”杜预注“立言”曰：“史佚、周任、臧文仲。”孔颖达正义：“立言，谓言得其要，理足可传。记传称‘史逸有言’，《论语》称‘周任有言’，及此‘臧文仲既没，其言存立于世’，皆其身既没，其言尚存，故服、杜皆以史佚、周任、臧文仲当之。言如此之类，乃是立言也。”①尹佚那些“言得

① 杜预注，孔颖达正义：《春秋左传正义》，《十三经注疏》本，中华书局 1980 年版，第 1979 页。

其要，理足可传”的言辞，或被当时史官记录下来，或被人们传诵而载于简牍。由《左传·成公四年》称“《史佚之志》有之曰”可见，至迟在春秋时已有被称为“《尹佚之志》”的著作在流传。墨子曾教导学生“古之圣王，欲传其道于后世，是故书之竹帛，镂之金石，传遗后世子孙，欲后世子孙法之也。今闻先王之遗而不为，是废先王之传也”[①]，因而影响到墨学理论的建立。

至西汉末，刘向、刘歆父子将《尹佚之志》等编辑整理而称《尹佚》，列于墨家著述之首，又被《汉书·艺文志》记录下来。刘向、刘歆父子将《尹佚》列于“墨家”，其书中必有更多与《墨子》所载墨家思想相通处，可惜《尹佚》久佚，我们已难考其中的更多学术关联了。

① 孙诒让撰：《墨子间诂》，《新编诸子集成》本，中华书局 1986 年版，第 407 页。

墨家鬼神观的渊源、学说及影响*

在先秦诸子中，墨家的"天志""明鬼"学说是一种别具特色的思想观念。这种思想观念来源于古人原始宗教中的鬼神崇拜。墨家针对当时的社会现实，对它进行改造、利用，使之成为一种社会心理控制理论，对当时统治阶级"杀人盈城"的攻伐战争和淫欲无度的生活作风起了一定限制作用。它对早期道教教义中的鬼罚观念和我国古代民间劝善戒恶观念的形成有不可忽视的影响。

一、墨家鬼神观的思想渊源

鬼神崇拜，可以细分为天神崇拜和鬼魂崇拜。鬼魂崇拜起源于"灵魂不灭"观念。"灵魂不灭"观念产生于远古时代。恩格斯在《路德维希·费尔巴哈与德国古典哲学的终结》中说："在远古时代，人们还完全不知道自己身体的构造，并且受梦中景象的影响，于是就产生一种观念：他们的思维和感觉不是

---

* 本文原载于张知寒主编：《墨子研究论丛》第二辑，山东大学出版社1993年版。

他们身体的活动,而是一种独特的、寓于这个身体之中而在人死亡时就离开身体的灵魂的活动。”[1]古人认为,人的灵魂与肉体可以一分为二,肉体有生、老、病、死,而灵魂则不死不灭。考古证明,我国至少在山顶洞人时期就已经产生了灵魂观念。北京周口店山顶洞人尸骨之旁放有钻孔的兽齿、石珠、骨坠等,这些都是死者生前的佩饰物。他们的族人认为死者的灵魂还要享用这些物品,故随葬于尸体旁。同时,尸骨周围还撒有红色的赤铁矿粉末,研究者认为,这是死者的族人为保护死者灵魂所举行的一种巫术仪式的遗留物。古人把这种脱离肉体的不死灵魂称作“鬼魂”。

鬼魂既然不死,继续着生前的社会生活,那么它也必定发挥着生前的社会作用,在冥冥之中保护族人,为族人排忧解难。原始部落的氏族成员都有这种观念。新几内亚乌贝吉比地区原始社会部落的吉米人,把文明人对他们的怜悯馈赠看作是自己祖先的灵魂在另一个世界里创造的财物而借别人之手送给自己的。阶级对抗出现之后,鬼魂的社会作用也随之一分为二:保佑自己的族人,戕害敌对部落的活人。当代原始部落的鲁阿人认为,人之所以得病是祖先以外的亡灵作祟所致。[2] 春秋时郑国的子产曾说:“匹夫匹妇强死,其魂魄犹能冯(凭)依于人,以为淫厉。”(《左传·昭公七年》[3])淫厉便是敌对的亡灵。

---

① 《马克思恩格斯选集》第4卷,人民出版社2012年版,第229—230页。

② 参见刘达成等编译:《当代原始部落漫游》,天津人民出版社1982年版,第133、95页。

③ 杜预注,孔颖达正义:《春秋左传正义》,《十三经注疏》本,中华书局1980年版。

殷商时期,我国的鬼魂崇拜达到鼎盛阶段。《礼记·表记》说:“殷人尚鬼。……先鬼而后礼。”殷人把鬼魂的社会作用总结为三条:(1)人死为鬼后,对人间的恩怨可以图报。(2)鬼能够祸祟于人。(3)祭鬼、悦鬼能够求得其福佑。另外,殷人还按照人世间的社会关系去塑造鬼魂世界,统治者在死后成为“鬼王”,统治着冥冥世界中的其他亡灵,并能够预知人世未来,能够降祸福于人世,故殷王事事都要通过占卜向已成为“鬼王”的祖先询问,并求得他们的福佑,因而产生了一套极为烦琐的祖先祭祀制度,并发展到杀殉奴隶以供鬼王驱使的残酷地步。殷商王朝在鬼魂的“庇佑”下实施着残暴统治。殷人还产生了天神观念,把至高无上的天神称作“帝”。但他的社会作用远远不如作为人鬼的殷人祖先重要。①

周人除了信奉鬼魂崇拜、宣扬祖先对自己的庇佑外,还对殷人的上帝观念进行修正,建立起完整的天神崇拜学说。他们讲“天命靡常,惟德是辅”,要“明德慎罚”,“敬德保民”,按天意行事,才能永保国祚。这便使天神的社会作用重要起来,成为一种对人世帝王进行道德控制的神秘力量。

这些在古人原始崇拜中产生的、经过殷人条理化了的鬼魂崇拜观念和至西周时完善起来的天神崇拜观念,是墨家鬼神观的思想渊源。

---

① 参见刘泽华:《先秦政治思想史》,南开大学出版社1984年版,第11—15页。

二、墨家鬼神观的社会成因

周人探求天意的手段，除了像殷人那样用卜筮外，还强调看民心民情，以民情察天意，这便是《尚书·康诰》所说的“天畏棐忱，民情大可见”。在这种观念的激发下，“民近而天远”的人文思潮开始萌芽。

西周末年，社会矛盾激化，统治者的地位不稳，“君权神授”的观念受到冲击，对天神的信仰产生了动摇。《诗经·小雅·雨无正》所载“浩浩昊天，不骏其德，降丧饥馑，斩伐四国”，便是这种思想的反映。进而，人们对天发出怨恨，说“昊天不佣，降此鞠讻”①，说“昊天泰怃，予慎无辜”②，埋怨天神不佑护好人，又说“昊天疾威，弗虑弗图。舍彼有罪，既伏其辜。若此无罪，沦胥以铺”③，埋怨天神不公。既然天神如此不公不明，不能佑护好人而惩治坏人，那么地面上的人就可以不听他的话，就可以不遵从他的意愿办事，就可以凭借人力、凭借自己的智力气力去处理社会问题，去争权夺利，去扩展地盘，去占有天下。这种对天神信仰动摇，而凭借人力处理社会问题的思想观念，引发了春秋战国时期数百年间争城争地的诸侯混战。

---

① 毛亨传，郑玄笺，孔颖达疏：《毛诗正义》，《十三经注疏》本，中华书局1980年版，第441页。

② 毛亨传，郑玄笺，孔颖达疏：《毛诗正义》，《十三经注疏》本，中华书局1980年版，第453页。

③ 毛亨传，郑玄笺，孔颖达疏：《毛诗正义》，《十三经注疏》本，中华书局1980年版，第447页。

此外,自西周后期开始,人们对鬼魂先祖的社会效能也产生了怀疑。《诗经·小雅·四月》载"先祖匪人?胡宁忍予?"谴责祖先神不保佑自己,让自己受苦。

这种怀疑天神、鬼魂社会作用的思想继续发展,到了春秋时期,终于产生了"天人相分",甚至否定天神天命的思想观念。周单子预言晋将有乱,鲁侯便问:"敢问天道乎?抑人故也?"周单子曰:"吾非瞽史,焉知天道?"①他认为动乱的原因不是天神的作用,而是人事,否定了天神对人事的干预。宋国发生火灾,晋侯向士弱询问原因,士弱讲了一套神秘的天道。晋侯问:"可必乎?"士弱答曰:"在道,国乱无象,不可知也。"②言天神虽神秘,但不一定干预人事。公元前524年,有大风,宋、卫、陈、郑几国接连发生火灾。郑国大夫裨灶建议用宝物祭神以禳除火灾。郑子产曰:"天道远,人道迩。非所及也,何以知之?"③直接否定了神灵对人事的干预。

这种思想观念无疑具有历史的进步性,它促进了民本思潮的兴起和发展。但正如辩证唯物主义所主张的那样,对任何事物都应做一分为二的分析,我们也应看到这种历史观念所带来的另一种社会效果,即战争争夺和统治阶级的淫欲无度。

本来,人们信奉"君权神授",在崇拜天神的同时也畏惧得"天命"的君王,不敢对君王所赐之外的东西产生非分之想。

---

① 徐元诰撰,王树民、沈长云点校:《国语集解(修订本)》,中华书局2002年版,第83页。

② 杜预注,孔颖达正义:《春秋左传正义》,《十三经注疏》本,中华书局1980年版,第1942页。

③ 杜预注,孔颖达正义:《春秋左传正义》,《十三经注疏》本,中华书局1980年版,第2085页。

现在既然天神不可信，那么他在地上的代理人——君王也威风扫地，国土、封地等特权便不再听凭君王恩赐，而要凭自己去争夺了。

西周初年，为解释“天命转移”，兴起了一种“天命靡常，惟德是辅”的社会观念，周公旦等政治思想家们反复告诫统治阶级要“修德”，要“慎己”“明德”“慎罚”；统治阶级要约束自己的思想行为，“无作怨，勿用非谋非彝”（以上见《诗经·大雅·文王》《尚书·康诰》《尚书·无逸》等）。西周统治阶级为守基业，着实约束了自己一阵子，他们怕祖先不佑护自己，带来灾难。但是，到了春秋时期，既然天神鬼魂皆不可信，那么就无须约束自己去敬鬼事神，去战战兢兢地做人，去“与民同乐”了。大肆挥霍、骄奢淫逸的社会风气兴起，统治阶级“衣狐白之裘”不知天寒，“饮酒日夜相继”，而劳苦大众则“冻寒不得短褐，饥饿不得糟糠，敝撤无走，四顾无告”（《晏子春秋·内篇·谏上》）。贫富生活悬殊到如此地步，社会矛盾急剧恶化。

进步的思想政治家们看到战乱和这种社会危机，提出了各种各样的救世方案。郑子产欲立法以止战、平怨而救世（见《左传·襄公十年》《左传·昭公二十五年》等文）；孔丘欲讲求民孝君德，号召天下人做仁人，从而安定社会，制止攻伐而救世（见《论语》等）；老庄一派则宣扬清淡寡欲，号召天下人“无争”“无怨”，顺从自然，欲回避社会矛盾而止战止夺来匡救世道；如此等等，不一而足。而墨家，则提出“天志”“明鬼”学说，试图以此作为一种社会心理控制力量，来匡世救俗。

三、墨家鬼神观的思想内容

为了申说自己匡世救俗的政治主张，墨家对社会基本矛盾做了分析。他们认为社会争斗的原因在于人们的自私本性，“是以人是其义，以非人之义，故交相非也”①。这种自爱自是的思想观念导致了物质争夺，“厚者有斗，而薄者有争”②，于是社会大乱，“是以内者父子兄弟作怨恶，离散不能相和合，天下之百姓，皆以水火毒药相亏害，至有余力，不能以相劳；腐朽余财，不以相分；隐匿良道，不以相教。天下之乱，若禽兽然”③。这就需要有一种社会控制力量，去制约人们“自爱”“自利”的自私本性，恢复“公爱”“公利”，使天下人“交相爱，兼相利”，不争不夺不斗，达到天下太平，混同为一。于是，墨家重新提出“天志”“明鬼”主张。

墨家重申“天意”“天志”，宣扬天是有意志的，天可以干预人事，具有赏善罚恶的社会效能。他们说：“顺天意者，兼相爱，交相利，必得赏；反天意者，别相恶，交相贼，必得罚。”天意是什么？“天欲义而恶不义。”“天之意，不欲大国之攻小国。”他们不愿人世攻伐不止，不愿人们恃强凌弱，故正告世人要顺

---

① 孙诒让撰：《墨子间诂》，《新编诸子集成》本，中华书局 1986 年版，第 67 页。

② 孙诒让撰：《墨子间诂》，《新编诸子集成》本，中华书局 1986 年版，第 83 页。

③ 孙诒让撰：《墨子间诂》，《新编诸子集成》本，中华书局 1986 年版，第 67 页。

天意而行,勿逆天意而动;顺天意行者得福,逆天意动者遭殃。“昔三代圣王禹、汤、文、武,此顺天意而得赏也。昔三代之暴王,桀、纣、幽、厉,此反天意而得罚者也。”①

墨家宣扬“天意”的政治目的是甚为明确的。他们想以“天意”“天罚”作为一种社会制约力量,来实现“非攻”“非战”“兼爱”“互利”的社会目的,故谓:“处大国不攻小国,处大家不篡小家,强者不劫弱,贵者不傲贱,多诈者不欺愚,此必上利于天,中利于鬼,下利于人。”②大家共利,天下太平。

在墨家控制人世的“天意”中间,有一个神秘的监督力量——鬼。鬼的监察力无所不在,无处不存。这就是墨家的“鬼察”“鬼罚”说。

为了论证“鬼察”“鬼罚”,墨家首先大力宣扬世上有鬼,说:“自古以及今,生民以来者,亦有尝见鬼神之物,闻鬼神之声,则鬼神何谓无乎?”③并列举大量事例,说明鬼确实存在,以此作为宣扬“鬼察”“鬼罚”的基础。

进而,墨家论证了鬼神对于世人的监察,说:“鬼神之明,不可为幽间广泽,山林深谷,鬼神之明必知之。”④无论世人在明处还是在暗中,无论在闹市还是在荒野,鬼神就像影子一样跟随着世人,不论你做了善事,还是做了恶事,他都能知道得一

---

① 孙诒让撰:《墨子间诂》,《新编诸子集成》本,中华书局 1986 年版,第 177 页。

② 孙诒让撰:《墨子间诂》,《新编诸子集成》本,中华书局 1986 年版,第 174—179 页。

③ 孙诒让撰:《墨子间诂》,《新编诸子集成》本,中华书局 1986 年版,第 202 页。

④ 孙诒让撰:《墨子间诂》,《新编诸子集成》本,中华书局 1986 年版,第 220 页。

清二楚，绝不虚妄。

监察的目的是实施赏罚。墨家宣扬，鬼神可以奖赏善人，也可以惩罚恶人，还可以代人判断疑案。“鬼神之罚，不可为富贵众强，勇力强武，坚甲利兵，鬼神之罚必胜之。”①并列举了大量事例证明这种鬼罚力量的可怕性。周宣王无辜杀死了臣子杜伯，三年后，杜伯的鬼魂来报仇，将田猎的周宣王射死；燕简公无辜杀死了臣子庄子仪，一年后，庄子仪的鬼魂前来报仇，将“驰于祖涂（途）”的燕简公杖杀在车上；宋文公君臣祏观辜祭祀非礼，被鬼神（通过祝史之手）敲杀在祭坛上。② 墨家列举这些事例，来证明鬼罚力量的可怕，来说明鬼神的公正无私，告诫统治者切莫枉杀无辜。

鬼神不但能够惩恶，还能够赏善。“昔者郑穆公当昼日中处乎庙，有神入门”，因郑穆公有“明德”而代天帝赐寿 19 年，使其“国家蕃昌，子孙茂，毋失”，借此宣扬统治者应“明德”。③而墨家所说的“明德”，即兼爱世人，与人共利，制止攻伐。

鬼神既然时刻在暗中监察世人，那么他对人间事情皆了然于胸，故而可以代人决疑断难，判断善恶是非，从而实施“鬼罚”。《墨子·明鬼下》载，昔者齐庄公之臣王里国、中里徼“讼三年而狱不断”，只好到神社去请鬼神决断。鬼神明断是非，让羊触撞中里徼，“折其脚，祧神之而槀之，殪之盟所”。鬼神

① 孙诒让撰：《墨子间诂》，《新编诸子集成》本，中华书局 1986 年版，第 220—221 页。

② 参见孙诒让撰：《墨子间诂》，《新编诸子集成》本，中华书局 1986 年版，第 204—208 页。

③ 参见孙诒让撰：《墨子间诂》，《新编诸子集成》本，中华书局 1986 年版，第 205—206 页。

不但代人辨明了是非,而且实施了"鬼罚"。

墨家宣扬"鬼察""鬼罚""鬼赏"的实际目的在于落脚到社会治理上。《墨子・明鬼下》曰:"是故子墨子曰:'当若鬼神之能赏贤如罚暴也,盖本施之国家,施之万民,实所以治国家、利万民之道也。'是以吏治官府之不洁廉,男女之为无别者,有鬼神见之。民之为淫暴寇乱盗贼,以兵刃毒药水火,退无罪人乎道路,夺人车马衣裘以自利者,有鬼神见之。是以吏治官府不敢不洁廉,见善不敢不赏,见暴不敢不罪。民之为淫暴寇乱盗贼,以兵刃毒药水火,退无罪人乎道路,夺车马衣裘以自利者,由此止……是以天下治。"(原文错乱,此从王焕镳《墨子校释》之校正)鬼神作为社会控制力量的作用有二:一是监督、赏罚统治阶级,使其不敢不清廉明正;二是监督、赏罚平民百姓,使其不敢暗中作恶。统治阶级明正清廉,平民百姓不做恶事,天下就太平了。

四、墨家鬼神观的意义和影响

如上所言,墨家的"鬼察""鬼罚""鬼赏"学说是作为一种治世策略提出来的,他们把鬼神作为一种社会心理威慑力量,作为一种社会道德控制工具。在形式上,墨家虽然像西周以前人那样宣扬鬼神存在,宣扬鬼神干预人事,但在目的意义上,两者却有了质的区别。西周以前的人宣扬天神鬼魂,其目的是制造"君权神授"论,从而愚弄百姓,永保君位。而墨家宣扬"天志""明鬼",制造"鬼察""鬼赏""鬼罚"学说,则是为了改造人"自爱""自利"的自私本性,要求人们在神秘幽暗的鬼神力量的震慑下去“兼爱”别人、“兼利”别人，从而改变交相攻伐、交相争夺的社会现实，达到天下太平。西周前，鬼神的宣扬者是统治阶级，宣扬的目的是巩固自己的统治，而今宣扬鬼神的墨家则是一些被统治的平民，宣扬的目的是教导世人，匡世救俗。

应该说，墨家的这一出发点是好的，他们想给当时的动乱社会开一救世良方。但是，他们下错了药。因为他们所总结的社会主要矛盾——人的自私本性导致了社会争斗，就缺乏深刻性，即没有看透病症，所以他们的药方也就不灵。虽然他们为了实现自己的主张忘身舍命地四处奔走，搞得“腓无胈，胫无毛”，虽目的是“真天下之好也”，而实际上却“将求之不得也”（《庄子·天下》），以失败碰壁而告终。他们不能从社会物质基础决定意识形态的角度去考察世人的争斗，而把原因归结到人们的心灵中，追寻到道德品行上去，就难免陷入了历史唯心主义的泥坑，这是时代的局限。

但我们并不能因此而否定墨家鬼神论在我国古代传统文化中的影响和对于民族心理的影响。

东汉中后期，社会动乱，战争连年，统治阶级醉生梦死，骄淫荒唐，社会现状与战国之世相似，故而处于初创时期的道教理论家们又捡起墨家的“天意”“鬼罚”学说，以此威慑世人，改造世人灵魂，匡正世风。他们宣扬“天地之性，自古至今，善者致善，恶者致恶，正者致正，邪者致邪”①。宣扬天是有意志的，任何人行善作恶，都可以得到天地之神的公正报应，“天地睹人有道德为善，则大喜；见人为恶，则大怒忿忿”②。天神派鬼

① 王明编：《太平经合校》，中华书局 1960 年版，第 512 页。

② 王明编：《太平经合校》，中华书局 1960 年版，第 374 页。

神来监察世人。人间善恶,“天遣神往记之。过无大小,天皆知之”,从而实施赏罚。大恶“前后除算减年”,使人减寿早夭①;小恶使人“灾病万端”②。大善使人“增命益年”③;小善使人“竟其年”④,得善终。帝王也不例外,“王者行道,天地喜悦;失道,天地为灾异”⑤。这些说教,显然是继承了墨家的说教。

在中华民族的心理结构中,行善积德、万勿作恶是一重要内容。行善者,神灵福佑,可及于身,并荫及子孙;作恶者,神灵降灾,不仅“现世报”,而且祸及后代。这种思想观念的形成,除受外来佛教文化“因果报应”说的影响外,也与墨家所宣扬的“天意”“鬼罚”学说有关。

总之,墨家以匡世救俗为目的,接受了西周以前盛行的天神鬼魂崇拜思想,加以改造利用,宣扬“天意”“天志”,宣扬“鬼察”“鬼赏”“鬼罚”,试图以此作为一种威慑君王和世人心理、拯救君王和世人道德的神秘力量,但由于他们对于当时社会主要矛盾的错误分析,故而这一学说没有取得预期的社会效果,只是后来在道教文化和中华民族心理结构方面,产生过一定影响。

---

① 王明编:《太平经合校》,中华书局1960年版,第526页。
② 王明编:《太平经合校》,中华书局1960年版,第54页。
③ 王明编:《太平经合校》,中华书局1960年版,第537页。
④ 王明编:《太平经合校》,中华书局1960年版,第537页。
⑤ 王明编:《太平经合校》,中华书局1960年版,第17页。

论墨家早期学说的形成*

据《淮南子·要略》讲，墨子先学儒术，后从儒家分化出来，形成了自己的学说。从墨子后学所记墨子与时人的论争中，可看出墨家政治、经济、伦理、哲学四位一体的早期学说的形成过程。

一、关于节葬、节丧、非乐说

《淮南子·要略》曰："墨子学儒者之业，受孔子之术，以为其礼烦扰而不说，厚葬靡财而贫民，[久]服伤生而害事，故背周道而用夏政……故节财、薄葬、闲服生焉。"①较之于儒学，墨学的特点是改"从周"为"从夏"，改周之奢为夏之俭。依此，节葬、节丧学说是墨学初创时的主要内容之一，而从墨子与时人的辩论中也可看出这一点。

《墨子·公孟》载："公孟子谓子墨子曰：'子以三年之丧

---

* 本文原载于《齐鲁学刊》2006年第4期。

① 刘文典撰：《淮南鸿烈集解》，中华书局1989年版，第709—710页。

为非，子之三月之丧亦非也。’子墨子曰：‘子以三年之丧非三月之丧，是犹倮谓撅者不恭也。’”①公孟子，惠栋曰：“公孟子即公明子。”宋翔凤曰：“《孟子》公明仪、公明高，曾子弟子……‘孟’与‘明’通，公孟子即公明子，其人非仪即高，正与墨翟同时。”②曾子以孝闻名，其弟子为维护表示孝道的“三年之丧”的儒家主张，故与墨子发生争论。公孟子坚持“三年之丧”，坚持的还是孔子与宰我论争此问题时孔子阐述的理由——“子生三年然后免于父母之怀”③，以此与墨子辩论。《墨子·公孟》载：“公孟子曰：‘三年之丧，学吾子之慕父母。’子墨子曰：‘夫婴儿子之知，独慕父母而已。父母不可得也，然号而不止，此亓故何也？即愚之至也。然则儒者之知，岂有以贤于婴儿子哉？’”④墨子反驳公孟，有点调侃的味道。实际上，墨子坚持的理由，也还主要是宰我对孔子申说的理由“三年不为礼，礼必坏；三年不为乐，乐必崩”⑤。《墨子·公孟》又载：“子墨子谓公孟子曰：‘丧礼，君与父母、妻、后子死，三年丧服；伯父、叔父、兄弟期；族人五月；姑、姊、舅、甥皆有数月之丧。或以不丧之间，诵《诗》三百，弦《诗》三百，歌《诗》三百，舞《诗》三百。若用子之言，则君子何日以听治？庶人何日

---

① “月”原作“日”，从毕沅校改。见孙诒让撰：《墨子间诂》，《新编诸子集成》本，中华书局 1986 年版，第 419 页。

② 孙诒让撰：《墨子间诂》，《新编诸子集成》本，中华书局 1986 年版，第 411 页。

③ 杨伯峻译注：《论语译注》，中华书局 1980 年版，第 188 页。

④ 孙诒让撰：《墨子间诂》，《新编诸子集成》本，中华书局 1986 年版，第 420 页。

⑤ 杨伯峻译注：《论语译注》，中华书局 1980 年版，第 188 页。

以从事?’”①儒家之丧制,儒家之礼乐,使“君子无日以听治,庶人无日以从事”,故墨子非之。

久丧繁礼不但妨害“君子听治”“庶人从事”,还靡费钱财,故墨子倡导节俭,这自然遭到儒家之徒的反对。墨家诸多“从俭”学说,公孟子都曾予以反驳,谓墨子改革不从古。《墨子·公孟》载:“公孟子曰:‘君子必古言、服,然后仁。’子墨子曰:‘昔者商王纣、卿士费仲为天下之暴人,箕子、微子为天下之圣人,此同言而或仁或不仁也。周公旦为天下之圣人,关叔为天下之暴人,此同服或仁或不仁。然则不在古服与古言矣。且子法周而未法夏也,子之古,非古也。’”②墨子在批判了“必古言、服,然后仁”的观点后,一针见血地指出公孟子“法周而未法夏也,子之古,非古也”,法周之奢侈礼乐,与法夏之简朴实用,不但成为墨家与儒家历史观的区别,也是墨家与儒家在社会制度改革方面的主要区别之一。

墨家认为,与久丧繁礼同样妨害“君子听治”“庶人从事”的还有礼乐,故墨家在反对厚葬久丧的同时,也反对儒家的繁礼淫乐,因而同样受到公孟子的质问。《墨子·公孟》载:“公孟子曰:‘国乱则治之,国治则为礼乐;国贫则从事,国富则为礼乐。’子墨子曰:‘……今子曰国治则为礼乐,乱则治之,是譬犹渴而穿井也,死而求医也。古者三代暴王桀、纣、幽、厉,薾为声乐,不顾其民,是以身为刑僇,国为戾虚者,皆

---

① 孙诒让撰:《墨子间诂》,《新编诸子集成》本,中华书局 1986 年版,第 417—418 页。

② 孙诒让撰:《墨子间诂》,《新编诸子集成》本,中华书局 1986 年版,第 416 页。

从此道也。’”[①]墨子认为“古者三代暴王桀、纣、幽、厉”因为沉湎于音乐,“不顾其民”才“身为刑僇”,失去政权而遗臭万年的。将沉湎于音乐与暴王虐政联系起来,可见墨家对音乐的反对态度。墨子的“非乐”态度是一以贯之的。《墨子·公孟》载:“子墨子问于儒者曰:‘何故为乐?’曰:‘乐以为乐也。’子墨子曰:‘子未我应也。’”[②]此则记载,墨子主动出击,向儒家发难,展开要论辩“礼乐是非”的架势;而儒家却不应战,以答非所问的“乐以为乐”搪塞过去。这有可能是当时墨家“非乐”说已有很大的社会影响,声势浩大,故儒家无以为应。

由以上墨子与时人的论辩,我们可以就墨家的节葬、节丧、非乐学说的形成做如下推想。

第一,据《墨子·贵义》载,墨子游说楚惠王不成的原因,穆贺归结为“贱人之所为而不用”,又据《韩非子·外储说左上》墨子能制作“木鸢”、《墨子·贵义》又载墨子游卫“载书甚多”,故当今研究界多认为:墨子出身于当时作为“贱人”阶层的工匠,后读书成为士人。[③] 由下层“贱人”而成为士人,才有身份及时间参与士阶层乃至执政阶层的礼乐活动,故而才惊讶于儒家推行的礼乐丧葬制度对社会资财的浪费,因此才起而反对。

第二,公孟子与墨子的辩论,皆由公孟子设题发端,主动出

---

① 孙诒让撰:《墨子间诂》,《新编诸子集成》本,中华书局 1986 年版,第 418—419 页。

② 孙诒让撰:《墨子间诂》,《新编诸子集成》本,中华书局 1986 年版,第 420—421 页。

③ 参见杨俊光:《墨子新论》,江苏教育出版社 1992 年版,第 14—17 页。

击;且《墨子·公孟》载公孟子曾批评墨子没有像君子那样“共己以待”别人问,甚含教训口气;而墨子以“是言有三物焉,子乃今知其一耳……今未有扣,子而言,是子之谓‘不扣而鸣’邪,是子之所谓‘非君子’邪”①云云与之辩,亦反唇相讥。这可以看出:其一,公孟子似与墨子学术辈分相当,或者就是一同学习“孔子之术”的同窗;其二,公孟子主动出击且言辞含教训口气,可能其资历稍高于墨子,因见墨子所主学说逐渐远离儒学宗旨,故而教训之;其三,公孟子攻击墨子“非扣则鸣”,引发墨子申辩,这似是墨子刚刚从儒家分化出来而主动宣传自己学说时的事。

第三,墨子与曾子之徒公孟子滔滔论辩,言辞坚定且论说有理有据,可能是此时墨子已初步形成了自己的学术观点体系,正在广做宣传,推行自己的学说。若果这样,公孟与墨子的这些论辩,应是墨学形成的标志。

由以上考论可以说,墨学初创时的内容是先从节葬、非乐、校正侈靡的社会风气开始的。那么,《淮南子·要略》载“墨子学儒者之业,受孔子之术,以为其礼烦扰而不说,厚葬靡财而贫民,[久]服伤生而害事,故背周道而用夏政”,谓墨学以校正儒家繁礼淫乐为创立契机之言则不虚。

二、关于止斗止战的非攻学说

墨子为校正儒学流弊而创立节葬、节丧、非乐学说,是为了

---

① 孙诒让撰:《墨子间诂》,《新编诸子集成》本,中华书局1986年版,第412—413页。

改革社会制度弊端，救民众于苦难。而彼时的广大民众所承受的社会苦难，更甚于执政者厚葬久丧、繁礼淫乐所带来的沉重经济负担的，是诸侯连年争城夺地战争所造成的生活动荡乃至性命不保。据今人考证，墨子主要活动于孔子去逝后、孟子出生前，即战国前期。而此一时期，正是“战国七雄并立”局势形成前诸侯激烈兼并时期。针对战争频仍的社会现实，墨子提出了非攻主张。

《墨子·耕柱》载：“子夏之徒问于子墨子曰：‘君子有斗乎？’子墨子曰：‘君子无斗。’子夏之徒曰：‘狗豨犹有斗，恶有士而无斗矣？’子墨子曰：‘伤矣哉！言则称于汤、文，行则譬于狗豨，伤矣哉！’”①争论士君子“有斗”“无斗”，显然是针对墨家非攻止斗主张而发。据《墨子·耕柱》载墨子曾与骆滑氂争辩“好勇”与“恶勇”②，可见墨子时尚有像骆滑氂一类自恃有“勇”的士人存在。古之士人，平时督耕治民，战时披甲出战，文武兼备；至春秋末孔子教学，犹有“射、御”诸科，故“子夏之徒”以“恶有士而无斗”质问墨子。而质问者为子夏之徒，墨子之反驳并非像游说诸侯时那般就攻战弊端不绝地分析申说，这似应是墨子“学孔子之术”后发觉弊端另创新说但尚未完全脱离儒家集团，亦即尚与儒家人士经常相处，也可以说是儒墨阵线尚未完全分明时的事。

墨子先学儒家之术而后以倡导“非攻”闻名，故鲁君就“齐人攻”问题请教墨子。《墨子·鲁问》载：“鲁君谓子墨子曰：

---

① 孙诒让撰：《墨子间诂》，《新编诸子集成》本，中华书局 1986 年版，第 392 页。

② 孙诒让撰：《墨子间诂》，《新编诸子集成》本，中华书局 1986 年版，第 400—401 页。

‘吾恐齐之攻我也,可救乎?’子墨子曰:‘可……吾愿主君之上者尊天事鬼,下者爱利百姓,厚为皮币,卑辞令,亟遍礼四邻诸侯,驱国而以事齐,患可救也。非此,顾无可为者。’”[①]此文载墨子止攻之术,仅限于劝鲁君“上者尊天事鬼,下者爱利百姓,厚为皮币,卑辞令,亟遍礼四邻诸侯,驱国而以事齐”,还没有像止楚攻宋时那样既有“义、利”等理论游说,又设守御器械,以及弟子率数百人持械助宋守城之事,这当是墨子非攻理论尚未完善、与非攻理论相辅而行的守御器械尚未研制成功、训练有素的守城弟子队伍尚未形成时的事。其救鲁之“策”似应是墨子非攻理论初创时的形态。而据钱穆多方考证,墨子救宋发生在楚惠王四十五年即公元前444年稍后。[②] 因而,鲁君就“齐人攻”与墨子的问答,当发在墨子救宋前即公元前444年前。这次问答应是墨家非攻学说萌生的标志。

墨子答鲁君问之后,认识到诸侯对攻战问题的迫切关注,故而在此一方面思索研究,初步形成了非攻理论,用以游说诸侯,制止攻战。其初期非攻理论的核心是“战争是否合于义与利”,这从墨子止楚攻宋的两段说辞中可以看出来。《墨子·公输》载墨子听到公输盘“为楚造云梯之械,成,将以攻宋”后,至郢,见公输盘,因公输盘言“吾义固不杀人”,而以“义”说服之;又见楚王,以有“窃疾”“必伤义而不得”,使楚王“无攻宋”。[③] 在

---

① 孙诒让撰:《墨子间诂》,《新编诸子集成》本,中华书局1986年版,第428页。

② 参见钱穆:《先秦诸子系年》,商务印书馆2001年版,第159—162页。

③ 孙诒让撰:《墨子间诂》,《新编诸子集成》本,中华书局1986年版,第443—449页。

墨子游说公输盘的说辞中,能够打动公输盘的主要是一个"义"字,"义"是士人的立身之本,故墨子以"义"动之;在墨子游说楚王的说辞中,能够打动楚王的主要是一个"利"字,是否能够战胜得利,是诸侯最为关心的事。动之以义、晓之以利,是墨子宣扬非攻学说的主要方式;以合义、得利为主要标准说明非攻理由,是墨子宣扬非攻学说的主要内容。以如此方式阐述如此内容,确能使"公输盘服",确能使楚王"无攻宋",可以说,以义与利游说诸侯止攻,标志着墨子非攻学说的初步形成。

除了人们熟悉的墨子止楚攻宋故事中墨子的说辞外,墨子游说鲁阳文君勿攻郑的说辞,亦对墨家非攻理论阐述得较为明白。《墨子·鲁问》载:"子墨子谓鲁阳文君曰:'攻其邻国,杀其民人,取其牛马粟米货财,则书之于竹帛,镂之于金石,以为铭于钟鼎。传遗后世子孙,曰:'莫若我多。'今贱人也,亦攻其邻家,杀其人民,取其狗豕食粮衣裘,亦书之竹帛,以为铭于席豆,以遗后世子孙,曰:'莫若我多。'亓可乎?'鲁阳文君曰:'然。吾以子之言观之,则天下之所谓可者,未必然也。'"[1]这是以义游说之。《墨子·鲁问》又载:"子墨子谓鲁阳文君曰:'世俗之君子,皆知小物而不知大物。今有人于此,窃一犬一彘,则谓之不仁;窃一国一都,则以为义。譬犹小视白谓之白,大视白则谓之黑。是故世俗之君子,知小物而不知大物者,此若言之谓也。"[2]这也是以义游说之。《墨子·鲁问》还载:"鲁阳文君将攻郑,子墨子闻而止之,谓鲁阳文君曰:'今使鲁四境

① 孙诒让撰:《墨子间诂》,《新编诸子集成》本,中华书局 1986 年版,第 431 页。

② 孙诒让撰:《墨子间诂》,《新编诸子集成》本,中华书局 1986 年版,第 431 页。

之内，大都攻其小都，大家伐其小家，杀其人民，取其牛马狗豕布帛米粟货财，则何若？’鲁阳文君曰：‘……则寡人必将厚罚之。’子墨子曰：‘夫天之兼有天下也，亦犹君之有四境之内也。今举兵将以攻郑，天诛亓不至乎？’鲁阳文君曰：‘先生何止我攻郑也？我攻郑，顺于天之志。郑人三世杀其君，天加诛焉，使三年不全，我将助天诛也。’子墨子曰：‘郑人三世杀其君，而天加诛焉，使三年不全，天诛足矣。今又举兵，将以攻郑，曰吾攻郑也，顺于天之志，譬有人于此，其子强梁不材，故其父笞之，其邻家之父举木而击之，曰吾击之也，顺于其父之志，则岂不悖哉！’”①这是先以利害游说之，又以“天意”警示之。

此三则故事，于篇中连排在一起，都是关于墨子止鲁阳文君攻郑的游说记载，可能是不同弟子就此事各自所记的杂凑，与《墨子》“十论”各有上、中、下同。就此三则记载看，墨子说鲁阳文君勿攻郑，先以“攻其邻国，杀其民人，取其牛马粟米货财”，却“书之于竹帛……传遗后世子孙，曰‘莫若我多’”说之，即以这种甚不合义的行为比况之；复以“窃一犬一彘，则谓之不仁；窃一国一都，则以为义”，即复以攻郑是否合义劝说之；又以“今使鲁四境之内，大都攻其小都，大家伐其小家，杀其人民，取其牛马狗豕布帛米粟货财”的利害劝说之；不能奏效之后，又以“今举兵将以攻郑，天诛其不至乎”威警之。可见此时墨子的非攻学说，已加进天志说的内容并与其结合起来了。但申述天志天诛说时，墨子又先以“天之兼有天下也，亦犹君之有四境之内”比况，又先以天诛由天实施而不假人手

① 孙诒让撰：《墨子间诂》，《新编诸子集成》本，中华书局 1986 年版，第 430—431 页。

的道理告诫,与《墨子·非攻》中总结的非攻能“上中天之利,而中中鬼之利,而下中人之利”和“古之仁人有天下者,必交大国之说,一天下之和,总四海之内,焉率天下之百姓,以农臣事上帝山川鬼神,利人多,功故又大。是以天赏之,鬼富之,人誉之”诸说①,不但言词整饬程度有异,而且理论的成熟程度亦有异,又带有“非攻”与“天志”两种学说初步结合时的痕迹。这应是墨子非攻学说内容发生性质变化的标志。墨子游说鲁阳文君的时间,钱穆曾在考证中驳孙诒让、梁启超诸说而定在周安王八九年②,即公元前 394 年或者公元前 393 年,已在墨子晚年。准此,墨子的非攻学说,在其晚年才与天志说结合起来。

由上引诸例可见,墨子所创立的非攻理论有四要义:

第一,以“义、仁”作为衡量战争性质的准则。上引《墨子·公输》载,墨子至楚见公输盘,借公输盘说“吾义固不杀人”而问之曰:“荆国有余于地而不足于民,杀所不足而争所有余,不可谓智。宋无罪而攻之,不可谓仁。知而不争,不可谓忠。争而不得,不可谓强。义不杀少而杀众,不可谓知类。”③据《墨子·鲁问》载,墨子止楚攻宋,曾以“义”使公输盘彻底改变战争观念:“公输子谓子墨子曰:‘吾未得见之时,我欲得宋。自我得见之后,予我宋而不义,我不为。’子墨子曰:‘翟之未得见

① “交”原作“反”,从孙诒让校改。见孙诒让撰:《墨子间诂》,《新编诸子集成》本,中华书局 1986 年版,第 129—130 页。

② 参见钱穆:《先秦诸子系年》,商务印书馆 2001 年版,第 207—209 页。

③ 孙诒让撰:《墨子间诂》,《新编诸子集成》本,中华书局 1986 年版,第 445 页。

之时也，子欲得宋，自翟得见子之后，予子宋而不义，子弗为，是我予子宋也。子务为义，翟又将予子天下。'"①善制攻击之械的公输盘改变了战争观念，对于推行墨家非攻学说甚为有利。

第二，以众人所不齿的偷窃行为比况不义之战。上引《墨子·公输》载墨子说楚王停止攻宋，即用此法，而《墨子·耕柱》载墨子游说鲁阳文君停止攻郑也是用此法。"子墨子谓鲁阳文君曰：'今有一人于此，羊牛刍豢，雍②人但割而和之，食之不可胜食也，见人之作饼，则还然窃之，曰舍余食。不知甘肥③安不足乎？其有窃疾乎？'鲁阳文君曰：'有窃疾也。'子墨子曰：'楚四竟之田，旷芜而不可胜辟，呼虚④数千，不可胜入，见宋、郑之闲邑，则还然窃之，此与彼异乎？'鲁阳文君曰：'是犹彼也，实有窃疾也。'"⑤

第三，以攻战于人于己均不利说之。《墨子·耕柱》载墨子游说鲁阳文君时又说："子墨子谓鲁阳文君曰：'大国之攻小国，譬犹童子之为马也。童子之为马，足用而劳。今大国之攻小国也，守者农夫不得耕，妇人不得织，以守为事。攻人者亦农夫不得耕，妇人不得织，以攻为事。故大国之攻小国也，譬犹童子之为马也。'"⑥童子骑竹马，"足用而劳"，夹竹竿曳地而行，

---

① 孙诒让撰：《墨子间诂》，《新编诸子集成》本，中华书局 1986 年版，第 443 页。

② "雍"原作"维"，从孙诒让校改。

③ "甘肥"原作"日月"，从曹耀湘校改。

④ "呼虚"原作"訏靈"，从孙诒让校改。

⑤ 孙诒让撰：《墨子间诂》，《新编诸子集成》本，中华书局 1986 年版，第 399—400 页。

⑥ 孙诒让撰：《墨子间诂》，《新编诸子集成》本，中华书局 1986 年版，第 394—395 页。

名为“骑马”,实自劳其足。今“大国之攻小国”,与童子骑竹马同,名为获利,却使自己国内“农夫不得耕,妇人不得织”,误耕误织,得不偿失。墨子直接以攻战无论对攻国还是守国都无利而有害说之。分析利害,当是墨子止战说辞中的重要内容。

第四,以预示攻必不胜制止之。此即《墨子·公输》载墨子与公输盘的“子墨子解带为城,以牒为械,公输盘九设攻城之机变,子墨子九距之。公输盘之攻械尽,子墨子之守圉有余”,并且已令弟子三百人持“守圉之器,在宋城上而待楚寇”。[①] 晓之以义,说之以弊,示之以利,先知胜败,故能游说诸侯,止战成功。

而以上所引诸例之最应注意者,为其所蕴含的墨子非攻学说内容性质的变化。墨子的非攻学说,至迟应在墨子止楚攻宋时,即楚惠王四十五年(前444)已初步形成,但当时的内容要义是“义、利”;而在墨子游说鲁阳文君时,即周安王八年(前394)或九年(前393),亦即墨子晚年时,墨子的非攻学说已与天志说结合起来。这是先秦墨学史上尤应注意的问题之一。

三、关于“交相爱”的兼爱利人学说

墨子创立节葬、节丧、非乐说的起因在于纠正儒学之弊,而其学说的出发点则是爱人,为了减轻世人的经济负担,为了爱“生人”而不爱死人,即《荀子·礼论》所说的“刻死附生”;墨

---

① 孙诒让撰:《墨子间诂》,《新编诸子集成》本,中华书局1986年版,第447—448页。

子创立非攻学说，是为了改变诸侯频繁攻战的社会局面，为了改变世人的生存环境，也是为了爱人。所以说，爱人学说是墨子所创学说的出发点和立足点，是墨学的核心要义。

爱人学说与节葬学说和非攻学说是紧密相连的，墨子曾在与公输盘的辩论中涉及此问题。《墨子·鲁问》载："公输子自鲁南游楚，焉始为舟战之器，作为钩强之备，退者钩之，进者强之……公输子善其巧，以语子墨子曰：'我舟战有钩强，不知子之义亦有钩强乎？'子墨子曰：'我义之钩强，贤于子舟战之钩强。我钩强，我钩之以爱，强之以恭。弗钩以爱则不亲，弗强以恭则速狎，狎而不亲则速离。故交相爱，交相恭，犹若相利也。今子钩而止人，人亦钩而止子，子强而距人，人亦强而距子。交相钩，交相强，犹若相害也。故我义之钩强，贤子舟战之钩强。'"①墨子与公输盘论"钩强"，以"交相爱，交相恭"说之，强调了他那"交相爱"的兼爱学说，将此学说作为制止战争、维护和平的有力工具，得出"我义之钩强，贤于子舟战之钩强"的结论。

墨子与巫马子的论辩，对兼爱学说要义申述得更为明白。《墨子·耕柱》载："巫马子谓子墨子曰：'我与子异，我不能兼爱……有杀彼以利我，无杀我以利彼。'子墨子曰：'子之义将匿耶？意将以告人乎？'巫马子曰：'我何故匿我义？吾将以告人。'子墨子曰：'然则，一人说子，一人欲杀子以利己；十人说子，十人欲杀子以利己；天下说子，天下欲杀子以利己。一人不说子，一人欲杀子，以子为施不祥言者也；十人不说子，十人欲

① 孙诒让撰：《墨子间诂》，《新编诸子集成》本，中华书局1986年版，第440—441页。

杀子,以子为施不祥言者也;天下不说子,天下欲杀子,以子为施不祥言者也。说子亦欲杀子,不说子亦欲杀子,是所谓经者口也,杀常之身者也。'子墨子曰:'子之言恶利也,若无所利而不言,是荡口也。'"①

此则论辩可见如下三点:其一,巫马子,苏时学谓"当为儒者"②。巫马子扬言"我爱邹人于越人,爱鲁人于邹人,爱我乡人于鲁人,爱我家人于乡人,爱我亲于我家人,爱我身于吾亲,以为近我也",所宣扬的是儒家的等差亲亲之爱,可见墨家"兼相爱"的兼爱学说也是为改造儒家"差等爱"的弊端而产生的。其二,巫马子说"有杀彼以利我,无杀我以利彼",所宣扬的又不纯粹是儒家的从血缘亲疏出发的"差等爱",又近于《孟子·尽心上》所攻击的杨朱"拔一毛而利天下不为也"的"为我说",可见墨子宣传自己学说时面对的论敌不仅有儒家,还有"为我说"一派。其三,据钱穆考证,杨朱与孟子同时而稍前③,那么杨朱创立学说必在墨子创立学说后。据此,宣传"有杀彼以利我,无杀我以利彼"的"为我说"的巫马子,必不是杨朱的学生而是杨朱的前辈。巫马子的学说出自儒家那种从血缘亲疏出发的"差等爱"而又不同于儒家,可见其也是从儒家分化出来而自创新说的另一学派,与墨子同,故孟子对墨子和发展了巫马子学说的杨朱大加鞭挞。

---

① 孙诒让撰:《墨子间诂》,《新编诸子集成》本,中华书局 1986 年版,第 398 页。

② 孙诒让撰:《墨子间诂》,《新编诸子集成》本,中华书局 1986 年版,第 385 页。

③ 参见钱穆:《先秦诸子系年》,商务印书馆 2001 年版,第 284—287 页。

巫马子与墨子的争论不止此一次。《墨子·耕柱》又载:“巫马子谓子墨子曰:‘子兼爱天下,未云利也;我不爱天下,未云贼也。功皆未至,子何独自是而非我哉?’子墨子曰:‘今有燎者于此,一人奉水将灌之,一人掺火将益之,功皆未至,子何贵于二人?’”①此论辩可见如下两点:其一,从巫马子的“功皆未至”中可以看出,巫马子与墨子争论时,墨家“交相爱”的兼爱学说才刚刚创立,还未产生较大的社会效应,故曰“未云利也”。其二,由巫马子“子何独自是而非我”之言可以推想,墨子曾与巫马子的“为我说”发生过激烈论战,或者在宣传学说时猛烈地抨击过巫马子的“为我说”,那么墨学初创时,与墨子激烈辩论的除儒家传人公孟子一派外,还有从儒家分化出来而为杨朱先声的巫马子一派。

由以上所引诸例,我们可以看出如下几点:

第一,墨子宣扬“兼相爱”的爱人学说目的之一,在于非攻止战。墨子的非攻学说,经过了由“义、利”为游说核心向以“天志”为游说核心的转化,这当是战争兼并日益激烈,战略战术日益发展,战争武器日益进步,从而使得争城夺地日益得逞,即战争所获利益日益巨大所引发的。墨子所处的战国前期,战争频仍。公元前 497 年至公元前 453 年,晋六卿长久内战、相互蚕食吞并致“三家分晋”;公元前 461 年,秦亡大荔;公元前 447 年,楚亡蔡;公元前 445 年,楚亡杞;公元前 431 年,楚亡莒并攻郑取地;公元前 414 年,越亡滕;公元前 413 年,越亡郯;公元前 412 年至公元前 407 年,齐连续攻鲁夺地;公元前 413 年

---

① 孙诒让撰:《墨子间诂》,《新编诸子集成》本,中华书局 1986 年版,第 390—391 页。

至公元前409年,魏连续攻秦大夺地,其后魏连续三年攻中山而终灭之;公元前405年至公元前404年,韩魏赵联军大败齐师而攻入齐长城;公元前400年至公元前391年,韩魏赵联军大战楚而大取其地……战争规模日大,争城夺地日多,儒家所宣扬的“仁义”观念被抛却一边,战争获利的现实日益明显。如此情况下再以“义、利”游说止战显然是不现实的,故墨子重提“天欲人兼相爱而不欲人交相攻”的“天志”“兼爱”学说以制止战争。可见,这种变化,是社会形势使然。

第二,战争规模日益扩大,步兵逐步替代甲士而在战争中起主导作用;战争武器日益进步,从而使得公输盘之类工匠的作用日益受到重视;新型地主凭借经济实力日益取代贵族而登上政治舞台;所有这些,都使得原有的贵族等级制逐步淡化,人人平等的社会格局日益出现。因而,不再是像孔子所处的社会时代那样以调整士以上贵族间关系为社会政治第一需要,而是以调整所有社会成员间关系为社会政治第一需要。因而,墨子强调的社会成员人人相爱的兼爱学说,是符合社会政治形势变化的需要的。从这种意义上说,墨子是站在社会政治前列的思想家。

四、关于鬼明、鬼佑、鬼罚诸说

战国前期,有条件实施繁礼、沉湎于淫乐中的主要是彼时的当政者。而就彼时的社会变化来说,执政者是将原来鬼神祖宗所能享受、而生人只能在主祭参祭中旁听和分享“祭之余”时才有权和能够享受的东西,堂而皇之、毫无顾忌地自己享受,享受音乐歌舞，享受美酒佳肴；并且为了满足自己的私欲而攻城略地，向周边扩张以扩大财富聚敛面。为了制止执政者的淫欲和扩张，墨子创立了鬼明、鬼佑、鬼罚学说。这一学说遭到某些思想家的反对。

首先质疑墨子"明鬼"说的是公孟子。《墨子·公孟》载："公孟子谓子墨子曰：'有义不义，无祥不祥。'子墨子曰：'古者圣王皆以鬼神为神明，而为祸福，执"有祥不祥"，是以政治而国安也。自桀、纣以下，皆以鬼神为不神明，不能为祸福，执无祥不祥，是以政乱而国危也。故先王之书《子亦》有之曰：'亓傲也，出于子，不祥。'此言为不善之有罚，为善之有赏。"[①]孔子讲仁义道德，不言怪力乱神，故后学公孟子提出"有义不义，无祥不祥"，而墨家推行"明鬼"说的依据在于"信鬼神则有贞祥，不信则受灾祸"，故公孟子与之论辩。墨子则因历史传说，谓"桀、纣以下，皆以鬼神为不神明，不能为祸福，执无祥不祥，是以政乱而国危"，即重提信鬼神对于国家治理的威慑作用来与之论辩。这类争论可能不止一次。《墨子·公孟》载："公孟子曰：'无鬼神。'又曰：'君子必学祭礼。'子墨子曰：'执无鬼而学祭礼，是犹无客而学客礼也，是犹无鱼而为鱼罟也。'"[②]这里，墨子主要就儒家倡"无鬼神"与"必学祭礼"以祭鬼神的矛盾来反诘公孟子。这一矛盾，可能使公孟子难以解释，故而没有像《墨子》中其他记录公孟子与墨子论辩的那样，再提及公孟子的驳辩或对墨子的训导。这两次关于鬼神的论辩，皆由公孟子

① 孙诒让撰：《墨子间诂》，《新编诸子集成》本，中华书局 1986 年版，第 417 页。

② "礼"原作"祀"，从孙诒让校改。见孙诒让撰：《墨子间诂》，《新编诸子集成》本，中华书局 1986 年版，第 419 页。

首先发难，提出疑问，而墨子被迫应战，这当是墨子关于此一方面的理论已显示出与儒家不同、但尚未成熟时的事情。

原属于儒家的巫马子也与墨子辩论过鬼神问题。《墨子·耕柱》载："巫马子谓子墨子曰：'鬼神孰与圣人明智？'子墨子曰：'鬼神之明智于圣人也，犹聪耳明目之与聋瞽也。昔者夏后开使蜚廉折金于山川，而陶铸之于昆吾；是使翁难雉乙卜于白若之龟，曰："鼎成三足而方，不炊而自烹，不举而自臧，不迁而自行。以祭于昆吾之虚，上乡！"乙又言兆之由曰："飨矣！逢逢白云，一南一北，一西一东，九鼎既成，迁于三国。"夏后氏失之，殷人受之。殷人失之，周人受之。夏后、殷、周之相受也，数百岁矣。使圣人聚其良臣与其桀相而谋，岂能智数百岁之后哉？而鬼神智之。是故曰，鬼神之明智于圣人也，犹聪耳明目之与聋瞽也。'"①墨子既主张"法夏从圣"以治世，又倡"鬼明鬼佑"以慑世治民，故巫马子以"鬼神孰与圣人明智"质问墨子。从墨子的答词中可看出两点：其一，墨子答曰"鬼神之明智于圣人，犹聪耳明目之与聋瞽也"，是其主张"天诛鬼佑"高于"法夏从圣"，墨子此一观点，对于我们梳理墨家治世"十论"中各论间的关系尤为重要；其二，墨子据历史证明鬼神之先见，所举为占卜例，似与墨子接受宋所承传的殷商文化传统有关。殷商文化重鬼神而轻社稷，与重社稷而轻鬼神的姬周文化有异。由此可见，《史记·孟子荀卿列传》称墨子"宋大夫"，当有所据。

除公孟子、巫马子外，与墨子论辩过鬼神问题的还有程繁。

---

① 孙诒让撰：《墨子间诂》，《新编诸子集成》本，中华书局 1986 年版，第 385—390 页。

《墨子·公孟》载:“子墨子谓程子曰:‘儒之道足以丧天下者,四政焉。儒以天为不明,以鬼为不神,天鬼不说,此足以丧天下。又厚葬久丧,重为棺椁,多为衣衾,送死若徙,三年哭泣,扶后起,杖后行,耳无闻,目无见,此足以丧天下。又弦歌鼓舞,习为声乐,此足以丧天下。又以命为有,贫富寿夭,治乱安危有极矣,不可损益也,为上者行之,必不听治矣;为下者行之,必不从事矣,此足以丧天下。’程子曰:‘甚矣!先生之毁儒也!’”①从墨子对儒家学说的批评中,可看出儒墨两家论辩的焦点主要为“儒以天为不明,以鬼为不神”即天志明鬼问题,“厚葬久丧”即节葬节丧问题,“弦歌鼓舞,习为声乐”即非乐问题,以及“命为有”的非命问题。与墨子争论的“程子”,苏时学谓即《墨子·三辩》中所载与墨子讨论“夫子曰‘圣王不为乐’”之是非的程繁。② 此文载程繁称墨子为“先生”,与《墨子·三辩》载程繁称墨子为“夫子”同,程繁或是年辈小于墨子的儒家传人。

由《墨子》之《天志》《明鬼》诸篇来看,墨子创立鬼明、鬼佑、鬼罚学说的目的有四:一为限制执政者淫欲无度、靡费资财,倡导节用;二为制止诸侯间连年攻战,平定社会动荡;三为威慑世人,劝人行善去恶;四为教育弟子,统驭内部。前两点,由上文已可见。而后两点,从墨子与弟子的某些问答中可以推见。

《墨子·公孟》载:“有游于子墨子之门者,谓子墨子曰:‘先生以鬼神为明知,能为祸福,为善者富之,为暴者祸之。今

① 孙诒让撰:《墨子间诂》,《新编诸子集成》本,中华书局 1986 年版,第 421—422 页。

② 参见孙诒让撰:《墨子间诂》,《新编诸子集成》本,中华书局 1986 年版,第 421 页。

吾事先生久矣,而福不至。意者,先生之言有不善乎?鬼神不明乎?我何故不得福也?'子墨子曰:'虽子不得福,吾言何遽不善?而鬼神何遽不明?子亦闻乎匿徒之刑之有刑乎?'"①弟子问"先生以鬼神为明知,能为祸福,为善者富之,为暴者祸之……我何故不得福也",王念孙云"富与福同"②,"富之"即"福之"。墨子曾用鬼明、鬼佑、鬼罚学说教导弟子,劝弟子"为善"不"为暴"以求去祸来福。但如今此弟子却"事先生久矣,而福不至",故引发此弟子对于鬼明、鬼佑、鬼罚学说的怀疑。墨子以"匿徒之刑之有刑"来比况"匿人之善"而谓"将有厚罪",来解释"不得福"的原因,虽有些诡辩味道,但目的在于劝学生持久为善而不懈,还是有一定积极意义的。

对于墨子所倡导的鬼神福佑说产生疑问而向墨子发问的学生,非仅此一人。由《墨子·公孟》载墨子有疾,跌鼻与之问答中③,可看出学生对墨子的"鬼神为明""为善者赏之,为不善者罚之"的诸教导多有疑问。

而墨子与曹公子的问答,则集中表现出墨子对明鬼说意义的阐述。《墨子·鲁问》载:"子墨子出曹公子而于宋。三年而反,睹子墨子曰:'始吾游于子之门,短褐之衣,藜藿之羹,朝得之,则夕弗得,祭祀鬼神。今而以夫子之教,家厚于始也。有家厚,谨祭祀鬼神。然而人徒多死,六畜不蕃,身湛于病。吾未知夫子之道之可用也!'子墨子曰:'不然!夫鬼神之所欲于人者

① 孙诒让撰:《墨子间诂》,《新编诸子集成》本,中华书局 1986 年版,第 424—425 页。

② 王念孙撰:《读书杂志》,江苏古籍出版社 1985 年版,第 607 页。

③ 参见孙诒让撰:《墨子间诂》,《新编诸子集成》本,中华书局 1986 年版,第 425 页。

多。欲人之处高爵禄则以让贤也,多财则以分贫也。夫鬼神岂唯擢季拑肺之为欲哉?今子处高爵禄而不以让贤,一不祥也;多财而不以分贫,二不祥也。今子事鬼神唯祭而已矣,而曰病何自至哉?是犹百门而闭一门焉,曰盗何从入?若是而求福于有怪之鬼,岂可哉!'"①曹公子从墨子游,得以仕宋,使其家境发生了变化,因而有财力厚祭鬼神,但却不能得福佑,"人徒多死,六畜不蕃,身湛于病",因而困惑不解,请教墨子。墨子以"今子处高爵禄而不以让贤,一不祥也;多财而不以分贫,二不祥也","若是而求福于有怪之鬼,岂可哉"答之,解说原因。从中我们可以看出:其一,墨子早期的明鬼学说,可能仅限于要求弟子和百姓笃信鬼神之有而虔诚祭祀,威于鬼神而不做坏事和亏心事。那么,其明鬼说的早期功能主要在于以此威慑内部,促使弟子严格要求自己。其二,随着弟子学成出仕而引发的社会政治地位特别是经济地位的变化,墨子在明鬼说中加入新的内容,即"处高爵禄"而"让贤","多财"而"以分贫",从而"求福于有怪之鬼",得到福佑而使自身和家人平安。这样,明鬼学说就不但是墨家学团成员自律的信条和工具,也成为当时执政者加强自身修养、约束自身言行从而加强自律的信条和工具,这就加深了墨子明鬼说的社会意义。

由上所引及分析,我们可以对墨子明鬼说做如下综说:

第一,由公孟子对墨子的质疑,可以看出墨子明鬼说创立的时间为刚刚从儒家集团中分化出之时。儒家不语怪力乱神,其约束内部的方式主要为:主张以"君子"作为目标,强调自身

---

① 孙诒让撰:《墨子间诂》,《新编诸子集成》本,中华书局1986年版,第437—438页。

的道德修养,这对有经济能力读书的儒家弟子们来说可以做到。而主要由“贱人”等下层人士组成的墨家集团,其主要成员大部分要为衣食奔波,饥寒所迫之时,可能无所不为,因而再用“君子”的信条来束缚就显得软弱无力。针对此一情况,墨子提出“鬼神为明知,而为祸福”的明鬼说,用以束缚内部,规范弟子言行。

第二,由上述《墨子》诸条引文,还可看出墨子明鬼学说内容性质的前后变化。墨子早期的明鬼学说,主要内容是宣扬鬼神确有,并且可以明鉴人间善恶,并依据人之善恶,福佑人或为祸人,由此要求弟子和百姓笃信鬼神而虔诚祭祀,威于鬼神而去恶从善。后来,随着弟子身份地位的变化,墨子将明鬼学说的内容从仅仅促使弟子洁身自好而扩展到促使弟子选拔人才和“有财以分人”,从而使明鬼学说更能发挥净化社会、促进社会改革的作用,发挥其社会政治意义。

第三,墨子明鬼说受到内部弟子的长久质疑,这主要是明鬼说所宣扬的祸福内容与现实生活间的矛盾造成的。曹公子“谨祭祀鬼神。然而人徒多死,六畜不蕃,身湛于病”,墨子修善积德为天下奔忙却“有疾”,这均与墨子所宣扬的“鬼神为明,能为祸福,为善者赏之,为不善者罚之”不符。经过了春秋“人神易位”所兴起的“民本思想”熏陶的人们,再用鬼察鬼罚来约束他们,就显得苍白无力了。有鉴于此,故而至迟到秦惠王所处的战国中期,墨家内部就改为依靠连巨子腹䵍都不得不遵守的“墨家之法”来严格约束内部了。①

① 参见陈奇猷校释:《吕氏春秋校释》,学林出版社 1984 年版,第55—56 页。

五、墨学初创时的内容概说

由以上所引及所述,我们可对墨学初创时期的主要内容概述如下:

第一,节葬、节丧、非乐学说。由《淮南子·要略》所述可知,墨学为改革孔子学说的弊端而生,所以墨学初创时的最主要内容是对孔门儒学的改革与批判,由此而形成了节葬、节丧、非乐学说,因而引起了以讲孝道著称的孔门弟子曾参的后学公孟子的质疑和批判。由公孟子对墨子的教训口气和墨子自称“翟”来看,公孟子的年资当长于墨子。公孟子坚持“三年之丧”的理由还是孔子的“子生三年然后免于父母之怀”,墨子坚持“三月之丧”的理由也还是宰我的“三年不为礼,礼必坏;三年不为乐,乐必崩”,这应当是墨子虽然产生异端思想,但尚未形成自己学说体系时的情形。节葬、节丧应该是墨子最早的学说主张。公孟子还与墨子辩论过非乐的是与非,这也当为墨子所主张的早期学说之一。

第二,非攻学说。子夏亦为孔子的学生且年纪长于曾参,其弟子当与曾参弟子同时或者稍早,从时间上推算他们与墨子的争论也应当发生在墨子初创学说时。《墨子·耕柱》载子夏弟子就“君子有斗”“无斗”向墨子发难,墨子尚无成熟的理论与其辩论,也说明其非攻学说在此时刚刚萌芽。《墨子·鲁问》载鲁君就齐人进攻向墨子讨教应对措施,墨子以“上者尊天事鬼,下者爱利百姓”,中结邻“以事齐”来应对,既无救宋时的城守措施,亦无止鲁阳文君攻郑时的滔滔辩说,说明其非攻学说此时尚不成熟。墨子止楚攻宋时，既以非攻理论论辩，又有与之相辅而行的守御器械和守城弟子队伍，说明其非攻学说及非攻措施均已形成。参考钱穆考证，我们可知此当在公元前444年，约略在墨子“而立”之年。《墨子·鲁问》载墨子止鲁阳文君攻郑时将非攻学说与天志学说结合起来，表现了墨子非攻学说的质的变化，标志着墨家非攻学说的成熟。

第三，兼爱利人学说。兼爱利人学说，是墨子初期学说的主要内容之一，也是墨子初期节葬、节丧、非乐学说和非攻止战学说的进一步发展及基本出发点。其与儒家所倡导的“爱”的内容的最主要区别，在于墨家提倡无等差的博爱，而不是基于血缘亲疏关系的人伦等差之爱，所以巫马子用“以近我与否而施爱”的等差爱与之争论。

第四，鬼监鬼罚、尊天事鬼学说。由时人的论辩与学生的质疑可见，鬼监鬼罚、尊天事鬼学说也是墨子早期学说的要义之一。墨子宣扬此学说的早期目的在于威慑弟子内部加强纪律性以洁身自好、统一行动，后来其目的发展为使社会地位发生变化的中下层执政者由洁身自好而扩展到选拔人才和“有财以分人”，并起到威慑君主，使之勿厚葬以靡财、勿攻伐以扩地。

总之，墨子初创学说时的主要内容包括：在社会经济方面宣传节葬、节丧、非乐的节用说，在社会政治方面宣扬非攻止战的和平学说，在社会伦理方面宣扬无等差之爱的兼爱说，在宗教哲学方面宣扬鬼监鬼罚、尊天事鬼的天威学说，由此形成了政治、经济、伦理、哲学四位一体的早期墨家学说。

《史记·孟子荀卿列传》载墨子传记为残篇说*

在《史记·孟子荀卿列传》篇末，今存墨子传仅"盖墨翟，宋之大夫，善守御，为节用。或曰并孔子时，或曰在其后"24字，便戛然而止。其原因何在？一般说来，历史人物传记简短的原因不外乎三点：囿于此人物的历史地位而不适合为他立长篇传记，虽适合立长篇传记但留存资料少而无可奈何，原有长篇传记而残缺。《史记》中墨子传如此简短的原因属于哪一种呢？此大有考察之必要。

一、关于西汉前期墨子社会影响的考察

司马迁为墨子立传时，即西汉前期，墨子的社会影响如何？

战国末年，大思想家韩非在其《显学》一文中总结战国学术时说："世之显学，儒、墨也。儒之所至，孔丘也。墨之所至，墨翟也。"①《吕氏春秋·不侵》亦曰："孔、墨，布衣之士也，万

---

* 本文原载于《中国文化研究》2005年春之卷。

① 陈奇猷校注：《韩非子集释》，上海人民出版社1974年版，第1080页。

乘之主、千乘之君不能与之争士也。”①儒、墨两家,成为社会影响超乎“万乘之主、千乘之君”的思想学派。但西汉前期,这种儒、墨并称“显学”的现象是否还存在?

秦朝毁学,儒、墨与其他家先秦诸子同时遭禁。公元前191年,汉惠帝除“挟书律”,先秦诸子学说重被重视。西汉前期流传至今且较为完整的著作,如陆贾的《新语》、贾谊的《新书》、韩婴的《韩诗外传》、刘安等的《淮南子》中,儒、墨并称的现象是否还有?墨子和墨学在此一时期的影响是否还像儒家那样强烈?

陆贾《新语》之《思务》云“墨子之门多勇士,仲尼之门多道德,文王之朝多贤良,秦王之庭多不详(祥)”②,将儒墨社会影响与周文王和秦始皇相提并论。贾谊《过秦论》谓“(陈涉)材能不及中人,非有仲尼、墨翟之贤,陶朱、猗顿之富……”③,将儒家鼻祖孔子与墨家创始人墨子并举。邹阳《狱中上书》有曰“鲁听季孙之说而逐孔子,宋信子罕之计而囚墨翟”④,将孔子、墨子并举。《狱中上书》又引俗语曰“县名胜母而曾子不入,邑号朝歌而墨子回车”⑤,将曾子与墨子并举。

儒墨并举、孔墨同称的现象在《淮南子》中更为普遍。如

---

① 陈奇猷校释:《吕氏春秋校释》,学林出版社1984年版,第640页。

② 陆贾原著,王利器撰:《新语校注》,《新编诸子集成》本,中华书局1986年版,第173页。

③ 王洲明、徐超校注:《贾谊集校注》,人民文学出版社1996年版,第7页。

④ 司马迁撰,[日]泷川资言考证,[日]水泽利忠校补:《史记会注考证附校补》,上海古籍出版社1986年版,第1518—1519页。

⑤ 司马迁撰,[日]泷川资言考证,[日]水泽利忠校补:《史记会注考证附校补》,上海古籍出版社1986年版,第1520页。

《俶真训》曰“周室衰而王道废,儒、墨乃始列道而议,分徒而讼”①,曰“孔、墨之弟子,皆以仁义之术教导于世”②;《主术训》曰“孔、墨博通,而不能与山居者入榛薄险阻也”③,曰“孔丘、墨翟修先圣之术,通六艺之论”④,曰“吴起、张仪,智不若孔、墨,而争万乘之君”⑤;《齐俗训》曰“儒、墨不原人情之终始”⑥,曰“故制礼义,行至德,而不拘于儒、墨”⑦;《道应训》曰“孔子劲杓国门之关,而不肯以力闻。墨子为守攻,公输般服,而不肯以兵知”⑧,曰“(能使天下人和睦相处、互爱互利者)孔、墨是已。孔丘、墨翟,无地而为君,无官而为长”⑨;《氾论训》曰“今儒、墨者称三代、文武而弗行”⑩,曰“(战乱时)丰衣博带而道儒墨者,以为不肖”⑪,曰“(和平时应)总邹鲁之儒、墨,通先圣之遗教”⑫;《说山训》曰“为儒而居里闾,为墨而朝吹竽……是非所行而行所非”⑬;《人间训》曰“(徐偃王、燕子哙、鲁哀公、代君)

① 刘文典撰:《淮南鸿烈集解》,中华书局1989年版,第66页。
② 刘文典撰:《淮南鸿烈集解》,中华书局1989年版,第71页。
③ 刘文典撰:《淮南鸿烈集解》,中华书局1989年版,第278页。
④ 刘文典撰:《淮南鸿烈集解》,中华书局1989年版,第303页。
⑤ 刘文典撰:《淮南鸿烈集解》,中华书局1989年版,第313页。
⑥ 刘文典撰:《淮南鸿烈集解》,中华书局1989年版,第356页。
⑦ 刘文典撰:《淮南鸿烈集解》,中华书局1989年版,第358页。
⑧ 刘文典撰:《淮南鸿烈集解》,中华书局1989年版,第384—385页。
⑨ 刘文典撰:《淮南鸿烈集解》,中华书局1989年版,第386页。
⑩ 刘文典撰:《淮南鸿烈集解》,中华书局1989年版,第432页。
⑪ 刘文典撰:《淮南鸿烈集解》,中华书局1989年版,第438页。
⑫ 刘文典撰:《淮南鸿烈集解》,中华书局1989年版,第438页。
⑬ 刘文典撰:《淮南鸿烈集解》,中华书局1989年版,第530页。

四君独以仁义儒、墨而亡者,遭时之务异也”①;曰“非仁义儒、墨不行,非其世而用之,则为之擒矣”②;《修务训》曰“孔子无黔突,墨子无暖席”③,曰“今取新圣人之书,名之孔、墨,则弟子句指而受者必众矣”④,曰“通士者,不必孔、墨之类”⑤,《泰族训》曰“孔子弟子七十人……墨子服役者百八十人”⑥。出自众人之手的《淮南子》有这么多处儒墨并举、孔墨同称的论述,充分说明当时儒墨影响的强大。特别是,如此众多的论说称引,并非出自墨家后学之口,而是出自主要奉行道家思想的淮南诸家之口,这更能说明墨家和儒家的学术影响同样不容世人忽视。《修务训》所称“新圣人之书,名之孔、墨”则会大受世人所重,更形象地显示出孔、墨学术名声大大超过了当代大学者。这些,都足以说明在西汉前期墨家学说影响的强大。

即使在独尊儒术的汉武帝时期,儒墨同称的现象还在延续。《史记·平津侯主父列传》载徐乐上疏中有云:“陈涉无千乘之尊、尺土之地,身非王公大人名族之后,无乡曲之誉,非有孔、墨、曾子之贤,陶朱、猗顿之富也,然起穷巷,奋棘矜,偏袒大呼而天下从风。”⑦此上疏事在汉武帝元光六年(前129)。《资治通鉴》卷十八将主父偃及庄安(严安)、徐乐上疏事载于元朔

---

① 刘文典撰:《淮南鸿烈集解》,中华书局1989年版,第621页。

② 刘文典撰:《淮南鸿烈集解》,中华书局1989年版,第621页。

③ 刘文典撰:《淮南鸿烈集解》,中华书局1989年版,第633页。

④ 刘文典撰:《淮南鸿烈集解》,中华书局1989年版,第657页。

⑤ 刘文典撰:《淮南鸿烈集解》,中华书局1989年版,第657页。

⑥ 刘文典撰:《淮南鸿烈集解》,中华书局1989年版,第681页。

⑦ 司马迁撰,[日]泷川资言考证,[日]水泽利忠校补:《史记会注考证附校补》,上海古籍出版社1986年版,第1839页。

元年,有误。《汉书补注》卷六十四载:“先谦曰:《通鉴考异》云:《汉书》谓元光元年三人上疏。按:严安书云徇南夷,朝夜郎,降羌僰,略薉州,其事皆在元光元年以后,盖误以朔字为光字耳。先谦案:偃书词气实为始伐匈奴而发,据《武纪》元光二年王恢建议击匈奴,未成;六年,卫青始为将军伐匈奴,有功。偃以元光元年入关,卫将军为言于上,不见用,乃上书,当在元光六年。……”①今从其说。徐乐于汉武帝元光六年,即汉武帝于建元年间推行独尊儒术国策后,在给汉武帝的上疏中还如此“儒墨同称”,将墨子之名夹于孔子与曾子之间,这充分说明了武帝时期“儒墨并称”不但在士人中流行,在朝廷上也依旧得到承认。因此,司马谈在《论六家要旨》中论道家之术时说“其为术也,因阴阳之大顺,采儒墨之善,撮名法之要”云云,儒墨并称。

就是在司马迁自己的著述中,对当时“儒墨同称”的思想学术现实也有反映。司马迁在《史记·平津侯主父列传》文末评曰:“汉兴八十余年矣,上方乡文学,招俊乂,以广儒墨,(公孙)弘为举首。”②汉兴八十余年即汉武帝时期,武帝独尊儒术,所招“俊乂”之士皆习儒之人,如董仲舒、公孙弘、桑弘羊、兒宽等。司马迁与他们同时代,就《史记·太史公自序》引司马谈《论六家要旨》看,司马氏父子对儒墨学说的区别是十分了解的,也就是说司马迁并非不明儒墨之分。那么,为什么司马迁还会有“上方乡文学,招俊乂,以广儒墨”之论呢?这充分说明当时还

① 王先谦撰:《汉书补注》,中华书局1983年版,第1261页。

② 司马迁撰,[日]泷川资言考证,[日]水泽利忠校补:《史记会注考证附校补》,上海古籍出版社1986年版,第1839页。

延续着前代“儒墨同称”的习惯。正是因为如此，司马迁在引用前人“儒墨同称”“儒墨对举”的论说时，也不加改动，如《史记·礼书》谓：“故圣人一之于礼义，则两得之矣；一之于情性，则两失之矣。故儒者将使人两得之者也，墨者将使人两失之者也，是儒墨之分。”①此用《荀子·礼论》之文。钱大昕、陈锡仁等云《史记·礼书》乃司马迁未成之文，非为褚少孙所补。② 此处司马迁引《荀子》文，对此“儒墨对举”现象未加评说，也未加改动。这说明司马迁之时“儒墨同称”社会舆论的流行。

总之，西汉前期的学人，如陆贾、贾谊、淮南学派和徐乐等人著述中这种“儒墨并举、孔墨同称”的论述，说明在陆贾至徐乐活动的西汉前期，墨家学说还像战国末年那样有着广泛的社会影响，《韩非子·显学》所述“儒墨显学”的战国中后期学术格局在西汉前期依然存在。那么，从西汉前期的儒、墨相似的社会影响来看，司马迁既然在《史记》中为儒家始祖孔子写“世家”，为孔门弟子作“列传”，为孔子后学孟子、荀子立传，就也应为墨家始祖墨子写作较长的传记。除非当时墨子及墨家传世资料难以使司马迁做到。

二、关于司马迁前后墨家传世资料的考察

历史学家为历史人物立传却十分简略，还有一种原因就是

① 司马迁撰，[日]泷川资言考证，[日]水泽利忠校补：《史记会注考证附校补》，上海古籍出版社1986年版，第672页。

② 参见司马迁撰，[日]泷川资言考证，[日]水泽利忠校补：《史记会注考证附校补》，上海古籍出版社1986年版，第670页。

传主存世资料甚少,或是此历史学家所获传主资料甚少,从而使此历史学家不得不简略来写。关于墨子传至简的问题,梁启超就是如此认识的。他在《中国历史研究法》中说:"《史记》关于墨子之记述,仅得二十四字……此史料可谓枯竭极矣。"①事实果真如此吗?

《汉书·艺文志》记载了西汉成帝年间刘向、刘歆父子等整理传世典籍的成果,其中关于墨家典籍及与墨家相关的典籍有:"儒家者流"载"《飞董子》一篇",班固注"名无心,难墨子"。② "墨家者流"载"《尹佚》二篇",班固注"周臣,在成、康时也";又载"《田俅子》三篇",班固注"先韩子";又载"《我子》一篇",颜师古注"刘向《别录》云为墨子之学"③,《元和姓纂》引《风俗通》云"六国时人";又载"《随巢子》六篇",班固注"墨翟弟子";又载"《胡非子》三篇",班固注"墨翟弟子"。④ 弟子后学在著述中往往称引先师学说或者载录先师事迹。另外,《汉书·艺文志》著录"《墨子》七十一篇",由今传53篇,其中有不少墨子及弟子的言行。由刘向整理的这些墨家著作看,西汉时期,墨家传世资料当是十分丰富的。另据《汉书·艺文志》汉武帝"建藏书之策"如淳注引刘歆《七略》曰:"外则有太常、太史、博士之藏,内则有延阁、广内、秘室之府。"⑤如此之多

① 梁启超:《中国历史研究法》,商务印书馆1922年版,第123页。

② 《汉书》卷三十《艺文志》,中华书局1962年版,第1726页。

③ 《汉书》卷三十《艺文志》,中华书局1962年版,第1736—1738页。

④ 《汉书》卷三十《艺文志》,中华书局1962年版,第1738页。

⑤ 《汉书》卷三十《艺文志》,中华书局1962年版,第1701—1702页。

的藏书处，可推想武帝时藏书量的丰富。而与武帝同时的司马迁在《太史公自序》中述其作《史记》时曰“紬史记石室金匮之书”，司马贞《史记索隐》“石室、金匮，皆国家藏书之处”，并引如淳曰“紬，抽撤旧书故事而次序之”。作为太史令的司马迁，应有机会较为方便地看到这些国家藏书，因而才“抽撤旧书故事而次序之”作成了《史记》。

由上述可见，西汉前期墨家传世资料是很丰富的。而西汉中后期，墨家传世资料亦不当“枯竭”，这从时人对于墨家、墨学的称引评论中也可看得出来。

西汉昭帝始元六年（前81）二月，朝廷召开盐铁会议讨论盐铁官营制度，贤良文学与御史大夫桑弘羊辩难盐铁官营之是非。其后宣帝年间，庐江太守丞桓宽依据盐铁会议记录，写成《盐铁论》。《盐铁论》论墨引墨计11次，其中，《盐铁论·险固》载文学曰秦有“墨子守云梯之械也”①，说明彼时之“文学”对墨家旧事的熟悉。除此以外，《盐铁论》论墨引墨均有孔墨同称或儒墨并举现象：丞相、御史、大夫论墨引墨时孔墨同称或儒墨并举计7次，贤良、文学论墨引墨时孔墨同称或儒墨并举计3次②，这说明彼时墨学影响与儒家影响依然不相上下，说明当时学人对墨家学说和行事依然较为熟悉。

班固《汉书》引墨论墨共18次，除《陈胜项籍传》所载“非有仲尼、墨翟之知，陶朱、猗顿之富”等8处抄自《史记》相关纪传外，其余10次可分为两种情况：一为《艺文志》中关于墨家

---

①　王利器校注：《盐铁论校注》，天津古籍出版社1983年版，第536页。

②　参见王利器校注：《盐铁论校注》，天津古籍出版社1983年版，第111、228、240、253、291、299、350、564、592页。

典籍及墨家学术的论说，已见上引；二为时人的引用2次。《汉书·叙传》载班固《答宾戏》曰“圣哲之治，栖栖皇皇，孔席不暖，墨突不黔”[①]，《汉书·扬雄传》载扬雄《校猎赋》中有曰：“群公常伯杨朱、墨翟之徒喟然称曰：‘崇哉乎德，虽有唐、虞、大夏、成周之隆，何以侈兹！太古之觐东岳，禅梁基，舍此世也，其谁与哉？’”[②]颜师古注：“杨朱、墨翟，取古贤以为喻也。”

除以上引用外，《汉书·艺文志》还就墨家学术发表议论曰：“墨家者流，盖出于清庙之守。茅屋采椽，是以贵俭；养三老五更，是以兼爱；选士大射，是以上贤；宗祀严父，是以右鬼；顺四时而行，是以非命；以孝视天下，是以上同；此其所长也。及蔽者为之，见俭之利，因以非礼，推兼爱之意，而不知别亲疏。”[③]此所论涉及墨家节用、兼爱、尚贤、尚同、明鬼、非命等主张，较之于司马谈《论六家要旨》仅述其节用、节葬，已全面得多。另外，《汉书·艺文志》还讨论到“杂家者流”“兼儒、墨，合名、法”，表现出对先秦学术的熟悉。班固在“兵技巧十三家，百九十九篇”下注“省《墨子》重”，当指省《墨子》之《备城门》以下诸篇，为避免重复而没再列于“兵技巧”，表现了班固对墨家学说的熟悉，表现了两汉之交墨家传世资料的丰富。

另外，扬雄《法言·吾子》曾谓“古者，(扬)〔杨〕墨塞路”[④]，《法言·五百》曾谓“庄、(扬)〔杨〕荡而不法，墨、晏俭而

① 《汉书》卷三十《艺文志》，中华书局1962年版，第4225页。

② 《汉书》卷八十七《扬雄传上》，中华书局1962年版，第3552页。

③ 《汉书》卷三十《艺文志》，中华书局1962年版，第1738页。

④ 扬雄著，李轨注：《扬子法言》，上海古籍出版社1989年版，第7页。

废礼,申、韩险而无化,邹衍迂而不信”①;刘向《说苑·反质》引“禽滑釐问于墨子曰:‘锦绣絺纻,将安用之?’墨子曰……禽滑釐曰:‘善。’”②此一大段引文,孙诒让《墨子间诂》收为佚文,谓“疑《节用下》篇文”。刘向《新序》引墨论墨有三次,在《杂事》《节士》等篇中。③ 这些引用,都将孔、墨、曾诸事迹浓缩为格言类词语,说明了墨学在独尊儒术时代影响依旧不减,在以儒家思想为信仰的刘向心目中墨子依旧占有较重位置。

综上可见,西汉中后期,墨家尚有一大批典籍传世,非墨家著作中也当有不少内容涉及墨家学说与事迹,故而屡被时人引用评说。总之,墨家的传世资料是很丰富的。

那么,司马迁是否能看到或掌握如此丰富的墨家传世资料呢?

三、关于司马迁是否掌握墨家传世资料的考察

以下,我们从两个方面来看司马迁对墨家传世资料的掌握程度。

首先,我们从司马迁对墨学和墨家的评说来看。

司马迁在《史记·老子韩非列传》中论庄子之书时说:“然

① 扬雄著,李轨注:《扬子法言》,上海古籍出版社1989年版,第19页。

② 刘向撰:《说苑》,上海古籍出版社1990年版,第174—175页。

③ 参见孙诒让撰:《墨子间诂》,《新编诸子集成》本,中华书局1986年版,第605—606页。

善属书离辞，指事类情，用剽剥儒、墨，虽当世宿学，不能自解免也。”[①]翻检可见，《庄子》书论墨家有 13 次，或反映墨家与时人的论辩，或对墨家学说进行批判，皆切中墨家肯綮，故司马迁有此论。从另一角度来说，当是司马迁熟读墨家论说，掌握了墨家学说精义，才能做出此种论断。司马迁又言“虽当世宿学，不能自解免”，可看出当时仍有墨家之徒在从事墨学的流传和卫护工作。墨学至此并未成绝响，世人对墨家论说还甚为熟悉，司马迁便是其中一个。在《史记·游侠列传》中，司马迁论曰：“至如闾巷之侠，修行砥名，声施于天下，莫不称贤，是为难耳。然儒、墨皆排摈不载。”[②]泷川资言《史记会注考证附校补》引张照曰：“周末游侠极盛，至秦汉不衰，修史者不可没其事也。史公此传，岂有激而作乎哉？”[③]“史公”之“激”，当为“闾巷之侠”急人所难但“儒、墨皆排摈不载”，有失儒家“仁爱天下”之旨、墨家“兼爱天下”之义，此且不论。而我们从“儒、墨皆排摈不载”中所可窥见者，因为司马迁对儒家、墨家诸说的熟悉，才会下此“儒、墨皆排摈不载”的论断。

司马迁对墨家学说的熟悉，从他在《史记》中的论说也可看得出来。《史记·孟子荀卿列传》载：“春申君死而荀卿废，因家兰陵。李斯尝为弟子，已而相秦。荀卿嫉浊世之政，亡国乱君相属，不遂大道而营于巫祝，信禨祥，鄙儒小拘，如庄周等

① 司马迁撰，[日]泷川资言考证，[日]水泽利忠校补：《史记会注考证附校补》，上海古籍出版社 1986 年版，第 1301 页。

② 司马迁撰，[日]泷川资言考证，[日]水泽利忠校补：《史记会注考证附校补》，上海古籍出版社 1986 年版，第 1993 页。

③ 司马迁撰，[日]泷川资言考证，[日]水泽利忠校补：《史记会注考证附校补》，上海古籍出版社 1986 年版，第 1992 页。

又猾稽乱俗，于是推儒、墨道德之行事兴坏，序列著数万言而卒。因葬兰陵。"①此言荀子"推儒、墨道德之行事兴坏"以作《荀子》。今《荀子》中有多处引用或评论墨子、墨家、墨学，对墨家"非乐简礼""僈差等"等学说进行分析批判，司马迁之言不虚。

由上可见，不仅司马迁在世时墨家传世资料很丰富，而且司马迁掌握的此类资料也很丰富。

其次，我们从家学渊源的角度，来看司马迁所获墨家资料的丰富程度。

从家学渊源的角度看，司马迁对墨家也应甚为熟悉，且理应十分重视。司马迁之父司马谈曾作《论六家要旨》。《史记·太史公自序》引司马谈此文曰："夫阴阳、儒、墨、名、法、道德，此务为治者也，直所从言之异路，有省不省耳。"②司马谈认为阴阳、儒、墨、名、法、道六家，其创立学说之目的皆"务为治"，但"所从言之异路"，故司马贞《史记索隐》解曰："六家同归于正，然所从之道殊涂，学或有传习省察，或有不省者耳。"就六家中的墨家之学，司马谈《论六家要旨》做过较详论述，曰："墨者俭而难遵，是以其事不可遍循：然其强本节用，不可废也。……墨者亦尚尧舜道，言其德行曰：'堂高三尺，土阶三等，茅茨不翦，采椽不刮。食土簋，啜土刑，粝粱之食，藜藿之羹，夏日葛衣，冬日鹿裘。'其送死，桐棺三寸，举音不尽其哀。教丧礼，必以此为万民之率。使天下法若此，则尊卑无别也。

① 司马迁撰，[日]泷川资言考证，[日]水泽利忠校补：《史记会注考证附校补》，上海古籍出版社1986年版，第1433页。

② 司马迁撰，[日]泷川资言考证，[日]水泽利忠校补：《史记会注考证附校补》，上海古籍出版社1986年版，第2063页。

夫世异时移,事业不必同,故曰'俭而难遵'。要曰强本节用,则人给家足之道也。此墨子之所长,虽百家弗能废也。"①此论墨家之要旨如同儒家之"尚尧舜道",但其所重为尧舜之俭,故倡导住处"堂高三尺,土阶三等,茅茨不翦,采椽不刮",倡导衣食"食土簋,啜土刑,粝粱之食,藜藿之羹,夏日葛衣,冬日鹿裘",倡导丧葬"桐棺三寸,举音不尽其哀"。这些,都可从《墨子》之《节用》《节葬》等篇中找到相应的论说。司马谈对于墨家要旨的把握,可谓不甚偏差。其所论墨家之教会使人"尊卑无别",其学说"俭而难遵",但其于"强本节用""人给家足"则大有裨益,都能切中肯綮,可看出确实对墨家学说做过深入研究。这些对诸子六家的评说和由此所及的写史书的志愿,都影响到司马迁。

写作一部"究天人之际,通古今之变"的史书,是司马谈的夙愿。在临终前,他将此"不朽之盛事"托付给司马迁。司马迁"俯首流涕曰:小子不敏,请悉论先人所次旧闻,弗敢阙"②。泷川资言考证:"先人,犹言父祖。司马氏世为史官,故云。"司马氏著史之家学渊源可谓久长。就《论六家要旨》看,司马谈对墨家是很重视的。司马谈重道家,此则不论;道家之外,《太史公自序》录《论六家要旨》,墨家存 129 字,而儒家仅存 63 字。由此可以推想,司马谈不但重视墨家,并且其所掌握的墨家资料应该是较儒家更为丰富。那么立志"请悉论先人所次旧闻,弗敢阙"的司马迁,对与墨家资料的接收进而掌握,也应

① 司马迁撰,[日]泷川资言考证,[日]水泽利忠校补:《史记会注考证附校补》,上海古籍出版社 1986 年版,第 2064 页。

② 司马迁撰,[日]泷川资言考证,[日]水泽利忠校补:《史记会注考证附校补》,上海古籍出版社 1986 年版,第 2066 页。

该是较为丰富的,起码不差于儒家。

那么,今存《史记》中墨子传如此简略,就当有另外的原因了。

四、《孟子荀卿列传》之“墨子传”为残篇而非原貌说

墨子作为一战国思想家其历史地位十分重要,墨子作为一历史人物其传世资料在汉武帝时依旧较为丰富,这些资料又曾被司马迁所掌握,但流传至今的《史记》中的墨子传记却如此简短,那么答案就可能是——流传至今的墨子传记是残篇而不是原貌。其理由如下。

第一,《史记·太史公自序》载司马谈临终嘱托司马迁曰“余死,汝必为太史。为太史,无忘余所欲论著矣”。其“所欲论著”者,即其下所言欲论著“自获麟以来”至“今汉兴”间“天下之史文”;而司马迁流涕誓曰“请悉论先人所次旧闻,弗敢阙”。[①] 其父曰“无忘余所欲论著”,司马迁曰“悉论先人所次旧闻”,泷川资言考证“先人”即“父祖”,可见是司马谈在世时欲写史书以承孔子《春秋》,且已在前辈积累的基础上搜集编次了很多“旧闻”资料。这些“旧闻”资料应当包括司马谈《论六家要旨》所论之道、儒、墨、法、名、阴阳家资料,理由是:司马谈在《论六家要旨》中道、儒、墨、法、名、阴阳家论之思想学说相当详

① 司马迁撰,[日]泷川资言考证,[日]水泽利忠校补:《史记会注考证附校补》,上海古籍出版社1986年版,第2066页。

赡,且将六家"所从言之异路"一一比较,得出各家的缺点和可采纳之处,如论墨家"俭而难遵,是以其事不可遍循;然其强本节用,不可废也"①,是司马谈对六家学说十分熟悉,那么其"所次旧闻"资料中必有包含墨家在内的六家学说资料在其中,而又必定在交付写史书遗志时将这些资料一同交付司马迁。

第二,司马迁面对司马谈搜集的包含墨家在内的这六家学说资料时,在写《史记》时是否会搁置不用呢?由《史记·太史公自序》所载司马谈临终遗嘱"扬名于后世,以显父母,此孝之大者",而司马迁流涕发誓"悉论先人所次旧闻,弗敢阙"来看,欲为孝子的司马迁是不会将墨家等六家学说资料弃置不用的。《史记·太史公自序》载司马迁自谓《史记》"拾遗补艺,成一家之言,厥协六经异传,整齐百家杂语"②,而墨家作为"百家"中的重要一家,作为战国两家"显学"中的一家,司马迁也是不会抛开其思想学说而不加叙述的。《太史公自序》载司马迁言《史记》各篇之纲要时曾说"猎儒墨之遗文,明礼义之统纪,绝惠王利端,列往世兴衰,作《孟子荀卿列传》第十四"③。由"猎儒墨之遗文"看,司马迁也正是没有抛弃墨家思想学说而不加叙述的。那么,其所作《史记·孟子荀卿列传》中当像写孟子那样,有介绍墨家思想学说的较长的论说文字。

第三,今存《史记·太史公自序》载司马迁自谓在《孟子荀

① 司马迁撰,[日]泷川资言考证,[日]水泽利忠校补:《史记会注考证附校补》,上海古籍出版社1986年版,第2063页。

② 司马迁撰,[日]泷川资言考证,[日]水泽利忠校补:《史记会注考证附校补》,上海古籍出版社1986年版,第2077页。

③ 司马迁撰,[日]泷川资言考证,[日]水泽利忠校补:《史记会注考证附校补》,上海古籍出版社1986年版,第2074页。

卿列传》中“猎儒墨之遗文，明礼义之统纪”，而今传《史记·孟子荀卿列传》中却只存论述孟子、荀子等儒家思想学说的较详的文字，而无介绍墨家思想学说的较长的文字，与其自言“猎儒墨之遗文”不符；反过来讲，司马迁若仅在《孟子荀卿列传》中详述孟子、荀子等儒家思想学说，而仅将墨家思想简介为“善守御，为节用”六字的话，便不会在《太史公自序》之提要中强调“猎儒墨之遗文”，而仅会说“猎儒家之遗文，明礼义之统纪”了。《孟子荀卿列传》中除孟子、荀子、墨子外，还介绍了邹衍等阴阳家、公孙龙等名家、李俚等法家，等等。其中，即使司马迁在《太史公自序》之《孟子荀卿列传》提要中没有提到的邹衍、淳于髡等人，也有较长的介绍其思想学说的文字。那么，作为《太史公自序》之《孟子荀卿列传》提要中被大加强调的“猎儒墨之遗文”的墨家学说，司马迁理应大加介绍，应当像儒家之孟子、荀卿那样，有大段介绍其思想学说的文字。

第四，《孟子荀卿列传》中，原本应有像叙说儒家孟子、荀卿之学说那样大段介绍墨家思想学说的文字，而今本却无。究其原因，应当是这大段介绍墨家思想学说的文字原有，但因在《孟子荀卿列传》末，随着篇简的散断而佚失了。今本《孟子荀卿列传》述墨子思想行事至“或曰并孔子时，或曰在其后”则戛然而止，文义明显未足，是篇末佚失文字之一证。《孟子荀卿列传》述战国诸子，自孟子讲起，至于吁子，而曰“自如孟子至于吁子，世多有其书，故不论其传云”，其下紧接曰“盖墨翟，宋之大夫”①，照此文气文义看，本应有较上述诸子还

① 司马迁撰，[日]泷川资言考证，[日]水泽利忠校补：《史记会注考证附校补》，上海古籍出版社1986年版，第1434页。

要多的论述文字,但今本却仅有24字便止,是篇末佚失文字之再一证。

第五,我们再从《史记》的一种体例,来看《孟子荀卿列传》是否因篇末竹简散断而佚失文字。司马迁在《太史公自序》和《报任安书》中多次强调作《史记》的学术目的之一在于"成一家之言",故在各篇中时发议论,并以"太史公曰"标之。

今查《史记》之"十二本纪""三十世家"及"七十列传"诸传人篇中,"十二本纪"各篇皆有"太史公曰",皆在篇末,是文末标以"太史公曰"以作评论,是"本纪"诸篇的通例。诸传人篇之"三十世家"中,28篇之"太史公曰"在篇末(其中《管蔡世家》中"太史公曰"两存:先写管叔、蔡叔,后以"太史公曰"评之;又写曹叔等"十辅",后又以"太史公曰"评之);另《陈涉世家》文末无"太史公曰"而有"褚先生曰",但裴骃集解引徐广曰"一作太史公";另《外戚世家》文末无"太史公曰",可能是因涉及"今上"汉武帝的私家事而被删去,故以下有"褚先生曰"以补之;那么,文末标以"太史公曰"以作评论,亦当是"世家"诸篇的通例。诸传人篇之"七十列传"中除《太史公自序》外其余69篇,64篇文末皆有"太史公曰"(其中5篇之"太史公曰"两存);而其余5篇文前有"太史公曰"而文末无者:《伯夷列传》夹叙夹议别为一体,章学诚《丙辰札记》谓之"盖为七十列传作叙例"①,今且不论;《龟策列传》,裴骃集解引张晏曰此为亡篇而后人补缺,今亦不论;《儒林列传》文末一直叙述到"董仲舒子及孙",似为篇末散断后他人所补;《货殖列传》文末之

① 杨燕起、陈可青等编:《历代名家评〈史记〉》,北京师范大学出版社1986年版,第545页。

“夫纤啬筋力，治生之道也”一段①，语气极似太史公评语，或脱“太史公曰”诸字；那么文末标以“太史公曰”以作评论，亦应是“列传”诸篇的通例。

由上可见，文末标以“太史公曰”以作评论，是《史记》之“十二本纪”“三十世家”及“七十列传”传人篇诸篇的通例，不管文首有无“太史公曰”，文末仍有“太史公曰”以作评论，如《循吏列传》《酷吏列传》《游侠列传》《滑稽列传》皆是如此；不管文中有无“太史公曰”，文末仍有“太史公曰”以作评论，如《管蔡世家》《张丞相列传》皆如此。那么，《孟子荀卿列传》虽然文首已有“太史公曰”，但篇末仍当有“太史公曰”以领起评论。但今本《孟子荀卿列传》篇末无“太史公曰”诸评语，这也当是篇末佚失文字之又一证。

综上可见，西汉时期墨家思想学术的影响依然强大，墨家传世资料依然丰富。司马迁掌握了其父司马谈积累下来的墨家学说和行事资料，原应写有较长的墨子传记，但却因附在《孟子荀卿列传》后，在流传中因篇简散断而亡佚了。所以，我们今天看到的《史记·孟子荀卿列传》中的墨子传记，应是残篇而非原貌。

---

①　司马迁撰，［日］泷川资言考证，［日］水泽利忠校补：《史记会注考证附校补》，上海古籍出版社1986年版，第2051—2052页。

《墨子》三大传本系统*

概　说

《墨子》书，西汉成帝年间，刘向曾予整理；而任宏领校兵书，亦曾涉乎《墨子》。故刘歆作成《七略》，将前者著录在《诸子略》，后者著录在《兵书略》。班固承《七略》而为《艺文志》，在《兵书略》"兵技巧"类谓"省《墨子》重"，而在《诸子略》"墨家"著录"《墨子》七十一篇"，注曰"名翟，为宋大夫，在孔子后"①。

东汉时，《墨子》篇数有变化。高诱注《吕氏春秋·当染》云"墨子名翟，鲁人，作书七十二篇"，却又于《吕氏春秋·慎大览》注云"墨子名翟，鲁人也，著书七十篇，以墨道闻也"②。其云"七十二篇"者，当有班固之后的人所编目录一卷在内，故萧梁庾仲容《子钞》载《墨子》为"十六卷"，而《隋书·经籍志》明确著录为"《墨子》十五卷，目一卷"；高诱云"七十篇"者，当指其约数，此一情况古代不乏其例，如孔门弟

---

* 本文原载于《文献》2005年第4期。

① 《汉书》卷三十《艺文志》，中华书局1962年版，第1762、1738页。

② 陈奇猷校释：《吕氏春秋校释》，学林出版社1984年版，第97、864页。

子之数，《汉书·地理志》云“七十有七人”，而《汉书·艺文志》则云“七十子”[①]。王应麟不知此约数之称，故于《玉海》中引《中兴馆阁书目》“自《亲士》至《杂守》为六十一篇”下注曰“亡九篇”[②]；蒋维乔又据此云“《墨子》共仅七十篇……七十一篇者，已有目在内，自成一卷”[③]。殊不知《汉书·艺文志》著录某书篇数时多不含目录。如其著录“《孟子》十一篇”，与赵岐《孟子题辞》言孟子“著书七篇”“又有外书四篇”之篇数相合，是篇数中无目录；又如其著录“《鲁论语》二十篇”，《鲁论语》经张禹、郑玄、何晏整理而传至今，知此“二十篇”指正文篇数，故班固于《古论语》“二十一篇”下注“两《子张》”，于《齐论语》“二十二篇”下注“多《问王》《知道》”，是其篇数中亦不含目录。

其后，抄录《墨子》者自竹简而至缣帛，故合篇为卷。萧梁庾仲容辑钞《子钞》时《墨子》已为“十六卷”，《隋书·经籍志》因之著录为“《墨子》十五卷，目一卷”。《旧唐书·经籍志》《新唐书·艺文志》、晁公武《郡斋读书志》、《宋史·艺文志》《崇文总目》、郑樵《通志·艺文略》、马端临《文献通考·经籍考》、王应麟《玉海》、《四库全书总目》均著录“《墨子》十五卷”，而“目一卷”缺载；但陈振孙《直斋书录解题》著录为“《墨子》三卷”；王应麟《玉海》引《中兴馆阁书目》既载“《墨子》十五卷，自《亲士》至《杂守》六十一篇”，又载“一本自《亲士》至《尚同》凡十三篇”；焦竑《国史经籍考》著录“《墨子》十五卷，

---

① 《汉书》卷三十《艺文志》，中华书局1962年版，第1662、1701页。

② 孙诒让撰：《墨子间诂》，《新编诸子集成》本，中华书局1986年版，第601页。

③ 陈奇猷校释：《吕氏春秋校释》，学林出版社1984年版，第97页。

又三卷”。[1]

于是,《墨子》流传中便出现了“三卷本”与“十五卷本”两个系统。

三卷本

“《墨子》三卷本”,疑出自隋人乐壹。郑樵《通志·艺文略》于“《墨子》,又三卷”下谓“乐臺[2]注,《唐志》不载,当考”。宋濂《诸子辩》云:“《墨子》三卷,战国时宋大夫墨翟撰。上卷《亲士》、《修身》、《所染》、《法仪》、《七患》、《辞过》、《三辩》七篇号曰经,中卷《尚贤》三篇、下卷《尚同》三篇,皆号曰论,共十三篇。”[3]钱曾《读书敏求记》引此后曰:“予藏弘治己未旧抄本,卷篇之数,恰与其言合。……潜溪博览典籍,其辩订不肯聊且命笔,而止题为三卷,岂犹未见完本欤?”[4]由此可知,王应麟《玉海》所引《中兴馆阁书目》之“十三篇”本即焦竑《国史经籍考》之“三卷本”,钱曾犹及见三卷十三篇之“宏(弘)治己未旧抄本”。元人陶宗仪《说郛》中《墨子》著录篇目为“《亲士》第一、《修身》第二、《所染》第三、《法仪》第四、《七患》第五、《辞

---

① 孙诒让撰:《墨子间诂》,《新编诸子集成》本,中华书局 1986 年版,第 597—603 页。

② 疑“乐臺”当“乐壹”之形讹,《隋书·经籍志》载《鬼谷子》有“乐一注”。

③ 《宋濂全集》,浙江古籍出版社 1999 年版,第 137 页。

④ 钱曾撰,丁瑜点校:《读书敏求记》,书目文献出版社 1983 年版,第 77 页。

过》第六、《三辩》第七、《尚贤上》第八、《尚贤中》第九、《尚贤下》第十、《尚同上》第十一、《尚同中》第十二、《尚同下》第十三”,即此“三卷十三篇本”。

又,今《道藏》本《墨子》“十五卷本”系统自《亲士》至《三辩》恰好七篇,自《尚贤上》至《尚同下》恰好六篇,合《中兴馆阁书目》“十三篇”本所列起止篇名。那么《中兴馆阁书目》所载之“十三篇”本、焦竑《国史经籍考》所载之“三卷本”、钱曾犹及见三卷十三篇之“宏(弘)治己未旧抄本”系统,实乃“《墨子》十五卷”本之节本,缺第四卷《兼爱上》《兼爱中》《兼爱下》及其以下十二卷五十八篇。此一传本因系节本,流传价值不大,故自《道藏》本《墨子》五十三篇流传后,《墨子》三卷十三篇本流传渐少,只有《说郛》(商务印书馆 1927 年排印本)等少数丛书收录此本。

十五卷本

“《墨子》十五卷本”,当《隋书·经籍志》所著录“《墨子》十五卷,目一卷”之阙“目一卷”者,第十六卷当为《目录》。此十五卷篇目,毕沅《墨子注》曾参照《道藏》篇卷①为之重排目录,第一卷 7 篇:《亲士》《修身》《所染》《法仪》《七患》《辞过》《三辩》;第二卷 3 篇:《尚贤上》《尚贤中》《尚贤下》;第三卷 3 篇《尚同上》《尚同中》《尚同下》;第四卷 3 篇:《兼爱上》《兼

① 《道藏》第 27 册,文物出版社、上海书店、天津古籍出版社 1988 年版,第 228—306 页。

爱中》《兼爱下》;第五卷3篇:《非攻上》《非攻中》《非攻下》;第六卷6篇:《节用上》《节用中》《节用下》(有目无文)、《节葬上》(有目无文)、《节葬中》(有目无文)、《节葬下》;第七卷3篇:《天志上》《天志中》《天志下》;第八卷4篇:《明鬼上》(有目无文)、《明鬼中》(有目无文)、《明鬼下》《非乐上》;第九卷7篇:《非乐中》(有目无文)、《非乐下》(有目无文)、《非命上》《非命中》《非命下》《非儒上》(有目无文)、《非儒下》;第十卷4篇:《经上》《经下》《经说上》《经说下》;第十一卷3篇:《大取》《小取》《耕柱》;第十二卷2篇:《贵义》《公孟》;第十三卷3篇:《鲁问》《公输》,题目及正文皆缺一篇;第十四卷12篇:《备城门》《备高临》,题目及正文皆缺二篇,《备梯》,题目及正文皆缺一篇,《备水》,题目及正文皆缺二篇,《备突》《备穴》《备蛾傅》;第十五卷8篇:题目及正文皆缺四篇,《迎敌祠》《旗帜》《号令》《杂守》。但明人吴宽所见本之篇目次序与此不同:毕沅《墨子注》据"《道藏》本"将《备城门》作"第五十二",而吴宽抄本将《备城门》作"五十四",并于正文末手跋云"本书七十一篇,其五十一之五十三、五十七、五十九之六十、六十四之六十七,篇目并阙"①。两本之篇目顺序差异在于:毕沅所据《道藏》本之《备城门》前题目及正文皆缺1篇,《迎敌祠》前题目及正文皆缺4篇;而吴宽所见本《迎敌祠》前题目及正文皆缺2篇,《备城门》前题目及正文皆缺3篇。

毕沅本和吴宽本之题目及正文皆缺者都为10篇。此

---

①　孙诒让撰:《墨子间诂》,《新编诸子集成》本,中华书局1986年版,第592页。

10篇缺题篇目,除4篇难以揣测外,《备城门》以下所缺6篇之名,据《备城门》篇首墨子与禽滑釐的问答可以推测。《墨子·备城门》载:"禽滑釐问于子墨子曰:'……吾欲守小国,为之奈何?'子墨子曰:'何攻之守?'禽滑釐对曰:'今之世常所以攻者:临、钩、冲、梯、堙、水、穴、突、空洞、蚁傅、轒辒、轩车。敢问守此十二者奈何?'"①依此,《备高临》以下所缺2篇当为《备钩》《备冲》,《备梯》以下所缺当为《备埋》,《备水》以下所缺2篇当为《备空洞》《备轒辒》,而次序与《备突》等淆乱②,《备蚁傅》今作《备蛾傅》,其以下所缺当为《备轩车》。另外难以推测篇目之4篇,毕沅本置《备城门》前1篇、《备城门》后3篇,而吴宽本置《备城门》前3篇、《备城门》后1篇。

这10篇缺题篇章脱缺的时间,洪颐煊据陈振孙《直斋书录解题》所论而谓"无题十篇宋本已阙,有题八篇阙文,在宋本已后"。孙诒让以"《道藏》本即从宋本出,有题八篇,宋本盖已阙",而谓"洪说未塙"。③

"十五卷本"系统之"《道藏》本"为清孙星衍、卢文弨、毕沅所注,成为清中后期广为流传的本子。

① 孙诒让撰:《墨子间诂》,《新编诸子集成》本,中华书局1986年版,第450—453页。

② 孙诒让曰:"疑亦传写移易,非其旧也。"(孙诒让撰:《墨子间诂》,《新编诸子集成》本,中华书局1986年版,第506页)

③ 孙诒让撰:《墨子间诂》,《新编诸子集成》本,中华书局1986年版,第596页。

治术选本

《墨子》除“三卷本”和“十五卷本”系统之外，还出现过《墨子》“治术”选本系统，即唐人魏徵《群书治要》之《墨子治要》。其选本出现的原因，《书林清话》卷二曰：“古书无刻本，故一切出于手钞，或节其要以便流观。如《隋志》所载梁庾仲容《子钞》，其书虽佚不传，而唐魏徵《群书治要》、马总《意林》，固其流派也。”①由于抄写困难，故时人抄部头大、卷数多之书时，往往撮其精要，《墨子》因此以选本面貌出现在《群书治要》中。

《群书治要》，唐太宗重臣魏徵奉敕编抄。《群书治要》的编抄，主要为了总结治术，为唐太宗施政提供借鉴。此举于贞观五年(631)完成。该书从经、史、子三部之66种典籍中，摘取与治理有关的前人论述加以编排，共得50卷。该书首见载录于《新唐书·艺文志》。《新唐书·艺文志》还载有刘伯庄《群书治要音》五卷，说明在唐太宗时期《群书治要》不但在流传，而且有人在研究。但至《宋史·艺文志》，仅载录“《群书治要》十卷”，注云“秘阁所录”，是《群书治要》至此已残缺，且在北宋四大皇家藏书阁中仅秘阁有藏。《书林清话》卷一曰：“唐魏徵《群书治要》五十卷，目录分五袠，亦以十卷为一袠。”②原书五函，北宋时仅存一函。其后，《群书治要》皆不见载于官

① 叶德辉：《书林清话附书林余话》，中华书局1987年版，第30页。

② 叶德辉：《书林清话附书林余话》，中华书局1987年版，第19页。

家、私家目录书，可能在两宋之交或宋元之交，所存之一函十卷也已亡佚，世人已不能窥其踪影了。

好在传入日本之《群书治要》还有残本存世。日本仁明天皇承和年间（834—847），即《群书治要》编定后200余年的唐文宗、武宗时代，《群书治要》已传入日本。其后受到历代日本执政者的重视，故有多种抄本、印本传世。

其印本如：后水尾天皇元和二年（1616）骏河铜活字本、光格天皇天明七年（1787）尾张藩刊本、仁孝天皇弘化三年（1846）纪伊藩据元和本重刊本等。前两种版本于20世纪初复传回中国，《书林余话》卷下曾载神田喜一郎论“元和二年铜活字本”与“尾张藩刊本”之优劣曰：“《四部丛刊》之刊行，实为有裨学界之壮举。吾辈学生，无不同感此福音。今读其预定书目，大旨合于出版之主旨。四部中重要书籍，已网罗俱尽。其选择底本，亦尚为适当。虽然，论吾辈得陇望蜀之愿，则如此巨构，于底本之选择，尤宜格外注意。如《群书治要》不用日本元和二年刊本，而用有显然臆改形迹之天明七年尾张藩刊本，注意似犹未周。”①谓“元和二年铜活字本”优而“尾张藩刊本”劣。

《群书治要》之日本抄本，现存最古者为镰仓时代龟山天皇文永年间至后宇多天皇建治年间（1264—1277）之北条实时、孙贞显等写本，称“镰仓写本”，今在日本东京国立博物馆保管。此写本缺卷四、卷十三、卷二十，存47卷。该写本后有日本宫内厅书陵部昭和十六年（1941）排印本、日本汲古书院平成元年（1989）影印镰仓写本等。

---

① 叶德辉：《书林清话附书林余话》，中华书局1987年版，第43页。

镰仓写本以汉文抄录，部分字旁标有日本假名读音。首载魏徵《群书治要序》，次节抄《周易》等经书、《史记》等史书、《六韬》等子书所载政论章句。而《墨子》在第三十四卷，依次摘录《所染》《法仪》《七患》《尚贤》《非命》诸篇墨子论述。所抄《墨子》各篇提行，篇目上皆以圆墨丁志之。①

以《道藏》本《墨子》校《群书治要》镰仓写本之《墨子》，后者之《所染》篇，首句“子墨子”下不衍“言”字，“其色亦变”下无“五入必而已则为五色矣”10字，“故染不可不慎也”之“也”作“邪”，“舜染于许山伯阳”之“许山”作“许由”，“晋文染于舅犯高偃”之“舅犯高偃”作“咎犯”，“楚庄染于叔孙沈尹”之“叔孙沈尹”作“殊孙”，“吴阖闾染于伍员文义”之“伍员文义”作“五员”，“越勾践染于范蠡大夫种”之“范蠡大夫种”作“范蠡”，“此五君”下多一“者”字，“功名传于后世”脱“功”字，“范吉射染于长柳朔王胜”之“长柳朔王胜”作“张柳朔”，“中行寅染于籍秦高彊”之“籍秦高彊”作“籍秦”，“吴夫差染于王孙雒太宰嚭”之“王孙雒太宰嚭”作“宰嚭”，“知伯摇染于智国张武”之“知伯摇”作“智伯瑶”、“智国张武”作“智国”，“中山尚染于魏义偃长”之“魏义偃长”作“魏义”，“宋康染于唐鞅佃不礼”之“宋康”作“宗康”、“唐鞅佃不礼”作“唐鞅”，“以其行理也行理性于染当”作“其行理生于染当”，并且无“非独国有染也，士亦有染。其友皆好仁义，淳谨畏令，则家日益，身日安，名日荣，处官得其理矣，则段干木、禽子、傅说之徒是也。其友皆好矜奋，创作比周，则家日损，身日危，名日辱，处官失其理矣，

① 魏徵：《群书治要》第五卷，影印宫内厅书陵部藏镰仓写本，汲古书院1989年版，第256—281页。

则子西、易牙、竖刀之徒是也。诗曰‘必择所堪,必谨所堪’者,此之谓也”诸句。

两相对比可见,《群书治要》抄录时所本之《墨子》,与《道藏》本《墨子》之“十五卷”本系统,字句差异较大。与隋人乐壹注“三卷本”系统也不同,乐壹注“三卷本”系统止于“《尚同下》第十三”,而《群书治要》抄有其后之《非命》篇文,它们显然也不是同一个传本系统。《群书治要》抄录时所本之《墨子》,是否是唐人杨倞注《荀子》时所见之“《墨子》三十五篇”本,今已难考。杨倞所见本或为唐人删去《墨子》之“墨经”“城守”等部分后的《墨子》选本,曾在唐代流传,今亦难考其详。

所以说,《群书治要》之选本《墨子》与《道藏》本《墨子》互有优劣,而《群书治要》抄录时所本之《墨子》虽多有脱文,但如《所染》篇首句“子墨子”下不衍“言”字、“知伯摇”作“智伯瑶”等,亦多有可取处。

由上可见,汉魏以来,《墨子》书共流传有三大传本系统。最先流传的是《墨子》十五卷七十一篇本;后有隋人乐壹节注《墨子》前十三篇而为三卷本;其后又出现《墨子》“治术”之选本,今天可见者为唐人魏徵《群书治要》之《墨子治要》本。十五卷七十一篇本传至唐代已出现残缺,后《中兴馆阁书目》云正文“自《亲士》至《杂守》为六十一篇”,至明正统间编《道藏》时仅有五十三篇正文,遂流传至今。自《道藏》本《墨子》五十三篇重出后,三卷十三篇本流传渐少,只有《说郛》等少数丛书收录此本。唐人魏徵《群书治要》之《墨子治要》本,自《宋史·艺文志》载录后即不见流传,却因传入日本而保存下来,复又传入中国,成为《墨子》选本系统的代表。

《墨子》引《书》与历代《尚书》传本之比较*

——兼议"伪古文《尚书》"不伪

墨家倡导效法古代圣王以施政，故《墨子》中保存了诸多载录古代圣王言行的典籍片段，《尚书》（战国时期多称《书》）便是这诸多典籍中的一种。现存最早的《尚书》版本为汉代传本，主要有古文《尚书》和今文《尚书》两个系统，西汉成帝年间还出现过"百两《尚书》"；至东晋时，又出现过流传至今的梅赜古文《尚书》。以下笔者主要依据《尚书》这四大版本系统的篇目或内容，还有《墨子》所引"逸《书》"文句，来考察墨家与战国时期所传《尚书》的关系，并兼及梅赜古文《尚书》的真伪问题。

一、《墨子》引《书》与汉代今文、古文《尚书》之比较

汉初开书禁，济南伏生首传今文《尚书》29 篇，后散失

---

* 本文原载于《孔子研究》2006 年第 1 期。

1篇。《墨子》引《尚书》可与今传伏生今文《尚书》28篇比对者如下。

（1）《墨子·兼爱中》载："古者禹治天下，西为西河渔窦，以泄渠、孙、皇之水；北为防、原、泒，注后之邸，嘑池之窦，洒为底柱，凿为龙门，以利燕、代、胡、貉与西河之民；东方漏之陆，防孟诸之泽，洒为九浍，以楗东土之水，以利冀州之民；南为江、汉、淮、汝，东流之，注五湖之处，以利荆、楚、干、越与南夷之民。"[①]刘起釪曰："诸语与《禹贡》内容同。"[②]今按：此所引内容与今文《禹贡》所述[③]类似，而文句和结构顺序则与今文《禹贡》有异。

（2）《墨子·明鬼下》载："然则姑尝上观乎《夏书·禹誓》曰：'大战于甘。王乃命左右六人，下听誓于中军，曰：有扈氏威侮五行，怠弃三正，天用剿绝其命。有曰：日中，今予与有扈氏争一日之命。且尔卿大夫庶人，予非尔田野葆士之欲也，予共行天之罚也。左不共于左，右不共于右，若不共命，御非尔马之政，若不共命。……'"[④]刘起釪曰："实即《甘誓》全文，文句略有出入。"[⑤]今按：此引与今文《甘誓》相较，内容相似而文句多有差异：《墨子》"王乃命左右六人下听誓于中军"，今文《甘誓》作"乃召六卿"；《墨子》"有扈氏威侮五行"前仅一"曰"字，

---

① 孙诒让撰：《墨子间诂》，《新编诸子集成》本，中华书局1986年版，第99—102页。

② 刘起釪：《尚书学史》，中华书局1989年版，第16页。

③ 参见孔安国传，孔颖达疏：《尚书正义》，《十三经注疏》本，中华书局1980年版，第148—152页。

④ 孙诒让撰：《墨子间诂》，《新编诸子集成》本，中华书局1986年版，第217—218页。

⑤ 刘起釪：《尚书学史》，中华书局1989年版，第16页。

而今文《甘誓》作“王曰嗟六事之人予誓告汝”;《墨子》“有曰日中今予与有扈氏争一日之命且尔卿大夫庶人予非尔田野葆士之欲也”,今文《甘誓》脱;《墨子》“左不共于左”下,今文《甘誓》有“汝不恭命”四字;其他还有“若”作“汝”、“共”作“恭”等文字通假等差别。①

(3)《墨子·尚同中》载:“先王之书《吕刑》之道曰:‘苗民否用练,折则刑,唯作五杀之刑,曰法。’”②此引与今文《吕刑》相较语词差别较大:《墨子》“苗民否用练”之“练”今文《吕刑》作“灵”,“折”作“制”,“杀”作“虐”③,清儒多以通假解之。④

(4)《墨子·尚贤中》载:“先王之书《吕刑》道之曰:‘皇帝清问下民,有辞有苗。曰:群后之肆在下,明明不常,鳏寡不盖,德威维威,德明维明。乃名三后,恤功于民,伯夷降典,哲民维刑。禹平水土,主名山川。稷隆播种,农殖嘉谷。三后成功,维假于民。’”⑤此引与今文《吕刑》有较大差异者为:《墨子》“有辞有苗”,今文《吕刑》作“鳏寡有辞于苗”;《墨子》曰“群后之肆在下明明不常鳏寡不盖”,今文《吕刑》无;其他还有“名”作

---

① 孔安国传,孔颖达疏:《尚书正义》,《十三经注疏》本,中华书局1980年版,第155页。

② 孙诒让撰:《墨子间诂》,《新编诸子集成》本,中华书局1986年版,第76—77页。

③ 孔安国传,孔颖达疏:《尚书正义》,《十三经注疏》本,中华书局1980年版,第247页。

④ 参见孙诒让撰:《墨子间诂》,《新编诸子集成》本,中华书局1986年版,第76页。

⑤ 孙诒让撰:《墨子间诂》,《新编诸子集成》本,中华书局1986年版,第56—57页。

“命”、“哲”作“折”等文字通假类差别。[①]

(5)《墨子·尚贤下》载:“古者圣王既审尚贤欲以为政,故书之竹帛,琢之盘盂,传以遗后世子孙。于先王之书《吕刑》之书然,王曰:‘於!来!有国有士,告女讼刑,在今而安百姓,女何择言人,何敬不刑,何度不及。’”[②]此引与今文《吕刑》相较,既有《墨子》“国”今文《吕刑》作“邦”、“女”作“尔”、“哲”作“折”等文字通假类差别,又有《墨子》“有士”今文《吕刑》作“有土”、“讼刑”作“详刑”等字形相似而导致的差别。[③]

另外,刘起釪考《墨子》之《尚同上》及《尚同中》“上同而不下比者”“今若天飘风苦雨溱溱而至者”诸句,及《尚同下》“若苟义不同者,有党”句,“即袭用《洪范》‘人无有比德,惟王作极’,‘无偏无党’及‘庶征’中风雨之咎等”[④];又考“《兼爱下》引《周诗》‘王道荡荡’……属《洪范》”[⑤]。但《墨子》这些引文,既不标明出自“先王之书”,且两相比较字句差异又颇大,故其所用或为当时通用语,今暂不做引用《尚书》计。

鲁恭王坏孔子宅,出古文《尚书》。孔安国将其与伏生今文《尚书》对读,多出十余篇,刘歆请立古文《尚书》时曰“十六

① 参见孔安国传,孔颖达疏:《尚书正义》,《十三经注疏》本,中华书局1980年版,第248页。

② 孙诒让撰:《墨子间诂》,《新编诸子集成》本,中华书局1986年版,第62—63页。

③ 参见孔安国传,孔颖达疏:《尚书正义》,《十三经注疏》本,中华书局1980年版,第249页。

④ 刘起釪:《尚书学史》,中华书局1989年版,第17—18页。

⑤ 刘起釪:《尚书学史》,中华书局1989年版,第18页。

篇”(见《汉书·楚元王传》录刘歆《移让太常博士书》),因而被称为“逸《书》十六篇”。《墨子》所引《尚书》文无可与此比对者。

由以上《墨子》引《尚书》与今文、古文《尚书》比较可见:

第一,《墨子》所引可与今文《尚书》比对者有如上5节。两相比较,有的既有字词差别,也有文句差别,更有语序和结构差别,但内容却相似,如第(1)节。这类情况是由春秋末至战国时期的典籍传授形式所造成的。由《论语·卫灵公》所记“子张问行”,听孔子教诲后马上“书诸绅”①可见,《汉书·艺文志》所言“《论语》者,孔子应答弟子时人及弟子相与言而接闻于夫子之语也。当时弟子各有所记”②,并非虚言。孔子应答弟子、时人所问之语中亦涉及诸多《诗》《书》语句。墨子起初曾“学儒者之业,受孔子之术”,与孔子后学一同“接闻于夫子之语”而记之;其各自所记《诗》《书》诸语有异,但内容相似,因而使得墨子所引《书》与儒家所传《书》的版本有大大小小的差异。

第二,《墨子》所引可与今文《尚书》比对之句节中,有的既有不少字词差别,又有语句差别,或《墨子》所引多出一句而今文《尚书》无,或某些语句今文《尚书》较繁而《墨子》所引至简,如第(2)节。这可能是《墨子》所引本与今文《尚书》的祖本在流传中,各自窜衍讹脱所造成的。战国时期,由于各家各派各系之遭际不同,各家各派各系对前代思想以及承载此类思想之典籍的态度不同,因而各家各派各系所传典籍之命运也大

---

① 杨伯峻译注:《论语译注》,中华书局1980年版,第162页。

② 《汉书》卷三十《艺文志》,中华书局1962年版,第1717页。

不相同。珍视前代典籍者则视若生命,倍加珍惜,所传典籍则较少窜衍讹脱;反之则甚。

第三,《墨子》所引可与今文《尚书》比对之句节中,有的仅有字词差别,如上引(3)(4)(5)节。这些字词差别,有的是因墨子在“学儒者之业,受孔子之术”,与其他的孔门后学在录记师传时,各以同音字或近音字所记形成的,即由文字通假而造成的;有的是由于字形相似,而由后世古籍整理者在“隶定”时造成;还有的是因避讳而引起的,如第(5)节《墨子·尚贤下》“有国有士”之“国”今文《吕刑》作“邦”,或为汉代之《墨子》整理者(如刘向等)避刘邦讳改,犹如《诗经》之“国风”,《上海博物馆藏战国楚竹书(一)》之《诗论》即作“邦风”①。

第四,古文《尚书》之“逸《书》十六篇”,《墨子》未见引用。又据刘起釪统计,先秦可靠文籍 20 种中,引用《尚书》之“逸《书》十六篇”者仅《孟子》《礼记》《逸周书》3 种,3 种书中仅引用 8 次,其中《孟子》5 次、《礼记》2 次、《逸周书》1 次;而今文《尚书》,有 18 种可靠先秦文籍曾予引用,且引用次数高达 115 次,其中《孟子》12 次、《礼记》20 次、《逸周书》5 次。② 由此我们是否可以这样推测:含《尚书》之“逸《书》十六篇”在内的出于孔壁中的古文《尚书》,仅是战国时所传《尚书》中流传很不广的一种选本,它仅为思孟学派所保存;因其流传不广,故孟子等出于论战辩难需要,也较少引用它。而它却作为孔子家传本的一种,被藏于孔壁中而流传到汉代。《荀子·非十二子》载

① 马承源主编:《上海博物馆藏战国楚竹书(一)》,上海古籍出版社 2001 年版,第 129 页。

② 参见刘起釪:《尚书学史》,中华书局 1989 年版,第 14—25 页。

荀子批思孟学派所说的“略法先王而不知其统,然而犹材剧志大,闻见杂博……其僻违而无类,幽隐而无说,闭约而无解,案饰其辞,而祇敬之,曰:此真先君子之言也”[①],或许就包括此一情况。

二、《墨子》引《书》与新出“百两《尚书》”篇目及今传《泰誓》之比较

据王充《论衡·佚文》以及《汉书·儒林传》等,西汉成帝年间还出现过东莱张霸所上“佚《尚书》百篇”,各篇并有托名孔子的《序》,后来《序》被编为两篇,故合称为“百两《尚书》”。然“成帝出秘《尚书》以校考之,无一字相应者”[②],故被考定为张霸伪造而废止,但其《书序》却在学界流传起来,由马融、郑玄为之注,孔颖达《尚书(尧典序)正义》中保存其篇目至今。其篇目中包括伏生今文《尚书》28 篇但析成 31 篇,包括“逸《书》十六篇”但析成 24 篇,它们与《墨子》引《书》的比对已见上述;余 45 篇之篇目见于《墨子》称引者计 2 篇 11 次,具体情况如下。

(1)《墨子·非命上》载:“《仲虺之告》曰:‘我闻于夏,人矫天命,布命于下,帝伐之恶,龚丧厥师。’此言汤之所以非桀

---

① 董治安、郑杰文汇撰:《荀子汇校汇注》,齐鲁书社 1997 年版,第 175 页。

② 黄晖撰:《论衡校释附刘盼遂集解》,《新编诸子集成》本,中华书局 1990 年版,第 862 页。

之执有命也。”[①]而今传梅赜古文《尚书》之《仲虺之诰》则有：“夏王有罪，矫诬上天，以布命于下。帝用不臧，式商受命，用爽厥师，简贤附势，寔繁有徒。”[②]虽然语词和文句有异，但仍可看出二者间的联系。

(2)《墨子·非命中》载：“先王之书《仲虺之告》曰：‘我闻有夏，人矫天命，布命于下，帝式是恶，用阙师。’此语夏王桀之执有命也，汤与仲虺共非之。”[③]此与第(1)则所引梅赜古文《尚书》之《仲虺之告》语基本相同。

(3)《墨子·非命下》载：“《仲虺之告》曰：‘我闻有夏，人矫天命，布命[④]于下，帝式是增，用爽厥师。’……昔者，桀执有命而行，汤为《仲虺之告》以非之。”[⑤]此亦与第(1)(2)则所引梅赜古文《尚书》之《仲虺之告》语基本相同。

(4)《墨子·尚同下》载：“圣王皆以尚同为政，故天下治。何以知其然也？于先王之书也《大誓》之言然，曰：‘小人见奸巧乃闻，不言也，发罪钧。’此言见淫辟不以告者，其罪亦犹淫辟者也。”[⑥]今传《泰誓》三篇无可与此比对者。

---

① 孙诒让撰：《墨子间诂》，《新编诸子集成》本，中华书局1986年版，第246页。

② 孔安国传，孔颖达疏：《尚书正义》，《十三经注疏》本，中华书局1980年版，第161页。

③ 孙诒让撰：《墨子间诂》，《新编诸子集成》本，中华书局1986年版，第250页。

④ “布命”二字原脱，从孙诒让校增。见孙诒让撰：《墨子间诂》，《新编诸子集成》本，中华书局1986年版，第255页。

⑤ 孙诒让撰：《墨子间诂》，《新编诸子集成》本，中华书局1986年版，第255页。

⑥ 孙诒让撰：《墨子间诂》，《新编诸子集成》本，中华书局1986年版，第88页。

(5)《墨子·兼爱中》载:"'昔者文王之治西土,若日若月,乍光于四方,于西土。'……此文王之事。"①此虽不言出自《泰誓》,然与《兼爱下》之引文比对,当出自《泰誓》。今传《泰誓下》有曰:"呜呼,惟我文考,若日月之照临,光于四方,显于西土。"②虽然文句不同,但文意可作比对。

(6)《墨子·兼爱下》载:"《泰誓》曰:'文王若日若月,乍照,光于四方,于西土。'即此言文王之兼爱天下之博大也,譬之日月兼照天下之无有私也。"③此引与(5)所引基本相同。

(7)《墨子·天志中》载:"《大誓》之道之曰:'纣越厥夷居,不肯事上帝,弃厥先神祇不祀,乃曰吾有命。无廖僔务。天下。天亦纵弃纣而不葆。'察天以纵弃纣而不葆者,反天之意也。"④"天下"二字,毕沅曰"疑衍"。⑤ 今传《泰誓上》有曰:"乃夷居,弗事上帝神祇,遗厥先宗庙弗祀,牺牲粢盛,既于凶盗。乃曰吾有民有命,罔惩其侮。"⑥两者相比句数有异,但文义可作比对,可寻绎出两者间的联系。

(8)《墨子·非命上》载:"于《太誓》曰:'纣夷处,不肯事

---

① 孙诒让撰:《墨子间诂》,《新编诸子集成》本,中华书局1986年版,第102—103页。

② 孔安国传,孔颖达疏:《尚书正义》,《十三经注疏》本,中华书局1980年版,第182页。

③ 孙诒让撰:《墨子间诂》,《新编诸子集成》本,中华书局1986年版,第111页。

④ 孙诒让撰:《墨子间诂》,《新编诸子集成》本,中华书局1986年版,第186—187页。

⑤ 孙诒让撰:《墨子间诂》,《新编诸子集成》本,中华书局1986年版,第187页。

⑥ 孔安国传,孔颖达疏:《尚书正义》,《十三经注疏》本,中华书局1980年版,第180页。

上帝鬼神,祸厥先神禔不祀,乃曰“吾民有命,无廖排漏”,天亦纵弃之而弗葆。’此言武王所以非纣执有命也。”[1]此引与(7)所引基本相同。

(9)《墨子·非命中》载:“先王之书《太誓》之言然,曰:‘纣夷之居,而不肯事上帝,弃阙其先神而不祀也,曰:“我民有命,毋僇其务。”天不亦弃纵而不葆?’此言纣之执有命也,武王以《太誓》非之。”[2]此引与(7)(8)所引基本相同。

(10)《墨子·非命下》载:“《太誓》之言也,于去发[3]曰:‘恶乎君子!天有显德,其行甚章,为鉴不远,在彼殷王。谓人有命,谓敬不可行,谓祭无益,谓暴无伤。上帝不常,九有以亡。上帝不顺,祝降其丧。惟我有周,受之大帝。’”[4]今传《泰誓中》有曰:“谓己有天命,谓敬不足行。谓祭无益,谓暴无伤。厥鉴惟不远,在彼夏王。天其以予乂民,朕梦协朕卜,袭于休祥,戎商必克。”[5]两相比较,有相似或相同的语句,可寻绎出两者间的联系。

(11)《非命下》载:“昔纣执有命而行,武王为《太誓》去发[6]

---

① 孙诒让撰:《墨子间诂》,《新编诸子集成》本,中华书局1986年版,第246—247页。

② 孙诒让撰:《墨子间诂》,《新编诸子集成》本,中华书局1986年版,第250—251页。

③ 庄述祖言“去法”为“太子法”之讹,俞樾曾详为之考证,皆见孙诒让撰:《墨子间诂》,《新编诸子集成》本,中华书局1986年版,第255页。

④ 孙诒让撰:《墨子间诂》,《新编诸子集成》本,中华书局1986年版,第255—256页。

⑤ 孔安国传,孔颖达疏:《尚书正义》,《十三经注疏》本,中华书局1980年版,第181页。

⑥ 此“去法”二字,孙诒让云当为“太子法”之讹。见孙诒让撰:《墨子间诂》,《新编诸子集成》本,中华书局1986年版,第256页。

以非之。曰:子胡不尚考之乎商周虞夏之记,从十简之篇以尚,皆无之。将何若者也?"①今传《泰誓》三篇无可与此比对者。

"百两《尚书》"中除伏生今文《尚书》与"逸《书》十六篇"以外的45篇篇目,《墨子》中仅出现《仲虺之诰》与《太誓》2种。刘起釪总结前人成果而论定:今传《尚书》中,除今文《尚书》之外的包括《仲虺之诰》等在内的所谓"古文《尚书》",是东晋梅赜从"《书序》百篇中采取""篇题","再从当时所传历史文献中搜集一些文句,以剿袭方式拼凑成"的。② 若果真如此,那么梅赜应当从当时还在流传的《墨子》中"剿袭"文句而"拼凑"《仲虺之诰》等,便不会出现上述《墨子》所引与《仲虺之诰》今传文字不合的问题。所以刘起釪等人的这种说法是否合乎实际,应再予研究。这里我们就以上所引梅赜古文《尚书》之《仲虺之诰》和所收《太誓》与《墨子》的比较,来研究梅赜古文《尚书》是否曾从《墨子》中"剿袭"文句。

在《墨子》中,《仲虺之诰》出现3次,为同一引文,其文意可与梅赜古文《尚书》之《仲虺之诰》比对。《墨子》所引《仲虺之诰》共有5句,其中"布命于下""龚丧厥师"2句,与梅赜古文《尚书》之《仲虺之诰》"以布命于下""用爽厥师"基本相同;其中"人矫天命"和"帝伐之恶"2句,分别与今传伪"古文《尚书》"之《仲虺之诰》"矫诬上天"和"帝用不臧,式商受命"有意义上的联系。这些基本相同的或者有意义关联的文句,证明了先秦所传《尚书》中确有《仲虺之诰》存在、确有此一类语义的

---

① 孙诒让撰:《墨子间诂》,《新编诸子集成》本,中华书局1986年版,第256页。

② 刘起釪:《尚书学史》,中华书局1989年版,第186页。

内容在流传。但《墨子》所引"我闻于夏"或者"我闻有夏"句，又为今传梅赜"古文《尚书》"之《仲虺之诰》所无，这说明今传梅赜"古文《尚书》"之《仲虺之诰》，没有从流传的《墨子》中"剿袭"文句。

在《墨子》中，《太誓》出现 8 次，其中 6 次可与今传《泰誓》比对，2 次所引为今传《泰誓》所无。先秦《尚书》中的《太誓》篇，原在伏生壁中已经断烂。其后所传之《太誓》，马融在《书序》中举 5 例、刘起釪在《尚书学史》中举 23 例，而断定"今文《太誓》是汉代伪造的"①。刘起釪又说，因《太誓》被马融定为伪篇，故梅赜又重新搜集当时所流传的先秦资料造作了《泰誓》三篇。② 上述《墨子》中可与今传《泰誓》比对的文句，说明先秦所传《太誓》中确有此一类语义的内容与今传《泰誓》同，今传《泰誓》自有保存部分失传先秦典籍的文献价值。而《墨子》所引那些为今传《泰誓》所无的文句，说明梅赜古文《尚书》之《泰誓》并没有从《墨子》中"剿袭"文句。

另外，刘起釪考"先秦时《太誓》有散文、韵文两本，皆武王伐纣之词，很可能散文本为伐纣动员誓师之词，韵文本为伐纣胜利誓众纪功之词"③。《墨子》所引《太誓》8 句，除上引第(11)句难确定内容外，上引第(4)至(9)为散文，第(10)句为韵文。《墨子》所引，也同样证明着先秦时《太誓》有散文、韵文两本在流传。

---

① 刘起釪:《尚书学史》，中华书局 1989 年版，第 72 页。

② 参见刘起釪:《尚书学史》，中华书局 1989 年版，第 186 页。

③ 刘起釪:《尚书学史》，中华书局 1989 年版，第 30—31 页。

三、《墨子》引《书》与梅赜古文《尚书》之比较

《墨子》所引《尚书》文句，尚有24节不见于上述汉代“今文《尚书》二十八篇”系统、“古文《尚书》”系统、今传《泰誓》以及“百两《尚书》”篇目，但其中5节可与梅赜古文《尚书》作比对。

刘起釪认为：今传托名孔安国注的古文《尚书》即东晋梅赜伪造的古文《尚书》，共计58篇，含“今文《尚书》二十八篇”但析成33篇，又新造《泰誓》3篇及其余22篇（计18个篇题，因《太甲》为3篇、《说命》为3篇）。刘起釪又说：“十八个篇题显系全部从《书序》百篇中采取，再从当时所传先秦历史文献中搜集一些文句，以剿袭方式拼凑成二十二篇。”①事实果真如此吗？我们通过其与《墨子》引《书》的具体比对来看这一问题。

（1）《墨子·兼爱下》载：“且不唯《禹誓》为然，虽《汤说》即亦犹是也。汤曰：‘惟予小子履，敢用玄牡，告于上天后，曰今天大旱，即当朕身履，未知得罪于上下。有善不敢蔽，有罪不敢赦，简在帝心。万方有罪，即当朕身；朕身有罪，无及万方。’”②此引《汤说》与梅赜古文《汤诰》所云“肆台小子，将天

① 刘起釪：《尚书学史》，中华书局1989年版，第186页。

② 孙诒让撰：《墨子间诂》，《新编诸子集成》本，中华书局1986年版，第112—113页。

命明威,不敢赦,敢用玄牡,敢昭告于上天神后……俾予一人,辑宁尔邦家,兹朕未知获戾于上下。……尔有善,朕弗敢蔽。罪当朕躬,弗敢自赦。惟简在上帝之心。其尔万方有罪,在予一人。予一人有罪,无以尔万方"①相对比,有诸多相似的文句,说明两者不当毫无关系。但从《墨子》引《汤说》"今天大旱,即当朕身履"来看,此当为天旱祈雨所作,而梅赜古文《汤诰》却分明是向天下民人解释"革夏命"的原因,这是应当注意区别的。

(2)《墨子·尚贤中》载:"《汤誓》曰:'聿求元圣,与之戮力同心,以治天下。'"②梅赜古文《汤诰》有"聿求元圣,与之戮力"③之句,与《墨子》此引之前两句相似。刘起釪曰"《殷本纪》所载《汤诰》并无此数句,知此非《汤诰》逸文,实为墨家所传另一《汤誓》"④,可备一说。

(3)《墨子·尚同中》载:"是以先王之书《术令》之道曰:'惟口出好兴戎。'"⑤此引与梅赜古文《大禹谟》载舜曰"惟口出好兴戎"同。⑥

---

① 孔安国传,孔颖达疏:《尚书正义》,《十三经注疏》本,中华书局1980年版,第162页。

② 孙诒让撰:《墨子间诂》,《新编诸子集成》本,中华书局1986年版,第51—52页。

③ 孔安国传,孔颖达疏:《尚书正义》,《十三经注疏》本,中华书局1980年版,第162页。

④ 刘起釪:《尚书学史》,中华书局1989年版,第34页。

⑤ 孙诒让撰:《墨子间诂》,《新编诸子集成》本,中华书局1986年版,第77页。

⑥ 孔安国传,孔颖达疏:《尚书正义》,《十三经注疏》本,中华书局1980年版,第136页。

(4)《墨子·兼爱中》载:“昔者武王将事泰山隧,《传》曰:‘泰山!有道曾孙周王有事,大事既获,仁人尚作,以祗商夏,蛮夷丑貉。虽有周亲,不若仁人。万方有罪,维予一人。’”①此引“有道曾孙周王有事”句,与梅赜古文《武成》之“惟有道曾孙周王发”②句相似;《墨子》此引“大事既获,仁人尚作,以祗商夏,蛮夷丑貉”诸句,与梅赜古文《武成》之“予小子既获仁人,敢祗承上帝,以遏乱略。华夏蛮貊,罔不率俾,恭天成命”③诸句相似;《墨子》此引所载“虽有周亲,不若仁人”,与梅赜古文《泰誓中》之“虽有周亲,不如仁人”④基本相同;《墨子》此引“万方有罪,维予一人”,与梅赜古文《泰誓中》之“百姓有过,在予一人”⑤相似。

(5)《墨子·非乐上》载:“为乐非也。何以知其然也?曰:‘先王之书《汤之官刑》有之,曰:其恒舞于宫,是谓巫风。’”⑥梅赜古文《伊训》之“敢有恒舞于宫、酣歌于室,时谓巫风”句⑦,

---

① 孙诒让撰:《墨子间诂》,《新编诸子集成》本,中华书局 1986 年版,第 103—104 页。

② 孔安国传,孔颖达疏:《尚书正义》,《十三经注疏》本,中华书局 1980 年版,第 184 页。

③ 孔安国传,孔颖达疏:《尚书正义》,《十三经注疏》本,中华书局 1980 年版,第 184—185 页。

④ 孔安国传,孔颖达疏:《尚书正义》,《十三经注疏》本,中华书局 1980 年版,第 181 页。

⑤ 孔安国传,孔颖达疏:《尚书正义》,《十三经注疏》本,中华书局 1980 年版,第 181 页。

⑥ 孙诒让撰:《墨子间诂》,《新编诸子集成》本,中华书局 1986 年版,第 234—235 页。

⑦ 孔安国传,孔颖达疏:《尚书正义》,《十三经注疏》本,中华书局 1980 年版,第 163 页。

与此引相近。

由以上5节《墨子》引《书》与梅赜古文《尚书》的比较可见：

第一，《墨子》引《书》与梅赜古文《尚书》的最大不同，在于《墨子》所引《尚书》的此篇文句，出现于梅赜古文《尚书》的另一篇文章中，如上引第(3)句、第(4)句、第(5)句。而与此类似的问题是，《墨子》引《书》有的文句与梅赜古文《尚书》文句相似，但用途不同，如第(1)句《墨子》引《汤说》与梅赜古文《汤诰》两段文句，一则用于"祷旱"，一则用于解释"革夏命"。这两种现象形成的原因何在？正如刘国钧先生所言，由于先秦书写工具的发展阶段的限制，无论是商汤时也好，还是周武王时也好，都无记录繁杂文字的条件。[①] 那么《尚书》所引商汤、周武王的言辞当系口耳相传相当长一段时间后，才为后世人记录下来。这些被不断记录的先王言辞，由孔子及弟子整理成儒家传承的《尚书》，其中有的版本系统可能在民间流传而为东晋梅赜所见。而在孔子及弟子同时或稍后，其他诸子派别也在整理和引用这些前世文献，因而形成了不同版本、不同内容、不同流传系统的众多的前世帝王诰语、训词等的流传，故有以上所引这种相同文句而被用于不同篇章的情况。

第二，以上《墨子》所引《尚书》内容，有的同时见于先秦其他书所引。如第(1)句商汤天旱祈雨的内容，同时见于《吕氏春秋·顺民》，其曰："昔者汤克夏而正天下，天大旱，五年不收，汤乃以身祷于桑林，曰：'余一人有罪，无及万夫。万夫有

① 参见刘国钧著，郑如斯订补：《中国书史简编》，书目文献出版社1982年版，第9—24页。

罪,在余一人。无以一人之不敏,使上帝鬼神伤民之命。'"①《国语·周语上》亦曰:"《汤誓》曰:'余一人有罪,无以万夫。万夫有罪,在余一人。'"②《尸子·绰子》亦云:"汤曰:'朕身有罪,无及万方。万方有罪,朕身受之。'"③《论语·尧曰》亦有"朕躬有罪,无以万方。万方有罪,罪在朕躬"④之句。《荀子·大略》也有与此相似的商汤祷旱的记述。⑤ 又如本节上引第(4)句中"虽有周亲,不若仁人。万方有罪,维予一人"诸句,与《论语·尧曰》所载"虽有周亲,不如仁人。百姓有过,在予一人"⑥十分相似。这些与其他先秦书所引《尚书》内容相似的《墨子》引文,既说明了这些《尚书》篇章在春秋战国时曾广为流传,同时又证明了《墨子》引用《尚书》文句的可靠性,也证明了梅赜古文《尚书》传本的某些可信性。

四、《墨子》所引篇名及文句均不见于上述《尚书》诸传本系统者

《墨子》所引《尚书》文句,尚有 19 节之篇名及文句均不见

① 陈奇猷校释:《吕氏春秋校释》,学林出版社 1984 年版,第 479 页。

② 上海师范大学古籍整理组校点:《国语》,上海古籍出版社 1978 年版,第 35 页。

③ 魏徵:《群书治要》第五卷,影印宫内厅书陵部藏镰仓写本,汲古书院 1989 年版,第 423 页。

④ 杨伯峻译注:《论语译注》,中华书局 1980 年版,第 207 页。

⑤ 参见董治安、郑杰文汇撰:《荀子汇校汇注》,齐鲁书社 1997 年版,第 906 页。

⑥ 杨伯峻译注:《论语译注》,中华书局 1980 年版,第 208 页。

于上述《尚书》诸传本系统。它们可分为如下四种情况。

其一,谓出自“先王之书”且能确指篇名者5节。

(1)《墨子·尚贤中》载:“且以尚贤为政之本者,亦岂独子墨子之言哉!此圣王之道,先王之书距年之言也。传曰:‘求圣君哲人,以裨辅而身。’”①

(2)《墨子·尚贤下》载:“于先王之书竖年之言然,曰:‘晞夫圣武知人,以屏辅而身。’此言先王之治天下也,必选择贤者以为其群属辅佐。”②

(3)《墨子·尚同中》载:“是以先王之书相年之道曰:‘夫建国设都,乃作后王君公,否用泰也,卿③大夫师长,否用佚也,维辩使治天均。’”④

(4)《墨子·天志中》载:“又以先王之书驯天明不解之道也知之,曰:‘明哲维天,临君下土。’则此语天之贵且知于天子。”⑤

(5)《墨子·公孟》载:“故先王之书子亦有之曰:‘亓傲也,出于子,不祥。’此言为不善之有罚,为善之有赏。”⑥

---

① 孙诒让撰:《墨子间诂》,《新编诸子集成》本,中华书局1986年版,第51页。

② 孙诒让撰:《墨子间诂》,《新编诸子集成》本,中华书局1986年版,第63页。

③ “卿”原作“轻”,从毕沅、卢文弨校改。见孙诒让撰:《墨子间诂》,《新编诸子集成》本,中华书局1986年版,第78页。

④ 孙诒让撰:《墨子间诂》,《新编诸子集成》本,中华书局1986年版,第78页。

⑤ 孙诒让撰:《墨子间诂》,《新编诸子集成》本,中华书局1986年版,第180—181页。

⑥ 孙诒让撰:《墨子间诂》,《新编诸子集成》本,中华书局1986年版,第417页。

以上5节,均标明出自"先王之书",且有些可与先秦书中文句相比照,如第(2)节所引"圣武知人"可与《逸周书·皇门》"元圣武夫"[①]相比照,又如第(4)节所引"明哲维天,临君下土"可与《诗·小雅·小明》"明明上天,照临下土"[②]相比照。这些文句,当系出于春秋战国时流传的"上古之《书》"即《尚书》。

其二,标明出于《夏书》《殷书》《商书》或《周书》,但未指明篇目者5节。

(1)《墨子·七患》载:"故《夏书》曰:'禹七年水。'"[③]

(2)《墨子·七患》载:"《殷书》曰:'汤五年旱。'"[④]

(3)《墨子·七患》载:"故《周书》曰:'国无三年之食者,国非其国也;家无三年之食者,子非其子也。'"[⑤]

(4)《墨子·明鬼下》载:"然则姑尝上观乎《商书》,曰:'呜呼,古者有夏,方未有祸之时,百兽贞虫,允及飞鸟,莫不比方。矧隹人面,胡敢异心?山川鬼神,亦莫敢不宁。若能共允,隹天下之合,下土之葆。'"[⑥]

---

① 《逸周书》,《新世纪万有文库》本,辽宁教育出版社1997年版,第42页。

② 孔安国传,孔颖达疏:《尚书正义》,《十三经注疏》本,中华书局1980年版,第464页。

③ 孙诒让撰:《墨子间诂》,《新编诸子集成》本,中华书局1986年版,第25页。

④ 孙诒让撰:《墨子间诂》,《新编诸子集成》本,中华书局1986年版,第25页。

⑤ 孙诒让撰:《墨子间诂》,《新编诸子集成》本,中华书局1986年版,第27页。

⑥ 孙诒让撰:《墨子间诂》,《新编诸子集成》本,中华书局1986年版,第216页。

(5)《墨子·非命下》载:“在于商夏之《书》[1]曰:‘命者,暴王作之。’”[2]

以上5节,均标明出自某代《书》,且有的引文可与其他先秦书引用相比对,如《七患》所引“禹七年水”“汤五年旱”,《管子·山权数》曰“汤七年旱,禹五年水”[3],说明了这些引文当出自春秋战国时流传的《尚书》。

其三,笼统谓“先王之言”等者4节。

《墨子》中另有一些引文标明“先王之言”等称谓者,刘起釪先生也以为属于“无篇名的逸《书》之列”[4]。今依是说而列此类引文如下。

(1)《墨子·尚贤中》载:“故先王之言曰:‘此道也,大用之天下则不窕,小用之则不困,修用之则万民被其利,终身无已。’”[5]此以下连接引文“《周颂》道之曰”[6]云云,而此条引文又标明出自“先王之言”,所以此引文应当出自“上古之《书》”。

(2)《墨子·非命上》载:“先王之宪亦尝有曰‘福不可请,

---

① “书”前原有“诗”字,从刘起釪说删。见刘起釪:《尚书学史》,中华书局1989年版,第41页。

② 孙诒让撰:《墨子间诂》,《新编诸子集成》本,中华书局1986年版,第251页。

③ 赵守正撰:《管子通解》,北京经济学院出版社1989年版,第380页。

④ 刘起釪:《尚书学史》,中华书局1989年版,第44页。

⑤ 孙诒让撰:《墨子间诂》,《新编诸子集成》本,中华书局1986年版,第58页。

⑥ 参见孙诒让撰:《墨子间诂》,《新编诸子集成》本,中华书局1986年版,第58页。

而祸不可讳。敬无益,暴无伤'者乎?"①此引文前有曰"然而今天下之士君子,或以命为有。盖尝尚观于先王之书。先王之书,所以出国家,布施百姓者,宪也"②,据此可知"先王之宪"即"先王之书","福不可请"云云亦应当出自"上古之《书》"。

(3)《墨子·非命上》载:"先王之刑亦尝有曰'福不可请,祸不可讳。敬无益,暴无伤'者乎?"③此引文前有曰"所以听狱制罪者,刑也"④,语气紧承上文"然而今天下之士君子,或以命为有。盖尝尚观于先王之书。先王之书,所以出国家,布施百姓者,宪也"而来,然则"先王之刑"即通常所谓的"先王之书",所以此引文亦应当出自"上古之《书》"。

(4)《墨子·非命上》载:"先王之誓亦尝有曰'福不可请,祸不可讳。敬无益,暴无伤'者乎?"⑤此引文前有曰"所以整设师旅,进退师徒者,誓也"⑥,语气亦承前文"然而今天下之士君子,或以命为有。盖尝尚观于先王之书。先王之书"云云而来,然则"先王之誓"亦即通常所谓的"先王之书"。

---

① 孙诒让撰:《墨子间诂》,《新编诸子集成》本,中华书局 1986 年版,第 241—242 页。

② 孙诒让撰:《墨子间诂》,《新编诸子集成》本,中华书局 1986 年版,第 241 页。

③ 孙诒让撰:《墨子间诂》,《新编诸子集成》本,中华书局 1986 年版,第 242 页。

④ 孙诒让撰:《墨子间诂》,《新编诸子集成》本,中华书局 1986 年版,第 242 页。

⑤ 孙诒让撰:《墨子间诂》,《新编诸子集成》本,中华书局 1986 年版,第 242 页。

⑥ 孙诒让撰:《墨子间诂》,《新编诸子集成》本,中华书局 1986 年版,第 242 页。

这4节引文，或标明出自“先王之言”，或标明出自“先王之宪”，或标明出自“先王之刑”，或标明出自“先王之誓”，均指通常所谓的“先王之书”，当出自春秋战国时流传的《尚书》中的某些篇章。

其四，标明篇目但不明确指出是出于古《尚书》者5节。

（1）《墨子·非乐上》载：“察九有之所以亡者，徒从饰乐也。于《武观》曰：‘启乃淫溢康乐，野于饮食，将将铭苋磬以力，湛浊于酒，渝食于野；万舞翼翼，章闻于天[①]，天用弗式。’”[②]孙诒让《墨子间诂》引惠栋曰：“此逸《书》。叙武观之事，即《书叙》之‘五子’也。《周书·尝麦》曰：‘其在夏之五子……’五子者，武观也。……《墨子》述其遗文，《周书》载其逸事，与内外《传》所称无殊。且孔氏《逸书》本有是篇，汉儒习闻其事，故韦昭注《国语》、王符撰《潜夫论》，皆依以为说。”[③]依此考说，此《武观》当战国时流传之《尚书》篇章。

（2）《墨子·明鬼下》载：“且《禽艾》之道之曰：‘得玑无小，灭宗无大。’”[④]孙诒让《墨子间诂》引崔灏曰：“《逸周书·世俘解》有秦艾侯之语，当即此《禽艾》。”[⑤]此引可与《逸周

---

① “天”原作“大”，从惠栋等校改。见孙诒让撰：《墨子间诂》，《新编诸子集成》本，中华书局1986年版，第237页。

② 孙诒让撰：《墨子间诂》，《新编诸子集成》本，中华书局1986年版，第236—237页。

③ 孙诒让撰：《墨子间诂》，《新编诸子集成》本，中华书局1986年版，第236页。

④ 孙诒让撰：《墨子间诂》，《新编诸子集成》本，中华书局1986年版，第224页。

⑤ 孙诒让撰：《墨子间诂》，《新编诸子集成》本，中华书局1986年版，第224页。

书·世俘解》所载秦艾侯之语比对,此《禽艾》亦当为战国时流传之《尚书》篇章。

(3)《墨子·非命中》载:"此言纣之执有命,武王以《太誓》非之。有于《三代不国》有之曰:'女毋崇天之有命也。'今《三[代]不国》①亦言命之无也。"②孙诒让《墨子间诂》引苏时学云:"所引盖古逸《书》。"③

(4)《墨子·非命中》载:"于召公之《执令》亦然④,曰⑤:'敬哉,无天命。惟予二人,而无造言,不自降天之哉得之。'"⑥此引文与以上第(3)节引文连接在一起,而第(3)(4)节引文之前,为古《尚书》之《泰誓》引文,之后为"在于夏商之《诗》《书》曰……"⑦云云,由此行文体例看,《泰誓》与《诗》《书》中间所夹的这两则引文,亦当为战国流传的《尚书》篇章。

(5)《墨子·非命下》载:"曰何书焉存?《禹之总德》有之曰:'允不著,惟天民不而葆,既防凶心,天加之咎,不慎厥德,

---

① "今"原作"命",从孙诒让校改;"代"字原脱,从孙诒让校增。见孙诒让撰:《墨子间诂》,《新编诸子集成》本,中华书局1986年版,第251页。

② 孙诒让撰:《墨子间诂》,《新编诸子集成》本,中华书局1986年版,第251页。

③ 孙诒让撰:《墨子间诂》,《新编诸子集成》本,中华书局1986年版,第251页。

④ "亦"字本作"于",从孙诒让校改。

⑤ "曰"字本作"且",从孙诒让校改。

⑥ 孙诒让撰:《墨子间诂》,《新编诸子集成》本,中华书局1986年版,第251页。

⑦ 孙诒让撰:《墨子间诂》,《新编诸子集成》本,中华书局1986年版,第251页。

天命焉葆。'"[1]此引《禹之总德》,前曰"昔者暴王作之,穷人述之,此皆疑众迟朴。先圣王之患之也,固在前矣。是以书之竹帛,镂之金石,琢之盘盂,传遗后世子孙",后紧接引今文《尚书》的《仲虺之诰》篇,亦当为战国流传的《尚书》篇章。

总之,以上这5节《墨子》引文,都应当出自战国时流传的各种各样的"《尚书》"。

五、《墨子》引书评说

由以上《墨子》引书,我们可以看出墨家与战国时期所传《尚书》的关系,以及墨家所用《尚书》的选本系统。

第一,《墨子》引书共计40节,其文字可与今文《尚书》比对者5节;其篇目可与汉代新出之"百两《尚书》"之篇目比对者、其文字可与新出《泰誓》比对者,计11节;可与东晋梅赜古文《尚书》比对者5节:共21节。而《墨子》所引不可与今传所有《尚书》系统比对者19节,几占一半。这是否可以说,墨家所传先王之书,自有独自的选本系统。先王之书是春秋战国时期广为流传的记载先王言论兼及少量行事的上古典籍,孔子及其弟子曾予以整理,成为战国时流传最广的选本;同时,也有此种选本之外的本子或散篇在流传。墨家所传先王之书,便是儒家选本之外的墨家自己的《尚书》选编本。

第二,以上《墨子》引书文,除5节与梅赜古文《尚书》比对

① 孙诒让撰:《墨子间诂》,《新编诸子集成》本,中华书局1986年版,第254—255页。

的文字，可在《汤诰》《大禹谟》《武成》《泰誓》《遗训》5篇找到零星相应的文字外，其余35节中，5节与今文《尚书》可比对的文字仅出于《禹贡》《甘誓》《吕刑》3篇，11节与“百两《尚书》”之独特篇目45篇可比对的文字仅出于《泰誓》《仲虺之诰》2篇。而今存儒家所传《尚书》共有篇目100篇，文字58篇。《墨子》仅引过儒家所传《尚书》58篇中的10篇题目和文字。墨家引《书》所占儒家传《书》比例如此之小，再一次证明墨家所传先王之《书》，与儒家的《尚书》选本确实不同，墨家确有自己的《尚书》选本系统。

第三，《墨子》引书，除10节无法归类外，其余计引《虞书》1节，引《夏书》6节，引《商书》9节，引《周书》15节[①]，呈现出1∶6∶9∶15的篇数按年代递加的比例状态。这与今传儒家《尚书》各系统所呈现的篇数按年代递加的比例状态相似——今传今文《尚书》28篇，计《虞书》2篇、《夏书》2篇、《商书》5篇、《周书》19篇，呈现出2∶2∶5∶19的递加比例；今传梅赜古文《尚书》58篇，计《虞书》5篇、《夏书》4篇、《商书》17篇、《周书》32篇，也约略呈现出5∶4∶17∶32的篇数按年代递加的比例。这主要是因为，越是往古的典籍，流传存世的比例越小。这种与儒家《尚书》各系统所呈现的递加比例状态相似的《墨子》引《书》比例状态，说明了战国墨家所传先王之书，不但有自己的选本系统，而且这一选本系统与儒家选本系统同样具有篇数按年代递加的合理性，即与战国所传《尚书》篇数的现

---

① 《墨子》引《书》40节中，有的一节文字（如《墨子·兼爱中》所引“昔者武王将事太山隧，《传》曰”节）可与儒家所传《尚书》中的多节相对，故以上统计有10节文字不可比对，有31节文字可比对。

实比例相合的合理性。

由以上《墨子》引书,我们还可以考察儒家今传《尚书》诸系统的真伪等问题。

第一,《墨子》可与伏生今文《尚书》比对的5节文字,既有字词差别,也有文句差别,更有语序和结构差别,但内容却相似,这说明流传至今的伏生今文《尚书》确为战国古本。

第二,《墨子》所引书中没有可与古文《尚书》之“逸《书》十六篇”比对的文字,且先秦可靠文籍中仅《孟子》《礼记》《逸周书》3种引用过古文《尚书》之“逸《书》十六篇”。可见含古文《尚书》之“逸《书》十六篇”在内的、出于孔壁中的古文《尚书》,仅是战国时所传《尚书》中流传很不广的一种选本,它可能仅为思孟学派所保存,而后来作为孔子家传本的一种,被藏于孔壁中而有幸流传到汉代。

第三,《墨子》引《仲虺之诰》3则,引《泰誓》8则,其文意大多可与梅赜古文《尚书》比对,但文句、字词甚至语序却大相径庭。这一方面说明了梅赜古文《尚书》与《墨子》所引战国时期流传的《尚书》具有相同的材料来源,另一方面说明了梅赜并没有从《墨子》中抄袭《尚书》文句以“造作‘古文《尚书》’”。从这一点看,自清代以来的“梅赜造作古文《尚书》”的习惯说法应当受到重新审视。

第四,梅赜之古文《尚书》没有“剿袭”《墨子》中的《尚书》引文,这是否是因梅赜所处的东晋时代《墨子》不流行呢?《晋书·刘寔传》载刘寔《崇让论》中有“孔墨不能免世之谤己,况不及孔墨者乎”①之语,《晋书·夏侯湛传》载夏侯湛《抵疑》中

① 《晋书》卷四十一《刘寔传》,中华书局1974年版,第1192页。

有“讲儒墨,说玄虚”[①]之语,《晋书·孙惠传》载孙惠以“秦祕之”之名写的书信中有“窃慕墨翟、申包之诚”[②]等语,《晋书·范宁传》载其论世俗虚浮风气时有“是非成于儒墨”[③]等语,《晋书·袁乔传》载袁乔给褚裒的信中有“染丝之变,墨翟致怀”[④]诸语,《晋书·郭瑀传》载张天锡给郭瑀信中有“孔圣车不停轨,墨子驾不俟旦”[⑤]等语。并且,据《晋书·鲁胜传》载,鲁胜曾注过《墨子》中的《墨辩》。还有,《太平御览》卷八十载皇甫谧作《帝王世纪》中有“墨子以为,尧堂高三尺”[⑥]云云,《太平御览》卷五百八十一载《傅子》中有“马先生能使木人吹箫,比妙般输、墨翟”[⑦]等语,张华《博物志》卷二曾转引《墨子·节葬下》载义渠国的“登遐”[⑧]之俗。所有这些都可看出,《墨子》在两晋时期是广为流传而被知识士子所看重的。那么,梅赜所献之古文《尚书》若真为梅赜所伪造,他是不会舍弃《墨子》而不加摘用的。但梅赜的古文《尚书》并没有从《墨子》中摘抄《尚书》文句,这说明自清代以来的“梅赜造作古文《尚书》”的习惯说法的确让人生疑。

第五,据刘起釪先生统计,先秦可靠文籍20种中计引《尚书》335次;其中引今文《尚书》者有先秦文籍16种计115次,

① 《晋书》卷五十五《夏侯湛传》,中华书局1974年版,第1494页。

② 《晋书》卷七十一《孙惠传》,中华书局1974年版,第1883页。

③ 《晋书》卷七十五《范宁传》,中华书局1974年版,第1984页。

④ 《晋书》卷八十三《袁乔传》,中华书局1974年版,第2168页。

⑤ 《晋书》卷九十四《郭瑀传》,中华书局1974年版,第2454页。

⑥ 李昉等撰:《太平御览》,中华书局1985年版,第372—373页。

⑦ 李昉等撰:《太平御览》,中华书局1985年版,第2620页。

⑧ 参见张华撰,范宁校证:《博物志校证》,《古小说丛刊》本,中华书局1980年版,第24页。

引孔壁古文《尚书》“逸篇十六篇”者有先秦文籍3种计8次，引“百两《尚书》篇目”中除以上两类外其余篇目者有先秦文籍9种计49次；除此3大类外，引《尚书》逸篇逸文者有先秦文籍16种计163次。① 这163节引文皆与今传梅赜古文《尚书》58篇中的文字不同②，而其引文所自出的16种先秦文籍，即《论语》《国语》《左传》《墨子》《孟子》《荀子》《管子》《庄子》《韩非子》《战国策》《礼记》《梁传》《孝经》《尸子》《吕氏春秋》《逸周书》诸书，又都在两晋时期流传；但清代以来习惯认为梅赜造作的今传古文《尚书》中的《泰誓》3篇及其余22篇文字，却与这正在流传中的16种先秦文籍所引《尚书》文不同。那么，刘起釪先生总结前人考证而作的结论，即今传《尚书》中，除今文《尚书》之外的所谓“古文《尚书》”，是东晋梅赜从“《书序》百篇中采取”“篇题”，“再从当时所传历史文献中搜集一些文句，以剿袭方式拼凑成”的诸论③，便让人生疑了。所以说，孔颖达《尚书正义》所引《晋书》中所述的《尚书》在魏晋时的传授系统及梅赜所献《尚书》事件，乃至梅赜所献之古文《尚书》的可靠性等④，便不能简单否定，而应重新研究。或许，梅赜所献古文《尚书》是一个民间所藏、所传的古文《尚书》的战国选本。

---

① 参见刘起釪：《尚书学史》，中华书局1989年版，第14—50页。

② 参见刘起釪：《尚书学史》，中华书局1989年版，第33—47页。

③ 参见刘起釪：《尚书学史》，中华书局1989年版，第186页。

④ 参见孔安国传，孔颖达疏：《尚书正义》，《十三经注疏》本，中华书局1980年版，第118页。

墨家的传《诗》版本与《诗》学观念*

——兼论战国《诗》学系统

私学兴起,《诗三百》(以下简称《诗》)作为一种广为流传的古代作品被先秦诸子引用。流传至今的《墨子》53 篇中,计引《诗》11 条、说《诗》4 条。将其与其他战国秦汉典籍引《诗》说《诗》进行比较,可以考察墨家的传《诗》版本、《诗》学观念及其所从属的《诗》学系统。

一、由《墨子》引《诗》看墨家传《诗》的版本

《墨子》引《诗》计 11 条,所引文字与《诗三百》流传至今的最早版本,即汉代“四家诗”及出土文献所引相较,可分为如下三种情况来叙述。

《墨子》引《诗》计 11 条,所引文字与其流传至今的最早版本,即汉代“四家诗”及出土文献所引相较,可分为如下三种情况来叙述。

---

* 本文原载于《文史哲》2006 年第 1 期。

（一）与《毛诗》及“三家诗”词语有别者

1.《墨子·明鬼下》引《诗·大雅·文王》云：“文王在上，於昭于天。周虽旧邦，其命维新。有周不显，帝命不时。文王陟降，在帝左右。穆穆文王，令问不已。”①后两句，《毛诗》作“亹亹文王，令闻不已”②。王先谦《诗三家义集疏》未言《齐诗》《鲁诗》《韩诗》与《毛诗》有异③，是《墨子》“穆穆”，《毛诗》及“三家诗”作“亹亹”；《墨子》“令问”，《毛诗》及“三家诗”作“令闻”。“穆穆”“亹亹”，《诗·大雅·文王》中均被用来形容文王之威仪，可以通用；或者，《墨子·明鬼下》作者记忆有误，将《诗·大雅·文王》第四章首句之“穆穆文王”与第二章首句之“亹亹文王”倒用。“令问”“令闻”，字形相近，吴宽抄本《墨子》即作“令闻”④，此或为《墨子》流传中抄写讹误所致。

2.《墨子·天志中》引《诗·大雅·皇矣》云：“《皇矣》道之曰：‘帝谓文王，予怀明德，不大声以色，不长夏以革，不识不知，顺帝之则。’”⑤《毛诗》字同。⑥“不识不知”，《贾子·君

---

① 孙诒让撰：《墨子间诂》，《新编诸子集成》本，中华书局 1986 年版，第 215 页。

② 毛亨传，郑玄笺，孔颖达疏：《毛诗正义》，《十三经注疏》本，中华书局 1980 年版，第 504 页。

③ 参见王先谦撰：《诗三家义集疏》，中华书局 1987 年版，第 824 页。

④ 参见孙诒让撰：《墨子间诂》，《新编诸子集成》本，中华书局 1986 年版，第 215 页。

⑤ 孙诒让撰：《墨子间诂》，《新编诸子集成》本，中华书局 1986 年版，第 186 页。

⑥ 参见毛亨传，郑玄笺，孔颖达疏：《毛诗正义》，《十三经注疏》本，中华书局 1980 年版，第 522 页。

道》《淮南子·诠言训》引作“弗识弗知”，故王先谦谓“鲁‘不’一作‘弗’”[①]。是《墨子》所引与《毛诗》同，而与《鲁诗》字异，但《鲁诗》之“弗识弗知”与《墨子》所引及《毛诗》《韩诗》《齐诗》之“不识不知”义同，或《鲁诗》在自口授到写本的过渡中出现此异。

3.《墨子·兼爱下》引《诗·大雅·抑》云：“《大雅》之所道曰：‘无言而不雠，无德而不报，投我以桃，报之以李。’”[②]《毛诗》上句作“无言不雠，无德不报”，下句同。[③] 因《礼记·表记》引作“无言不雠”，故王先谦曰“齐与毛同”；因《列女传·周主忠妾传》引作“无言而不醻”、《蔡邕集·太尉桥公庙碑》引作“无言而不酬”、张衡《思玄赋》有“无言而不酬兮”句，故王先谦曰“鲁‘雠’一作‘醻’‘酬’”；因《诗考》引《韩诗外传》卷十之晏子使楚事中作“无言而不酬”，故王先谦曰“韩作‘酬’”。[④] 是《墨子》引此诗所用版本与齐、鲁、韩、毛之祖本均异。

4.《墨子·尚贤中》引《诗·大雅·桑柔》云：“《诗》曰：‘告女忧恤，诲女予爵，孰能执热，鲜不用濯。’”[⑤]《毛诗》云：“告尔忧恤，诲尔序爵。谁能执热，逝不以濯。”[⑥]“三家诗”与

---

① 王先谦撰：《诗三家义集疏》，中华书局1987年版，第859页。

② 孙诒让撰：《墨子间诂》，《新编诸子集成》本，中华书局1986年版，第115页。

③ 毛亨传，郑玄笺，孔颖达疏：《毛诗正义》，《十三经注疏》本，中华书局1980年版，第555—556页。

④ 王先谦撰：《诗三家义集疏》，中华书局1987年版，第934—935页。

⑤ 孙诒让撰：《墨子间诂》，《新编诸子集成》本，中华书局1986年版，第46—47页。

⑥ 毛亨传，郑玄笺，孔颖达疏：《毛诗正义》，《十三经注疏》本，中华书局1980年版，第559页。

毛同。[①]《墨子》所引与鲁、韩、毛词语差别较大，特别是最后一句，“鲜不用濯”与“逝不以濯”（郑笺“逝犹去也”）意义差别较大。

5.《墨子·尚同中》引《诗·周颂·载见》云：“是以先王之书《周颂》之道之曰：‘载来见彼王，聿求厥章。’”[②]《毛诗》作“载见辟王，曰求厥章”，无“来”字，“彼”作“辟”，“聿”作“曰”。[③]“三家诗”与毛同。[④]

以上《墨子》引《诗》5处26句109字中，与《毛诗》相异者10句，10句中相异字14个，占《墨子》所引句数的38%，占《墨子》所引字数的13%；与《齐诗》相异者10句，10句中相异字14个，占所引句数的38%，占所引字数的13%；与《鲁诗》相异者11句，11句中相异字15个，占所引句数的42%，占所引字数的14%；与《韩诗》相异者9句，9句中相异字13个，占所引句数的35%，占所引字数的12%。这么大的差异比例，我们有理由相信，《墨子》引《诗》所用版本与汉代“四家诗”的祖本有别。

（二）与《毛诗》及“三家诗”名称、章次、句次大异者

1.《墨子·天志下》引《诗·大雅·皇矣》云：“先王之书

---

① 参见王先谦撰：《诗三家义集疏》，中华书局1987年版，第945—946页。

② 孙诒让撰：《墨子间诂》，《新编诸子集成》本，中华书局1986年版，第81页。

③ 毛亨传，郑玄笺，孔颖达疏：《毛诗正义》，《十三经注疏》本，中华书局1980年版，第596页。

④ 参见王先谦撰：《诗三家义集疏》，中华书局1987年版，第1031页。

《大夏》之道之然:‘帝谓文王,予怀明德,毋大声以色,毋长夏以革,不识不知,顺帝之则。’”[①]“毋大声以色,毋长夏以革”,《毛诗》作“不大声以色,不长夏以革”[②]。“不识不知”,《贾子·君道》《淮南子·诠言训》作“弗识弗知”,故王先谦谓“鲁‘不’,一作‘弗’”[③]。《墨子》所引版本既不同于《毛诗》,又不同于“三家诗”。这里最为重要的是《墨子》引《大雅》而名“大夏”。

2.《墨子·尚同中》引《诗·小雅·皇皇者华》云:“《诗》曰:‘我马维骆,六辔沃若。载驰载驱,周爰咨度。’又曰:‘我马维骐,六辔若丝。载驰载驱,周爰咨谋。’”[④]其字句与《毛诗》同。[⑤] 除“周爰咨谋”,《鲁诗》作“周爰咨谟”外,其余均与“三家诗”同。[⑥]《墨子》所引章次与《毛诗》、“三家诗”不同:《毛诗》、“三家诗”均是“我马维骐”章在前而“我马维骆”章在后。

3.《墨子·兼爱下》引《诗·小雅·大东》云:“其直若矢,其易若厎。君子之所履,小人之所视。”[⑦]而《毛诗》作:“周道

---

① 孙诒让撰:《墨子间诂》,《新编诸子集成》本,中华书局1986年版,第199页。

② 毛亨传,郑玄笺,孔颖达疏:《毛诗正义》,《十三经注疏》本,中华书局1980年版,第522页。

③ 王先谦撰:《诗三家义集疏》,中华书局1987年版,第859页。

④ 孙诒让撰:《墨子间诂》,《新编诸子集成》本,中华书局1986年版,第81页。

⑤ 参见毛亨传,郑玄笺,孔颖达疏:《毛诗正义》,《十三经注疏》本,中华书局1980年版,第407页。

⑥ 参见王先谦撰:《诗三家义集疏》,中华书局1987年版,第561页。

⑦ 孙诒让撰:《墨子间诂》,《新编诸子集成》本,中华书局1986年版,第114页。

如砥，其直如矢。君子所履，小人所视。”①“三家诗”同《毛诗》。②《墨子》“其易若底”与《毛诗》、“三家诗”之“周道如砥”不但字词大异，而且句次位置也不同。

以上 3 处《墨子》引《诗》中，1 处与汉代“四家诗”名称有异，1 处与汉代“四家诗”章次有异，1 处与汉代“四家诗”句次有异，这说明《墨子》引《诗》所用版本，确实与汉代“四家诗”的祖本有别。

还应特别指出的是，《墨子·天志下》名《诗》之“大雅”而曰“大夏”，与上海博物馆藏战国楚竹书《诗论》中名“大雅”而曰“大夏”的称谓相同（拙考此《诗论》非孔子所作，而为持“以《诗》为史”《诗》学观的战国人所作）。③ 这证明了战国时确有名“大雅”而曰“大夏”的版本存在，《墨子》此引并非“字误”。这也再次说明了《墨子》引《诗》所用版本确实与汉代“四家诗”的祖本有别。

（三）关于《墨子》所引逸《诗》

1.《墨子·尚贤中》载：“《周颂》道之曰：‘圣人之德，若天之高，若地之普，其有昭于天下也。若地之固，若山之承，不坼不崩。若日之光，若月之明，与天地同常。’”④俞樾谓此所引当

---

① 毛亨传，郑玄笺，孔颖达疏：《毛诗正义》，《十三经注疏》本，中华书局 1980 年版，第 460 页。

② 参见王先谦撰：《诗三家义集疏》，中华书局 1987 年版，第 727 页。

③ 参见马承源主编：《上海博物馆藏战国楚竹书（一）》，上海古籍出版社 2001 年版，第 127 页。

④ 孙诒让撰：《墨子间诂》，《新编诸子集成》本，中华书局 1986 年版，第 58 页。

为"圣人之德,昭于天下。若天之高,若地之普。若山之承,不坼不崩。若日之光,若月之明,与天地同常"①。此两种诗句,皆不见于《毛诗》与"三家诗",当为逸诗。

2.《墨子·所染》载:"《诗》曰'必择所堪,必谨所堪'者,此之谓也。"②此二句诗亦不见于《毛诗》与"三家诗",当为逸诗。

3.《墨子·非攻中》载:"《诗》曰:'鱼水不务,陆将何及乎。'"③此二句诗同样不见于《毛诗》与"三家诗",当为逸诗。

《墨子》引《诗》11 处,逸诗既达 3 处之多,占所引《诗》的 27%,这便使我们不得不对战国《诗三百》的流传情况,特别是所谓的"逸诗"做进一步考察。

成书于孔子后学的《论语》中引《诗》9 条,其中逸诗 1 条,占 11%;《孟子》引《诗》37 条,其中逸诗 1 条,占 3%;《荀子》引《诗》107 条,其中逸诗 7 条,占 7%。其他,《庄子》引《诗》1 条,为逸诗,占 100%;《管子》引《诗》3 条,其中逸诗 1 条,占 33%;《韩非子》引《诗》5 条,其中逸诗 1 条,占 20%;《吕氏春秋》引《诗》18 条,其中逸诗 4 条,占 22%;《战国策》中引《诗》8 条,其中逸诗 4 条,占 50%。另外,极有可能产生于战国时期的"三礼"中,《周礼》引《诗》19 条,其中逸诗 3 条(均为《狸首》),占 16%;《仪礼》引《诗》50 条,其中逸诗 13 条(《笙诗》10 条、《新宫》2 条、《狸首》1 条),占 26%;《礼记》引《诗》139 条,其中逸

① 俞樾:《诸子平议》,上海书店 1988 年版,第 170—171 页。

② 孙诒让撰:《墨子间诂》,《新编诸子集成》本,中华书局 1986 年版,第 17—18 页。

③ 孙诒让撰:《墨子间诂》,《新编诸子集成》本,中华书局 1986 年版,第 128 页。

诗6条(《狸首》4条、其他逸诗2条),占4%。

由上可见,战国时期的儒家书和非儒家书引《诗》时,逸诗都占相当大的比例,特别是非儒家书引《诗》,逸诗一般都在20%以上。这说明在战国时期,并没有一个大家都共同遵奉的《诗三百》版本。反过来讲,是各家各派各自承传着不同的《诗三百》版本。这一情况,与上海博物馆所藏战国楚竹书《诗论》所反映的情况是一致的。

而从儒家书引《诗》看,时代越往前者逸诗比例越高,如《论语》11%,而《孟子》仅3%,《荀子》引《诗》数量多,逸诗比例也只有7%;如《仪礼》26%,《周礼》16%,《礼记》仅4%。这可能是,战国儒家在《诗三百》的承传中,逐步积淀为相对稳固的版本所致。

二、由墨家引《诗》论《诗》看墨家的《诗》学观念

《墨子》引《诗》计11条,各有不同的引用目的。由此目的,可以推见墨家对《诗》的社会作用的认识,可以考察墨家的《诗》学观念。

(一)《墨子》引《诗》所表现的“以《诗》为史”的《诗》学观念

《墨子》引《诗》11条中,有7条将《诗》句所述作为历史事实来对待,认为《诗》可反映历史,并以其所反映的史实作为说理的重要论据,来证成自己的思想观点。这种对《诗》的作用

的认识，这种引《诗》方式，都表现着作者具有“以《诗》为史”的《诗》学观念。

墨子“以《诗》为史”的《诗》学观念的最明显例证，莫过于《墨子·明鬼下》载墨子与时人讨论有鬼无鬼时所说：“《大雅》曰：‘文王在上，於昭于天。周虽旧邦，其命维新。有周不显，帝命不时。文王陟降，在帝左右。穆穆文王，令问不已。’若鬼神无有，则文王既死，彼岂能在帝之左右哉？此吾所以知《周书》之鬼也。”[①]墨子竟将周人祭祀时赞美文王的想象之词“文王陟降，在帝左右”，作为文王死后鬼魂升天的事实证据，来证明自己“有鬼”论的正确性。将诗句所反映的周人想象的内容视作史实，说明了墨子确实有“以《诗》为史”的《诗》学观念。这类例子还有《墨子·天志中》载墨家所论：“夫爱人利人，顺天之意，得天之赏者谁也？曰若昔三代圣王，尧舜禹汤文武者是也。……《皇矣》道之曰：‘帝谓文王，予怀明德。不大声以色，不长夏以革。不识不知，顺帝之则。’帝善其顺法则也，故举殷以赏之，使贵为天子，富有天下，名誉至今不息。”[②]另外，《墨子·天志下》亦曾引《大夏（雅）·皇矣》诗句：“非独子墨子以天之志为法也，于先王之书《大夏》之道之然：‘帝谓文王，予怀明德。毋大声以色，毋长夏以革。不识不知，顺帝之则。’此诰文王之以天志为法也，而顺帝之则也。”[③]此两引都可见，

① 孙诒让撰：《墨子间诂》，《新编诸子集成》本，中华书局 1986 年版，第 215—216 页。

② 孙诒让撰：《墨子间诂》，《新编诸子集成》本，中华书局 1986 年版，第 185—186 页。

③ 孙诒让撰：《墨子间诂》，《新编诸子集成》本，中华书局 1986 年版，第 199 页。

墨子以《皇矣》所述周朝代殷，作为周文王“顺天之意，得天之赏”的证据，将周人臆造的“帝谓文王”云云当作历史事实，其中蕴含的“以《诗》为史”的《诗》学观念十分明显。

上述例证表现出：在墨家眼中，《诗》同《书》《春秋》等古代作品一样，都是载录历史的。这种观念是对春秋《诗》学观念的一种继承。笔者在另文中已论述过：自西周至春秋中期，在“《诗》载史”思想指导下，以《诗》所述作为史实或格言来引用，逐渐成为多数人认可的引《诗》方式。他们在引《诗》时，或把《诗》句当作格言或公理，或把《诗》句所述当作历史事实，以此作为当世君王施政措施或社会道德规范的比照，反映出彼时逐渐形成了“以《诗》为史”的《诗》学观念。① 从上述《墨子》引《诗》中可透视出，墨家继承的正是这种“以《诗》为史”的《诗》学观念，墨家采用的正是这种“以《诗》为史”的《诗》学观念指导下的引《诗》方法。

（二）《墨子》引《诗》所表现的“以《诗》为训”的《诗》学观念

《墨子》引《诗》，也有将《诗》句作为格言来运用的。格言，是人们在社会生活中积淀出的言简意赅、广为传播的熟语。其中或饱含社会经验，或饱含人生体悟，或饱含社会公理。在传世《诗》篇中，或因作者用已长久流传的格言入诗，或因某些《诗》句的哲理意蕴在流传中被人们认可而成为新的格言，它们都被先秦诸子引作论据来说理诘辩。今查《墨子》中作为格

① 参见郑杰文：《先秦〈诗〉学观与〈诗〉学系统》，《文学评论》2004年第6期。

言来引《诗》者主要有以下三例。

《墨子·尚贤中》引《诗·大雅·桑柔》云:"《诗》曰:'告女忧恤,诲女予爵。孰能执热,鲜不用濯。'则此语古者国君诸侯之不可以不执善,承嗣辅佐也。譬之犹执热之有濯也,将休其手焉。古者圣王唯毋得贤人而使之,般爵以贵之,裂地以封之,终身不厌。"①此引《诗》中"孰能执热,鲜不用濯"作为格言,来劝谕君王应明白"唯毋得贤人而使之"的道理,教导君王要像"执热"必"有濯"那样,欲推行自己的"贤人政治",必须尚贤使能。此引《诗》句作为格言的目的,在于证明墨家"尚贤论"的正确性。

《墨子·兼爱下》引《诗·大雅·抑》云:"《大雅》之所道曰:'无言而不雠,无德而不报,投我以桃,报之以李。'即此言爱人者必见爱也,而恶人者必见恶也。"②此将《诗》句"无言而不雠,无德而不报"和"投我以桃,报之以李"作为格言,来说明"爱人者必见爱也,而恶人者必见恶"的社会道理,以论证墨家所宣扬的"兼爱天下"的正确性。

又,《墨子·所染》引逸诗云:"非独国有染也,士亦有染。其友皆好仁义,淳谨畏令,则家日益、身日安、名日荣,处官得其理矣,则段干木、禽子、傅说之徒是也。其友皆好矜奋,创作比周,则家日损、身日危、名日辱,处官失其理矣,则子西、易牙、竖刀之徒是也。《诗》曰'必择所堪,必谨所堪'者,此之谓也。"③

---

① 孙诒让撰:《墨子间诂》,《新编诸子集成》本,中华书局1986年版,第46—48页。

② 孙诒让撰:《墨子间诂》,《新编诸子集成》本,中华书局1986年版,第115页。

③ 孙诒让撰:《墨子间诂》,《新编诸子集成》本,中华书局1986年版,第17—18页。

此以逸诗“必择所堪,必谨所堪”作为格言明训,来说明“士亦有染”即应谨慎择友的道理。

这种以《诗》句作为格言,认为《诗》中包含着社会公理、人生通则和生活经验的观念,我们将其称为“以《诗》为训”的《诗》学观念。

“以《诗》为训”的《诗》学观念产生的前提,首先是把《诗》句所述当作前人历史经验的积累,认为其中蕴含了深刻的历史规律和社会规则。从这一角度讲,它是“以《诗》为史”《诗》学观念的一种变式。

(三)《墨子》谈《诗》时没有“以《诗》为教”的《诗》学观念

据《淮南子·要略》言,墨子先“学儒者之业,受孔子之术”,后来认为儒家“其礼烦扰而不说,厚葬靡财而贫民,[久]服伤生而害事,故背周道而用夏政”①。墨子的此种学术经历,使墨家与儒家在引《诗》说《诗》时既有相同之处,又有很多不同之处。其最大差别,在于对《诗》社会政治作用的认识不同。墨家认为《诗》可承载历史,是社会经验的总结,但不像儒家那样认为《诗》可以作为推行礼义教化的工具。这种观念在墨家论《诗》中表现得最为突出。

《墨子》载墨家论《诗》4处,《墨子·非命中》曰“在于商、夏之《诗》《书》曰:命者暴王作之”②,其“商、夏之《诗》”与本

---

① 刘文典撰:《淮南鸿烈集解》,中华书局1989年版,第709页。

② 孙诒让撰:《墨子间诂》,《新编诸子集成》本,中华书局1986年版,第251页。

文所谓《诗三百》之《诗》不同，故不论。另外3处，1处涉及《诗》的创作源出，2处涉及《诗》的社会功用。就《诗》的社会功用方面，墨家与儒家的认识却十分不同。

《墨子·公孟》载儒、墨两家就《诗》《书》作用曾发生过争论："公孟子谓子墨子曰：'昔者圣王之列也，上圣立为天子，其次立为卿、大夫，今孔子博于《诗》《书》，察于礼乐，详于万物，若使孔子当圣王，则岂不以孔子为天子哉？'子墨子曰：'夫知者，必尊天事鬼，爱人节用，合焉为知矣。今子曰"孔子博于《诗》《书》，察于礼乐，详于万物"，而曰可以为天子，是数人之齿，而以为富。'"①儒家之徒公孟子认为"博于《诗》《书》，察于礼乐，详于万物"，便掌握了治世之法宝，便可以"为天子"，但墨子认为只有做到"尊天事鬼、爱人节用"才可谓大智。这表现了儒墨两家关于《诗》《书》作用的认识差异：儒家认为《诗》《书》是治世的法宝，领略了《诗》《书》所蕴含的"礼乐"教化规则，就可以成为社会治理的最高指挥者——"天子"，其"以《诗》为教"的观念十分明显，而墨家则认为《诗》《书》作为治世的法宝，已是前代圣土之事，若今天还如此认为，则是"数人之齿，而以为富"，即捡了别人记录财富的刻契就认为自己已经拥有这些财富一样虚假可笑。也就是说，墨家认为《诗》《书》作为治世法宝已经过时，掌握《诗》《书》要义不如"尊天事鬼、爱人节用"重要，其否认"以《诗》为教"的《诗》学观念倾向也是十分明显的。

此外，《墨子·公孟》还载："子墨子谓公孟子曰：'丧礼，君

① 孙诒让撰：《墨子间诂》，《新编诸子集成》本，中华书局1986年版，第416页。

与父母、妻、后子死，三年丧服。……或以不丧之间，诵《诗》三百，弦《诗》三百，歌《诗》三百，舞《诗》三百。若用子之言，则君子何日以听治？庶人何日以从事？公孟子曰：'国乱则治之，国治则为礼乐。国治则从事，国富则为礼乐。'"[①]墨子认为诵《诗》、弦《诗》、歌《诗》、舞《诗》均会误"听治"、误"从事"，即认为传《诗》、学《诗》与政治教化无关，与社会治理无关，更不利于社会生产，因而反对儒家之徒公孟子的"诗乐治国说"。从中可以看出，墨子对于儒家"《诗》《书》教化可以治国"学说是持否定态度的，也就是说，墨家是反对"以《诗》为教"的《诗》学观念的。而儒家之徒公孟子则认为传《诗》、学《诗》可以"治国"、利于"从事"，其"以《诗》为教"的《诗》学观念是十分明显的。

儒、墨两家相异的《诗》学观念之形成与其所主张的治世理念之不同有关。儒、墨两家虽都推崇古代圣王，试图建立一个像古代盛世那样清平和谐的社会，但同样作为士阶层的儒、墨两家，在设定士人的社会功能时却持论有异。儒家认为社会成员人人做"圣贤"才可达到社会大治，故不但强调士人自己要效仿古圣贤而做"仁人"，而且强调士人的言传身教功用，强调士人要"修身—齐家—治国—平天下"来教化民众以治世，所以将承载古代圣王贤哲言行的《诗》作为教化民众的工具。墨家则不然。墨家过多地强调士人自身学古圣贤以治世，但对于士人如何带动民众学圣贤则语焉不详，故而认为学《诗》仅可了解古圣贤的言行，与政治教化、社会治理无关。这两种治

---

① 孙诒让撰：《墨子间诂》，《新编诸子集成》本，中华书局 1986 年版，第 417—418 页。

世理念的差异,导致了儒、墨两家《诗》学观的不同。因此,墨家在论《诗》中才没有“以《诗》为教”的《诗》学观念。

三、由儒、墨《诗》学观念之相异看战国《诗》学系统

战国时期,儒、墨两家的《诗》学观念不同,故其所从属的《诗》学系统也不同。

(一)墨家与孟、荀《诗》学观念的不同

战国时期,诸子各家中引《诗》、论《诗》最多的是儒、墨两家。由上述所见,儒、墨两家不但引《诗》所用版本不同,解《诗》论《诗》所表现出的《诗》学观念也多不相同。这里,我们再用《墨子》与《孟子》《荀子》引同一首《诗》却目的各异来看儒、墨《诗》学观念的不同。

前文曾言,《墨子·兼爱下》引《诗·小雅·大东》“王道荡荡,不偏不党。王道平平,不党不偏”及“其直若矢,其易若厎。君子之所履,小人之所视”来说明文王、武王兼爱天下,不私亲戚弟兄,从中可以看出墨家是将诗句所述视作历史事实的记录,来论证自己“兼爱”学说的正确性,从而表现出其“以《诗》为史”的《诗》学观念。

《孟子》和《荀子》都曾引过《大东》诗句,但其着眼点和引用目的均与墨家不同。

《孟子·万章下》载孟子论国君应以士为师、对士应延请

而不能随意召唤时说："欲见贤人而不以其道，犹欲其入而闭之门也。夫义，路也；礼，门也。惟君子能由是路，出入是门也。《诗》云：'周道如厎，其直如矢；君子所履，小人所视。'"①孟子将此《诗》句作为"礼、义、门、路"的比照，将《诗》句所述作为引人行礼行义的教导。

《荀子·宥坐》引孔子对父子相讼的处理后论曰："故先王既陈之以道，上先服之；若不可，尚贤以綦之；若不可，废不能以单之；綦三年而百姓往矣。邪民不从，然后俟之以刑，则民知罪矣……今之世则不然：乱其教，繁其刑，其民迷惑而堕焉，则从而制之，是以刑弥繁而邪不胜……今夫世之陵迟亦久矣，而能使民勿逾乎？《诗》曰：'周道如砥，其直如矢。君子所履，小人所视。眷焉顾之，潸焉出涕。'岂不哀哉！"杨倞注："言失其砥矢之道，所以凌迟，哀其法度堕坏。"②荀子认为此《诗》句叙述的是后人追念西周错刑用礼的教化局面，故而引用它来反衬当世"乱其教""繁其刑""法度堕坏"的混乱局面，号召今世执政者应像西周诸王那样推行礼义教化、错刑用礼而达社会大治。从中可看出，荀子亦将此诗作为礼义教化的承载体，荀子引此诗的目的亦在于推行礼义教化。因此可以说，孟子、荀子都遵循的是"以《诗》为教"的《诗》学观，与墨家的"以《诗》为史"的《诗》学观不同。

如上所言，墨家不以"礼义教化"解《诗》，而遵循"以《诗》为史"《诗》学观念最为明显的例证，莫过于《墨子·明鬼下》载

① 杨伯峻译注：《孟子译注》，中华书局1960年版，第248页。

② 王先谦撰：《荀子集解》，《新编诸子集成》本，中华书局1988年版，第522—524页。

墨子与时人讨论有鬼无鬼时引《大雅》“文王在上，於昭于天。周虽旧邦，其命维新。有周不显，帝命不时。文王陟降，在帝左右。穆穆文王，令问不已”，将周人的想象之词作为文王死后“有鬼”的证据，来论述自己“明鬼”论的正确性，从而体现了墨子“以《诗》为史”的《诗》学观念。

《孟子》和《荀子》都曾引过《诗·大雅·文王》诗句，但其着眼点和目的都不同于墨家。

《孟子》曾四次引《诗·大雅·文王》。《孟子·公孙丑上》引“永言配命，自求多福”以证“祸福无不自己求之者”的道理①，以此教人正其身而行其仁。《孟子·离娄上》引“永言配命，自求多福”以证它“行有不得者皆反求诸己，其身正而天下归之”的道理②，以此教育执政者应为民表率。《孟子·滕文公上》引“周虽旧邦，其命惟新”以证“子力行之，亦以新子之国”的必然性③，以此诗句教育滕文公应效仿周文王以仁政治国。《孟子·离娄上》引“商之孙子，其丽不亿。上帝既命，侯于周服。侯服于周，天命靡常。殷士肤敏，祼将于京”以证“师文王，大国五年，小国七年，必为政于天下矣”的论断④，宣扬效仿周文王推行仁政可得天下。孟子认为这些诗中承载着礼义教化思想，引用它们可以作为宣扬仁义、推行教化的论据。显然，其中蕴含着“以《诗》为教”的《诗》学观念。

《荀子》亦引用过《诗·大雅·文王》。《荀子·君道》曰：“人主无便嬖左右足信者谓之暗，无卿相辅佐足任者谓之

① 杨伯峻译注：《孟子译注》，中华书局 1960 年版，第 75 页。
② 杨伯峻译注：《孟子译注》，中华书局 1960 年版，第 167 页。
③ 杨伯峻译注：《孟子译注》，中华书局 1960 年版，第 118 页。
④ 杨伯峻译注：《孟子译注》，中华书局 1960 年版，第 168 页。

独，所使于四邻诸侯者非其人谓之孤，孤独而晦谓之危。国虽若存，古之人曰亡矣。《诗》曰：‘济济多士，文王以宁。’此之谓也。”①荀子用文王“多士”以兴国，来教导今世君主应得人以施政。他认为此诗中含有以文王言行教化世人的特殊意义，故以此作为教导君主的工具。所以，其中蕴含的“以《诗》为教”的《诗》学观念也是十分明显的。

这类儒、墨两家引同一首《诗》，却因理解不同而引用目的各异的例子，还有多处。

如《墨子·天志中》引《诗·大雅·皇矣》云“帝谓文王，予怀明德。不大声以色，不长夏以革。不识不知，顺帝之则”②，和《墨子·天志下》引《大夏（雅）·皇矣》云“帝谓文王，予怀明德。毋大声以色，毋长夏以革。不识不知，顺帝之则”③，均将周人臆造的“帝谓文王”云云作为历史事实来引用，其“以《诗》为史”的《诗》学观念十分明显。

而《荀子·修身》也曾引《诗·大雅·皇矣》曰：“礼者，所以正身也；师者，所以正礼也。……故学也者，礼法也。夫师，以身为正仪而贵自安者也。《诗》云：‘不识不知，顺帝之则。’此之谓也。”杨倞注：“引此以喻师、法暗合天道，如文王虽未知，已顺天之法则也。”④荀子将所引诗句视作对周文王合天

① 王先谦撰：《荀子集解》，《新编诸子集成》本，中华书局 1988 年版，第 245 页。

② 孙诒让撰：《墨子间诂》，《新编诸子集成》本，中华书局 1986 年版，第 186 页。

③ 孙诒让撰：《墨子间诂》，《新编诸子集成》本，中华书局 1986 年版，第 199 页。

④ 王先谦撰：《荀子集解》，《新编诸子集成》本，中华书局 1988 年版，第 33—34 页。

命、守礼法的赞颂之言，教导君王应效仿文王顺天行礼、尊师重师。这种将《诗》作为教导君王的教化工具的做法，明显地具有“以《诗》为教”的《诗》学观念。

（二）墨家与儒家从属不同的《诗》学系统

《诗》的引用，从它产生后不久就开始了。从《左传》和《国语》所载西周中后期和春秋人的引《诗》、解《诗》中，以及某些早期文献所载战国人的引《诗》、解《诗》中，我们可以看出传统的先秦《诗》学观念的发展轨迹：(1)西周人以《诗》所述为历史事实，因而常常引《诗》与时事做比照，表现了“以《诗》为史”《诗》学观的萌芽；(2)春秋中期士大夫曾大量引《诗》，他们或把《诗》所述当作历史事实，或把《诗》句作为格言，从而确立了“以《诗》为史”的《诗》学观；(3)春秋后期人引《诗》时亦把《诗》句作为格言或史实，依旧承袭着“以《诗》为史”的《诗》学观；(4)一般认为作为战国初期人的《左传》作者在引《诗》时，或视《诗》中所述为史实以作论据，或视《诗》句为格言以作论据或结论，从而延续着“以《诗》为史”的《诗》学观；(5)上海博物馆藏战国楚竹书《诗论》所反映的受孔子早年《诗》学观影响的某学派人，在论《诗》、解《诗》时，亦表现着“以《诗》为史”的《诗》学观[①]；(6)《墨子》所记载的主要活动于战国前、中期的墨家学派在引《诗》解《诗》时，明显延续着“以《诗》为史”的《诗》学观。它们构成了先秦时期《诗三百》流传中的一个传统的《诗》学系统——“历史《诗》学系统”。

---

① 参见郑杰文：《上博藏战国楚竹书〈诗论〉作者试测》，《文学遗产》2002年第4期。

但是，春秋中期起出现的“《诗》言志”观念，使《诗三百》流传中出现抛开《诗》的本义而用其引申义的现象。在此基础上，孔子从中年解《诗》起，改变了自己此前所遵从的传统的解《诗》方法与说《诗》理论，另外创造出“以《诗》为教”的解《诗》方法与说《诗》思想，把《诗》看作宣扬礼义教化的承载体，其目的在于以《诗》推行礼义教化，表现出“以《诗》为教”的《诗》学观念。其后，不管是《孟子》所载孟子解《诗》、论《诗》，还是《荀子》所载荀卿解《诗》论《诗》，抑或“三礼”中所载战国儒者解《诗》论《诗》，遵循的都是孔子中年后开创的解《诗》、论《诗》方法，表现出的都是“以《诗》为教”的《诗》学观念。它们构成了先秦时期《诗三百》流传中的另一《诗》学系统——“诗教《诗》学系统”。

综上可见，《墨子》引《诗》与“汉代四家诗”的祖本有较大的语句差别、字词差别以及名称、章次、句次差别等，说明战国时期有多种《诗三百》版本在流传。墨家引《诗》、解《诗》、论《诗》时，表现出“以《诗》为史”的《诗》学观念，与战国儒家引《诗》、解《诗》、论《诗》时所奉行的“以《诗》为教”的《诗》学观念不同。由此可以看出，战国儒家《诗》学属于孔子开创的“诗教《诗》学系统”，而墨家《诗》学应属于传统的“历史《诗》学系统”。

墨家与墨学考（下）

墨子游鲁齐越宋卫楚考*

《墨子》今存53篇,胡适将其分为5组,并谓"第四组"5篇即《耕柱》《贵义》《公孟》《鲁问》《公输》,"乃是墨家后人把墨子一生的言行辑聚起来","其中有许多材料比第二组"即从《尚贤》到《非儒》24篇"还更为重要";后人多信从此说。① 今以此5篇所载为依据,考察墨子在鲁创立学说,及其后游齐、宋、楚、越、卫等地的游说止战活动等。

一、墨子在鲁自创学说而与人论辩

据《淮南子·要略》讲,墨学因纠正儒学的弊端而生:"墨子学儒者之业,受孔子之术,以为其礼烦扰而不说,厚葬靡财而贫民,[久]服伤生而害事②,故背周道而用夏政。……故节财、薄葬、闲服生焉。"据《耕柱》等5篇所载,墨子就思想学说与别

---

* 本文原载于《管子学刊》2006年第4期。

① 参见杨俊光:《墨子新论》,江苏教育出版社1992年版,第38—49页。

② "久"字,从王念孙校增。见王念孙撰:《读书杂志》,江苏古籍出版社1985年版,第961页。

人的论辩主要发生在游鲁时。

《墨子·鲁问》载:“鲁祝以一豚祭,而求百福于鬼神。子墨子闻之,曰:‘是不可,今施人薄而望人厚,则人唯恐其有赐于己也。今以一豚祭,而求百福于鬼神,鬼神唯恐其以牛羊祀也。古者圣王事鬼神,祭而已矣。今以豚祭而求百福,则其富不如其贫也。’”①“鲁祝以一豚祭,而求百福于鬼神”,墨子以为“不可”的原因是“施人薄而望人厚”,而“古者圣王事鬼神”则仅“祭而已”。《礼记·礼器》曰“祭祀不祈”,郑玄注“祭祀不为求福也”,孔颖达正义:“凡祭祀之礼,本为感践霜露思亲,而以设祭以存亲尔,非为就亲祈福报也。”②由郑注、孔疏可见,“祭祀不为求福”是儒家的观点,而墨子却用与此相似的观点去评鲁祝的“以一豚祭而求百福”。这与《墨子·明鬼下》载墨子曰“今吾为祭祀也,非直注之污壑而弃之也,上以交鬼之福,下以合欢聚众,取亲乎乡里。若神有,则是得吾父母弟兄而食之也,则此岂非天下利事也哉”的观点,相去较远,存有较大差异。③

由两者的差异可看出:其一,墨子评论“鲁祝以一豚祭”,似乎是墨子“学孔子之术”后虽有所怀疑而想生新说但尚未创立自己学说时的事情。由于这种评论距《墨子·明鬼》所载墨子的成熟观点相去很远,所以《史记·滑稽列传》才把相似的

---

① 孙诒让撰:《墨子间诂》,《新编诸子集成》本,中华书局 1986 年版,第 438 页。

② 郑玄注,孔颖达疏:《礼记正义》,《十三经注疏》本,中华书局 1980 年版,第 1434—1435 页。

③ 参见孙诒让撰:《墨子间诂》,《新编诸子集成》本,中华书局 1986 年版,第 226 页。

此类言论归于淳于髡。① 其二,由上分析可见,墨子这则评论出现的时间可能较早。鲁地是孔子学说的大本营,由此则记载似乎可以推断,墨子是在鲁先“学儒者之业,受孔子之术”,而后“以为其礼烦扰而不说,厚葬靡财而贫民,[久]服伤生而害事,故背周道而用夏政”的。

下则记载,是墨子就行义的方式在鲁国与人发生的辩论,它说明的问题与此相仿。

《墨子·鲁问》载:“鲁之南鄙人有吴虑者,冬陶夏耕,自比于舜。子墨子闻而见之……曰:‘翟尝计之矣。翟虑耕而食天下之人矣……织而衣天下之人矣……被坚执锐救诸侯之患矣……不若诵先王之道而求其说,通圣人之言而察其辞,上说王公大人,次匹夫徒步之士。王公大人用吾言,国必治。匹夫徒步之士用吾言,行必修。故翟以为虽不耕而食饥,不织而衣寒,功贤于耕而食之、织而衣之者也。故翟以为虽不耕织乎,而功贤于耕织也。’吴虑谓子墨子曰:‘义耳义耳,焉用言之哉?’子墨子曰:‘籍设而天下不知耕,教人耕与不教人耕而独耕者,其功孰多?’吴虑曰:‘教人耕者,其功多。’子墨子曰:‘籍设而攻不义之国,鼓而使众进战,与不鼓而使众进战而独进战者,其功孰多?’吴虑曰:‘鼓而进众者,其功多。’子墨子曰:‘天下匹夫徒步之士少知义,而教天下以义者功亦多,何故弗言也?若得鼓而进于义,则吾义岂不益进哉!’”②

“鲁之南鄙人有吴虑”者自耕自食,以此为“大义”;墨子主

---

① 《史记》卷一百二十六《滑稽列传》载齐威王以“金百斤,车马十驷”令淳于髡至赵请救兵时,淳于髡以“所持者狭而所欲者奢”云云谏之。

② 孙诒让撰:《墨子间诂》,《新编诸子集成》本,中华书局 1986 年版,第 434—435 页。

动与之争论,认为亲身耕而食、织而衣,不若“诵先王之道而求其说,通圣人之言而察其辞,上说王公大人,次匹夫徒步之士”,使“王公大人用吾言,国必治。匹夫徒步之士用吾言,行必修”的功效更大。这些观点,与《孟子·滕文公上》载孟子跟陈相辩论时所坚持的理由近似。《孟子·滕文公上》载孟子对陈相说:“人之有道也,饱食暖衣,逸居而无教,则近于禽兽。圣人有忧之,使契为司徒,教以人伦,父子有亲,君臣有义,夫妇有别,长幼有序,朋友有信。……圣人之忧民如此,而暇耕乎?尧以不得舜为己忧;舜以不得禹、皋陶为己忧。夫以百亩之不易为己忧者,农夫也。分人以财谓之惠,教人以善谓之忠,为天下得人者谓之仁。是故以天下与人易,为天下得人难。”①孟子坚持认为社会分工有“治人”与“治于人”的区别,这点与上引《墨子·鲁问》载墨子所论相似;孟子以“分人以财”“教人以善”“为天下得人”为治者之大事,上引《墨子·鲁问》载墨子亦以“教人耕”为大义、“鼓而使众进战”为重要,两者立足点亦相近。此其一。墨子特别强调“教人”者之功,与《墨子》所载后来墨子将门徒分为“谈辩”者、“说书”者、“从事”者三类,表现出并不轻视“从事”者即手工劳动者的观念有违。此其二。墨子对吴虑说“籍设而攻不义之国,鼓而使众进战”其功多,与《墨子·非攻》所载墨子观点也有出入。此其三。由此种种可见,墨子与吴虑的争辩,也可能是墨子尚未脱离儒学窠臼,还没有形成自己的学说体系时发生的事。

可能就在这些论辩发生的同时,墨子逐步脱离儒家而自创新说,名声渐高,因此引起了鲁君注意进而垂询。《墨子·鲁

---

① 杨伯峻译注:《孟子译注》,中华书局1960年版,第125页。

问》载："鲁君谓子墨子曰：'我有二子，一人者好学，一人者好分人财，孰以为太子而可？'子墨子曰：'未可知也。或所为赏与为是也。鲋者之恭，非为鱼赐也；饵鼠以虫，非爱之也。吾愿主君之合其志功而观焉。'"①

墨子所处的战国前期，宗法血缘制下的嫡长子继承制已经动摇，故而鲁君有此问。鲁君以储君承位之大事问墨子，当是墨子已有相当社会名声之后的事。但是，墨子面对鲁君之二子"一人者好学，一人者好分人财"，墨子的回答却与后来《墨子》中所载墨子一贯的主张不一样：《墨子·尚贤下》载墨子主张"为贤之道"的三大条件之一是"有财者勉以分人"②；《墨子·鲁问》载墨子主张"为义"的重要条件之一是"有财以分人"③；《墨子·修身》中亦载墨子说"据财不能以分人者不足与友"④。墨子此答鲁君之问曰"愿主君之合其志功而观焉"，而没有直截了当地回答：欣赏"有财以分人"者，这与《墨子》所载墨子的一贯主张有异，其原因与上载墨子回答鲁君"齐人攻"之问的答词一样，当是墨子创立学说尚未完全成熟与定型时的事，其产生时间早。那么，反过来它们又可说明，《墨子》所载，特别是记述墨子社会政治学说的所谓《墨子》"十论"，即《尚

① 孙诒让撰：《墨子间诂》，《新编诸子集成》本，中华书局 1986 年版，第 433—434 页。

② 孙诒让撰：《墨子间诂》，《新编诸子集成》本，中华书局 1986 年版，第 63 页。

③ 孙诒让撰：《墨子间诂》，《新编诸子集成》本，中华书局 1986 年版，第 434 页。

④ 《墨子》之《修身》篇的作者有争议，有的认为其中保存了部分墨家资料，详见杨俊光：《墨子新论》，江苏教育出版社 1992 年版，第 38—40 页。今录此条以供参考。

贤》《尚同》《兼爱》《非攻》《节用》《节葬》《天志》《明鬼》《非乐》《非命》诸篇，所载当为墨子思想成熟时的后期学说，或者是墨子死后后学不断丰富的结果。

《墨子·鲁问》还载："鲁君之嬖人死，鲁君为之诔，鲁人因说而用之。子墨子闻之，曰：'诔者，道死人之志也。今因说而用之，是犹以来首从服也。'"[①]"诔"，《周礼·春官·大祝》云"六曰诔"郑玄注引郑司农曰："诔，谓积累生时德行，依赐之命，主为其辞也。"[②]故《释名·释典艺》曰："诔，累也。累列其事而称之也。"[③]曹耀湘《墨子笺》载："……此事见《礼记·檀弓篇》。县贲父卜国为鲁君御，因马惊败，赴敌而死之，鲁君庄公以其死非罪而诔之。士之有诔自此始。"[④]墨家主张薄葬短丧，丧事从简。《墨子·节葬下》曰"今唯无以厚葬久丧者为政，国家必贫，人民必寡，行政必乱"[⑤]，将厚葬久丧与国家人民大事联系在一起，而此却载墨子仅批评"今因说而用之，是犹以来首从服也"，与墨子后来所阐发的"节葬"原因有所不同，亦可见此当是墨子创立学说但尚未完全成熟与定型时的事，其产生时间早。

① 孙诒让撰：《墨子间诂》，《新编诸子集成》本，中华书局 1986 年版，第 432 页。

② 郑玄注，贾公彦疏：《周礼注疏》，《十三经注疏》本，中华书局 1980 年版，第 809 页。

③ 刘熙：《释名》，《丛书集成初编》本，中华书局 1985 年版，第 101 页。

④ 曹耀湘：《墨子笺》，严灵峰编辑：《无求备斋墨子集成》第 17 册，(台北)成文出版社 1977 年版，第 231 页。

⑤ 孙诒让撰：《墨子间诂》，《新编诸子集成》本，中华书局 1986 年版，第 162 页。

另外,《墨子·鲁问》复载:"鲁君谓子墨子曰:'吾恐齐之攻我也,可救乎?'子墨子曰:'可。昔者,三代之圣王禹、汤、文、武,百里之诸侯也,说忠行义,取天下。三代之暴王桀、纣、幽、厉,仇怨行暴,失天下。吾愿主君之上者尊天事鬼,下者爱利百姓,厚为皮币,卑辞令,亟遍礼四邻诸侯,驱国而以事齐,患可救也。非此,顾无可为者。'"①此文载墨子止攻之术,仅限于劝鲁君"上者尊天事鬼,下者爱利百姓,厚为皮币,卑辞令,亟遍礼四邻诸侯,驱国而以事齐",还没有像止楚攻宋时那样既有"义、利"等理论游说,又设守御器械,还有弟子率数百人持械助宋守城,这当是墨子非攻理论尚未完善,与非攻理论相辅而行的守御器械尚未研制成功,训练有素的守城弟子队伍尚未形成时的事。其救鲁之策似应是墨子非攻理论初创时的形态。而据钱穆多方考证,墨子救宋发生在楚惠王四十五年即公元前444年稍后。② 因而,鲁君就"齐人攻"与墨子的问答,当发生在墨子救宋前即公元前444年前。这次问答,应是墨家"非攻"学说萌生的标志。

由以上材料及分析,我们可看出如下几点:

第一,墨子在鲁,正是其思想逐渐脱离儒家而自立学说的关键时期,从其与鲁国诸人的论辩,可看出墨子所创学说逐步完善的过程。《墨子·鲁问》载墨子批评"鲁祝以一豚祭,而求百福于鬼神"的理由是"施薄而望厚",与《墨子·明鬼》所载墨子的论说距离很大;又载墨子批评"鲁之南鄙人有吴虑"自耕

① 孙诒让撰:《墨子间诂》,《新编诸子集成》本,中华书局1986年版,第428页。

② 参见钱穆:《先秦诸子系年》,商务印书馆2001年版,第159—162页。

自食问题的言论，与《孟子·滕文公上》载孟子对陈相的批评意思相近；这都应当是墨子“学孔子之术”后虽有所怀疑但尚未创立自己学说时的事情。《墨子·鲁问》载鲁君就立太子之国家大事垂问，但墨子的回答与《墨子》所载墨家“有财以分人”的一贯主张有异；又载墨子就鲁君诔嬖人发表评论，与《墨子·节葬》所阐发的“节葬”原因有所不同；这些都应当是墨子创立墨家学说已赢得名声但学说尚未完全成熟与定型时的事。由此我们可以推出，《淮南子·要略》所载“墨子学儒者之业”的地点可能是在鲁国，而其怀疑儒家学说从而自创新说的地点也可能是在鲁国。

第二，《墨子·鲁问》所载墨子在鲁的五次言行，与《墨子》“十论”所载墨子的成熟思想学说存有大大小小的差异。这说明《墨子》“十论”所反映的是墨家后期的成熟的思想学说，而《墨子》之《耕柱》至《公输》五篇，则包含了墨子早期言行的纪录。我们可进而推测，在“墨离为三”甚至更多墨家后期派别存在的战国时期，既有内容相同但详略各异的墨子思想学说典籍在墨家派别中流传，也有因墨子早期学说与晚期学说的差异而导致的内容很不相同、但主导精神有联系的墨子思想学说典籍在墨家派别中流传。而这两部分观点并不完全一致的材料合在一本书中，有可能是刘向整理《墨子》时所为，是刘向像整理《战国策》的方式一样，将几种与墨子言行或学说有关的书籍拼凑在一起加以整理而成的。

第三，以上墨子在鲁与人论辩的辩词，不论是批评“以一豚祭而求百福”也好，还是批评“重躬耕织而轻教人耕织”也好，其说辞中都明显带有儒家理论的色彩，似乎是刚刚从儒家分化出来时的事情。墨子从儒家学习，继承了儒学向往三代治理的历史观和仁义道德的社会伦理观，学习了儒家收徒讲学传播思想的方式和外出游说推行学说的方式，从而开始了墨家学团的游说止战活动。

第四，胡适曾强调《墨子》中的《耕柱》《贵义》《公孟》《鲁问》《公输》五篇对于考察墨子言行的重要性。由上引可见，就是在胡适所确定的叙述“墨子一生的言行”篇章之一的《鲁问》中，包含着这么多与儒家观点相似、却与今本《墨子》中所存的墨家成熟观点相违的墨子论说；并且，《淮南子·要略》曾载墨家是从儒家中分化出来的。那么，胡适由于《亲士》《修身》《所染》与墨家成熟观点有违而将其定为伪作的论断[1]，是否武断了些？它们是否应是墨子从儒家初始分化时的论说？

二、墨子游齐以非攻止战

墨子在鲁由怀疑儒家学说而加以改革，到逐步创立墨家学说，终于形成了自己的理论体系。墨子形成自己的理论体系后，为了推行墨家学说，不断带领弟子外出游说。由现存材料看，墨子带领弟子到过齐、宋、楚、越、卫等地游说。

《墨子·贵义》载：“子墨子北之齐，过[2]日者。日者曰：‘帝以今日杀黑龙于北方，而先生之色黑，不可以北。’子墨子不听，遂北，至淄水，不遂而反焉。日者曰：‘我谓先生不可以

---

① 参见胡适：《中国哲学史大纲》，《胡适学术文集》，中华书局 1991 年版，第 106 页。

② “过”原作“迂”，从毕沅、孙诒让校改。

北。’子墨子曰：‘南之人不得北，北之人不得南，其色有黑者有白者，何故皆不遂也？且帝以甲乙杀青龙于东方，以丙丁杀赤龙于南方，以庚辛杀白龙于西方，以壬癸杀黑龙于北方，若用子之言，则是禁天下之行者也。是围心而虚天下也，子之言不可用也。’”①

文中说“子墨子北之齐”，是自南而往齐。据《墨子》所载，墨子曾游鲁、宋、楚、越、卫，其地皆在齐之南。但自宋、楚、越、卫之齐，应沿泰沂山脉西至大清河南，循泰沂山脉北边沿而东至临淄，那便不会遇到淄水。但墨子若自鲁步行之齐，便会走近路，自穆陵关穿过泰沂山脉去临淄，一定要过淄水。淄水是一条季节河，夏天雨水多时便水势浩大，即如《战国策·齐策三》载苏秦所言，“至岁八月，降雨下，淄水至”，徒步绝不可涉。此载“遂北至淄水”，必是自鲁而往。日者以五方五色等阴阳五行学说阻拦墨子出行，墨子以“围心而虚天下”驳之。“围心而虚天下”，张纯一《墨子集解》曰：“《广雅·释诂》‘围，裹也’。此言人心所之，六合无碍，本无时地可分。若以占方自述，是自裹其心，即自裹其足，必致人事毫无进步，而天下为墟也。……此知墨子独能破除一切迷信，务自苦而为义。”②墨子倡“明鬼”，张纯一谓墨子“破除迷信”，实在言过其实；但其谓墨子意在为兴义而奔走，则于理为合。时人不了解墨子奔走行义的精神，故有此则故事流传。

另一则记载墨子之齐的故事或许与此有关联。《墨子·

① 孙诒让撰：《墨子间诂》，《新编诸子集成》本，中华书局1986年版，第410—411页。

② 张纯一编著：《墨子集解》，成都古籍书店1988年版，第433页。

贵义》载:“子墨子自鲁即齐,过故人。谓子墨子曰:‘今天下莫为义,子独自苦而为义,子不若已。’子墨子曰:‘今有人于此,有子十人,一人耕而九人处,则耕者不可以不益急矣。何故?则食者众,而耕者寡也。“今天下莫为义”,则子如劝我者也,何故止我?’”[1]此则记载明确言“墨子自鲁即齐”,又以“子不若已”相劝止,虽然与上则记载中日者劝阻墨子莫入齐的理由不同,但同样欲使墨子“不可以北”而之齐,故而这两则故事,似为墨子同一次自鲁之齐时发生的事件。墨子之“故人”因可怜墨子“自苦而为义”而劝墨子“已”;日者因墨子“黑”与所行之时日、方位不顺遂,故劝墨子“不可以北”,都是不了解墨家“死不旋踵”勇往直前的献身精神所致。由此可推测这次墨子之行有可能是墨子在鲁刚刚创立学说,欲效孔子,要向齐发展。[2] 这次之齐,似不像救宋之楚时那样急急匆匆,可能不是为了战事,与《墨子·鲁问》载“齐将伐鲁”而墨子说项子牛与“齐大王”当不是同时之事。

但墨子确实曾为了止齐攻鲁奔走过。《墨子·鲁问》载:“子墨子使胜绰事项子牛。项子牛三侵鲁地,而胜绰三从。子墨子闻之,使高孙子请而退之……”,“项子牛三侵鲁地”,孙诒让据《史记·六国年表》及《田齐世家》认为指“鲁元公十九年,

① 孙诒让撰:《墨子间诂》,《新编诸子集成》本,中华书局 1986 年版,第 402—403 页。

② 《史记》卷四十七《孔子世家》载孔子 35 岁时曾游齐,考详钱穆:《先秦诸子系年》,商务印书馆 2001 年版,第 10—11 页。又,孔子 35 岁前后正是其经学观念由重历史向重教化转变的关键时期,详郑杰文:《上博藏战国楚竹书〈诗论〉作者试测》,《文学遗产》2002 年第 4 期;重教化的经学观念促使孔子社会政治观念的改变,故至齐求发展。

齐伐鲁葛及安陵，二十年取鲁一城，穆公二年齐伐鲁取郕”事。[1] 那么“项子牛三侵鲁地”当发生于公元前 410 至公元前 406 年。因弟子胜绰没有完成非攻止战的使命，故墨子可能于此间亲至齐游说项子牛止战。《墨子・鲁问》载：“齐将伐鲁，子墨子谓项子牛曰：‘伐鲁，齐之大过也。昔者，吴王东伐越，栖诸会稽。西伐楚，葆昭王于随。北伐齐，取国子以归于吴。诸侯报其仇，百姓苦其劳，而弗为用。是以国为虚戾，身为刑戮也。昔者智伯伐范氏与中行氏，兼三晋之地。诸侯报其仇，百姓苦其劳，而弗为用。是以国为虚戾，身为刑戮也[2]。故大国之攻小国也，是交相贼也，过必反于国。’”[3]墨子说项子牛曰“大国之攻小国也，是交相贼也，过必反于国”，不仅像墨子说楚勿攻宋时那样多以“义”说之，而且以“过必反于国”的数件历史事实证明其失败失利，即也以“利”说之，表现了墨子游说止战学说的逐步缜密，与《墨子・非攻中》所云“今师徒唯毋与起”，使“百姓死者，不可胜数”，使“丧师多不可胜数”是“夺民之用，废民之利”诸说相合，由此可推测其游说时间当在止楚攻宋之后，即游说中表现出非攻理论成熟以后。钱穆考墨子止楚攻宋发生公元前 444 年。又，孙诒让从《史记》载而谓“项子牛三侵鲁地”发生在公元前 410 年至公元前 406 年。由墨子游说止战说辞内容的演进看，钱考、孙考时间之先后当无问题。

---

① 孙诒让撰：《墨子间诂》，《新编诸子集成》本，中华书局 1986 年版，第 440 页。

② “也”前原有“用是”二字，从王念孙校删。见王念孙：《读书杂志》，江苏古籍出版社 1985 年版，第 608 页。

③ 孙诒让撰：《墨子间诂》，《新编诸子集成》本，中华书局 1986 年版，第 428—429 页。

见于《墨子》记载的墨子游说齐止战还有一次。《墨子·鲁问》载:“子墨子见齐大王曰:‘今有刀于此,试之人头,伸然断之,可谓利乎?’大王曰:‘利。’子墨子曰:‘多试之人头,倅然断之,可谓利乎?’大王曰:‘利。’子墨子曰:‘刀则利矣,孰将受其不祥?’大王曰:‘刀受其利,试者受其不祥。’子墨子曰:‘并国覆军,贼敖百姓,孰将受其不祥?’大王俯仰而思之,曰:‘我受其不祥。’”①此次墨子说齐止战的理由是“受其不祥”,与《墨子·鲁问》载墨子说鲁阳文君勿攻郑的理由为是否“顺于天之志”、是否代替“天加诛”相似,都是以“天志鬼罚”为说。据笔者考证,墨子的非攻学说,在晚年才与天志说结合起来(详下)。那么此次墨子说齐发生在什么时候?此记墨子游说的对象是“齐大王”,考魏齐“徐州相王”而齐称“王”在公元前334年②;但据《吕氏春秋·上德》载,吴起于公元前380年死时,墨家已由巨子孟胜执掌,是当时墨子已辞世,由此可知墨子游说之“齐大王”非指真正称过王的齐威王;由姬周族曾追称古公亶父以下诸公曰“王”可见,田齐也有可能追尊被周王立为诸侯的田齐太公以下诸君曰“王”,而为记录墨子言行学说的后学所称用,但齐威王以下诸王是绝不会追称尊姜齐诸君曰“王”的。据《史记·田齐世家》及《六国年表》载,周安王十三年即公元前389年齐太公田和被周王立为诸侯。准此,墨子游说之“齐大王”最早当指田齐太公。自公元前389年齐太公田和被周王立为诸侯至公元前380年吴起死前,齐攻鲁见于记载

---

① 孙诒让撰:《墨子间诂》,《新编诸子集成》本,中华书局1986年版,第429—430页。

② 参见郑杰文:《中国古代纵横家论》,山东人民出版社1995年版,第156—160页。

者仅一次，即《史记·六国年表》所载周安王十七年(前385)齐“伐鲁，破之”[①]。那么，墨子游说“齐大王”事当发生于公元前385年，此系墨子晚年之事。在止战说辞中有“天志鬼罚”内容，这是考察墨子非攻学说发展时应予注意的问题。

三、墨子游越、宋、卫、楚考

齐之外，墨子曾辞越王之请、之封。

《墨子·鲁问》载：“子墨子游公尚过于越。公尚过说越王，越王大说，谓公尚过曰：‘先生苟能使子墨子至[②]于越而教寡人，请裂故吴之地方五百里，以封子墨子。’公尚过许诺。遂为公尚过束车五十乘，以迎子墨子于鲁。曰：‘吾以夫子之道说越王，越王大说，谓过曰：“苟能使子墨子至于越而教寡人，请裂故吴之地方五百里，以封子。”’子墨子谓公尚过曰：‘子观越王之志何若？意越王将听吾言，用我道，则翟将往，量腹而食，度身而衣，自比于群臣，奚能以封为哉！抑越王不听吾言，不用吾道，而吾往焉，则是我以义粜也。均之粜，亦于中国耳，何必于越哉！’”[③]公尚过以墨子“之道”“说越王”而使“越王大说”，越王欲“裂故吴之地方五百里，以封子墨子”。但墨子首

① 司马迁撰，[日]泷川资言考证，[日]水泽利忠校补：《史记会注考证附校补》，上海古籍出版社1986年版，第418页。

② “至”字原脱，从孙诒让校增。见孙诒让撰：《墨子间诂》，《新编诸子集成》本，中华书局1986年版，第436页。

③ 孙诒让撰：《墨子间诂》，《新编诸子集成》本，中华书局1986年版，第436页。

先关心的是越王是否会推行墨家学说,是否能够“听吾言,用我道”,而不在乎是否有封地。可见推行墨家学说,是墨子的第一要务。在他的带动下,弟子们被派往各诸侯国为官,也时刻不忘宣传墨家思想学说。至于官位与俸禄,他们都放在次要位置。正是这种上下一心推行学说的努力,才使得墨学成为战国中后期的显学。但先“思想推行”后“封地禄位”的关系,并非所有墨家学团成员都能摆得很正。公尚过因越王欲给墨子封地“方五百里”,因而“许诺”“以迎子墨子于鲁”。《墨子·鲁问》载“子墨子使胜绰事项子牛”,但“项子牛三侵鲁地”时,胜绰不但没有完成墨子所交代的“济骄而正嬖”的任务,竟然“三从”之,置墨家非攻主张于不顾,故墨子“使高孙子请而退之”,并以“禄胜义”谴责之。“思想推行”与“封地禄位”两者之间关系的错位,对墨家集团由最初的“除强扶弱”而到战国后期发展成依附强国,有很大关系。

齐、越之外,墨子曾仕于宋。

《史记·孟子荀卿列传》载:“盖墨翟,宋之大夫。”《汉书·艺文志》载:“《墨子》七十一篇。”班固注:“名翟,为宋大夫。”①裴骃《史记集解》将此事与《墨子·公输》所记墨子止楚攻宋事联系起来,但由《墨子·公输》所载“子墨子归,过宋,天雨,庇其闾中。守闾者不内也”之“过宋”及“守闾者不内”看,墨子此时尚未仕宋。或者宋由止楚攻宋事而知墨子之重要,因而请其仕宋,亦未可知。

齐、越、宋之外,墨子曾“南游使卫”。

《墨子·贵义》载:“子墨子南游使卫,关中载书甚多。”既

---

① 《汉书》卷三十《艺文志》,中华书局 1962 年版,第 1738 页。

言“使卫”，当受派遣，此或在仕宋之时？

墨子在卫，曾与卫之公良桓子讨论过节用与养士问题。《墨子·贵义》载：“子墨子谓公良桓子曰：‘卫，小国也，处于齐晋之间，犹贫家之处于富家之间也。贫家而学富家之衣食多用，则速亡必矣。今简子之家，饰车数百乘，马食菽粟者数百匹，妇人衣文绣者数百人。吾取饰车、食马之费与绣衣之财以畜士，必千人有余。若有患难，则使百人处于前，数百于后。与妇人数百人处前后，孰安？吾以为不若畜士之安也。’”①公良桓子，在今存先秦两汉主要典籍及注疏中②，仅见于《墨子》此条记载，苏时学推测云“盖卫大夫”。卫大夫公良桓子忧卫之处于齐、晋两强国之间，恐遭并吞，故问计于墨子。墨子所出计有二：一为节俭以储财，二为储财以养士。这种思想，是对墨家节用说和非攻说的发挥，可补《墨子》“十论”之不足。今存《节用》上、中及《非攻》上、中、下均不论节俭以储财、储财以养士诸事，或为流传中所佚。

齐、越、宋、卫之外，墨子还曾游说过楚惠王。

上引《墨子·鲁问》载鲁君曾就“恐齐之攻我也”问墨子止攻之术。墨子答鲁君问之后，认识到诸侯对攻战问题的迫切关注，故而在此一方面思索研究，初步形成了非攻理论，用以游说诸侯、制止攻战。其初期非攻理论的核心是“战争是否合于义与利”，这从墨子止楚攻宋的两段说辞中可以看得出来。《墨子·公输》载墨子听到公输盘“为楚造云梯之械，成，将以攻

① 孙诒让撰：《墨子间诂》，《新编诸子集成》本，中华书局 1986 年版，第 408 页。

② 此“先秦两汉主要典籍注疏”指《十三经注疏》及《诸子集成》中先秦两汉诸书。

宋”后，至郢“见公输盘。公输盘曰：‘夫子何命焉为?’子墨子曰：‘北方有侮臣，原借子杀之。’……公输盘曰：‘吾义固不杀人。’子墨子起，再拜曰：‘请说之。吾从北方，闻子为梯，将以攻宋。宋何罪之有？荆国有余于地，而不足于民，杀所不足，而争所有余，不可谓智。宋无罪而攻之，不可谓仁。知而不争，不可谓忠。争而不得，不可谓强。义不杀少而杀众，不可谓知类。’公输盘服。……子墨子见王，曰：‘今有人于此，舍其文轩，邻有敝轝，而欲窃之；舍其锦绣，邻有短褐，而欲窃之；舍其粱肉，邻有糠糟，而欲窃之。此为何若人?’王曰：‘必为窃疾矣。’子墨子曰：‘荆之地，方五千里，宋之地，方五百里，此犹文轩之与敝轝也；荆有云梦，犀兕麋鹿满之，江汉之鱼鳖鼋鼍为天下富，宋所为无雉兔狐狸者也，此犹粱肉之与糠糟也；荆有长松、文梓、楩楠、豫章，宋无长木，此犹锦绣之与短褐也。臣以三事之攻宋也，为与此同类，臣见大王之必伤义而不得。’……子墨子曰：‘公输子之意，不过欲杀臣。杀臣，宋莫能守，可攻也。然臣之弟子禽滑釐等三百人，已持臣守圉之器，在宋城上而待楚寇矣。虽杀臣，不能绝也。’楚王曰：‘善哉！吾请无攻宋矣。’”①在墨子游说公输盘的说辞中，能够打动公输盘的主要是一个“义”字，义是士人的立身之本，故墨子以义动之；在墨子游说楚王的说辞中，能够打动楚王的主要是一个“利”字，是否能够战胜得利，是诸侯最为关心的事。动之以义、晓之以利，是墨子宣扬非攻学说的主要方式；以合义、得利为主要标准说明非攻理由，是墨子宣扬非攻学说的主要内容。以如此方式阐

① 孙诒让撰：《墨子间诂》，《新编诸子集成》本，中华书局 1986 年版，第 443—449 页。

述如此内容,确能使"公输盘服",确能使楚王"无攻宋"。可以说,以义与利游说诸侯止攻,标志着墨子非攻学说的初步形成。

墨子还曾游说楚惠王欲推行墨家学说。

《墨子·贵义》载:"子墨子南游于楚,献书惠王[1],惠王以老辞[2],使穆贺见子墨子。子墨子说穆贺,穆贺大说,谓子墨子曰:'子之言则成善矣,而君王,王天下之大王也,毋乃曰"贱人之所为"而不用乎?'子墨子曰:'唯其可行。譬若药然,草之本,天子食之以顺其疾,岂曰"一草之本"而不食哉?今农夫入其税于大人,大人为酒醴粢盛,以祭上帝鬼神,岂曰"贱人之所为"而不享哉?故虽贱人也,上比之农,下比之药,曾不若一草之本乎?且主君亦尝闻汤之说乎?昔者汤将往见伊尹,令彭氏之子御。彭氏之子半道而问曰:"君将何之?"汤曰:"将往见伊尹。"彭氏之子曰:"伊尹,天下之贱人也。若君欲见之,亦令召问焉,彼受赐矣。"汤曰:"非女所知也。今有药此,食之则耳加聪,目加明,则吾必说而强食之。今夫伊尹之于我国也,譬之良医善药也。而子不欲我见伊尹,是子不欲吾善也。"因下彭氏之子,不使御。彼苟然,然后可也。'"[3]

由此记载我们可以看出:其一,墨子见惠王献书以求用,"惠王以老辞",时当惠王晚年。楚惠王于公元前 488 年即位,公元前 432 年去世,在位 57 年。又从《墨子·公输》载墨子止楚攻宋时欲面说楚惠王而求公输引见看,墨子在此前当未见过楚惠王,那么墨子献书楚惠王事当在止楚攻宋后。钱穆考证墨

---

① "献书惠王",孙诒让曰"疑故书本作'献书惠王'",从改。

② "惠王"前原有"献"字,今删。

③ 孙诒让撰:《墨子间诂》,《新编诸子集成》本,中华书局 1986 年版,第 403—404 页。

子救宋发生在楚惠王四十四年即公元前444年，故墨子见惠王献书当发生于公元前444年至公元前432年。抑或就在公元前444年墨子止楚伐宋成功而随之献书以求推行政治理想，但楚惠王未得伐郑而心存芥蒂，故“以老辞”而未用墨子学说。其二，“墨子说穆贺，穆贺大说”，并推测楚惠王“不用”墨子言的原因为“贱人之所为”。将“贱人之所为”与墨子所献之书联系在一起，由此推测墨子所献书中讲的是平民主张。而今存《墨子》中的“节用”“非乐”“节葬”“尚贤”“兼爱”等主张确具平民色彩，那么墨子所献书的主要社会政治观点与今存《墨子》书中的社会政治论说即“十论”部分应该是相似的。那么，墨子在世时，就已有与今本《墨子》“十论”相似的论说著之于竹帛，这或许就是《庄子·天下》提到的“相里勤之弟子五侯之徒，南方之墨者苦获、已齿、邓陵子之属”①所俱诵的“墨经”。

四、墨子游楚之鲁阳并老死于此

另外，墨子还曾游说过楚之鲁阳文君。

《墨子·鲁问》载：“子墨子谓鲁阳文君曰：‘攻其邻国，杀其民人，取其牛马粟米货财，则书之于竹帛，镂之于金石，以为铭于钟鼎。传遗后世子孙，曰：“莫若我多。”今贱人也，亦攻其邻家，杀其人民，取其狗豕食粮衣裘，亦书之竹帛，以为铭于席豆，以遗后世子孙，曰：“莫若我多。”亓可乎？’鲁阳文君曰：

① 郭庆藩辑：《庄子集释》，中华书局1961年版，第1079页。

‘然。吾以子之言观之,则天下之所谓可者,未必然也。’”[①]这是以义游说之。

《墨子·鲁问》又载:“子墨子谓[②]鲁阳文君曰:‘世俗之君子,皆知小物而不知大物。今有人于此,窃一犬一彘,则谓之不仁;窃一国一都,则以为义。譬犹小视白谓之白,大视白则谓之黑。是故世俗之君子,知小物而不知大物者,此若言之谓也。’”[③]这也是以义游说之。

《墨子·鲁问》还载:“鲁阳文君将攻郑,子墨子闻而止之,谓鲁阳文君曰:‘今使鲁四境之内,大都攻其小都,大家伐其小家,杀其人民,取其牛马狗豕布帛米粟货财,则何若?’鲁阳文君曰:‘鲁四境之内,皆寡人之臣也。今大都攻其小都,大家伐其小家,夺之货财,则寡人必将厚罚之。’子墨子曰:‘夫天之兼有天下也,亦犹君之有四境之内也。今举兵将以攻郑,天诛亓不至乎?’鲁阳文君曰:‘先生何止我攻郑也?我攻郑,顺于天之志。郑人三世杀其君[④],天加诛焉,使三年不全,我将助天诛也。’子墨子曰:‘郑人三世杀其君,而天加诛焉,使三年不全,天诛足矣。今又举兵,将以攻郑,曰“吾攻郑也,顺于天之志”,譬有人于此,其子强梁不材,故其父笞之,其邻家之父举木而击

① 孙诒让撰:《墨子间诂》,《新编诸子集成》本,中华书局 1986 年版,第 431 页。

② “谓”原作“为”,从孙诒让引吴钞本改。见孙诒让撰:《墨子间诂》,《新编诸子集成》本,中华书局 1986 年版,第 431 页。

③ 孙诒让撰:《墨子间诂》,《新编诸子集成》本,中华书局 1986 年版,第 431 页。

④ 此“杀其君”与下“杀其君”之“君”字,原作“父”,从苏时学校改。见孙诒让撰:《墨子间诂》,《新编诸子集成》本,中华书局 1986 年版,第 430 页。

之,曰"吾击之也,顺于其父之志",则岂不悖哉!'"[①]这是先以利害游说之,又以"天意"警示之。

此三则故事,在篇中连排在一起[②],都是关于墨子止鲁阳文君攻郑的游说记载,可能是不同弟子就此事各自所记的杂凑,与《墨子》"十论"各有上、中、下同。就此三则记载看,墨子说鲁阳文君勿攻郑,先以"攻其邻国,杀其民人,取其牛马粟米货财",却"书之于竹帛……传遗后世子孙,曰'莫若我多'"说之,即以这种甚不合义的行为比况之;复以"窃一犬一彘,则谓之不仁;窃一国一都,则以为义",即复以攻郑是否合义劝说之;又以"今使鲁四境之内,大都攻其小都,大家伐其小家,杀其人民,取其牛马狗豕布帛米粟货财"的利害劝说之,不能奏效之后,又以"今举兵将以攻郑,天诛其不至乎"威警之。可见此时墨子的非攻学说,已加进天志说的内容,并与其结合起来了。但申述天志天诛说时,墨子又先以"天之兼有天下也,亦犹君之有四境之内"比况,以天诛由天实施而不假人手的道理告诫,与《墨子·非攻》中总结的非攻能"上中天之利,而中中鬼之利,而下中人之利",与"古之仁人有天下者,必交[③]大国之说,一天下之和,总四海之内,焉率天下之百姓,以农臣事上帝山川鬼神,利人多,功故又大。是以天赏之,鬼富之,人誉之"[④]

① 孙诒让撰:《墨子间诂》,《新编诸子集成》本,中华书局 1986 年版,第 430—431 页。

② 《道藏》本系统之《墨子·鲁问》篇中顺序与此异。

③ "交"原作"反",从孙诒让校改。见孙诒让撰:《墨子间诂》,《新编诸子集成》本,中华书局 1986 年版,第 130 页。

④ 孙诒让撰:《墨子间诂》,《新编诸子集成》本,中华书局 1986 年版,第 129—130 页。

诸说，不但言词整饬程度有异，而且理论的成熟程度亦有异，还带有非攻与天志两种学说初步结合时的痕迹。这应是墨子非攻学说内容发生性质变化的标志。墨子游说鲁阳文君的时间，钱穆曾在考证中驳孙诒让、梁启超诸说而定在周安王八九年[①]，即公元前394年或者公元前393年，已在墨子晚年。准此，墨子的非攻学说，在其晚年才与天志说结合起来。

墨子游说鲁阳文君以止战的记载还有两则。

《墨子·耕柱》载："子墨子谓鲁阳文君曰：'今有一人于此，羊牛刍豢，雍人但割而和之，食之不可胜食也，见人之作饼，则还然窃之，曰舍余食。不知甘肥安不足乎？其有窃疾乎？'鲁阳文君曰：'有窃疾也。'子墨子曰：'楚四竟之田，旷芜而不可胜辟；呼虚数千，不可胜入。见宋、郑之闲邑，则还然窃之，此与彼异乎？'鲁阳文君曰：'是犹彼也，实有窃疾也。'"[②]史无鲁阳文君主持攻宋之记载，"宋、郑之闲邑"之"宋"字，当后人因墨子止楚攻宋事而误增。以"有窃疾"游说人君勿攻侵，是墨子的一贯做法，他在止楚攻宋时已用过。此乃以义游说止战。

另外，墨子还曾以攻战之利害，即无论攻者还是守者，均会造成"农夫不得耕，妇人不得织"来游说鲁阳文君勿攻战。《墨子·耕柱》载："子墨子谓鲁阳文君曰：'大国之攻小国，譬犹童子之为马也。童子之为马，足用而劳。今大国之攻小国也，攻者，农夫不得耕，妇人不得织，以守为事。攻人者，亦农夫不得耕，妇人不得织，以攻为事。故大国之攻小国也，譬犹童子之为

---

① 参见钱穆：《先秦诸子系年》，商务印书馆2001年版，第207—209页。

② 孙诒让撰：《墨子间诂》，《新编诸子集成》本，中华书局1986年版，第399—400页。

马也。'"[1]童子骑竹马,"足用而劳",夹竹竿曳地而行,名为"骑马",实自劳其足。今"大国之攻小国",与童子骑竹马同,名为获利,实则自己国内亦"农夫不得耕,妇人不得织",误耕误织,得不偿失。此乃以利游说而止战。

由上引诸例可见,墨子所创立的非攻理论的要义有四:

第一,以"义""仁"作为衡量战争性质的准则。上引《墨子·公输》载,墨子至楚见公输盘,借公输盘说"吾义固不杀人"而说之曰:"荆国有余于地而不足于民,杀所不足而争所有余,不可谓智。宋无罪而攻之,不可谓仁。知而不争,不可谓忠。争而不得,不可谓强。义不杀少而杀众,不可谓知类。"[2]据《墨子·鲁问》载,墨子止楚攻宋,曾以义使公输盘彻底改变战争观念:"公输子谓子墨子曰:'吾未得见之时,我欲得宋。自我得见之后,予我宋而不义,我不为。'子墨子曰:'翟之未得见之时也,子欲得宋,自翟得见子之后,予子宋而不义,子弗为,是我予子宋也。子务为义,翟又将予子天下。'"[3]善制攻击之械的公输盘改变了战争观念,对于推行墨家非攻学说甚为有利。

第二,以众人所不齿的偷窃行为比况不义之战。上引《墨子·公输》载墨子说楚王停止攻宋,即用此法,而《墨子·耕柱》载墨子游说鲁阳文君停止攻郑也用此法,使鲁阳文君谓

① 孙诒让撰:《墨子间诂》,《新编诸子集成》本,中华书局 1986 年版,第 394—395 页。

② 孙诒让撰:《墨子间诂》,《新编诸子集成》本,中华书局 1986 年版,第 445 页。

③ 孙诒让撰:《墨子间诂》,《新编诸子集成》本,中华书局 1986 年版,第 443 页。

“有窃疾也”而放弃侵郑。

第三,以攻战于人于己均不利游说之。墨子游说鲁阳文君时说今“大国之攻小国”,与童子骑竹马同,名为获利,而实得不偿失,以攻战无论对攻国还是守国都无利而有害说之。分析利害,当是墨子止战说辞中的重要内容。

第四,以预示攻必不胜制止之。此即《墨子·公输》载墨子与公输盘的“子墨子解带为城,以牒为械,公输般九设攻城之机变,子墨子九距之。公输般之攻械尽,子墨子之守圉有余”,并且已令弟子三百人持“守圉之器,在宋城上而待楚寇”。[①] 晓之以义,说之以弊,示之以利,先知胜败,故能游说诸侯,止战成功。

而以上所举诸例中最应注意者,为其所蕴含的墨子非攻学说内容性质的变化。墨子的非攻学说,至迟应在墨子止楚攻宋时,即楚惠王四十五年(前444)已初步形成,但当时的内容要义是义、利;而在墨子游说鲁阳文君时,即周安王八年(前394)或九年(前393),亦即墨子晚年时,墨子的非攻学说已与天志说结合起来。这是先秦墨学学术史上尤应注意的问题之一。

另一则墨子与鲁阳文君关于丧葬风俗的记载,其实也与非攻止战有关。《墨子·鲁问》载:“鲁阳文君语子墨子曰:‘楚之南,有啖人之国者[②],其国之长子生,则解[③]而食之,谓之宜弟。美,则以遗其君,君喜则赏其父。岂不恶俗哉?’子墨子曰:‘虽中国之俗,亦犹是也。杀其父而赏其子,何以异食其子而赏其

① 孙诒让撰:《墨子间诂》,《新编诸子集成》本,中华书局1986年版,第447—448页。

② “者”下原有“桥”字,从曹耀湘校删。

③ “解”原作“鲜”,从孙诒让校改。

父者哉？苟不用仁义,何以非夷人食其子也?'"①楚南啖人之国食子之俗,《墨子·节葬下》作"昔者越之东有輆沐之国者,其长子生则解而食之,谓之宜弟",《后汉书·南蛮传》则属之于"交趾西噉人国"。盖异域之异俗,中原人异而传之,故版本众多,此则不论。而墨子由鲁阳文君所讲之楚南啖人之国、食子之俗而论述到"虽中国之俗……杀其父而赏其子",归结为"不用仁义,何以非夷人食其子",似在抨击战争奖赏制度,与他宣传非攻止战有关。

墨子游说鲁阳文君时,其非攻止战的游说方式已经成熟,这就是:其一,先晓之以义。战国前期,私田大增带来的社会改革正在进行,旧的法规被新执政者部分弃置,社会政治秩序和社会经济秩序都出现部分无序化状态,故盗窃公行。反映到诸子著作中,有《论语·子路》的"其父攘羊",有《庄子·胠箧》的"窃钩者"等。这种经济无序化所引发的盗窃,遭到世人的一致反对,谓之"不义",故墨子以此游说来止战。其二,次说之以利。国家强大、足以攻人的首要基础是经济实力大发展,故墨子以攻人会妨害自己国内的农耕蚕织来游说止战。其三,最后以天志警示。墨子重提"天志""天罚""鬼督""神察"的观念,目的在于恢复夏、殷、西周时天帝鬼神的权威,以此来威慑脱离宗教礼仪管束的新兴执政者。

游说鲁阳文君勿攻郑外,墨子与鲁阳文君还有其他方面的对话。《墨子·鲁问》载:"鲁阳文君谓子墨子曰:'有语我以忠臣者,令之俯则俯,令之仰则仰,处则静,呼则应,可谓忠臣

① 孙诒让撰:《墨子间诂》,《新编诸子集成》本,中华书局1986年版,第432页。

乎？'子墨子曰：'令之俯则俯，令之仰则仰，是似景也。处则静，呼则应，是似响也。君将何得于景与响哉？若以翟之所谓忠臣者，上有过则微之以谏，已有善则访之上，而无敢以告外，匡其邪而入其善，尚同而无下比。是以美善在上而怨仇在下，安乐在上而忧戚在臣。此翟之所谓忠臣者也。"①

此记述墨子之语，似涉及墨家的尚同理论。《墨子·尚同中》借"天子发政施教"曰"凡闻见善者，必以告其上；闻见不善者；亦必以告其上。上之所是，亦必是之；上之所非，亦必非之。已有善，傍荐之。上有过，规谏之。尚同义其上，而毋有下比之心。上得则赏之，万民闻则誉之"②云云，似是上文墨子所言"翟之所谓忠臣者，上有过则微之以谏，已有善则访之上，而无敢以告外，匡其邪而入其善，尚同而无下比。是以美善在上而怨仇在下，安乐在上而忧戚在臣"③的发挥，或为墨子不同弟子在不同场合所闻墨子对同一论题详略不同的讲说记录。那么，20世纪后期日本的汉学泰斗渡边卓所讲的：《尚同》作成时代约在秦帝国兴盛时（下限在公元前210年）；这一阶段的中心口号是尚同，顺应天子独尊体制需要，同时为限制此一体制又提出天志及其为之辅佐的非命和明鬼说云云④，便不甚可靠。渡边卓不是像其前的研究者那样，把墨家思想当作一个固定不

① 孙诒让撰：《墨子间诂》，《新编诸子集成》本，中华书局1986年版，第432—433页。

② 孙诒让撰：《墨子间诂》，《新编诸子集成》本，中华书局1986年版，第72—73页。

③ 孙诒让撰：《墨子间诂》，《新编诸子集成》本，中华书局1986年版，第432—433页。

④ 参见[日]渡边卓：《古代中国思想的研究——"孔子传的形成"和儒墨集团的思想和行动》，（东京）创文社1973年版，第471—551页。

变的整体,从而提出一学说为中心学说而分析其他学说与此之关系,而是用发展的观点去考察墨家思想学说的形成过程,分初、中、末期考察墨家不同阶段的不同学说重心,由此而串联"十论"诸说,从而勾画墨家学说发展的逻辑过程,给后人研究提供了一条可以参考的思路。但是,渡边卓没有较多地结合社会形势的发展去考察墨家各阶段学说的生成的必然性,没有结合其他诸子的论述去考证墨家各阶段学说的生成时间,给人以无根之感。依据社会形势需要某种思想学说而推测墨家某思想的出现时间,是渡边卓研究墨学的方法;而相关文献实证资料不足,是渡边卓研究墨学的缺陷。

由上述墨子游说鲁阳文君诸记述可看出:其一,墨子与鲁阳文君的对话,在《墨子》中记有七则,涉及止战、御臣、风俗等多方面,关乎墨家的非攻、尚同、丧葬、认识方法等理论,似乎墨子在鲁阳文君那里停滞颇久。其二,墨子游说鲁阳文君勿攻郑,晓之以义,示之以利,警之以天志,是墨子晚年事,故而墨子止战的游说方式已经成熟。上文已提到,钱穆考证驳孙诒让、梁启超诸说而定墨子游说鲁阳文君在周安王八九年,即公元前394年或者公元前393年。有关墨子卒年,孙诒让定在"卒于安王之季",周安王卒于公元前376年;梁启超定在公元前390年至公元前382年;方授楚定在公元前403年;胡适定在公元前425年至公元前416年[①];各有理由,而以胡适说最前。据《吕氏春秋·上德》载,吴起死时孟胜已为墨家巨子,当是墨子已辞世。吴起死于公元前380年,故梁启超说为最近。其三,

---

① 参见杨俊光:《墨子新论》,江苏教育出版社1992年版,第12—14页。

墨子故后,孟胜为墨家巨子,因“受人之国,与之有符”而与弟子百八十余人死之,另嘱田襄子为墨家巨子①,时在公元前381年,与梁启超所考墨子辞世相接。

由上述三点是否还可以认为:墨子晚年一直留居于鲁阳,率墨家学团助鲁阳文君防守,而阻止鲁阳文君借墨子学团实力攻郑;墨子死于鲁阳,故其所嘱之巨子孟胜继承其遗志,仍留在鲁阳助鲁阳文君防守,因而与学团弟子死于此。

① 参见陈奇猷校释:《吕氏春秋校释》,学林出版社1984年版,第1257—1258页。

墨子游鲁阳及孟胜守鲁阳考说*

墨子晚年至楚之鲁阳游说鲁阳文君，完善了墨家的非攻学说。墨子死后，墨家巨子孟胜率弟子继守鲁阳。鲁阳文君因“吴起事件”被夺国，留守鲁阳的墨家弟子因之“死义”，自此出现了“墨离为三”的局面。

一、墨子游说鲁阳文君所见墨家非攻学说的变化

《墨子》中载墨子游说鲁阳文君故事多则，其中三则与墨家非攻论有关。

《墨子·鲁问》载：“子墨子谓鲁阳文君曰：‘攻其邻国，杀其民人，取其牛马粟米货财，则书之于竹帛，镂之于金石，以为铭于钟鼎，传遗后世子孙，曰：“莫若我多。”今贱人也，亦攻其邻家，杀其人民，取其狗豕食粮衣裘，亦书之竹帛，以为铭于席豆，以遗后世子孙，曰：“莫若我多。”亓可乎？’鲁阳文君曰：‘然

* 本文原载于《西华师范大学学报》（哲学社会科学版）2005 年第 2 期。

吾以子之言观之,则天下之所谓可者,未必然也。'"[①]这是以"义"游说之。

《墨子·鲁问》又载:"子墨子谓[②]鲁阳文君曰:'世俗之君子,皆知小物而不知大物。今有人于此,窃一犬一彘,则谓之不仁;窃一国一都,则以为义。譬犹小视白谓之白,大视白则谓之黑。是故世俗之君子,知小物而不知大物者,此若言之谓也。"[③]这也是以"义"游说之。

《墨子·鲁问》还载:"鲁阳文君将攻郑,子墨子闻而止之,谓鲁阳文君曰:'今使鲁四境之内,大都攻其小都,大家伐其小家,杀其人民,取其牛马狗豕布帛米粟货财,则何若?'鲁阳文君曰:'鲁四境之内,皆寡人之臣也。今大都攻其小都,大家伐其小家,夺之货财,则寡人必将厚罚之。'"又载:"子墨子曰:'夫天之兼有天下也,亦犹君之有四境之内也。今举兵将以攻郑,天诛亓不至乎?'鲁阳文君曰:'先生何止我攻郑也?我攻郑,顺于天之志。郑人三世杀其君[④],天加诛焉,使三年不全,我将助天诛也。'子墨子曰:'郑人三世杀其君,而天加诛焉,使三年不全,天诛足矣。今又举兵,将以攻郑,曰"吾攻郑也,顺于天之志",譬有人于此,其子强梁不材,故其父笞之。其邻家之父举木而击之,曰"吾击之也,顺于其父之志",则岂不悖哉!'"[⑤]这是先

① 孙诒让撰:《墨子间诂》,《新编诸子集成》本,中华书局 1986 年版,第 431 页。

② "谓"原作"为",从孙诒让校改。

③ 孙诒让撰:《墨子间诂》,《新编诸子集成》本,中华书局 1986 年版,第 431 页。

④ 此"杀其君"与下"杀其君"之"君"字,原作"父",从苏时学校改。

⑤ 孙诒让撰:《墨子间诂》,《新编诸子集成》本,中华书局 1986 年版,第 430—431 页。

以“利害”游说之,又以“天意”警示之。

此三则故事,于《墨子·鲁问》篇中连排在一起①,都是关于墨子止鲁阳文君攻郑的游说记载,可能是不同弟子就此事各自所记的杂凑,与《墨子》“十论”各有上、中、下篇相类。就此三则记载看,墨子说鲁阳文君勿攻郑,先以攻邻国、杀其民、取其财而宣扬“莫若我多”是否合“义”,复以“窃一犬一彘,则谓之不仁;窃一国一都,则以为义”即亦是否合“义”劝说之;次以“今使鲁四境之内,大都攻其小都,大家伐其小家,杀其人民,取其牛马狗豕布帛米粟货财”的利害劝说之;不能奏效之后,又以“今举兵将以攻郑,天诛其不至乎”威警之。可见此时墨子的非攻学说,已加进“天志说”的内容,已与“天志说”结合起来了。但申述天志天诛说时,墨子又先以“天之兼有天下也,亦犹君之有四境之内”比况,以天诛由天实施而不假人手的道理告诫,与《墨子·非攻》中总结的非攻能“上中天之利,而中中鬼之利,而下中人之利”和“古之仁人有天下者,必交大国之说,一天下之和,总四海之内,焉率天下之百姓,以农臣事上帝山川鬼神,利人多,功故又大。是以天赏之,鬼富之,人誉之”诸说②,不但言词整饬程度有异,而且理论的成熟程度亦有异,明显带有“非攻”与“天志”两种学说初步结合时的痕迹。这应是墨子非攻学说内容发生性质变化的标志。钱穆考证墨子游说鲁阳文君在周安王八九年③,即公元前 394 年或者公元前

---

① 今本篇中次序有异。

② 孙诒让撰:《墨子间诂》,《新编诸子集成》本,中华书局 1986 年版,第 129 页。

③ 参见钱穆:《先秦诸子系年》,商务印书馆 2001 年版,第 207—209 页。

393年,已属墨子晚年。准此,是墨子的非攻学说,在晚年才与天志说结合起来。

另一则墨子与鲁阳文君关于丧葬风俗的记载,实与非攻止战有关。《墨子·鲁问》载:"鲁阳文君语子墨子曰:'楚之南,有啖人之国者[①],其国之长子生,则解[②]而食之,谓之宜弟。美,则以遗其君,君喜则赏其父。岂不恶俗哉?'子墨子曰:'虽中国之俗,亦犹是也。杀其父而赏其子,何以异食其子而赏其父者哉?苟不用仁义,何以非夷人食其子也?'"[③]楚南啖人之国食子之俗,《墨子·节葬下》作"昔者越之东有輆沐之国者,其长子生则解而食之,谓之宜弟"[④],《后汉书·南蛮传》则属之于"交趾西噉人国"盖异域之异俗,中原人异而传之,故版本众多,此则不论。而墨子由鲁阳文君所讲之楚南啖人之国食子之俗而论述到"虽中国之俗……杀其父而赏其子"归结为"不用仁义,何以非夷人食其子",似在抨击战争奖赏制度,与他宣传非攻止战有关。

墨子游说鲁阳文君勿攻郑已在晚年,墨家止战的游说方式已经成熟,这就是:其一,先晓之以"义"。如此引墨子说鲁阳文君勿攻郑,先以攻邻国、杀其民、取其财却宣扬"莫若我多"是否合"义",复以"窃一犬一彘,则谓之不仁;窃一国一都,则以为义",即亦是否合"义"游说之。战国前期,私田大增带来

---

① "者"下原有"桥"字,从曹耀湘校删。

② "解"原作"鲜",从孙诒让校改。

③ 孙诒让撰:《墨子间诂》,《新编诸子集成》本,中华书局1986年版,第432页。

④ 孙诒让撰:《墨子间诂》,《新编诸子集成》本,中华书局1986年版,第170—171页。

的社会改革正在进行,旧的法规被新执政者部分弃置,社会政治秩序和社会经济秩序都出现部分无序化状态,故盗窃公行。反映到诸子著作中,有《论语·子路》的"其父攘羊",有《庄子·胠箧》的"窃钩者"等。这种经济无序化所引发的盗窃,遭到世人的一致反对,谓之不"义",故墨子以此游说止战。其二,墨子游说止战,次说之以利。如此引墨子说鲁阳文君勿攻郑,以"今使鲁四境之内,大都攻其小都,大家伐其小家,杀其人民,取其牛马狗豕布帛米粟货财"说之。国家强大、足以攻人的首要基础是经济实力大发展,故墨子以战乱妨害自己国内秩序游说止战。其三,墨子游说止战,最后以"天志"警示。如此引墨子说鲁阳文君勿攻郑,最后以"今举兵将以攻郑,天诛其不至乎"威警之。墨家重提"天志""天罚""鬼督""神察"的观念,目的在于恢复夏、殷、西周时的天帝鬼神权威,以此来威慑脱离宗教礼仪管束的新兴执政者。

由上述墨子游说鲁阳文君诸记述可看出:其一,墨子游说鲁阳文君勿攻郑,晓之以义,示之以利,警之以天志,是墨子晚年事,故而墨子止战的游说方式已经成熟。钱穆考证中驳孙诒让、梁启超诸说而定墨子游说鲁阳文君在周安王八九年,即公元前394年或者公元前393年。而墨子卒年,孙诒让定在"卒于安王之季",周安王卒于公元前376年;梁启超定在公元前390年至公元前382年;方授楚定在公元前403年;胡适定在公元前425年至公元前416年①;各有理由。据《吕氏春秋·上德》所载,吴起死时孟胜已为墨家巨子,当是墨子已辞世,吴起

① 参见杨俊光:《墨子新论》,江苏教育出版社1992年版,第12—14页。

死于公元前380年，故梁启超所考当与事实为最近。其二，墨子故后，由孟胜为墨家巨子，因“受人之国，与之有符”而与弟子百八十余人死之，另嘱田襄子为墨家巨子①，时在公元前381年，与梁启超所考墨子辞世相接。

由上述是否可以认为，墨子晚年一直留居于鲁阳，率墨家学团助鲁阳文君防守，且阻止鲁阳文君借墨子学团实力攻郑；墨子死于鲁阳，故其所嘱之巨子孟胜继承其遗志，仍留在鲁阳助鲁阳文君防守，因而与学团弟子死于此。

二、孟胜等守卫鲁阳及“墨离为三”的出现

墨子终死于鲁阳，故其所率弟子及未竟事业都留在了鲁阳，由孟胜接任首领，成为墨家巨子，率领墨徒继续从事活动。

关于墨子守卫鲁阳事，《吕氏春秋》留有记载。《吕氏春秋·上德》载：“墨者巨子孟胜，善荆之阳城君。阳城君令守于国，毁璜以为符，约曰：‘符合听之。’荆王薨，群臣攻吴起，兵于丧所，阳城君与焉，荆罪之。阳城君走，荆收其国。孟胜曰：‘受人之国，与之有符。今不见符，而力不能禁，不能死，不可。’其弟子徐弱谏孟胜曰：‘死而有益阳城君，死之可矣。无益也，而绝墨者于世，不可。’孟胜曰：‘不然。吾于阳城君也，非师则友也，非友则臣也。不死，自今以来，求严师必不于墨者矣，求贤友必不于墨者矣，求良臣必不于墨者矣。死之，所以行

① 参见陈奇猷校释：《吕氏春秋校释》，学林出版社1984年版，第1257—1258页。

墨者之义,而继其业者也。我将属巨子于宋之田襄子。田襄子,贤者也,何患墨者之绝世也?'徐弱曰:'若夫子之言,弱请先死以除路。'还殁头于前。孟胜因使二人传巨子于田襄子。孟胜死,弟子死之者百八十三人。以致令于田襄子,欲反死孟胜于荆,田襄子止之曰:'孟子已传巨子于我矣,当听。'遂反死之。墨者以为不听巨子不察。严罚厚赏,不足以致此。今世之言治,多以严罚厚赏,此上世之若客也。"[①]此一事件因涉及吴起之死,故有年代可循。据《韩非子·和氏》所载,吴起在楚改革,"使封君之子孙三世而收爵禄,绝灭百吏之禄秩,损不急之枝官,以奉选练之士",结果"悼王行之期年而薨矣,吴起枝解于楚"。[②] 楚悼王死于公元前 381 年,吴起亦于同年被楚贵族射死。太子臧即位,因射吴起时箭中悼王尸而诛射杀吴起之贵族,阳城君因此被缉拿而收国。孟胜因与阳城君有符约而率弟子百八十余人死于阳城。

前已论及,墨子有可能卒于阳城,因而其所率数百名"从事"类弟子(《墨子·公输》言三百人,《吕氏春秋·上德》言一百八十余人),也留在阳城。可能这时墨子所说的率"三百人"持"守圉之器在宋城上而待楚寇"的大弟子禽滑釐已先墨子而亡,故墨子死前将巨子之位传于孟胜;抑或墨子死时本传巨子位于禽滑釐,但禽滑釐不久即死,而死前又传巨子位于孟胜。巨,《方言》卷一曰:"巨,大也,齐宋之间曰巨。"查"巨"字,《墨子》中共出现八次,除"城守"外诸篇中两次用作

---

① 陈奇猷校释:《吕氏春秋校释》,学林出版社 1984 年版,第 1257 页。

② 陈奇猷校注:《韩非子集释》,上海人民出版社 1974 年版,第 239 页。

“距”之借字[①]外，另有“城守”外诸篇中六次均用为“大”之义，曰“天下之巨务”“天下之巨害”“丘垄必巨”“民之巨患”“撞巨钟”（两次）。[②] 子，《正字通·子部》曰：“门人称师亦曰子。”盖春秋时“子”为士大夫的通称，宋人赵彦卫《云麓漫钞》卷三“诸侯之上大夫卿、下大夫、上士、中士、下士凡五等，亦称子”，孔丘弟子沿袭以称孔子，故墨徒相习以称首领。那么，巨子即“大师”“大先生”之义。巨子不但是墨徒的学术首领，而且也是“从事”类弟子的军事首领，故而有指挥权。

孟胜欲死的原因，首先是“受人之国，与之有符。今不见符，而力不能禁，不能死，不可”，是基于“义”字。一诺千金而死事，是古代士人的通常信条。从中看出，墨子“从事”类弟子虽是下层“贱人”，但却以“士人”的标准要求自己。这除了当时的社会舆论和大众向往外，还可能与墨子先接受儒家教育的学习经历有关。孟胜欲死的深层原因，是他向弟子徐弱所说的“不死，自今以来，求严师必不于墨者矣，求贤友必不于墨者矣，求良臣必不于墨者矣”。可见“严师”“贤友”“良臣”是早期墨家集团的理想追求。“严师”可使欲学立身处世真本领的青年人趋之若鹜，“贤友”能让墨家具有广泛的挚友而学说大行，“良臣”会给墨家弟子带来更多的施展才华的机会，因而使更多年轻人加入墨家学团，从而扩大墨家队伍，形成弟子人数更多、社交朋友更广、从政机会机会更多的良性循环，使墨家事业更发达。

---

① 《墨子·备高临》“左右出巨，各二十尺”，孙诒让曰“巨当为距之借字”；《墨子·备梯》“左右出巨各二十尺”，孙诒让曰“巨读为距”。

② 引得编纂处编纂：《墨子引得》，上海古籍出版社1986年版，第331页。

这里还有一个问题需要讨论。墨子死前是所有墨徒的当然首领，所有弟子都听命于他，可能没有问题；但墨子死后孟胜为巨子的时代，这种“墨家一体”的格局是否还能保持呢？即《庄子·天下》所说的墨子死后，墨离为三、相互争辩的情况出现在何时？是墨子死后墨家马上就分化为三？还是维持了一段“墨家一体”的格局后才分为三的？由《墨子·耕柱》载墨子答治徒娱等问时所言可见，墨子在世时，墨徒既分为“谈辩”“说书”“从事”三类①；而由此文前引所见，孟胜死于鲁阳时，身边有弟子百八十余人，已较止楚攻宋时助宋守城的“弟子三百人”为少，故不可能有大批“谈辩”“说书”的弟子跟随身边。也就是说，大批的“谈辩”“说书”弟子在墨子死后已散在鲁阳之外的各地，田襄子一系在宋就是一例。那么，散在鲁阳之外的“谈辩”“说书”类弟子的首领，是否服气孟胜为墨家统一的首领——巨子呢？或者，他们因墨子的遗嘱，还算服气孟胜为巨子，但对于孟胜匆匆传位的下代巨子田襄子，他们是否服气？在性命攸关的紧要关头，孟胜之二弟子当面已不听从田襄子止死的命令，坚持回鲁阳从容赴死，其他各地的墨徒会怎样面对田襄子的号令？抑或“墨离为三”的局面，就是这时形成的。

① 参见孙诒让撰：《墨子间诂》，《新编诸子集成》本，中华书局 1986 年版，第 129 页。

论墨家学团*

墨子是继孔子后第二位门徒众多的私学大师。以他为首的墨家集团,以半军事化"学团"的组织形式从事学术活动和社会活动,在先秦诸子百家中颇有特色。

一、墨家学团的形成和各类弟子的课业

据《淮南子·要略》讲,墨子先"学儒者之业,受孔子之术",后来为改革儒家弊端而自创新说。① 墨子创立新说的主要目的是救世。为了推行自己的学说以救世,他也像孔子那样,广招门徒以宣扬学说,四处游说以推行学说。在此招生授徒、宣扬学说、推行学说的过程中,形成了墨家学团。

(一)墨子招收弟子的方式及弟子的类别

墨家学团的首领是墨子。墨子发现孔门儒学的弊端,改革

---

* 本文原载于四川大学古籍所编:《建所三十年纪念文集》,四川大学出版社 2013 年版。

① 参见刘文典撰:《淮南鸿烈集解》,中华书局 1989 年版,第 709—710 页。

诸弊端而自成新学说体系后,便招收信徒,以传其学。《墨子·公孟》有关于此方面的记载:“有游于子墨子之门者,子墨子曰:‘盍学乎?’对曰:‘吾族人无学者。’子墨子曰:‘不然。……好美、欲富贵者,不视人犹强为之。夫义,天下之大器也,何以视人必强为之?’”①由墨子以“好美”“欲富贵”为比喻而不是以向他学习后可以“为仕”为诱惑来看,这当是墨学初创、尚未产生较大社会影响,即还不能推荐弟子到诸侯国为官时的事情。而下则记载则似是墨学已产生影响、被部分诸侯欣赏时的事情。《墨子·公孟》载:“有游于子墨子之门者,身体强良,思虑徇通,欲使随而学。子墨子曰:‘姑学乎,吾将仕子。’劝于善言而学,其年,而责仕于子墨子。”②墨子许其弟子学成后“吾将仕子”,是墨学产生相当大的影响、被部分诸侯欣赏且部分诸侯已经接受墨家之徒为官为仕后的事,否则墨子空言所许,是不会被“游于子墨子之门者”者所信从的。

由这两则记载,我们可以分析墨子初期招收弟子的方式及门下弟子的类别。

这两则记载,不论是在墨学初创、尚未产生较大社会影响而门徒寡少时,还是在墨学产生相当大的影响、被部分诸侯欣赏、肯定是门徒众多后,墨子无一例外都是主动招徕生徒向他学“天下之大器”的“义”,强调学习是人天经地义的事,这都是墨子的“强力为之”“扻而不舍”的执着精神在教学观念上的表现。

---

① 孙诒让撰:《墨子间诂》,《新编诸子集成》本,中华书局 1986 年版,第 424 页。

② 孙诒让撰:《墨子间诂》,《新编诸子集成》本,中华书局 1986 年版,第 423 页。

由这两则记载看，在墨子门徒中有“游于子墨子之门”者与“学”于子墨子者等区别。联系《墨子·耕柱》所载墨子答县子硕之问时所讲的学生中有“能谈辩者谈辩，能说书者说书，能从事者从事”的分类，可推测出“游于子墨子之门”者，是指“能从事者”，即从事工匠技艺或守城保卫等从事体力劳动的弟子，他们皆出身于下层，其前没有从学的身份资格和学习习惯，故而墨子劝他们中的一员学习时，他说“吾族人无学者”；而墨家弟子中的“学”者，则是指“能说书者说书”一类人，即那些“思虑徇通”之人，他们可堪造就，故墨子令其学习；另外，墨家弟子中那些不仅“思虑徇通”，而且“身体强良”，即一表人才且又具从政潜能者，墨子则既令其学习，又令其锻炼“谈辩”技能以游说、以出仕，学到一定理论学说后或外出传学，或被推荐到诸侯国中为官，以更加利于推行墨家学说。《墨子·公孟》所载“游于子墨子之门者”，虽“身体强良，思虑徇通”，但可能不具从政潜能，故墨子仅使其“随而学”，而最后没有把“吾将仕子”的许诺付诸实际。

由以上所引及分析可看出，墨子教授弟子时注重因材施教、因能分工，让学生“能谈辩者谈辩，能说书者说书，能从事者从事”，这可能是墨子先学孔门儒学，而接受孔子教学方式方法的结果。

（二）墨家三类弟子的不同课业

墨家弟子既有“从事”“说书”“谈辩”的不同，将来从事的工作不同，因而学习的内容和方法也不同。

“从事”类弟子即那些从事工匠技艺等体力劳动或守城保卫的弟子，他们应学“规矩方圆”，应学“射”等军事技艺。这种教育弟子的方式,符合墨子"天下从事者,不可以无法仪"的一贯思想。《墨子·法仪》载:"子墨子曰:'天下从事者,不可以无法仪。无法仪而其事能成者,无有也。虽至士之为将相者皆有法,虽至百工从事者亦皆有法。百工为方以矩,为圆以规,直以绳,正以县。无巧工不巧工,皆以此五者[①]为法。巧者能中之,不巧者虽不能中,放依以从事,犹逾己。故百工从事,皆有法所度。今大者治天下,其次治大国,而无法所度,此不若百工辩也。"[②]《墨子》之《法仪》篇,胡适定其为"墨家的余论",而梁启超以之为"墨家记墨学概要"。[③] 总之,我们用它来考察墨子言行,不致大谬。此则语录载墨子所讲,不论从事工匠技艺还是从政治国,都应遵从"法仪"。这些话虽不一定就是针对弟子的学习所言,但我们可从中分析墨子的教学思想:在墨子看来,"百工从事者"与"治天下""治大国"者是有区别的。像后者必须具备一种"法仪"一样,前者也必须具备另一种"法仪",这另一种"法仪"就是"为方以矩,为圆以规,直以绳,正以县"以及"平以水"的五种技艺。从墨子要求此类弟子所掌握的技能,可推测出墨子教授"从事"类弟子的课业即此五种技艺的学习与练习;而《墨子》之《经上》《经下》《经说上》《经说下》,极有可能是接受这五种技艺的弟子所记录的课业内容。

---

① 孙诒让曰:"以《考工记》校之,疑上文或当有'平以水'三字,盖本有五者,而脱其一与?"见孙诒让撰:《墨子间诂》,《新编诸子集成》本,中华书局1986年版,第19页。

② 孙诒让撰:《墨子间诂》,《新编诸子集成》本,中华书局1986年版,第18—19页。

③ 参见杨俊光:《墨子新论》,江苏教育出版社1992年版,第38—39页。

“从事”类弟子还有一种课业内容。《墨子·公孟》载:“二三子有复于子墨子学射者,子墨子曰:‘不可,夫知者必量亓力所能至而从事焉。国士战且扶人,犹不可及也。今子非国士也,岂能成学又成射哉?’”①在墨子看来,“学”与“射”是两类知识和技艺,“国士”犹不可兼具,那么他的弟子更不可能兼“成”,故墨子反问弟子“岂能成学又成射哉”。由《墨子·公输》载墨子言“臣之弟子禽滑釐等三百人,已持臣守圉之器,在宋城上而待楚寇矣”可知,墨家弟子中有很大一部分人是学军事技艺的。那么,“学射”当是墨子教授“从事”类弟子的一种重要课业内容。

由上述可见,“从事”类弟子的课业内容是“为方以矩,为圆以规,直以绳,正以县”和“平以水”这五种工匠技艺,此外还有“学射”等军事技艺。

对于另一批所谓“坐而言义”的“说书”类弟子,即将来要传墨子之学的一类弟子,墨子则特别强调他们要向书本学习。《墨子·贵义》载:“子墨子曰:‘古之圣王,欲传其道于后世,是故书之竹帛,镂之金石,传遗后世子孙,欲后世子孙法之也。今闻先王之遗而不为,是废先王之传也。’”②据《淮南子·要略》,墨子改革孔门儒学弊端的途径是“背周道而用夏政”,倡“夏政”故讲“古之圣王”之“道”。“古之圣王”之“道”都“书之竹帛,镂之金石”而“欲后世子孙法之”,所以要向书本学习。向书本学习,既是墨子自身的做法,也是墨子教给“说书”类弟

① 孙诒让撰:《墨子间诂》,《新编诸子集成》本,中华书局 1986 年版,第 426 页。

② 孙诒让撰:《墨子间诂》,《新编诸子集成》本,中华书局 1986 年版,第 407 页。

子的学习方式。为“后世子孙法”的“书之竹帛，镂之金石”的古圣王之“道”，是墨子“说书”类弟子的课业内容。

“谈辩”类弟子与“说书”类弟子的学习方式又有不同。《墨子·贵义》载：“子墨子南游使卫，关中载书甚多，弦唐子见而怪之，曰：‘吾夫子教公尚过曰：“揣曲直而已。”今夫子载书甚多，何有也？’子墨子曰：‘……翟闻之：“同归之物，信有误者。”然而民听不钧，是以书多也。今若过之心者，数逆于精微，同归之物，既已知其要矣，是以不教以书也。而子何怪焉？’”[1]弦唐子听公尚过说墨子教他学习时强调“揣曲直而已”，今见墨子外出还带如此多的书，故怪而问之。这则记载反映了墨子依据弟子不同资质和将来从事不同工作的需求而教授不同的课业。“读书”应是墨子教那些“说书”类弟子的学习方法。对于古代历史特别是“古之圣王”之“道”，因为“民听不钧”而致使“同归之物，信有误者”，所以一定要向书本学习，这是自周公以来的学习方法和学习传统。墨家这类弟子以弦唐子为代表。他们将来要传墨家之学，故要好好向书本学习，学古圣王之“道”，亦即学墨子的种种主张。而“揣曲直”则是墨子教公尚过一类学生的学习方法。据《墨子·鲁问》所载，墨子曾“游公尚过于越。公尚过说越王，越王大说”。由此可见，公尚过颇具游说才能。而在那个骋才驰辩的时代，游说成功便可为官为仕。公尚过应是“谈辩”类弟子的代表。墨子对于此类弟子，因他们于“同归之物，既已知其要矣，是以不教以书”而令其“揣曲直”，即强调自身的分析和感悟，从而使其在

① 孙诒让撰：《墨子间诂》，《新编诸子集成》本，中华书局 1986 年版，第 407—408 页。

将来面对纷纭复杂的政治形势和各类棘手的问题时，可以从容应付，提出行之有效的解决方案。从中可看出墨子教学时从实际出发的现实精神。

但是，无论是哪类弟子，墨子都向学生特别强调在学习中对自身道德的改造。《墨子·所染》载："子墨子言见染丝者而叹，曰：'染于苍则苍，染于黄则黄，所入者变，其色亦变，五入必，而已则为五色矣。故染不可不慎也！'"①墨子正是从染丝中受到启发，"所入者变，其色亦变"，因此才极力强调坚持不懈地学习，强调"慎于染"以改造自己。

墨子强调学习，更强调言行结合、通过学习圣人之"言"改造自己的"行"。《墨子·贵义》载："子墨子曰：'言足以迁行者，常之；不足以迁行者，勿常。不足以迁行而常之，是荡口也。'"②《尔雅·释诂》云："迁，徙也。"迁行，即改变行为。"言足以迁行者，常之"即足以使自己改变行为的载"道"之言，应经常诵习。此则语录与《墨子·耕柱》"言足以复行者，常之"云云一则语录应当有异，故编辑者作为两条不同的墨子语录收录。墨子以为那些载"道"的言语可使人改变自己的行为，可以使人改造自己的思想水平，从而加强自身的道德修养，故强调不断诵习此类载"道"之言，以改造自己。

另外，墨子特别强调，无论遇到何种情况，无论挫折与成功，各类弟子都不能放弃自己的"道"，即各自所接受的课业精华。《墨子·贵义》载："子墨子谓二三子曰：'为义而不能，必

① 孙诒让撰：《墨子间诂》，《新编诸子集成》本，中华书局 1986 年版，第 10—11 页。

② 孙诒让撰：《墨子间诂》，《新编诸子集成》本，中华书局 1986 年版，第 405 页。

无排其道。譬若匠人之斫而不能,无排其绳。'”[①]“匠人之斫而不能”是其技艺不成,不能因此而放弃绳墨,否则更不成;墨家弟子“为义而不能”,是其学说不精、“辩谈”技术不到家,不能因此而“排其道”,否则更不能成其事,更无法实现自己的人生目标。坚信自己所学习的“道”(包括“从事”之道、“说书”之道、“谈辩”之道),将其付诸实践,是墨子对弟子坚定不移的要求,所以墨子想方设法运用比喻要求弟子行“义”到底。《墨子·贵义》载:“子墨子曰:商人之四方,市贾倍徙[②],虽有关梁之难、盗贼之危,必为之。今士坐而言义,无关梁之难、盗贼之危,此为倍徙不可胜计,然而不为。则士之计利,不若商人之察也。”[③]商人趋利,士人为义。商人不畏“关梁之难、盗贼之危”,是因为他们看到了“倍徙”之利;士人无此决绝态度,是因为他们短视,没有看到“坐而言义”之后“倍徙”之利的“不可胜计”。墨子学孔子的“儒家之业”,从一个“贱人”成为士人,进入知识阶层;墨子自立学说,“坐而言义”,又从一个士人而成为学团首领,游说诸侯,推荐学生,辞越王“地方五百里”之封(《墨子·鲁问》),在行义于天下的同时实现了其人生价值,终获“不可胜计”的“倍徙”之利。而部分学生看不看到“坐而言义”背后“不可胜计”的“倍徙”之利,不能坚定“言义”“行义”

① 孙诒让撰:《墨子间诂》,《新编诸子集成》本,中华书局1986年版,第405页。

② “倍”原作“信”字,从毕沅、孙诒让校改,下“倍”字同。见孙诒让撰:《墨子间诂》,《新编诸子集成》本,中华书局1986年版,第409—410页。

③ 孙诒让撰:《墨子间诂》,《新编诸子集成》本,中华书局1986年版,第409—410页。

的信心,故墨子有此教导。

在墨子苦口婆心的教导下,众多弟子坚定信心,各学其“道”,各行其“义”,形成了声势浩大的墨家学团。

二、墨家学团各类弟子学成后的工作

墨子要求弟子各学其“道”,各行其“义”,各尽其能,即其所说的“能谈辩者谈辩,能说书者说书,能从事者从事”。我们就以此为划分标准,分别来看墨子在世时墨家各类弟子所从事的不同活动。

(一)“谈辩”类弟子游说从政

由上文所引和分析可见,墨子教授弟子有诸多的层次,因其能力或潜能而教之以“从事”“说书”“谈辩”。“谈辩”类弟子应居于墨子所教弟子中的最高层次。他们多以“谈辩”能力游说诸侯,参与政事,推行墨子的学说。见于记载的“谈辩”类弟子有高石子、管黔敖、公尚过、胜绰、高孙子等人。

《墨子·耕柱》载:“子墨子使管黔敖[1]游高石子于卫,卫君致禄甚厚,设之于卿。高石子三朝必尽言,而言无行者。去而之齐,见子墨子曰:‘卫君以夫子之故,致禄甚厚,设我于卿,石三朝必尽言,而言无行,是以去之也。卫君无乃以石为狂乎?’子墨子曰:‘去之苟道,受狂何伤!……’子墨子说,而召子禽

① “敖”原作“激”字,从毕沅、孙诒让校改。见孙诒让撰:《墨子间诂》,《新编诸子集成》本,中华书局1986年版,第395页。

子曰:‘姑听此乎!夫倍义而乡禄者,我常闻之矣。倍禄而乡义者,于高石子焉见之也。’”①高石子在卫为官,位高禄厚,但其依墨家学说所进之言却不被采纳,故离官而回到墨子身边。这种为义不为利的精神大得墨子赞扬。管黔敖能够成功地“游高石子于卫”,使“卫君致禄甚厚,设之于卿”,也是位成功的“谈辩”类弟子。

《墨子·鲁问》载:“子墨子游公尚过于越。公尚过说越王,越王大说,谓公尚过曰:‘先生苟能使子墨子至②于越而教寡人,请裂故吴之地方五百里,以封子墨子。’公尚过许诺。”③公尚过以墨子“之道”“说越王”而使“越王大说”,越王欲“裂故吴之地方五百里,以封子墨子”,公尚过也是一位成功的“谈辩”类弟子,但他不能体味墨子为义不为利的学说要义。

《墨子·鲁问》载:“子墨子使胜绰事项子牛。项子牛三侵鲁地,而胜绰三从。子墨子闻之,使高孙子请而退之,曰:‘我使绰也,将以济骄而正嬖也。……绰非弗之知也,禄胜义也。’”④胜绰与高孙子皆“谈辩”类弟子。但胜绰没有完成墨子分派的任务,置墨家非攻主张于不顾,“项子牛三侵鲁地,而胜绰三从”,故墨子“使高孙子请而退之”,并以“禄胜义”谴责之。高孙子亦是“谈辩”类弟子。

---

① 孙诒让撰:《墨子间诂》,《新编诸子集成》本,中华书局 1986 年版,第 395—397 页。

② “至”字原脱,从孙诒让校增。见孙诒让撰:《墨子间诂》,《新编诸子集成》本,中华书局 1986 年版,第 436 页。

③ 孙诒让撰:《墨子间诂》,《新编诸子集成》本,中华书局 1986 年版,第 436 页。

④ 孙诒让撰:《墨子间诂》,《新编诸子集成》本,中华书局 1986 年版,第 440 页。

《墨子·贵义》载："子墨子仕人于卫，所仕者至而反。子墨子曰：'何故反？'对曰：'与我言而不审[①]。曰"待女以千盆"，授我五百盆，故去之也。'……"[②]此仕于卫者当墨子弟子，因先言"待女以千盆"而结果仅被授予"五百盆"，故其"至而反"。这是墨子一位失败的"谈辩"类弟子。

通过这几位墨子弟子的言行事迹，我们可以对"谈辩"类弟子的特点及墨子的从政策略和社会思想做如下评说。

第一，墨子想通过"谈辩"类弟子到诸侯国出仕来推行自己的思想学说。尽管诸弟子都各尽其能，或"三朝必尽言"，或以墨子之道说越王而使"越王大说"，但均不得其用，或"言无行"，或不能"用墨子之道"。更有甚者，有的弟子竟计较"五百盆"与"千盆"的待遇差距，置墨家学说的推行于不顾；有的弟子干脆"三从""项子牛三侵鲁地"而违背墨子的非攻主张。总之，墨子的政治理想通过"谈辩"出仕这条路没能实现。

第二，"谈辩"类弟子在被派出仕之前，肯定在墨子身边学习过较长时间，以掌握墨子的思想学说；而墨子在派人之前，也肯定会对所派弟子做一番考察，认为他出仕后能贯彻墨家学说，才会放心派出。但是，从以上所记诸位弟子的所作所为和结局来看，除高石子的行为结局使墨子满意而称赞外，其余弟子皆使墨子大失所望；有的弟子如胜绰甚至还背叛了墨子的派出初衷，成为项子牛侵鲁的帮手。这又说明，墨子教导这类弟子的方式方法存在着问题，即仅用榜样力量以及"鬼监鬼察"

---

① "审"原作"当"，从孙诒让校改。见孙诒让撰：《墨子间诂》，《新编诸子集成》本，中华书局1986年版，第408页。

② 孙诒让撰：《墨子间诂》，《新编诸子集成》本，中华书局1986年版，第409页。

等“明鬼”学说来约束面对纷纭社会和形形色色诱惑的出仕弟子①,是远远不够的。

第三,在外派弟子“谈辩”出仕时,墨子都有一套整体规划,如让高石子仕卫前先“使管黔敖游高石子于卫”,如胜绰违背墨子所遣的初衷而“三从”“项子牛三侵鲁地”,墨子“使高孙子请而退之”。如此等等,都说明墨家学团在“谈辩”从政、推行学说时有周密的部署和统一的行动。关于这一点,笔者在下面还将做详细讨论。

（二）“说书”类弟子承传学说

“说书”类弟子的主要任务为继承和传播墨子学说。这里首先应讨论的是治徒娱和县子硕。《墨子·耕柱》载:“治徒娱、县子硕问于子墨子曰:‘为义孰为大务?’子墨子曰:‘譬若筑墙然,能筑者筑,能实壤者实壤,能欣者欣,然后墙成也。为义犹是也,能谈辩者谈辩,能说书者说书,能从事者从事,然后义事成也。’”②治徒娱和县子硕向墨子问“为义孰为大务”,这似乎是初入师门、欲选择学习科目以便日后从事某种职业前的问话。“为义”是墨子向弟子多次强调的目标,治徒娱和县子硕欲做“为义”之“大务”,其雄心可嘉。而墨子以筑墙为比喻,强调“能谈辩者谈辩,能说书者说书,能从事者从事”,各尽其务,“然后义事成也”。那么治徒娱和县子硕究竟“从事”了什么?

---

① 由《墨子·鲁问》载曹公子就仕宋“谨祭祀鬼神”却“人徒多死,六畜不蕃,身湛于病”而对墨子提出疑问看,墨子是用“鬼监鬼罚”“天明天佑”诸说教导和约束出仕弟子的。

② 孙诒让撰:《墨子间诂》,《新编诸子集成》本,中华书局 1986 年版,第 390 页。

《吕氏春秋·尊师》载:“子张,鲁之鄙家也;颜涿聚,梁父之大盗也;学于孔子。段干木,晋国之大驵也,学于子夏。高何、县子石,齐国之暴者也,指于乡曲,学于子墨子。索卢参,东方之巨狡也,学于禽滑黎。此六人者,刑戮死辱之人也,今非徒免于刑戮死辱也,由此为天下名士显人,以终其寿,王公大人从而礼之,此得之于学也。”[①]县子石,陈奇猷从孙诒让“硕、石”古通之说,认为他就是《墨子·耕柱》之县子硕。[②] 据《吕氏春秋·尊师》可知县子硕原为乡里之“暴者”而遭众人指斥唾骂,但后来因师从墨子而“为天下名士显人,以终其寿,王公大人从而礼之”,其根本原因在于“得之于学也”。那么县子硕当是继承墨子学说的“得之于学”的“说书”类弟子。治徒娱虽一同问学于墨子,但史料有缺,今天难考其后来学到了何类学问,成为哪类墨家弟子。

墨子的“说书”类弟子应该还有弦唐子。据《墨子·贵义》载,随从墨子南游使卫的弦唐子因墨子“关中载书甚多”,与公尚过从墨子那里听到的“揣曲直而已”的教导有违,曾向墨子发问。墨子解释说:“同归之物,信有误者。然而民听不钧”,所以需要读书;但由于公尚过“之心者,数逆于精微。同归之物,既已知其要矣,是以不教以书也”;就是说对不同的弟子应实施不同教育。由此我们知道,墨子教育学生时,依据其具体情况和日后的发展需要,或教以“知其要”而“不教以书”,或教以像周公旦那样“读书百篇”。另外,我们还可由墨子的谆谆

① 陈奇猷校释:《吕氏春秋校释》,学林出版社 1984 年版,第 205 页。

② 参见陈奇猷校释:《吕氏春秋校释》,学林出版社 1984 年版,第 212—213 页注[二九]。

教导推出，墨子或许是欲将弦唐子培养成与公尚过不同类的弟子，故以读书相开导。如果此推测不误的话，弦唐子应是墨子的“说书”类弟子。

据《庄子·天下》篇载“相里勤之弟子五侯之徒，南方之墨者苦获、已齿、邓陵子之属，俱诵《墨经》，而倍谲不同，相谓别墨；以坚白同异之辩相訾，以觭偶不仵之辞相应；以巨子为圣人，皆愿为之尸，冀得为其后世，至今不决”[①]云云，又据《元和姓纂》引《韩子》云相里勤曾“著书七篇”[②]。相里勤或许就是墨子的“说书”类弟子，或此类弟子的弟子。

《汉书·艺文志》“墨家者流”中载“《我子》一篇”，颜师古注“刘向《别录》云为墨子之学”[③]。《我子》的整理者刘向既谓其属“墨子之学”，那么我子当或为墨子“说书”类弟子，或为“说书”类弟子的后学。《汉书·艺文志》“墨家者流”中又载“《隋巢子》六篇”“《胡非子》三篇”，班固均注曰“墨翟弟子”[④]。隋巢子和胡非子既是墨子弟子，又有著述传世，当为墨子的“说书”类弟子无疑。

由上可知，从事“说书”类活动而传墨子之学的弟子有县子硕、隋巢子、胡非子，确定为墨子弟子而有可能从事“说书”的有弦唐子，能确定为从事“说书”即传播墨家之学而不能确定是墨子弟子还是弟子后学的有相里勤、我子。当然，无论是“谈辩”类弟子，还是“从事”类弟子，都应熟悉墨子学说或学说

① 郭庆藩辑：《庄子集释》，中华书局 1961 年版，第 1079 页。

② 孙诒让撰：《墨子间诂》，《新编诸子集成》本，中华书局 1986 年版，第 716 页。

③ 《汉书》卷三十《艺文志》，中华书局 1962 年版，第 1738 页。

④ 《汉书》卷三十《艺文志》，中华书局 1962 年版，第 1738 页。

的一大部分才能从事墨子所指派的工作。这里所考辨的墨子“说书”类弟子,应是那些专门从事记录和整理墨子言行思想,且能在弟子后学中教授、传播墨子思想学说的墨子弟子们。从这一角度出发,后世见于记载的墨家巨子,如孟胜、田襄子、腹䵍都应是此类传人,不过他们应属墨子的后学而非及门弟子,故我们暂不在此讨论。

(三)“从事”类弟子制器守卫

墨子的“从事”类弟子,即那些从事器械制造、守城保卫诸事的弟子,可能最早以禽滑釐为首。《墨子·公输》载公输盘与墨子演示攻守失败而欲杀墨子时,墨子说“臣之弟子禽滑釐等三百人,已持臣守圉之器,在宋城上而待楚寇矣。虽杀臣不能绝也”,使得楚王“请无攻宋矣”而解宋危。墨子云“禽滑釐等三百人”,可见此类弟子之多;墨子云“持臣守圉之器”,禽滑釐率领的三百弟子当为此类“守圉之器”的制造者和使用者,那么就是墨子的“从事”类弟子从事器械制造工作;墨子云“在宋城上而待楚寇”,禽滑釐率领的三百弟子又能从事守城保卫诸事。他们是墨子的“从事”类弟子,其工作重点是器械制造和守城保卫。

由于最初的“从事”类弟子由禽滑釐带领,所以《墨子》的《备城门》以下十一篇,即所谓的“城守”部分所载的守城战略战术和守城器械的制造使用,都托于禽滑釐和墨子问答的形式。《墨子·备城门》载:“禽滑釐问于子墨子曰:‘由圣人之言,凤鸟之不出,诸侯畔殷周之国,甲兵方起于天下,大攻小,强执弱,吾欲守小国,为之奈何?’子墨子曰:‘何攻之守?’禽滑釐对曰:‘今之世常所以攻者:临、钩、冲、梯、堙、水、穴、突、空洞、蚁傅、轒辒、轩车，敢问守此十二者奈何？'子墨子曰：'我城池修，守器具，推粟足，上下相亲，又得四邻诸侯之救，此所以持也。且守者虽善，而君不用之①，则犹若不可以守也。若君用之守者，又必能乎守者，不能而君用之，则犹若不可以守也。然则守者必善而君尊用之，然后可以守也。'"②

这一部分文字，可谓《墨子》"城守部分"的序言，强调城池防守首先需要"君用臣能"等"人和"要素，然后才是诸种防御战术和措施、器械。自此以下，墨子详细讲说防御十二种攻城方式的战术和防御措施、器械等。如禽滑釐问敌人兵临城下做羊黔之防守方法即"备临"术，墨子曰"羊黔者将之拙者也，足以劳卒，不足以害城。守为台城，以临羊黔，左右出巨，各二十尺，行城三十尺，强弩之，技机藉之，奇器□□之，然则羊黔之攻败矣"③云云；又如禽滑釐问敌人穴道而攻之防守方法即"备穴"术，墨子曰"备穴者城内为高楼，以谨候望适人。适人为变，筑垣聚土非常者，若彭有水浊非常者，此穴土也，急堑城内，穴亓土直之。穿井城内，五步一井，傅城足，高地，丈五尺，下地，得泉三尺而止。令陶者为罂，容四十斗以上，固顺之以薄鞈革，置井中，使聪耳者伏罂而听之，审知穴之所在，凿穴迎之"④

① "而君不用之"五字，张纯一《墨子集解》曰："而君不用之，从卢(文弨)校增；尊字，从王闿运本增。"见张纯一编著：《墨子集解》，成都古籍书店1988年版，第467页。

② 孙诒让撰：《墨子间诂》，《新编诸子集成》本，中华书局1986年版，第450—453页。

③ 孙诒让撰：《墨子间诂》，《新编诸子集成》本，中华书局1986年版，第493—494页。

④ 孙诒让撰：《墨子间诂》，《新编诸子集成》本，中华书局1986年版，第506—507页。

云云;复如禽滑釐问敌人若以蚁附般攻城之防守方法即“备蛾傅”术,墨子曰“蛾傅者,将之忿者也。守为行临射之,技机借之,擢之,火汤[①]迫之,烧荅覆之,沙石雨之,然则蛾傅之攻败矣”[②]云云;等等。

由《墨子》之《备城门》以下各篇今存文字看,这些部分当非一时之记,也非出自一人之手,因而格式不一,内容上也有所重复。如《备梯》开篇所载:“禽滑釐子事子墨子三年,手足胼胝,面目黧黑,役身给使,不敢问欲。子墨子甚[③]哀之,乃管酒块脯,寄于大山,昧葇坐之,以樵禽子。禽子再拜而叹。子墨子曰:亦何欲乎? 禽子再拜再拜曰:敢问守道? ……”[④]据《墨子·备城门》所载禽滑釐问墨子“城守十二法”顺序,此《备梯》篇在《备高临》之后,依体例当禽滑釐直接问如何备敌人云梯之攻,而此篇前却增加了禽滑釐“役身给使”与墨子饷之诸叙述,体例不一,内容有所增饰,故前后篇当非出自一人一派之手。

由以上可看出墨子“从事”类弟子的特点:

第一,此类弟子以从事制造技艺为业。《墨子》之《备城门》以下各篇有大量守城器械的形制叙述和尺寸交代,如若不是为了提供制造参数,是不会在讨论防守中交代得如此详尽

---

① “火汤”原作“太泛”,从孙诒让校改。见孙诒让撰:《墨子间诂》,《新编诸子集成》本,中华书局 1986 年版,第 521 页。

② 孙诒让撰:《墨子间诂》,《新编诸子集成》本,中华书局 1986 年版,第 520—521 页。

③ “甚”原作“其”,从毕沅校改。见孙诒让撰:《墨子间诂》,《新编诸子集成》本,中华书局 1986 年版,第 497 页。

④ 孙诒让撰:《墨子间诂》,《新编诸子集成》本,中华书局 1986 年版,第 497—498 页。

的。如《备高临》篇关于连弩车的述说:“材大方一方一尺,长称城之薄厚。两轴三轮,轮居筐中,重下上筐。左右旁二植,左右有衡植,衡植左右皆圜内,内径四寸。左右缚弩皆于植,以弦钩弦,至于大弦。弩臂前后与筐齐,筐高八尺,弩轴去下筐三尺五寸。连弩机郭用[①]铜,一石三十钧,引弦鹿长奴。筐大三围半,左右有钩距,方三寸,轮厚尺二寸。钩距臂博尺四寸,厚七寸,长六尺。横臂齐筐外,蚤尺五寸,有距,博六寸,厚三寸,长如筐,有仪,有诎胜,可上下。为武重一石,以材大围五寸。矢长十尺,以绳□□矢端,如弋[②]射,以磨鹿卷收。矢高弩臂三尺,用弩无数,出人六十枚,用小矢无留。”[③]这简直就像是一张制造图纸的叙述,照此就可将此连弩车制造出来。如此详细的守城器械的描述,在《墨子》之《备城门》及以下各篇中还有很多,如《备城门》之“转射机”、之“藉车”,如《备蛾傅》之“累荅”、之“县脾”,等等。这类器械,大多厚大笨重,只能在现场制作,而又需多人合作,所以这类墨子弟子数量应是很多的。这类弟子的特点是具有一定的手工艺技巧,有的还具有数理知识、掌握机械制造理论。

第二,在制造这类防守器械时,应有规划者和指挥者。作为规划者和指挥者的这类弟子,不但应懂得器械制造,而且应掌握测量、计算知识,以及精通制作这些器械所要求的物理学、

---

① “用”原作“同”,从孙诒让校改。见孙诒让撰:《墨子间诂》,《新编诸子集成》本,中华书局 1986 年版,第 495 页。

② “弋”原作“戈”,且前重一“如”字,从孙诒让校删改。见孙诒让撰:《墨子间诂》,《新编诸子集成》本,中华书局 1986 年版,第 496 页。

③ 孙诒让撰:《墨子间诂》,《新编诸子集成》本,中华书局 1986 年版,第 495—496 页。

数学知识。今存《墨经》四篇中,有诸多测量定理,如《经上》"平,同高也","同长,以正相尽也","中,同长也","圜,一中同长也"等,城守器械的制造,既要测量水平面,又要测量长短,还要测量出重心和圆心等,像《墨经》中的此类定理,或是墨家传承的前代知识,或是墨家制作经验的理论总结。在今存《墨经》四篇中,也有诸多数学定理,如《经上》"倍,为二也""端,体之无序而最前者也"等;此外还有诸多物理定理,如《经上》"力,形之所以奋也"、《经下》"景不徙,说改为"等。数学和物理知识,是测量、制造的基础知识。《墨经》中的这两类定理,抑或是墨家传承的前代知识,或是墨家制作经验的理论总结。总之,《墨经》四篇中保存的这些测量定理、数学定理和物理定理,无疑是墨子的"从事"类弟子和后学中的精英所传播和记录下来的。他们都具有相当高深的数理知识和测量知识,是当时士人中掌握科技理论的佼佼者。

第三,墨子"从事"类弟子的另一工作重点是守城。因此,他们不但应具良好的身体素质,还应具有很好的军事素质,会使用各种守城器械,即《墨子·公输》载墨子所说的"持臣守圉之器,在宋城上而待楚寇"。孔子所教课程中有"射"术,墨家所教亦当有军事技术等。这里需要讨论的是,墨子的"从事"类弟子是器械制作知识与守城军事技能兼具,还是其中一部分人从事器械制作、一部分人专管城池防守?墨子自称"贱人",墨家学团的基础成员是工匠,器械(包括生活生产器械和军事器械)制作应是他们的本业,而城池防守应是偶尔为之;再者,他们从事城池防守的优长当在于制作传统的或新研制的守城器械。从这两点讲,墨子"从事"类弟子的主要工作是从事器械制作,只是为了推行墨子的"非攻"学说,才间或制作守城器械及从事守城保卫工作。

第四,禽滑釐是墨子最为著名的弟子,《庄子·天下》将其与“墨翟”相提并论,作为墨家学派的代表人物。[①] 其影响如此之大的原因有三:其一,他是墨家自苦精神的践行者。《墨子·备梯》云“禽滑釐子事子墨子三年,手足胼胝,面目黧黑,役身给使,不敢问欲”,他带头践行《庄子·天下》所谓的“以自苦为极”的“墨子之道”;《说苑·反质》言他曾向墨子表示不贪“酒池肉林,宫墙文画,雕琢刻镂,锦绣被堂,金玉珍玮,妇女优倡,钟鼓管弦”而“取粟”来“救穷”。[②] 其二,他是墨家“从事”类弟子的首领,曾为配合墨子止楚攻宋的游说而率墨徒三百人持“守圉之器在宋城上而待楚寇”。其三,他是墨子学说的承传人,据《墨子·备城门》等,他曾向墨子问守御之术。据《吕氏春秋·仲冬纪》载,他曾学于墨子又传学于许范;据《吕氏春秋·慎行》载,他还曾传学于索卢参。

三、墨家学团的思想信仰、组织纪律和经济制度

墨家学团是一个有严密组织纪律的、行动统一化的、经济一体化的半军事学术团体,学团成员遵守统一的纪律,遵奉同一个领袖,信奉同一种学说。

---

① 参见郭庆藩辑:《庄子集释》,中华书局 1961 年版,第 1072—1080 页。

② 参见刘向撰:《说苑》卷二十,上海古籍出版社 1990 年版,第 174—175 页。

（一）墨家学团的思想信仰

就思想信仰来说,墨家学团成员统一信奉墨家学说,并以推行墨家学说为第一要务。《墨子·鲁问》载“公尚过说越王,越王大说”,欲使公尚过招请墨子至越而以“故吴之地,方五百里,以封子墨子”。“公尚过许诺”,“以迎子墨子于鲁”。但墨子首先关心的是越王可否推行墨家学说,而不在乎是否有封地,并态度明确地“谓公尚过曰:‘子观越王之志何若?意越王将听吾言,用我道,则翟将往,量腹而食,度身而衣,自比于群臣,奚能以封为哉?抑越王[1]不听吾言,不用吾道,而吾往焉,则是我以义粜也。均之粜,亦于中国耳,何必于越哉?’”[2]不但墨子如此,弟子们亦效仿,《墨子·耕柱》载高石子在卫,“卫君致禄甚厚,设之于卿”,高石子也尽职尽责,“三朝必尽言”,但卫君并不采纳他的建议,因而使高石子之言“无行者”。所以高石子回到墨子身边,说“石三朝必尽言,而言无行,是以去之也”,并解释说“今卫君无道,而贪其禄爵,则是我为苟陷人长也”。此一举动使得墨子极为赏识,马上“召子禽子曰:‘姑听此乎!夫倍义而乡禄者,我常闻之矣。倍禄而乡义者,于高石子焉见之也’”[3]。从这两则记载中,我们可看出如下三点。

第一,推行学说是墨家学团成员的第一要务。墨子被招

① “王”字原脱,从孙诒让校增。见孙诒让撰:《墨子间诂》,《新编诸子集成》本,中华书局 1986 年版,第 436 页。

② 孙诒让撰:《墨子间诂》,《新编诸子集成》本,中华书局 1986 年版,第 436 页。

③ 孙诒让撰:《墨子间诂》,《新编诸子集成》本,中华书局 1986 年版,第 395—397 页。

请，首先关心的不是“故吴之地方五百里以封”，而是“听吾言，用我道”。弟子们被派往某诸侯国为官，首先是做到“三朝必尽言”，时刻不忘宣传墨家思想学说。至于官位与俸禄，他们都放在次要位置。正是这种上下一心推行学说的努力，才使得墨学成为战国中后期的显学。

第二，获得封地与禄位也是墨家学团考虑的问题。因为，其一，要维系学团的发展，不能没有经济基础。《墨子·耕柱》载耕柱在楚为官“而遗十金于子墨子，曰‘……愿夫子之用也’”。此所谓“夫子之用”，当非墨子自用，而是学团之公用，所以墨子才以此响应其前几个弟子对耕柱招待不周的抱怨，而曰“果未可智也”。[①] 其二，要游说诸侯，必须有相当的资金。《战国策·秦策一》载苏秦游秦，“说秦王，书十上而说不纳，黑貂之裘弊，黄金百镒尽，资用乏绝，去秦而归”[②]；《史记·范雎蔡泽列传》载范雎“欲事魏王，家贫无以自资，乃先事魏中大夫须贾”[③]。“资用乏绝”“家贫无以自资”皆不能游说。他们时代虽略晚于墨家弟子，但情景相差不会太多。故墨家集团在诸侯中推行思想学说时也需要资金。

第三，“思想推行”与“封地禄位”的先后关系，并非所有墨家学团成员都能摆得很正。公尚过因越王欲给墨子封地“方五百里”，因而“许诺”“以迎子墨子于鲁”；高石子无视“致禄

① 孙诒让撰：《墨子间诂》，《新编诸子集成》本，中华书局 1986 年版，第 391 页。

② 诸祖耿撰：《战国策集注汇考》，江苏古籍出版社 1985 年版，第 119 页。

③ 《史记》卷七十九《范雎蔡泽列传》，中华书局 1959 年版，第 2401 页。

甚厚,设之于卿”的待遇,因“卫君无道”使所进墨家之言“无行者”而辞官回学团,墨子招大弟子禽子来当面赞扬,说“夫倍义而乡禄者,我常闻之矣。倍禄而乡义者,于高石子焉见之也”,其意在推行这种精神,而其背后所隐含的应是此种精神和举动的缺乏,故墨子曰“人倍义而乡禄者,我常闻之矣”;否则,若此为学团成员的正常行为,墨子是不会招弟子来大加宣扬的。“思想推行”与“封地禄位”两者之间关系的错位,与墨家集团发展到战国后期一改其之前锄强扶弱政策而依附强国有很大关系。

除了学说信仰外,应予指出的是墨家的巨子信仰。《墨子》书载,墨子时皆称“子墨子”,有时也称禽滑釐为“子禽子”,但自墨子临终前所命墨家首领孟胜起,却转称“巨子”。墨家内部的此等称呼,我们很难以通用的上古汉语词义去界定,但可用墨徒对他们的不同态度来考察其地位与威望。正如孔子因见南子而受到子路批评、因有“牛刀”之讥而遭子游质疑一样,不但禽滑釐,就是墨子也曾受到弟子们的埋怨与质问。《墨子·公孟》载:“有游于子墨子之门者,身体强良,思虑徇通,欲使随而学。子墨子曰:‘姑学乎,吾将仕子。’劝于善言而学。其年,而责仕于子墨子。”①又载:“有游于子墨子之门者,谓子墨子曰:‘先生以鬼神为明知,能为祸人哉福。为善者富之,为暴者祸之。今吾事先生久矣,而福不至。意者,先生之言有不善乎?鬼神不明乎?我何故不得福也?’”②复载:“子墨子

① 孙诒让撰:《墨子间诂》,《新编诸子集成》本,中华书局1986年版,第423页。

② 孙诒让撰:《墨子间诂》,《新编诸子集成》本,中华书局1986年版,第424—425页。

有疾，跌鼻进而问曰：'先生以鬼神为明，能为祸福，为善者赏之，为不善者罚之。今先生圣人也，何故有疾？意者，先生之言有不善乎？鬼神不明知乎？'"①不仕者可"责仕于子墨子"，"游于子墨子之门者"因"事先生久矣而福不至"可怀疑"先生之言有不善乎"，墨子的知名学生跌鼻也因墨子有疾而猜测"先生之言有不善乎"。他们仅仅把墨子当作一位导师，当作一个凡人，因而埋怨，因而责问。

但到了巨子时代，情况却发生了截然相反的变化。《庄子・天下》载："相里勤之弟子五侯之徒，南方之墨者苦获、已齿、邓陵子之属……以巨子为圣人，皆愿为之尸，冀得为其后世，至今不决。"②不但以"巨子为圣人"，而且"皆愿为之尸，冀得为其后世"，这就不单单是思想学术上的崇尚，而且有些宗教意味了。由墨子在世时的弟子埋怨与质疑，到巨子时代的墨徒"皆愿为之尸"，墨家学团的性质由学术而至于学术兼宗教。由这一学兼宗教性质的墨家集团的内部结构，可以推想，墨家明鬼论中的"鬼监鬼罚"思想，作为劝善惩恶的戒条规劝世人，虽在墨子时代就产生了，但在墨家集团内得到推广并作为维系内部的纽带，应是墨家巨子时代的事情。

统一信奉墨子创立的墨家学说，并以推行墨家学说为第一要务，是墨家学团得以存在并发展的思想基础。

（二）墨家学团的组织纪律

墨家学团成员以推行墨家学说为第一要务，各类墨家弟子

---

① 孙诒让撰：《墨子间诂》，《新编诸子集成》本，中华书局1986年版，第425页。

② 郭庆藩辑：《庄子集释》，中华书局1961年版，第1079页。

为推行墨家学说而从事不同实践活动。为推行墨家的社会政治理想,“谈辩”类弟子游说诸侯、出仕为官;为发展和传播墨家学说,“说书”类弟子记录和整理墨子言行思想,在弟子后学中教授、传播墨子学说;为推行“兼爱非攻”学说,“从事”类弟子研究守御器械,帮助诸侯守城卫地。各类弟子的分工搭配及内部的行动策划,都有统一的规划和指挥。今以“谈辩”类弟子游说诸侯为例,看墨家弟子无论在游说诸侯而为官前,还是在诸侯国为官时,抑或在离开诸侯国时,都由墨家学团统一指挥,统一策划行动。

在外派“谈辩”弟子出仕时,墨子都有整体规划,有一套切实可行的措施,这就是某人仕于某国由学团统一指派,出仕前往往先派相关人员前去游说铺垫。如《墨子·鲁问》载,公尚过仕越系墨子所派;《墨子·贵义》载“子墨子仕人于卫”;《墨子·耕柱》载派高石子仕卫前先“使管黔敖游高石子于卫”。《墨子·耕柱》云“子墨子游耕柱子于楚”,毕沅注“游,谓游扬其名而使之仕”。[①] 这种欲仕某弟子而先派人“游扬其名而使之仕”的做法,说明了墨家学团在外派“谈辩”从政弟子时有周密的部署和统一的行动计划。

被外派的弟子在诸侯国的为官和行动,也时时受到墨家学团的掌控。如《墨子·耕柱》载:“子墨子游耕柱子于楚”,但墨家“二三子过之”时耕柱却待之“不厚”惹得“二三子”回学团后向墨子告状,说“耕柱子处楚无益矣”。由此可见,墨家弟子在被派往诸侯国做官的过程中,不能脱离墨家学团而任意为

---

① 孙诒让撰:《墨子间诂》,《新编诸子集成》本,中华书局 1986 年版,第 391 页。

之，还要受到学团的掌控。胜绰仕齐而被墨子“请退”的故事，也从另一方面说明了这一点。

被外派的弟子在离开诸侯国时，要回学团报告以得到许可。如《墨子·贵义》载“子墨子仕人于卫”，“所仕者至而反”，要向墨子报告原因；《墨子·耕柱》载高石子因在卫不能推行墨家学说而辞官，要得到学团的谅解。而被外派的弟子在诸侯国违背了墨家学团的统一指导思想时，则被学团用有力措施“请退”。《墨子·鲁问》载：“子墨子使胜绰事项子牛。项子牛三侵鲁地，而胜绰三从。子墨子闻之，使高孙子请而退之，曰：‘我使绰也，将以济骄而正嬖也。今绰也禄厚而谲夫子，夫子三侵鲁，而绰三从，是鼓鞭于马靳也。翟闻之：“言义而弗行，是犯明也。”绰非弗之知也，禄胜义也。’”[①]墨子弟子胜绰事项子牛前，是墨子“使绰也”；而胜绰有违使命，不但没有对项子牛“济骄而正嬖”，非攻止战，反而在“项子牛三侵鲁地”时“三从”之；胜绰不是不知道兼爱非攻学说，也不是不知道派他前去“事项子牛”的初衷，却因“禄胜义”而“犯明”，所以墨子“使高孙子请而退之”。

学团中的“从事”类弟子，因其主要任务是帮助被侵略者守城卫地，其组织和行动都带有军事化性质，因此更需听从墨家学团统一部署，服从首领的统一指挥。

使墨家弟子服从部署、听从指挥的得力措施是学团内部的维系手段。由先秦文献记载可见，墨家内部的维系手段经过了榜样力量、准宗教信仰到严明法纪三个阶段。

---

① 孙诒让撰：《墨子间诂》，《新编诸子集成》本，中华书局 1986 年版，第 440 页。

在墨子时代，墨家学团的维系手段主要是在榜样力量感召下学团成员的自觉自律。《庄子·天下》曾涉及这一问题，说："今墨子独生不歌，死不服，桐棺三寸而无椁，以为法式。以此教人，恐不爱人；以此自行，固不爱己。未败墨子道，虽然，歌而非歌，哭而非哭，乐而非乐，是果类乎？其生也勤，其死也薄，其道大觳；使人忧，使人悲，其行难为也，恐其不可以为圣人之道，反天下之心，天下不堪。墨子虽独能任，奈天下何！"①正是这种自苦精神和榜样行为，使弟子们自觉地聚集在墨子周围，为墨家理想而献身。《墨子·备梯》载："禽滑釐子事子墨子三年，手足胼胝，面目黧黑，役身给使，不敢问欲。"②在墨子感召下，弟子们"役身给使，不敢问欲"，这种思想境界和自觉约束维系着墨子时代墨家学团的统一信仰、统一组织和统一行动。

在墨子去世后的巨子时代，墨家学团经过了由准宗教信仰到严明法纪的阶段性变化。在孟胜为巨子的时代，维系手段在榜样力量之外又增添了准宗教信仰。《吕氏春秋·上德》载："墨者巨子孟胜，善荆之阳城君。阳城君令守于国，毁璜以为符，约曰：'符合听之。'荆王薨，群臣攻吴起，兵于丧所，阳城君与焉，荆罪之。阳城君走，荆收其国。孟胜曰：'受人之国，与之有符。今不见符，而力不能禁，不能死，不可。'……徐弱曰：'若夫子之言，弱请先死以除路。'还殁头前于。孟胜因使二人传巨子于田襄子。孟胜死，弟子死之者百八十三人。以致令于田襄子，欲反死孟胜于荆，田襄子止之曰：'孟子已传巨子于我

① 郭庆藩辑：《庄子集释》，中华书局1961年版，第1074—1075页。

② 孙诒让撰：《墨子间诂》，《新编诸子集成》本，中华书局1986年版，第497页。

矣，当听。’遂反死之。”[①]之所以能让弟子一百八十三人共同自杀以殉“墨家之道”，仅仅有感召和纪律可能是不够的，至少它不能使徐弱自请“先死以除路”而“还殁头前于”，不能使传信而被新巨子制止自杀的“二弟子”心甘情愿地再返回鲁阳自杀。这些心甘情愿地抛却珍贵生命的诸种行为，应该是有准宗教信仰作为支撑的，这便是上引《庄子·天下》所说的墨家后学“以巨子为圣人，皆愿为之尸，冀得为其后世”。墨家学团的巨子兼有了宗教首领性质，学团内部的准宗教信仰成为主要维系力量。

孟胜死后，墨家分化为不同地域的墨家集团。据《吕氏春秋·去宥》所载，有“东方之墨者谢子”与“秦之墨者唐姑果”的区别，以及双方“用秦”之争斗。[②] 因而，孟胜时代维系墨家学团的准宗教信仰随之失去功效，取而代之的是“墨者之法”。《吕氏春秋·去私》载：“墨者有巨子腹䵍，居秦，其子杀人，秦惠王曰：‘先生之年长矣，非有它子也，寡人已令吏弗诛矣，先生之以此听寡人也。’腹䵍对曰：‘墨者之法曰“杀人者死，伤人者刑”，此所以禁杀伤人也。夫禁杀伤人者，天下之大义也。王虽为之赐，而令吏弗诛，腹䵍不可不行墨子之法。’不许惠王，而遂杀之。”[③]腹䵍那不徇私情的大义灭亲精神实在可敬，但由于此时墨家的社会信仰已由“行义”转为“求利”，引发了不同

① 陈奇猷校释：《吕氏春秋校释》，学林出版社 1984 年版，第 1257 页。

② 参见陈奇猷校释：《吕氏春秋校释》，学林出版社 1984 年版，第 1013 页。

③ 陈奇猷校释：《吕氏春秋校释》，学林出版社 1984 年版，第 55—56 页。

地域墨家集团间的争用倾轧，因而“墨者之法”也难以起到稳固内部的维系作用。

（三）墨家学团的经济制度

墨家学团实行一体化的经济制度。《墨子·耕柱》载：“子墨子游耕[①]柱子于楚。二三子过之，金食之三升，客之不厚。二三子复于子墨子曰：‘耕柱子处楚无益矣。二三子过之，食之三升，客之不厚。’子墨子曰：‘未可智也。’毋几何而遗十金于子墨子，曰：‘后生不敢死，有十金于此，愿夫子之用也。’子墨子曰：‘果未可智也。’”[②]由此记载，可看出如下三点：

第一，耕柱仕于楚，墨家“二三子过之”，因耕柱招待不周，“食之三升，客之不厚”而遭到“二三子”的埋怨，这应当是墨家学团实行一体化经济制度下才有的事。因其经济一体，墨家弟子过楚时，仕于楚的耕柱负有接待的责任，所以才有“处楚”无益与有益的讨论；否则，若无此责任，仅因耕柱“客之不厚”，而不是游说楚王等工作有力无力，便会讨论耕柱是否念旧情的道德问题，而不会讨论耕柱“处楚”有益无益的功用问题。

第二，在过楚之二三弟子状告耕柱“客之不厚”“处楚无益”时，墨子没有就其他方面发表意见，而谓耕柱此举“未可智也”，毕沅曰“智，一本作‘知’，下同”[③]，即解释耕柱此类行动

---

① “耕”前原有“荆”字，从王念孙、苏时学说删。见孙诒让撰：《墨子间诂》，《新编诸子集成》本，中华书局1986年版，第391页。

② 孙诒让撰：《墨子间诂》，《新编诸子集成》本，中华书局1986年版，第391页。

③ 孙诒让撰：《墨子间诂》，《新编诸子集成》本，中华书局1986年版，第391页。

的初衷“未可知”,不一定是因为他自私而吝啬;在耕柱交回“十金”后墨子以“果未可智也”来平息“二三子”之怒,这也应当是墨家学团实行一体化经济制度下才有的事。因其经济一体,墨家弟子对交回的钱财都有使用和享受的权利,墨子才会用此言来调解“二三子”与耕柱之间的矛盾。

第三,耕柱“遗十金于子墨子”而谓“愿夫子之用”,此“夫子之用”当是让墨子用作墨学集团之用,若仅让墨子自用,墨子是不会以此作为平息“二三子”之怒的依据的。那么由此可以看出,墨家弟子在外出仕交回学团的钱财,是由学团首领统一支配、统筹使用的,这也是墨家学团实行一体化经济制度的表现。

另一则墨子弟子出仕的故事也与墨家学团的经济制度有关。《墨子·贵义》载:“子墨子仕人于卫,所仕者至而反。子墨子曰:‘何故反?’对曰:‘与我言而不审[①]。曰“待女以千盆”,授我五百盆,故去之也。’子墨子曰:‘授子过千盆,则子去之乎?’对曰:‘不去。’子墨子曰:‘然则,非为其不审也,为其寡也。’”[②]“子墨子仕人于卫”,《荀子·富国》杨倞注引作“子墨子弟子仕于卫”[③],被墨子推荐仕卫之人当是墨家学团成员。此墨家学团成员在学团统一规划下由墨子推荐仕于卫,但其“至而反”,并向推荐者墨子解释“至而反”的理由是,原答应“待女以千盆”而至卫后则改为“授我五百盆”,如此“言而不

① “审”原作“当”,从孙诒让校改。见孙诒让撰:《墨子间诂》,《新编诸子集成》本,中华书局1986年版,第409页。

② 孙诒让撰:《墨子间诂》,《新编诸子集成》本,中华书局1986年版,第409页。

③ 王先谦撰:《荀子集解》,《新编诸子集成》本,中华书局1988年版,第184页。

审”,“故去之也”。《玉篇》载:“审,信也。”我们知道,墨家学团派人出仕前先派他人前去游扬之,此仕卫而返之的墨家学团成员自言卫人先许诺“待女以千盆”,应是卫君当着游扬者之面所许,而由游扬者捎回的话,也就是墨家学团知道此仕者的收入是“千盆”而不是“五百盆”;但卫人却如此“不信”,仕卫者至卫后改为“五百盆”。其中“五百盆”的差异就使得此人无法向墨家学团交代,因而返回学团申说“差价”,以便像耕柱交回“十金”那样在向墨家学团缴纳收入剩余时,避免产生误会。准此,此事例亦说明墨家学团实行经济一体化政策,否则若收入多少是出仕者自己的事,在那个交通并不发达的战国时代,他大可自己做出决定是去还是留,而不是返回学团做如此解释了。

墨家学团的这种经济一体化制度,并非墨子的首创,孔门学团就先已实施此制度。《论语·雍也》载:“子华使于齐,冉子为其母请粟。子曰:‘与之釜。’请益。曰:‘与之庾。’冉子与之粟五秉。”①“子华使于齐”而冉子为“为其母请粟”,孔门学团不但要养活学团成员,而且也应养活成员家属,才会发生此类事情。而冉子为子华之母请粟,并最后自作主张“与之粟五秉”,冉子当为孔门学团的财务主使人,否则难以解释他为子华之母向孔子请粟,而又能最后自作主张超出孔子批准数量给子华之母“粟五秉”的诸种做法。墨子先学儒家之道、孔子之术,故而在继承孔门招收弟子以传学、以游说诸侯实现社会政治理想的学术活动方式的同时,也继承和发展了孔门学团的经济一体化制度。

---

① 杨伯峻译注:《论语译注》,中华书局1980年版,第55页。

结 语

总之,墨家学团是一个有严密组织纪律和统一行动规划且实行经济一体化制度的半军事学术团体。其活动时间大约自墨子形成自己的学说而招收学生并渐成规模起,到腹䵍为巨子止。自此起,墨家渐分化为不同的地域集团,并出现"秦墨"与"东方墨者"之争等事件,有着统一行动规划和经济一体化制度的墨家学团也不复存在了。

墨子与古代私学*

私学，是相对于官学而言的。官学，一般指春秋以前国家主办的太学；私学，则指其后兴起的个人主办的学塾。私学有两种形式，一种是由父辈任教，只负责教授自己后代的家庭学塾，我们称其为家庭私学；一种是面向社会招生的私人主办的学塾，我们称其为社会化私学。社会化私学一度成为某一历史时期的主要办学形式，并在历史上延续了两千余年，最应引起我们的重视。

一、早期官学

讨论私学，不能不先追述一下其前的官学。

原始的教育是因社会生产的需要而产生的。原始氏族部落中，由有丰富经验和学识的长老负责向未成年的部落成员传授生产、生活、斗争技能和知识，由此奠定了我国传统教育内容的基本类别。《说文》云“教，上所施，下所效也”，说的是教育

---

* 本文原载于张知寒主编:《墨子研究论丛》第三辑，山东人民出版社 1995 年版。

内容中的技能传授；而《说文》所说的“育，养子使作善也”，说的是教育内容中品德、规范以及知识的教授。据《尚书·舜典》，舜部落联盟中由契负责教以“五教”，是知已有公学。这种原始部落公学，是夏、商、周三代官学的雏形。

经过部落联盟公学的过渡，随着国家统治机构的健全，出现了由国家主办的官学。夏代的官学称作序，商代的官学称作学，周代的官学称作校。[①] 夏、商官学的具体情形已很难考察，西周官学的形制在后代文献追述中还可明其大略。

西周官学分国学和乡学。乡学是地方贵族子弟受教育的地方，其名称依行政区建制大小而有别：二十五家为闾，闾有塾；五百家为党，党有校；二千五百家为州，州有序；一万二千五百家为乡，乡有庠。[②] 国学是高级贵族子弟受教育的地方，其称有二：天子王畿之国学曰辟雍，诸侯国都之国学称泮宫。由此构成西周官学教育网。

据《周礼·地官》追述，西周官学教育的课程有两类四种，由师氏和保氏教授。师氏“以三德教国子：一曰至德以为道本，二曰敏德以为行本，三曰孝德以知逆恶。教三行：一曰孝行以亲父母，二曰友行以尊贤良，三曰顺行以事师长”[③]。师氏所教，以道德品行为主，它是原始氏族部落教育中规范、品德教育

① 此说自战国起便有争论，《孟子·滕文公上》载“夏曰校，殷曰序，周曰庠”。

② 此说有争论，见段玉裁《经韵楼集》卷十二《与顾千里论学制备忘之记》（清嘉庆十九年[1814]刻本，第951—957页）和毛奇龄《学校问》（中华书局1985年版）。

③ 郑玄注，贾公彦疏：《周礼注疏》，《十三经注疏》本，中华书局1980年版，第730页。

内容的延续。保氏教学生以六艺:“一曰五礼,二曰六乐,三曰五射,四曰五驭,五曰六书,六曰九数。”还教学生以六仪:“一曰祭祀之容,二曰宾客之容,三曰朝廷之容,四曰丧纪之容,五曰军旅之容,六曰车马之容。”[①]保氏所教,以知识、技能特别是礼仪为主,它是原始氏族部落教育中技能训练的延续和扩展。通过这些教育项目,培养出担任国家各级官吏的贵族士人。

夏、商、周三代贵族官学的社会基础在于它那“溥天之下莫非王土”的社会经济体制和“率土之滨莫非王臣”的社会政治体制。春秋时期,随着私田的扩展而引发的社会形态变革逐步深化,奴隶社会的旧有统治体制逐步解体,作为奴隶主统治政体中官吏补给来源的官学也渐渐废坏。据《诗经·子衿序》讲,《子衿》便是“刺学校废也。乱世则学校不修焉”。《左传·昭公十七年》载孔子曾感叹“天子失官,学在四夷”。华夏传统文化知识的承传出现了第一次大危机。

二、早期私学

有幸的是,与官学并行的还有一种教育形式,即父子相传。奴隶制社会中,那些对知识性和技巧性要求比较高的职务,如天文观测、占卜打卦、藏书记史、外交联络等,往往是父子相守,世世相传。所以,某些贵族子弟在受完了常规知识教育和技能训练之后,从事这些特殊职业的人还要再随从父辈学习专门的

① 郑玄注,贾公彦疏:《周礼注疏》,《十三经注疏》本,中华书局1980年版,第731页。

知识和特殊的技能。这种教育形式，我们从《国语》的某些记载和司马迁的记述中还可见其大概。

《国语·齐语》讲齐国对士人教育的措施是“令夫士群萃而州处，闲燕则父与父言义，子与子言孝，其事君者言敬，其幼者言弟。少而习焉，其心安焉，不见异物而迁焉”。让士人们聚居一处，可以相互交流思想、砥砺技艺，可以父教子、兄教弟，从而使“士之子恒为士”，永传其业。

这种父子相传的教育方式，到西汉时，司马迁还能从父辈那里得其大概。他在《史记·太史公自序》中追述家族父子相传司天典史的知识、技能时说：“昔在颛顼，命南正重以司天，北正黎以司地。唐虞之际，绍重黎之后，使复典之，至于夏商，故重黎氏世序天地。其在周，程伯休甫其后也。当周宣王时，失其守而为司马氏。司马氏世典周史。惠襄之间，司马氏去周适晋[①]。……自司马氏去周适晋，分散，或在卫，或在赵，或在秦。”[②]

《齐语》所载齐国“四民分业”时士阶层中父子相教和司马迁追述的家族世代相传天官典史知识技能的情况，是古代与官学相辅而行的另一种教育形式，是私学的雏形。这种形式的私学，从严格意义上来讲，它的教学范围还只限于本家庭、家族之中，尚未走向社会，故我们把它称为家庭私学，以别于后来那种面向社会招生的社会化私学。

春秋时期，奴隶主贵族统治解体带来的学校危机，也波及

① 《史记集解》引张晏曰：“周惠王、襄王有子穨、叔带之难，故司马氏奔晋。”

② 《史记》卷一百三十《太史公自序》，中华书局1959年版，第3285—3286页。

到这种家庭私学。官学的废坏使贵族子弟们失去了接受常规化知识教育和技能训练的机会,这种常规化教育也需要由家庭来完成,从而加重了家庭私学的负担。另外,家庭私学这种教育形式有其本身的脆弱性,若有知识和技能的父辈早亡或者父辈愚顽,那么这种知识或技能的传授便会中断甚至永远失传;三代音乐的失传可能就是由此而造成的。《左传·昭公十五年》载周王反问籍谈"昔而高祖孙伯黡司晋之典籍,以为大政,故曰籍氏。……女司典之后也,何故忘之",讲的就是籍氏"大政"之学失传的事。

家庭私学的危机还在于其教育效率差,不能适应新兴地主阶级对人才的需求。父教子,往往是一教一,最多是一教三或四,培养出的人才少。而新兴地主阶级逐步掌权之后,变奴隶主贵族之人治为社会民众之法治,铸刑律于鼎,公开施政措施;按地亩征税派役,计会写算等,都需要大批有较高文化知识和精湛技能、技巧的专业官吏。大批专业官吏的培养,单靠家庭私学是难以完成的。

三、私学与孔子

基于上述原因特别是社会现实的需要,在春秋战国之交的大变革时期,产生了私人兴办面向社会招生的社会化私学。春秋末期,兴办社会化私学的主要人物有两位,一位是郑国的邓析,一位是鲁国的孔丘。孔丘的私学时间长、声势大,最具代表性。

孔丘祖上是宋国公族,其父叔梁纥做过鲁国鄹邑的大夫,本来可以用家庭私学的方式向孔丘传授文化知识和技能的。但孔丘是少妇所生，未及长成其父已亡[①]，连父亲埋在什么地方也记不得。所以，不甘沉沦的孔丘在少时有一段艰难的自学经历，曾向坟葬处的祭祀人学葬礼、祭礼[②]，利用进太庙的机会向一切知礼的人问这问那（《论语·八佾》记孔子“入太庙，每事问”）。或许是这段经历激发了他办社会化私学的决心，让那些孤儿和父辈无能力传授知识、技能的士人子弟都获得受教育的机会，所以在他学成而略有名声之后，便收徒讲学，依据新的社会需要向青年传授知识和技能。孔丘的社会化私学大受欢迎，规模越来越大，从学弟子达三千人之多，高足弟子七十七人。[③]

孔丘的社会化私学，与以往的官学和家庭私学相比，有什么相同处和不同处呢？

就其办学形式而言，社会化私学不再像家庭私学那样只教授一两个子弟，而是像官学那样面向社会招生，在规模较大的范围内传授知识和技能，从而使教育面扩大，使教学效率提高。但它又不像官学那样由统治者派员操办，而像家庭私学那样有一定自主权，故而在招生、管理、教学内容设置上有较大的自由度，从而成为有别于官学的新型社会化教育形式。

就其教育对象而言，社会化私学不再像官学那样只招收贵族子弟，而是不问出身地位，“有教无类”（《论语·卫灵公》），只

---

① 《孔子家语》言孔丘三岁丧父，可参。

② 参见《史记》卷四十七《孔子世家》言孔子“为儿嬉戏，常陈俎豆，设礼容”（中华书局1959年版，第1906页）。

③ 参见《史记》卷六十七《仲尼弟子列传》，中华书局1959年版，第2185页。

要上缴一定数量的学费，“自行束脩以上，吾未尝无诲焉”(《论语·述而》)，都可入学学习。这种变化，主要是由两种学体不同的经济来源和不同的教育目的所产生的。官学的教学经费由统治者提供，而社会化私学的教学经费则主要由学生提供。

就其办学目的而言，社会化私学既不像官学那样担负着为统治者直接培养官吏的任务，也不像家庭私学那样为子承父业做准备，它的最直接的目的是办学者为了获取经济收入和扩大社会名声、传播学术思想。所以孔丘虽然讲“学而优则仕”，但其弟子中真正能像子路、子贡那样“入仕”的人不多，而像颜渊、原宪那样“不仕”或“不得仕”的则大有人在。

就其教学内容而言，社会化私学兼具官学和家庭私学的特点。教育者既要像官学教师那样向受教育者传授常规化的知识和技能，又要像家庭私学教师那样向受教育者讲授自己所具有的高深知识和特殊技能。这种情况，造成了社会化私学教学内容的偏颇，但同时也引起了士人对不同类别、渊源的知识和技能的深入钻研和广泛传播，促使战国诸子百家的兴起。

总起来看，春秋战国之交出现的这种社会化私学，就其形式来看，它是对家庭私学的否定，似乎是过去官学社会化教育的复归；但就其内容而言，它却是对家庭私学的发展和变革，是对旧有官学的否定。任何事物都是在否定之否定的螺旋式上升中发展、前进的，先秦教育形式的发展也是这样。

四、墨子与私学

孔子之后，大规模兴办社会化私学的是墨子。墨子是目夷

(今山东滕州木石镇)人,目夷距孔子办学的曲阜不足百里。这种地缘关系使墨子早年“学儒者之业,受孔子之术”,接受了儒家的礼乐教育。但他经过学习和思考,认为儒家“其礼烦扰而不说,厚葬靡财而贫民,[久]服伤生而害事,故背周道而用夏政”①,最后放弃了儒家思想,自己另创新学说。他在后期的谈说中,对儒家学说的攻击更是不遗余力。《墨子·公孟》记载:“子墨子谓程子曰:‘儒之道足以丧天下者,四政焉:儒以天为不明,以鬼为不神,天鬼不说,此足以丧天下。又厚葬久丧,重为棺椁,多为衣衾,送死若徙,三年哭泣,扶后起,杖后行,耳无闻,目无视,此足以丧天下。又弦歌鼓舞,习为声乐,此足以丧天下。又以命为有,贫富寿夭,治乱安危有极矣,不可损益也,为上者行之,必不听治矣;为下者行之,必不从事矣,此足以丧天下。”②在攻击儒家学说的同时,他提出了自己的主张:“凡入国,必择务而从事焉。国家昏乱,则语之尚贤、尚同;国家贫,则语之节用、节葬;国家憙音湛湎,则语之非乐、非命;国家淫僻无礼,则语之尊天、事鬼;国家务夺侵凌,则语之兼爱、非攻。故曰择务而从事焉。”③他的学说都是为匡正时弊而提出来的。若执政者昏愦无能,则宣传尚贤、尚同学说,“选择天下之贤可者,立以为天子……立以为三公”④,“尊尚贤而任使能,不党父

① 刘文典撰:《淮南鸿烈集解》,中华书局 1989 年版,第 709 页。

② 孙诒让撰:《墨子间诂》,《新编诸子集成》本,中华书局 1986 年版,第 421 页。

③ 孙诒让撰:《墨子间诂》,《新编诸子集成》本,中华书局 1986 年版,第 437 页。

④ 孙诒让撰:《墨子间诂》,《新编诸子集成》本,中华书局 1986 年版,第 68 页。

兄，不偏富贵，不嬖颜色”[①]；若国家贫穷不振，则宣传节用、节葬学说以限制统治阶级奢侈腐化；若统治者沉迷在声色享乐之中，则宣传非乐、非命学说，以匡正时弊；若国家淫乱无度、放荡无礼，则宣扬尊天、明鬼学说，告诉他们上天和鬼神在冥冥之中督察他们，让他们收敛邪行；若国家爱发动侵略战争，则宣传兼爱、非攻学说，制止侵夺。

为了宣扬自己的学说，扩大学说的影响，推行自己的政治主张，墨子也仿效孔子兴办起了社会化私学。

由于政治主张不同、思想学说不同、文化承传差异、时代形势变迁等，墨子的社会化私学较之于孔子的社会化私学有诸多变化，因而产生了不同的时代反响，从不同的侧面对先秦私学的发展做出了贡献。

就其办学形式而言，墨子的社会化私学较孔子私学在内部组织上更加紧密。其私学不仅是一个教育机构，而且兼有军事学术团体社会政治帮会集团的性质。孔子招收学生时，手续比较随便，孔子曾言“自行束脩以上，吾未尝无诲焉”；离开时也比较自由，孟子称孔子对学生“往者不追，来者不距”（《孟子·尽心下》），对离去者不加阻止，不进行劝说。而墨子的私学内部则有较严格的纪律，有一套严密的组织系统。

墨家学团的首领称巨子。第一代巨子是墨翟，他是自己私学中的总教师，也是学团的总首领。郭沫若先生推测墨家的巨子“大概等于后世的教祖”[②]，主要是就墨子所受的尊崇而言。

---

① 孙诒让撰：《墨子间诂》，《新编诸子集成》本，中华书局 1986 年版，第 45 页。

② 参见郭沫若：《墨子的思想》，《郭沫若全集·历史编》第一卷，人民出版社 1982 年版，第 480 页。

墨子私学中,弟子对老师无限崇拜,绝对服从。《庄子·天下》论曰:"(墨徒)以巨子为圣人,皆愿为之尸,冀得为其后世。"墨家弟子们拥戴巨子,听命于巨子,即使为巨子去死,也在所不辞。《吕氏春秋·上德》记载,楚之阳城君因攻吴起而获罪,与阳城君相善的墨家巨子孟胜为"行墨者之义"为阳城君赴死,其弟子徐弱"请先死以除路"。"孟胜死,弟子死之者百八十三人。"

老巨子死前,由他指定下一代巨子。孟胜死前,"属巨子于宋之田襄子"[1],派两个学生去宋向田襄子传位。田襄子死后,有秦之腹䵍当过巨子。

墨子私学内有严格的纪律,任何社会行动都有统一的部署。楚攻宋时,墨子前去楚都说服公输盘不要发动掠夺战争,而派弟子三百人由禽滑釐带领在宋都帮助守城。墨子为实践自己的政治学说,派弟子胜绰去齐"事项子牛。项子牛三侵鲁地,而胜绰三从。子墨子闻之,使高孙子请而退之"[2]。不但政治行动要统一部署,经济收入也统一上缴使用。墨子派耕柱到楚国去做官,"毋几何而遗十金于子墨子,曰'后生不敢死(私),有十金于此,愿夫子之用也'"[3]。

墨子学团中这种严密的组织性、纪律性,与他们师生的行业出身有很大关系。墨子是一个能工巧匠,能造出"任五十石

---

① 陈奇猷校释:《吕氏春秋校释》,学林出版社 1984 年版,第 1257 页。

② 孙诒让撰:《墨子间诂》,《新编诸子集成》本,中华书局 1986 年版,第 440 页。

③ 孙诒让撰:《墨子间诂》,《新编诸子集成》本,中华书局 1986 年版,第 391 页。

之重”的车辖[①],这在当时是一件了不起的事情。他的弟子,也是一些善造“守圉之器”的手工业匠人。手工业的劳动性质与农业不同,那时,庄稼成长、收获依赖的首先是土地、水等自然资源,其次才是耕种者的技术;而手工业产品制造成功与否、质量好坏、效率快慢,依赖的首先是制作者的技术水平高低,其次才是制作工具的优劣。从另一角度讲,农业耕种者年老体衰不能劳动自养后,可以把土地的使用权传给子孙[②],由子孙生产耕种来养活他,另外,儒家孝道的宣传也给这种养老形式以社会舆论的支持;而手工业者却不然,在那个手工业机械还相当简陋的时代,老手工业者传给徒子、徒孙的主要是技术、技巧,而劳动工具等则是无足轻重的。还有,农业劳动者的生产劳动地点是固定的,邻里关系较密切,那时多是聚族而居,故发生天灾人祸等意外情况有人帮助;而手工业者却不然,他们要四处游走,没有固定的环境,没有农民那种“得邻里帮助”的条件,反而会在新环境中受人非难、欺负。手工劳动行业的这些特殊性,促使他们加强内部团结,提高内部约束力,形成一个危困互助、少教老养的社会小团体,以克服行业性质所带来的弊端,保证本行业的发展和兴旺。这便造就了墨子学团内部组织纪律严密的特色。

五、墨家私学的教学内容

就教学内容而言,墨子私学不但重视理论教育,更注重实

---

① 参见孙诒让撰:《墨子间诂》,《新编诸子集成》本,中华书局 1986 年版,第 442 页。

② 墨子时代,私田已被确认。

际技艺。这与孔子私学有很大不同。关于儒家之业,《汉书·艺文志》论道:“游于六经之中,留意于仁义之际。”这也是孔子教学的基本内容。孔子用《诗》《书》《礼》《乐》《易》《春秋》作为教材,向学生传授文化历史知识;同时,用这些教材中涵融的礼义道德思想去改造学生的品质,砥砺其德行,使他们成为“仁人”,一言一行都合于礼仪规范,以推行周礼,实现他的礼制社会理想。

墨子也注意历史文化知识的教育,以《诗》《书》和“百国春秋”作为主要教材。同时,他也注意改造学生的思想,以培养“行义”的“兼爱之士”。他要求学生“鼓而进于义”①,进而“率天下之百姓以从事于义”②,以使天下人“交相利,兼相爱”,建立一个夏禹王朝那样的尚简朴、重仁义、和平博爱的社会。但他认为,要实现这样的社会理想,不光要去宣传鼓动别人去做,更重要的是身体力行,从自己做起。就好比耕地,知道在耕地的人少,所以耕作者更应积极从事于此业。所以,他教弟子掌握农业生产技术,教育弟子:“圣人作诲,男耕稼树蓺,以为民食。”③他还教弟子们手工业技术。现存于《墨子》书中《经上》《经下》《经说上》《经说下》诸篇中的杠杆、斜面、滑轮等机械学论述,光影、小孔成像等光学原理以及某些数学知识,就是墨子教学内容的结晶,抑或是他的弟子、再传弟子们在他的引导、

① 孙诒让撰:《墨子间诂》,《新编诸子集成》本,中华书局1986年版,第435页。

② 孙诒让撰:《墨子间诂》,《新编诸子集成》本,中华书局1986年版,第175页。

③ 孙诒让撰:《墨子间诂》,《新编诸子集成》本,中华书局1986年版,第32页。

启发下总结出来的。

墨子私学中这种文化知识和实践技艺并重的教学,也与其师生行业出身有关。上文论及,墨子和他的大部分门徒都出身于手工业工匠,他们赖以维持生计的是其技艺、技巧,而技艺、技巧的授受离不开操作实践。由此出发,墨子把知识、技术的学习分为闻知、说知、亲知等类,并特别强调亲知的重要性。《墨子·经上》有云:"知:闻、说、亲。"《经说上》曰:"知:传受之,闻也;方不瘴(障),说也;身观焉,亲也。"毕沅曰:"此释《经上》'知:闻、说、亲',言所为知者有三:得之传受,是耳所闻也;非方土所阻,是人所说也;身自观之,则亲见也。"闻知、说知获得了知识、技能,而真正熟练掌握这些知识和技能,使之转化为自己的知识和技能,没有亲知即实践这一环节是不可能的。这便造就了墨子教学中重技艺实际的特色。

六、墨家私学的特点

教学内容中理论、技艺并重的特色,造就了墨子私学教学方法中重实践、重创新的特点。孔子私学在教学方法上强调学思并重,告诫学生:"学而不思则罔,思而不学则殆。"(《论语·为政》)孔子私学重视知识教学和德行改造。要想改造德行,则必须体会教材中所蕴含的前贤思想学说、品行规范等,以此对照自己、规范自己的品行,故无学则无准则,无思则不能体味准则,不能以准则正己身。

墨子私学的教学目的则不同,它要培养行义于天下的"兼士",要求学生用自身的说教和本领去为制止攻侵、使天下人兼爱和互利而奋斗，故其所教不但有墨家的思想学说，也有制造守御器械等技术的实际技能。实际技能的训练，非亲身实践而莫得，这造就了墨子私学教学中重实践、重创新的特点。墨子教导学生学了就要用，用是目的，学是手段。他打比方说："战虽有陈，而勇为本焉；丧虽有礼，而哀为本焉。"进而强调："士虽有学，而行为本焉。"①他强调言行为一，教导学生要学习那些有用的、能够付诸实践的学问，说："言足以迁行者，常之；不足以迁行者，勿常。"②一切以实际需要为重。

孔子私学，讲究"述而不作"，而墨子则主张"今之善者则作之"③。两家还为此发生过争论。《墨子·耕柱》记载："公孟子曰：'君子不作，述而已。'子墨子曰：'不然。人之甚不君子者，古之善者不述，今之善者不作。其次不君子者，古之善者不述，已有善则作之，欲善之自己出也。今述而不作，是无所异于不好述而作者矣。吾以为古之善者则述之，今之善者则作之，欲善之益多也。'"古有古之"善"，今有今之"善"，古"善"要"作"，今"善"也应"作"，这样才能使"善"者愈积愈多，从而使学说愈加缜密，使技艺愈加精湛，社会才能进步，人类才能前进。正是由于墨子在私学中向弟子们灌输了"今之善者则作之"的进化思想，墨家才创造出比儒家更贴近于社会实际的思想学说，才总结出前人所没有得出的机械学、光学、数学等科学

---

① 孙诒让撰：《墨子间诂》，《新编诸子集成》本，中华书局 1986 年版，第 7 页。

② 孙诒让撰：《墨子间诂》，《新编诸子集成》本，中华书局 1986 年版，第 405 页。

③ 孙诒让撰：《墨子间诂》，《新编诸子集成》本，中华书局 1986 年版，第 397 页。

技术知识,才造出了能抵御公输盘制造的攻城云梯的守御器械,有效地制止了侵夺战争。

墨子私学开创的重实践、重创造的教学方法,对我国古代科技发展产生过巨大的推动作用。张衡在天文观测、计算的实践活动中,在前人知识、经验积累的基础上,创造出浑天仪和地动仪;蔡伦对工人的沤造实践加以总结,革新出举世闻名的造纸术;方士们在相看风水、测量地形地物的实践中,创造出罗盘;毕昇在雕版印刷的实践中,创造出活字印刷术……我国古代每一项科技成果的取得,不但是“述”——掌握前人知识、技能,更重要的是“作”——在前人基础上发明创新的结果。墨子“述而作之”的教学思想,是我国古代科技研究正确的方法论指导。

结　语

我国古代的社会化私学中,存在一种至今被研究界忽视的形式,即技艺道术中师徒相授、在实际工作中教学的形式,木匠行也好、瓦匠行也好、石匠行也好、铁匠行也好、玉匠行也好……总归,一切手工操作行业的教学,乃至后来店铺中老板和学徒之间、武馆中师傅和徒弟之间、近代化工厂中师傅和徒弟之间的教学,都采用这种在实践中教学的形式。师傅虽然也对徒弟教授一些理论知识,或者也教授一些文化知识,但学习和接受这些知识,特别是掌握老师教授的技艺、技能和技巧,重要的是要在实际操作、在实践中琢磨、体味,使之消化,才能变成自己的知识和技能。我们现代化教学中的实习,就是由这种实践教学形式而来的。

只不过,由于儒家思想正统地位的确立,特别是孔子被尊为圣人之后,好像只有孔子所开创的教授知识、理论的社会化私学才是民间社会化私学的唯一形式,而墨子所开创的这种理论、技艺并讲和实践、创新并重的教学形式不在“私学”之列,只是作为行帮会社的一种形式来对待,这是我国古代教育史研究中的一种偏见。

毋庸讳言,孔子的社会化私学在我国古代教育史上应占有重要地位,它开创了我国社会化私学中理论、学术研究教学的办学形式,是我国古代民间书院的先导。墨子的社会化私学在我国古代教育史上也应占有重要地位,它开创了我国社会化私学中技艺、技能教学的办学形式,是我国古代手工业乃至某些实践性较强的科技业中师徒相授、实践教学的先导。如果说,孔子私学的教育形式对我国古代学术思想的发展起了重要作用的话,那么墨子私学的教育形式对我国古代手工业和科技发展的作用同样是重要的。

论战国墨家学派发展的四个阶段*

墨家学派发展的阶段性，除冯友兰受胡适“宗教墨家”和“科学墨家”说启发，于1930年出版的《中国哲学史》中提出“前后期墨家”说外，前贤研究较少。① 我们依据墨家学说主旨、队伍组织、从事工作，特别是社会作用的不同，将战国时期墨家学派的发展分为兴盛、衰败、转型、重兴四个阶段，并分别考察各阶段墨家对战国社会发展的不同影响。

一、战国墨家学派兴盛阶段的活动及影响

自公元前444年稍前墨子创立学派至公元前381年孟胜等死于鲁阳，这是战国阶段墨家学派发展的兴盛阶段。此阶段墨家对战国社会发展的影响主要在于游说诸侯而传播学说和制止攻战、助弱国守城两个方面。此阶段墨家的活动可分为墨子在世与墨子去世后两个时段来论述。

---

* 本文原载于《周易研究》2011年第3期。

① 详见郑杰文：《中国墨学通史》，人民出版社2006年版，附录一《中国历代墨学书目及版本》，第599—634页，附录二《中国墨学论文目录》，第635—799页。

（一）墨子在世时墨家学派的游说止战活动

据《淮南子·要略》讲，墨学因纠正儒家的“礼烦扰而不说”“厚葬靡财而贫民”等弊端而产生，“背周道而用夏政”，倡导“节财、薄葬、闲服”①，由此开始与他人论战、传播学说和游说诸侯。

胡适考定包括《鲁问》在内的《墨子》的《耕柱》至《公输》五篇文字，“乃是墨家后人把墨子一生的言行辑聚来做的，就同儒家的《论语》一般。其中有许多材料比第二组还更为重要”②。它们可作为我们考察墨家学说生成的重要材料。

据《鲁问》所载，墨子曾与吴虑辩论过“行义方式”，与鲁君讨论过“防齐攻伐”；据《公孟》《耕柱》等篇所载，墨子及其弟子曾与公孟子辩论过“三年之丧”；由《鲁问》《耕柱》等篇所载，墨子及其弟子曾与“子夏之徒”争论士君子“有斗”“无斗”；由《耕柱》等篇所载，墨子及其弟子曾与巫马子争辩过“等差亲亲之爱”与“兼爱”之是非；据《公孟》《耕柱》等篇所载，墨子及其弟子曾与公孟争辩过“义”“祥”“鬼神”，与巫马子辩论过鬼神问题，与程繁辩论过天志、明鬼、节葬、节丧、非乐、非命诸问题。这些争辩都发生在墨子创立学派时，拙考在公元前444年以前。③

---

① 参见刘文典撰：《淮南鸿烈集解》，中华书局1989年版，第709—710页。

② 胡适：《中国哲学史大纲》，《胡适学术文集》，中华书局1991年版，第107页。胡适所谓的“第二组材料”，是指《墨子》之《尚贤》《尚同》《兼爱》《非攻》《节用》《节葬》《天志》《明鬼》等24篇。

③ 参见郑杰文：《中国墨学通史》，人民出版社2006年版，第8—14页。

墨家学派成长壮大后，墨子带领弟子到齐、宋、楚、越、卫等地游说止战，产生过重大社会影响。

据《贵义》所载，墨子曾数次至齐游说；据《鲁问》载，墨子曾以“受其不祥”制止齐伐鲁。据《鲁问》所载，墨子曾因越王不能“听吾言，用我道”而辞越王“方五百里”之封。据《贵义》所载，墨子曾与卫之公良桓子讨论过节用与养士问题。据《贵义》所载，墨子曾见楚惠王，献书求用而不得。据《鲁问》所载，墨子曾游说鲁阳文君勿攻郑，并讨论过御臣、风俗等问题。据《贵义》所载，墨家弟子分为“从事”“说书”“谈辩”三派，各有职司。随从墨子游说的，是“谈辩派”弟子。

此阶段墨家活动之尤应注意者，在于墨家不但以非攻止战的理论游说诸侯，还运用自己学派所掌握的科技理论和制作技艺，用“从事派”弟子的实际行动来制止攻侵战争。墨家“从事派”弟子，学习“规矩方圆”等器械制作理论和技艺，学习“射”等军事技术。学成后所从事的是工匠技艺等体力劳动或守城保卫等军事工作。据《公输》所载，“从事派”弟子曾帮墨子成功地制止楚国攻打宋国，他们持墨子“守圉之器，在宋城上而待楚寇”，实现了以武装势力制止侵夺战争的预想，使得墨家声名大振，诸侯甚为礼遇之。

（二）墨子去世后“从事派”弟子的消解

基于“从事派”弟子的威名，楚之阳城君曾礼请他们为其守卫封地，但因阳城君参与射杀吴起而箭中悼王尸事件，因此被缉拿而收国。此时墨子已去世，掌控墨家“从事派”弟子的巨子孟胜因与阳城君有符约而率弟子百八十余人自杀于阳城，致使墨家“从事派”弟子势力消解。

从上述墨家止楚攻宋、助阳城君守城等事件中，可看出墨子“从事派”弟子的特点。

第一，此类弟子众多，他们以擅长制造技艺从事器械制造。《备城门》以下各篇有大量守城器械的形制叙述和尺寸交代，如若不是为了提供制造参数，是不会在讨论防守中交代得如此详尽的。如《备高临》篇关于连弩车的述说①，简直就是一张制造图纸的描述，照此就可将连弩车造出来。如此详细的有关守城器械的描述，在《备城门》及以下各篇中还有很多，如《备城门》之“转射机”“藉车”，如《备蛾傅》之“县脾”“累荅”，等等。这类器械大多厚大笨重，只能在现场制作，而又需多人合作。由此可以推想，这类从事器械制造的、具有一定手工艺技巧的墨家“从事派”弟子的数量之多。

第二，在制造这类防守器械时，应有规划者和指挥者。这类弟子中，不但应有人懂得器械制造，而且还应有人掌握测量、计算知识，并且还应有人精通制作这些器械的物理学、数学知识。今存《墨经》四篇中，有诸多测量定理，如《经上》“平，同高也”“同长，以正相尽也”“中，同长也”“圜，一中同长也”等。城守器械的制造，既要测量水平面，又要测量长短，还要测量出重点和圆心等，《墨经》中的此类定理，或是墨家传承的前代知识，或是墨家制作经验的理论总结。

今存《墨经》四篇中也有诸多数学定理，如《经上》“倍，为二也”“端，体之无序而最前者也”等。在今存《墨经》四篇中，还有诸多物理定理，如《经上》“力，形之所以奋也”，《经下》

① 参见孙诒让撰：《墨子间诂》，《新编诸子集成》本，中华书局 1986 年版，第 494—496 页。

“景二,说在重”等。数学和物理知识是测量、制造的基础知识。《墨经》中的这两类知识定理,或是墨家传承的前代知识,抑或是墨家制造经验的理论总结。总之,《墨经》四篇中保存的这些测量定理、数学定理和物理定理,无疑是墨家的“从事派”弟子或后学中的精英所传播和记录下来的。墨家“从事派”弟子中的精英具有相当高深的数理知识和测量知识,成为当时士人中掌握科技理论的佼佼者。

第三,墨子“从事派”弟子的另一工作重点是守城保卫。因此,他们不但应具良好的身体素质,还应具有很好的军事素质,应会使用各种守城器械,即《墨子·公输》载墨子所说的“持臣守圉之器,在宋城上而待楚寇”。孔子所教课程中有射、御二术,墨家所教亦当有军事技能和技术等。

墨子自称“贱人”,墨家集团的组成基础应是工匠,器械(包括生活生产器械和军事器械)制作应是他们的本业,而城池防守当是偶尔为之;再说,他们从事城池防守的优长在于制作传统的或新研制的守城器械。从这两点讲,墨子“从事派”弟子的主要工作是制作生活生产器械,只是为了推行墨子的非攻学说,才间或制作守城器械而从事守城保卫工作。

(三)此阶段墨家游说止战活动的特点及社会意义

在上述游说、论辩、止战、助守等活动中,我们可以看出此阶段墨家活动的特点。

第一,为宣传学说不计私利。据《墨子·鲁问》所载,墨子被楚王招请,首先关心的不是“故吴之地方五百里以封”,而是能否“听吾言,用我道”;据《墨子·耕柱》所载,高石子在卫,首先是做到“三朝必尽言”,时刻不忘宣传墨家思想学说。至于官位与俸禄,他们都放在次要位置。推行墨家学说,是此阶段墨家成员的第一要务。为此,他们全都置个人私利于不顾。

第二,一切活动都为实现学派的社会理想。为推行墨家的社会政治理想,“谈辩派”弟子游说诸侯、出仕为官;为发展和传播墨家学说,“说书派”弟子记录和整理墨子言行思想,在弟子后学中教授、传播墨子学说;为推行“兼爱非攻”思想,“从事派”弟子研究守御器械,帮助诸侯守城卫地。

第三,各类弟子的分工搭配及行动策划,都有统一的规划和指挥。在外派弟子“谈辩”出仕时,墨子都有整体规划,有一套切实可行的措施。某人仕于某国由学团统一指派,出仕前往往先派相关人员前去游说铺垫。如《墨子·鲁问》载,公尚过仕越系墨子所派;《墨子·贵义》载,“子墨子仕人于卫”;《墨子·耕柱》载,让高石子仕卫前先“使管黔敖游高石子于卫”。《墨子·耕柱》载,“子墨子游荆耕柱子于楚”,毕沅注“游,谓游扬其名而使之仕”。

另外,被外派的弟子在诸侯国的为官言行,也时时受到墨家学团的掌控;被外派的弟子离开诸侯国时,须回学团报告以得到许可;学团中的“从事派”弟子,因其主要任务是帮助被侵略者守城卫地,其组织和行动都带有军事化性质,更要听从墨家学团统一部署,服从首领的统一指挥。

学派的严密组织纪律性、成员的无私献身精神,使此阶段的墨家学派成为叱咤风云的时代弄潮儿。关于此,《庄子·天下》载庄周后学曾赞叹道:“其生也勤,其死也薄,其道大觳;使人忧,使人悲,其行难为也……墨子虽能独任,奈天下何!……

墨翟禽滑釐之意则是,其行则非也。将使后世之墨者,必自苦以腓无胈、胫无毛,相进而已矣。乱之上也,治之下也。虽然,墨子真天下之好也,将求之不得也,虽枯槁不舍也。才士也夫!”①墨家的游说止战活动,产生了重大社会影响,不少执政者都争相利用其势力为己所用。

由上可见,此阶段墨家学派四处游说,宣扬节用、非攻、兼爱等学说;三派弟子队伍庞大,对外活动组织严密、统一规划、统一组织,参与国际事务,叱咤风云;此阶段的墨家活动重心在齐、鲁、宋、楚、越。

二、战国墨家学派衰败阶段的活动及影响

(一)衰败阶段墨家学派的分化

公元前 381 年宋之田襄子接任墨家巨子,至秦惠王(卒于公元前 311 年)晚年“秦墨”与“东方墨者”相争,是战国墨家的衰败阶段。此阶段墨家学派的特点是派系分化、活动转型。

墨子去世后,特别是孟胜死于阳城后,天下墨者分化,从地域角度而言,东方有田襄子一派的墨者,西方有“秦墨”。

孟胜死前匆匆传巨子位于宋之田襄子,是因为田襄子乃一“贤者”,但未讲明他的墨学修为与门人弟子的众寡和实力。今查史载田襄子的事迹甚少,除上引《吕氏春秋·上德》中有

① 郭庆藩辑:《庄子集释》,中华书局 1961 年版,第 1075—1078 页。

田襄子居宋事外,不见其他记载。[①] 由此我们是否可以这样认为:田襄子在被封为巨子时,仅因为他是为孟胜所相知的"贤者",而并非因为他弟子众多,实力强大。因而,他既没有像孟胜百八十余"从事派"弟子那样的武装实力,也没有众多具备较深墨学修为的"说书派"弟子作为追随者那样的学术实力,更没有众多"谈辩派"弟子在各诸侯国从政那样的政治实力,所以他的社会影响甚小以致其事迹流传不广,故田襄子的史载事迹甚少。

正因为田襄子既无武装实力也无学术实力更无政治实力,所以他在众多墨家后学中缺乏号召力和领导权威。可能他在世时还可凭借巨子之位维持局面,我们尚没发现他在世时墨家内部争斗的记载,但他去世后墨家内部学派分化,争斗愈演愈烈,这是赫然载于史册的。

首先应予特别注意的是西方的"秦墨"。"秦墨"有巨子腹䵍。据《吕氏春秋·去私》所载,秦惠王时腹䵍之子曾违反"禁杀伤人"的"墨者之法",无视墨家法禁而杀人。[②] 据《吕氏春秋·去宥》载,"东方之墨者谢子将西见秦惠王"而求用,但先谢

---

① 《史记》卷四十六《田敬仲完世家》中亦有一"田襄子",但言其相齐宣公而通晋,为取代姜齐作准备,且于齐宣公四十三年(前 413)前已卒,显然不是在宋被授为墨家巨子的田襄子。又,孙诒让谓《说苑·尊贤》中的田让"疑即田襄子",《说苑·尊贤》曰:"卫君问于田让曰:'寡人封侯尽千里之地,赏赐尽御府缯帛,而士不至,何也?'田让对曰:'君之赏赐,不可以功及也;君之诛罚,不可以理避也;犹举杖而呼狗,张弓而祝鸡矣,虽有香饵而不能致者,害之必也。'"田让主张赏赐以功、诛罚以理,其说近于法家而远于墨家,从学理派属而言亦不当为墨家巨子之田襄子。

② 参见许维遹集释:《吕氏春秋集释》,中华书局 2009 年版,第 31—32 页。

子在秦的“唐姑果恐王之亲谢子贤于己”故预进谗言，使“王因藏怒以待之”，使“王弗听”，致使“谢子……遂辞而行”。① 由此二事可见，腹䵍没有像墨子那样统一规划墨徒行动以尽到墨家巨子的责任，亦没有像墨子那样将“谈辩派”弟子的活动统一组织、统筹规划，更没有像墨子那样欲让一弟子去某国为官而先派其他墨徒前去游说铺垫。这充分说明，此时墨家内部组织、纪律和信念都发生了很大变化，由内部分工转变为学派分化，出现内部争斗。墨家学派此时内部组织、纪律、信念的变化，以及学派分化乃至内部争斗的出现，导致了墨家三派后学活动的转型。

（二）墨家三派后学活动的转型

此一阶段，墨家三派后学依然在从事活动，但其活动内容已较上一阶段发生了重大变化。

首先是“从事派”后学失去了昔日那种助人守城的实力而转入整理“城守”著述。

自孟胜等自杀于鲁阳后，再不见像墨子止楚攻宋、孟胜代鲁阳文君守城之类的“从事派”弟子参与军事活动的记载。有关此阶段此派弟子后学的行踪，20 世纪的出土文献为我们提供了追寻线索。

李学勤先生将出土秦简与《墨子》“城守各篇”进行多方面比较后指出，“《墨子》书内城守各篇……可推定为战国后期秦国墨家的作品”②。李先生还据称“王”称“公”之例推测，“城

① 许维遹集释：《吕氏春秋集释》，中华书局 2009 年版，第 424 页。

② 李学勤：《秦简与〈墨子〉城守各篇》，《云梦秦简研究》，中华书局 1981 年版，第 325 页。

守各篇”“非一时之作”，谓“《迎敌祠》篇称‘公素服誓于太庙’，应作于秦称王以前；《号令》篇提到‘王’，当成于秦称王之后”。[①] 秦称王，在惠文君十三年（前 325），次年为更元元年。依据李先生的考察，入秦之墨家的“从事派”后学写《墨子》“城守各篇”即《备城门》以下十一篇的时间应在秦称王即公元前 325 年前后，与我们划分的战国墨家学派衰败阶段的下限相当。

《墨子》的《备城门》以下十一篇，即所谓的“城守部分”所载的守城战略战术和守城器械的制造使用，都托于禽滑釐和墨子问答的形式，详细讲说十二种抵御敌人攻城的战术、措施以及防守器械等。如禽滑釐问对付敌人兵临城下做羊黔之攻的防守方法即“备临”术时，墨子曰“守为台城，以临羊黔，左右出巨，各二十尺，行城三十尺，强弩射之，校机藉之[②]，奇器□□之，然则羊黔之攻败矣”[③]云云；又如禽滑釐问对付敌人穴道而攻的防守方法即“备穴”术，墨子曰“穿井城内，五步一井，傅城足，高地，丈五尺，下地，得泉三尺而止”，并以大陶罂蒙薄皮革“置井中，使聪耳者伏罂而听之，审知穴之所在，凿穴迎之”[④]云云；复如禽滑釐问对付敌人以蚁附般攻城之防守方法即“备蛾傅”术，墨子曰“蛾傅者，将之忿者也。守为行临射之，校机藉

---

① 李学勤：《秦简与〈墨子〉城守各篇》，《云梦秦简研究》，中华书局 1981 年版，第 334 页。

② 此“强弩射之，校机藉之”原作“强弩之，技机藉之”，从孙诒让校改。

③ 孙诒让撰：《墨子间诂》，《新编诸子集成》本，中华书局 1986 年版，第 494 页。

④ 孙诒让撰：《墨子间诂》，《新编诸子集成》本，中华书局 1986 年版，第 507 页。

之，擢之，火汤[①]迫之，烧苔覆之，沙石雨之，然则蛾傅之攻败矣”[②]云云。这类记述，对墨家抵御敌人十二种攻城方式的防御战术和防御措施、防御器械等详加解说，成为承载先秦兵书防御学说的重要文献。

其次，“说书派”后学仍在传扬墨学，但已经不能力行其主张。

杨伯峻等考孟子生活在公元前 385 年至公元前 304 年间[③]，其活动年代与墨家衰败阶段的时间基本相合。从孟子的抨击，我们可看到此时期墨家“说书派”后学所宣扬的墨家学说的主要方面。

孟子曾惊呼“杨墨之言盈天下”，故起而抨击之。据《孟子·滕文公下》载，孟子曾惊呼“墨氏兼爱，是无父也。无父无君，是禽兽也”。墨家主张“无等差之爱”，较儒家继承周人宗法制传统而提出的以血缘亲疏为准则的“差等之爱”，更有号召力，更能取得广大民众的拥护，在战国初年社会大变革的形势下更容易被世人接受，因此遭到自诩继承正统孔门儒学的孟子的抨击。基于维护儒家宣扬的活人间“等差之爱”和对死人“三年之丧”的示爱方式，孟子对墨家进行了激烈的批判。从中可看出，此阶段墨家“说书派”后学对“兼爱”说的传扬。

但据《孟子·滕文公上》所载，“墨者夷之”宣扬“治丧也，以薄为其道”，极力宣传“节葬”学说，并“思以”节葬之说“易

---

① “火汤”原作“太汜”，从孙诒让校改。

② 孙诒让撰：《墨子间诂》，《新编诸子集成》本，中华书局 1986 年版，第 520—521 页。

③ 参见杨伯峻译注：《孟子译注》，中华书局 1960 年版，第 1 页。

天下”，但自己却“葬其亲厚”，故遭到孟子的极力批驳。[①] 墨者夷之这种言行不一的做法，与兴盛期墨家师徒那种为行义死不旋踵、为实现理想而不计私欲的献身行为，已不可同日而语。

最后，最应注意者，是“谈辩派”后学的谈辩转型。

由《吕氏春秋·首时》所载田鸠曾欲游说秦惠王，《吕氏春秋·去宥》《淮南子·修务训》《说苑·杂言》所载唐姑果智挫“东方墨者”谢子入秦游说秦惠王等事件看，此阶段“谈辩派”后学仍从事游说谈辩活动，但他们的谈辩方式较前一阶段发生了重大变化，从政治论辩转至辩“空言”者日众，并形成派系。

《吕氏春秋·应言》载“墨者师”以“今赵兴兵而攻中山，相国将是之乎”难司马喜，使其“无以应”。[②] 其所用的是“以其人之论还之其人之身”之法，颇有些辩难诘问、“白马非马”的思辨味道，从而违反了墨子教导弟子后学论争问题时应采用的“三表法”，表现出此期墨家认识问题、思想观点的一种新动向。

这种新动向的进一步发展，是此期墨家后学对“空言”思辨的关注。《庄子·天下》言：“相里勤之弟子五侯之徒，南方之墨者苦获、已齿、邓陵子之属，俱诵《墨经》，而倍谲不同，相谓别墨；以坚白同异之辩相訾，以觭偶不仵之辞相应；以巨子为圣人，皆愿为之尸，冀得为其后世，至今不决。”[③]此言墨家之徒争相“以巨子为圣人，皆愿为之尸，冀得为其后世”，当是巨子尚存在阶段发生的事。而杨俊光先生认为，战国时期，牵涉许多诸子学派的“同异之辩”自惠施在世时就开始了，惠施曾以

① 杨伯峻译注：《孟子译注》，中华书局1960年版，第135页。

② 许维遹集释：《吕氏春秋集释》，中华书局2009年版，第501—502页。其所载此事发生于公元前314年前后。

③ 郭庆藩辑：《庄子集释》，中华书局1961年版，第1079页。

"同异十七事"与墨家争辩。[①] 学界多以为惠施生在公元前370年,死于公元前310年。[②] 今查《墨经》中确有"同异"辩题。《墨子·经上》曰"同异而俱于之一也",又曰"同异交得,放有无",《经说》中亦有诸多相应解说文字;杨俊光先生的考说不误。《墨经》这类辩"同异"的文字,当是与惠施同时代的墨家"谈辩派"后学参与"同异之辩"的证明。他们所热衷的是哲理名辩,而不再是政治论辩。

墨家"谈辩派"后学由政治论辩到空言名辩的变化,与此阶段墨家内部信念、组织、纪律的变化息息相关。

(三)衰败阶段墨家内部信仰和活动方式的变化

公元前381年至公元前311年前后是墨家学派的衰败阶段,墨家的内部信念、组织、纪律均较墨子、孟胜为巨子时发生了很大变化。这些变化集中体现在如下三点。

其一,墨家巨子的绝对权威至此丧失。

前已论及,孟胜将死于鲁阳时因宋之田襄子为"贤者"而传巨子之位于田襄子。但田襄子的言语行事见于记载而流传下来的甚少,可见其社会影响力之小。又由《吕氏春秋·尚德》所载孟胜之两弟子当面不听从田襄子"止死"的命令而坚持回鲁阳从容赴死[③]来看,田襄子作为巨子已无墨子任首领时

① 参见杨俊光:《惠学锥指》,南京大学出版社1991年版,第5、191页。

② 参见张习孔、田珏主编:《中国历史大事编年》,北京出版社1987年版,第353页。

③ 参见许维遹集释:《吕氏春秋集释》,中华书局2009年版,第1268页。

墨徒唯其马首是瞻,以及孟胜任首领时墨徒闻其令而自愿赴死那般的号召力和权威性了。

田襄子之后,居秦的巨子腹䵍甚至无法令其子恪守“墨者之法”,不能制止在秦的唐姑果与“东方墨者”谢子入秦后的内部倾轧。他作为巨子的权威性和号召力可想而知。

总之,此一阶段,墨家弟子已不再像“禽滑釐子事子墨子”那样“手足胼胝,面目黧黑,役身给使,不敢问欲”,也不再像徐弱那样为巨子孟胜“请先死以除路”、像传信二弟子那样“反死孟胜于荆”;传信二弟子无视新巨子“止死”之令,居秦巨子腹䵍连自己儿子也不能节制,连身边墨徒的争斗也不能制止,墨家巨子的绝对权威至此已大大减弱。

其二,墨家行义忘身、守法不越、身体力行等诸种信念发生重大变化。

墨家诸种信念,包括节制墨家内部弟子的“墨者之法”,至此阶段已失去了往日的权威。上引《吕氏春秋·去私》所载腹䵍之子无视“杀人者死,伤人者刑”的“墨者之法”,竟然在秦杀人之事,就是最好的证明。

墨家后学信念的动摇、不守“墨者之法”,腹䵍之子是否为特例呢?《孟子·滕文公上》载持“节葬”学说的墨者夷之,宣传“薄葬”,“思以易天下”,而自己却反墨家之道而行之,“葬其亲厚”。这种口是心非的行为,确然无视“墨者之法”,也反映了墨家后学对墨家学说、信念之崇信程度的减弱。

其三,墨子在世时统一组织、统一行动、统筹计划的活动方式发生重大变化。

墨子在世时那种弟子外出游说、出仕由学团统一组织、统筹计划,弟子服从指挥、统一行动的活动方式,至此阶段变为各派为求用于诸侯而引发自相排斥。各地墨者各立派系,各事活动,各求所用,甚至互相倾轧。《吕氏春秋·去宥》载"东方之墨者谢子将西见秦惠王"而求用,却被先谢子在秦的唐姑果设计挫败,致使"谢子……遂辞而行"。这时的墨家"谈辩派"后学的游说,再没有统筹计划、统一组织、统一行动,更没有置官位与俸禄等个人私利于不顾,而以推行墨家学说为第一要务的思想信念。"义"的观念已不存在,取而代之的是"维利为求"。

总之,从公元前381年田襄子始为巨子至秦惠王于公元前311年去世前后的墨家衰败阶段,墨家各派后学的社会活动都发生了重大变化:"从事派"后学失去了昔日那种助人守城的实力而转入整理"城守"著述,"说书派"后学虽仍在传扬墨学但已经不能力行其主张,"谈辩派"后学转入"空言名辩"。三派后学都已失去前一阶段墨家三派弟子那种搅动社会政治风云的能力和气势,加之此一阶段墨家学派的内部分化甚至自相倾轧,墨家的社会影响力大大减弱了。

三、战国墨家学派转型阶段的活动与影响

自秦惠王晚年"秦墨"与"东方墨者"争用(秦惠王去世于公元前311年)后,至约公元前250年公孙龙辞世[①],是战国墨家发展的转型阶段。此一阶段墨家社会活动与影响的特点有

---

① 钱穆考证认为,公孙龙活动在公元前320年至公元前250年。见钱穆:《先秦诸子系年》,商务印书馆2001年版,第697页。

三:一为墨家“谈辩派”后学不再积极参与政治游说而是热衷于空言思辨;二是墨家“说书派”后学所宣扬的理论主张被视为与儒家同类;三是墨家“从事派”后学对“任侠”风气的形成产生重大影响。

(一)墨家“谈辩派”后学弃政治游说而热衷于空言思辨

继惠施以后,名家谈辩的代表人物是公孙龙。《庄子·秋水》载公孙龙鼓吹“合同异,离坚白;然不然,可不可”①,王充《论衡·案书》言公孙龙曾著“坚白之论”,《汉书·艺文志》曾著录“《公孙龙子》十四篇”。在公孙龙等人的鼓倡下,有桓团、田巴、孔穿等参与谈辩。一时之间,谈辩四起,备受关注。阮籍《达庄论》曾追述此现象说:“儒墨之后,坚白并起,吉凶连物,得失在心,结徒聚党,辩说相侵。”②可见此一阶段谈辩之风的盛行。

此空谈之风受到鲁仲连、邹衍、庄周后学等人的批判。邹衍谓其“害大道”“害君子”③;《庄子·胠箧》批评“知诈渐毒颉滑坚白解垢同异之变多,则俗惑于辩矣”④。按照墨子留传下的服务于社会的学术传统和“三表法”的论辩方式,此时的墨家后学应该是对此风持反对态度的,但通过考察,我们发现此

① 郭庆藩辑:《庄子集释》,中华书局1961年版,第597页。

② 严可均校辑:《全上古三代秦汉三国六朝文》,中华书局1958年版,第1311页。

③ 《史记》卷七十六《平原君虞卿列传》引刘向《别录》,中华书局1959年版,第2370页。

④ 郭庆藩辑:《庄子集释》,中华书局1961年版,第359页。

时的墨家后学反而是站在空言思辨派一边，并且参与空言名辩的。

据《庄子·天下》言，墨家除以“以同异之辩相訾”外，也曾以“坚白之辩相訾”。战国阶段，“同异之辩”论题主要发生在惠施的年代①，“坚白之辩”论题主要发生在公孙龙的年代②。公孙龙的生卒年代，当今学界依旧赞同钱穆的“公元前320年至公元前250年”说③，那么公孙龙论辩的年代就与战国墨家转型阶段在时间上大致吻合。而《墨经》中载有“坚白”论题④，证明墨家确实从事过此一方面的讨论，因而墨家著述保留了这些文字，使得《庄子·骈拇》对杨、墨之徒“累瓦结绳窜句，游心于坚白、异同之间”⑤进行批判，《荀子·礼论》对“‘坚白’‘同异’之察入焉而溺”⑥进行批评。

（二）墨家“说书派”后学对墨学的宣扬

通过其他诸子的记载，可看出此阶段墨家“说书派”后学的活动，以及此阶段墨家后学所宣扬的理论主张的影响。

---

①　参见杨俊光：《惠学锥指——惠施及其思想》，南京大学出版社1991年版，第5页。

②　参见《庄子·秋水》《淮南子·齐俗》《史记·平原君虞卿列传》等所载。

③　参见杨俊光：《公孙龙子蠡测》，齐鲁书社1985年版，第1页。

④　《墨经》中留有诸多“坚白”辩题，如《墨子·经上》载“坚白，不相外也”，《墨子·经下》载“宇久不坚白。无久与宇，坚白。说在因”。《经说》中亦有诸多相应解说文字，如“坚白之撄、相尽”，“无坚得白，必相盈也”，“于石，一也；坚、白，二也而在石”。

⑤　郭庆藩辑：《庄子集释》，中华书局1961年版，第314页。

⑥　王先谦撰：《荀子集解》，《新编诸子集成》本，中华书局1988年版，第356页。

庄周与孟子基本同时,《庄子》内篇一般被认为主要记述了庄周的学说;而其书之外篇、杂篇一般被认为记载的是庄周后学的学说。那么庄周后学活动的历史时段就与墨家转型阶段的时间基本相合。由庄周后学的抨击,我们可看到墨家"说书派"后学在转型阶段对墨学的大力宣扬。《庄子·天运》载儒墨效法大禹,《庄子·在宥》及《庄子·天地》载儒墨对仁义道德的虚假鼓吹,从中可以看到儒墨两家在此时的盛行,可以证明《韩非子·显学》"儒墨显学"所论绝非虚言。

《荀子》记录了诸多墨家学说。荀子著述的整理时间,据《史记·孟子荀卿列传》"春申君死而荀卿废,因家兰陵。……于是推儒、墨道德之行事兴坏,序列著数万言而卒"[①]等言,当在公元前238年春申君死而荀子被免兰陵令后,其著述的初写年代,却应早于此时。

《史记·孟子荀卿列传》载田单复齐,齐襄王恢复稷下学宫时,"田骈之属皆已死","而荀卿最为老师。齐尚修列大夫之缺,而荀卿三为祭酒焉"。[②] 田单复齐在公元前279年,此前后数十年荀子著书立说并产生重大社会影响,与墨家转型阶段的时间大部分相合。那么,由《荀子》所论可考查墨家转型阶段"说书派"后学的社会影响。

《荀子·非十二子》批判墨家"上功用、大俭约而僈差等"[③],《荀子·富国》、《乐论》批判墨家非乐说,主要出于维护礼仪制度的目的。因而,荀子着重批判"墨子蔽于用而不

---

① 《史记》七十四《孟子荀卿列传》,中华书局1959年版,第2348页。

② 《史记》七十四《孟子荀卿列传》,中华书局1959年版,第2348页。

③ 王先谦撰:《荀子集解》,《新编诸子集成》本,中华书局1988年版,第92页。

知文”[①]的思想主张；否定墨家一切从社会实用出发，不顾人的精神追求，不顾推行礼仪制度所必备的物质条件的偏激学说；甚至将墨家学说的推行与礼乐制度的推广放在对立的位置上，谓“世无王，穷贤良，暴人刍豢仁人糟糠。礼乐灭息，圣人隐伏墨术行”[②]，以墨家学说作为儒家学说的对立面，将墨家与其极力反对的“不知隆礼义”的“俗儒”相提并论，谓二者“言议谈说已无以异”[③]，一同加以批判。正是在荀子的这些批判中，我们看出了墨家“说书派”后学对墨家这些理论的宣扬。

（三）墨家“从事派”后学对任侠之风的影响

任侠之风的历史渊源久远，墨家学说对其形成有直接影响。《墨子·经上》云“任，士损己而益所为也”[④]，《墨子·经说上》云“任，为身之所恶，以成人之所急”[⑤]，毕沅以“任侠”注“任”，概括出墨家损己以成人之急、救人之急的死不旋踵精神。墨家主张兼爱非攻，故锄强扶弱，趋人之急，为弱者打抱不平。强大的楚国想要攻打弱小的宋国，墨子听说之后就去阻止

① 王先谦撰：《荀子集解》，《新编诸子集成》本，中华书局 1988 年版，第 392 页。

② 王先谦撰：《荀子集解》，《新编诸子集成》本，中华书局 1988 年版，第 461 页。

③ 王先谦撰：《荀子集解》，《新编诸子集成》本，中华书局 1988 年版，第 139 页。

④ 孙诒让撰：《墨子间诂》，《新编诸子集成》本，中华书局 1986 年版，第 284 页。

⑤ 孙诒让撰：《墨子间诂》，《新编诸子集成》本，中华书局 1986 年版，第 305 页。

楚王。墨家这种舍己、损己以救人之急的献身精神为后世侠客所继承。汉朝朱家是著名的游侠,《史记·游侠列传》载:“(朱家)专趋人之急,甚己之私。既阴脱季布将军之阸,及布尊贵,终身不见也。”①朱家“专趋人之急,甚己之私”与墨家舍己以救人之急的精神应是一脉相承的。

墨家重信义而轻生赴死的精神同样影响着后世侠客精神的形成。《吕氏春秋·高义》载越王欲以“故吴之地阴江之浦书社三百”以封墨子。但墨子却说“若越王听吾言、用吾道,翟度身而衣,量腹而食,比于宾萌,未敢求仕。越王不听吾言,不用吾道,虽全越以与我,吾无所用之”②,因而辞封,表现出重理想追求而轻物质利益的精神。《吕氏春秋·上德》更载孟胜以死来“行墨者之义”,维护其理想价值。后世侠客那种“言必信”“行必果”“诺必诚”“不爱其躯,赴士之厄困”③的精神,与墨家重道义、重然诺、轻生赴死的精神也应是一脉相承的。

墨家恪守公道、不徇私情的正义之举也为后世侠客所继承。《吕氏春秋·去私》载巨子腹䵍为了维护“墨者之法”而不徇私情,杀死了自己的独子。④《史记·游侠列传》载“(郭)解姊子负解之势”欺负人而被杀,郭解姊“弃其尸于道”以激郭解

---

① 《史记》卷一百二十四《游侠列传》,中华书局1959年版,第3184页。

② 许维遹集释:《吕氏春秋集释》,中华书局2009年版,第514页。

③ 参见《史记》卷一百二十四《游侠列传》,中华书局1959年版,第3181页。

④ 参见许维遹集释:《吕氏春秋集释》,中华书局2009年版,第31—32页。

报仇,但郭解却放走凶手。[①] 郭解主持公道、不徇私情的正义之举与腹䵍的做法也是一脉相承。

四、战国墨家学派重兴阶段的活动与影响

(一)墨学重兴

自公孙龙辞世(约公元前250年)至公元前221年秦统一六国,是战国墨家发展的重兴阶段。墨家各派后学活动复盛,并逐步融入华夏大文化格局中。

《吕氏春秋·当染》曾言"(孔子、墨子)皆死久矣,从属弥众,弟子弥丰,充满天下"[②];《韩非子·外储说左上》载楚王曾谓田鸠曰"墨子者,显学也";《吕氏春秋·不侵》曰"孔、墨,布衣之士也,万乘之主、千乘之君不能与之争士也"[③];《吕氏春秋·喻大》曰孔丘、墨翟"既足以成显名矣"[④],"既足以成显荣矣"[⑤]。上引《吕氏春秋》数则关于墨家社会地位与声望的记载,涉及墨家之外的四家学派。这四家学派,除宋钘、尹文、公孙龙、惠施、惠盎等一派在"偃兵"学说方面与墨家非攻学说相似外,其他家学说与墨家学说都大不相同。学说并不相同的各家学派却能在自己的论说中一致例举墨家名声的显赫,或谓

① 参见《史记》卷一百二十四《游侠列传》,中华书局1959年版,第3185—3186页。

② 许维遹集释:《吕氏春秋集释》,中华书局2009年版,第53页。

③ 许维遹集释:《吕氏春秋集释》,中华书局2009年版,第270页。

④ 许维遹集释:《吕氏春秋集释》,中华书局2009年版,第302页。

⑤ 许维遹集释:《吕氏春秋集释》,中华书局2009年版,第682页。

"万乘之主、千乘之君不能与之争士"以肯定墨家在士人中的号召力,或谓墨家"既足以成显名",或谓墨翟"无地为君,无官为长,天下丈夫女子莫不延颈举踵而愿安利之"以渲染墨家在世人中的威望,或将本来是杨朱的事迹转嫁到墨子身上,所有这些,联系《韩非子・显学》"世之显学孔、墨也"的论说,都充分说明了墨家学说在各诸子学派中的鲜明印象,反映出墨家学说在此时段的显赫地位。

(二)墨家"说书派"后学的社会活动和影响

写于公元前247至公元前239年的《吕氏春秋》是一部综合性的杂家著作。吕不韦组织天下各派学者编写《吕氏春秋》,墨家"说书派"后学应当在罗致之列。吕不韦令各派学者各记其学派之说,以求治理天下之术,各派学者士人所写思想内容涉及先秦诸子各家学说,墨家思想是其重要部分。

首先是墨家的节用思想。《吕氏春秋・不二》曰"墨翟贵廉"①,廉,犹俭也。《管子・侈靡》曰"智以招请,廉以摽人",尹知章注"富而清廉,则使为人摽式"②;《淮南子・原道》曰"不以奢为乐,不以廉为悲",高诱注"廉,犹俭也"③;均可为证。据《淮南子・要略》,墨子先学孔子之术,因儒家礼繁丧奢而自创新说,反其道而行之,故此文以节用之"廉"许墨子。《吕氏春秋》谓墨家之核心观念是节用说的观点,被司马谈所继承,其《论六家要旨》谓:"墨者……要曰强本节用,则人给家

① 许维遹集释:《吕氏春秋集释》,中华书局2009年版,第467页。
② 黎翔凤撰:《管子校注》,《新编诸子集成》本,中华书局2004年版,第653页。
③ 刘文典撰:《淮南鸿烈集解》,中华书局1989年版,第33页。

足之道也。此墨子之所长,虽百长弗能废也。”[1]

墨家的非攻学说,此时也反映到《吕氏春秋》中。《吕氏春秋·审应览》载公孙龙对赵惠王说“偃兵之意,兼爱天下之心也。兼爱天下,不可以虚名为也,必有其实”[2],指出“偃兵”息战的基础首先在于有“兼爱天下之心”,从“兼爱天下”出发去息战,这深得墨翟“非攻”之要旨。

(三)墨家“从事派”后学的科技继承

《韩非子》中反映了墨家“从事派”的高超科技,记载了“墨子为木鸢”的事迹。《韩非子·外储说左上》载:“墨子为木鸢,三年而成,蜚一日而败。弟子曰:‘先生之巧,至能使木鸢飞。’墨子曰:‘不如为车輗者巧也,用咫尺之木,不费一朝之事,而引三十石之任,致远力多,久于岁数。今我为鸢三年成。蜚一日而败。’惠子闻之曰:‘墨子大巧,巧为輗,拙为鸢。’”[3]而据《墨子·鲁问》载,削木使之能飞者为公输子,即公输盘。其文曰:“公输子削竹木以为䧿,成而飞之,三日不下,公输子自以为至巧。子墨子谓公输子曰:‘子之为䧿也,不如匠之为车辖。须臾刘三寸之木,而任五十石之重。故所为功,利于人谓之巧,不利于人谓之拙。’”[4]前边已讲过,胡适认为包括《鲁问》在内的

---

① 《史记》卷一百三十《太史公自序》,中华书局 1959 年版,第 3290—3291 页。

② 许维遹集释:《吕氏春秋集释》,中华书局 2009 年版,第 475 页。

③ 王先慎撰:《韩非子集解》,《新编诸子集成》本,中华书局 1998 年版,第 266—267 页。

④ 孙诒让撰:《墨子间诂》,《新编诸子集成》本,中华书局 1986 年版,第 441—442 页。

《墨子》的《耕柱》至《公输》五篇文字,“乃是墨家后人把墨子一生的言行辑聚来做的”①。依此,《鲁问》所记公输子为“木鹊而飞”遭到墨子批评之事,应是可靠的。

那么,韩非为什么在《外储说左上》又记墨子制“木鸢而飞”呢?自墨子与公输盘交往、纠葛至韩非在世著述,约二百年。② 其间故事传说流传变形,当在情理之中。但故事流传中为什么要把本来是公输盘的技巧作品转移到墨子身上呢?这当与其间墨家对于古代科技的综合、整理、传承有关。今传《墨子》所载《墨经》四篇,其中多有物理、数学等科技知识,胡适认为是“《庄子·天下篇》所说的‘别墨’做的”③。“别墨”活动于墨子死后,他们“相谓‘别墨’”而“以巨子为圣人,皆愿为之尸,冀得为其后世”④,故而将他们整理的《墨经》托名于墨子,从而使世人传言墨子至巧,而渐将公输盘制“木鵲”之事讹传为墨子制“木鸢”。这个故事流传变形中所隐含的,是墨家高超科技的巨大影响。

(四)墨家“谈辩派”后学的政治论辩

《韩非子》反映了墨家后学与其他诸子学派的论辩。《韩

---

① 胡适:《中国哲学史大纲》,《胡适学术文集》,中华书局 1991 年版,第 107 页。胡适所谓的“第二组材料”,是指《墨子》之《尚贤》《尚同》《兼爱》《非攻》《节用》《节葬》《天志》《明鬼》等 24 篇。

② 墨子破公输盘云梯之械而止楚攻宋事,钱穆考在楚惠王四十五年(前 444)后,见钱穆:《先秦诸子系年》,商务印书馆 2001 年版,第 159—162 页。韩非死于公元前 233 年。

③ 胡适:《中国哲学史大纲》,《胡适学术文集》,中华书局 1991 年版,第 106—107 页。

④ 郭庆藩辑:《庄子集释》,中华书局 1961 年版,第 1079 页。

非子·显学》将"墨者之葬也,冬日冬服,夏日夏服,桐棺三寸,服丧三月"与"儒者破家而葬,服丧三年,大毁扶杖"做对比论述①,将儒墨相争的一个主要焦点——是厚葬久丧以从礼还是要薄葬短丧以节用的观点对立,彰显出墨家节葬说的盛行和墨家"谈辩派"后学在此一问题上与儒家的尖锐争辩。

《韩非子》还对墨家"兼爱天下"的学说提出批判。《韩非子·五蠹》曰"人之情性莫先于父母,父母皆见爱而未必治也,君虽厚爱,奚遽不乱"②,集中批墨家兼爱,从反面说明墨家此学说的影响之巨。

韩非尚耕主战,摈弃无用之策,故批评"孔、墨不耕耨"而妄"察"言辞、乱推"贤行"。《韩非子·八说》云孔、墨虽然"博习辩智",但"孔、墨不耕耨,则国何得焉"?③ 用法家"任法""赏功"的理念去批判儒、墨之空言。

从韩非的批评中,我们可以看出墨家"兼爱天下""视民如父母"的"仁义治民"学说的盛行和墨家"谈辩派"后学在此一问题上与儒家的尖锐争辩。这些辩题,不再像上一阶段那样为空言之辩,而是又回归为社会政治性辩题,是此期墨学"重兴"的重要表现。

---

① 王先慎撰:《韩非子集解》,《新编诸子集成》本,中华书局 1998 年版,第 457 页。

② 王先慎撰:《韩非子集解》,《新编诸子集成》本,中华书局 1998 年版,第 446 页。

③ 王先慎撰:《韩非子集解》,《新编诸子集成》本,中华书局 1998 年版,第 425 页。

五、余论：战国墨家发展四阶段总说

依据墨家三派弟子后学力量的消长变化、社会影响力的大小变迁、对思想学说主旨各方面的不同强调，我们将战国时期墨家学派的发展分为四个阶段。每一阶段，墨家各派后学都有不同形式的活动，产生着不同程度的社会影响。

自墨子创立学派至公元前381年孟胜等死于鲁阳，是战国墨家的兴盛阶段。此阶段墨家力量强大，社会影响甚大，三派弟子分别从事自己所承担的工作。其中"从事派"弟子达三百余人，以其独特的防守技艺助受侵攻的诸侯守城，成为诸侯争聘的对象。"谈辩派"弟子随从墨子在宋、齐、卫、越、楚等国游说诸侯，影响巨大，致使越王欲以"故吴之地五百里"封墨子。"说书派"弟子总结墨子思想主张，形成了节用、非攻、兼爱、天志明鬼的政治、经济、伦理、哲学四位一体的早期墨家学说。此阶段墨家主要在鲁、齐、宋、卫、越、楚一带活动。孟胜率领的"从事派"弟子一百八十余人因鲁阳文君的牵连而集体自杀，使世人对墨家献身精神有更为深刻的认识。

自公元前381年至秦惠王(卒于公元前311年)晚年的"秦墨"与"东方墨者"相争，是战国墨家的衰败阶段。此一时段，墨家三派后学依然在活动，"说书派"后学在传播墨家兼爱、节用、节葬等学说。"从事派"后学入秦著《墨子》"城守各篇"。"谈辩派"后学在更大范围内从事游说谈辩活动，争相入秦游说。但各派活动皆发生重大变化。"说书派"无新学说创立而转入宣扬墨家学说，自己却往往不能力行。不再见有"从事派"后学从事军事城守的记载[①]，他们转而总结墨子等人防守学说。“谈辩派”后学变化最大：已没有墨子在世时那种学派统一组织、统一行动、统筹计划的活动方式，转而为各派系争用而相互攻击、倾轧；其谈辩方式也发生重大变化，甚至已有转至与惠施等名家辩“同异”等“空言”论题者，成为下一期活动的先声。另外，墨家巨子的绝对权威至此失势，墨家行义忘身、守法不越、身体力行等诸种信念发生重大变化。此阶段墨家活动中心转移到秦。

自公元前311年至公元前250年公孙龙去世，是战国墨家的转型阶段。此一阶段三派墨家后学中最为活跃的应为“谈辩派”后学，但他们不再积极参与宣传墨家政治思想学说而是热衷于空言思辨，继上一期后学“谈辩派”的“同异之辩”等“空言名辩”后，此期“谈辩派”后学更为积极参加公孙龙等主倡的“坚白之辩”等“空言”辩题，丢弃了墨子“言多而不辩”因“恐人怀其文忘其直，以文害用”的教导。“说书派”后学仍在宣扬墨家的兼爱、节用等理论主张。

自公元前250年至公元前221年秦统一六国，是战国墨家的重兴阶段。此一时段，墨家“说书派”后学对墨家兼爱、非攻学说的宣传，墨家“从事派”后学对墨家献身、执着精神的继承，墨家“谈辩派”后学与儒家、法家的尖锐争辩，都产生了重大社会影响。

---

① 李学勤等谓其转入秦，助秦防边胡，这只是猜测之辞，似无实据。

墨家“鬼察鬼罚说”与道教“除算减年说”[*]

墨家学说中有“天志鬼神监察赏罚说”，宣扬上天不欲世人为恶而欲世人为善，故派鬼神监察世人；世人好事做多了，天神就予之增寿；反之则予减寿。这一学说被道教吸收，增加“子孙承负说”和“地神考问说”，发展为“天志鬼神除算减年说”，使此学说更具威慑力，更利于在民间推扬，因而更加深入民心。自汉代起，它与久已流行的原始崇拜仪式——祀灶仪式结合，发展为灶神信仰，产生出家家有灶神，灶神代天检查监督世人，并于年末上天报告此家人善恶诸事，然后加减计算，或增寿或减寿的信仰习俗。

一、墨家的“天志鬼神监察赏罚说”

春秋战国时期，礼崩乐坏，僭越公行，执政者将原来鬼神和祖宗所能享受，而世人只能在主祭、参祭、分享“祭之余”时才有权和能够享用的东西，堂而皇之、毫无顾忌地独自享受。他

---

* 本文原载于《宗教学研究》2008 年第 3 期。

们享受音乐歌舞,享受美酒佳肴;并且为了满足私欲而攻城略地,向周边扩张以更多地聚敛财富。上行下效,士人与民众间也逐步出现善恶混淆、欲壑难填诸现象。为了制止上下淫欲,战国人墨翟创立了“天志明鬼”学说。

据《墨子·公孟》记载,孔门后学公孟子曾与墨子争论过“鬼神”有无[①]、“义”与“祥”诸问题,墨子谓“桀、纣以下,皆以鬼神为不神明,不能为祸福,执无祥不祥,是以政乱而国危也”[②],重倡宣扬鬼神威慑作用对于国家治理的重要性。

据《墨子·耕柱》载,原信奉儒学的巫马子也与墨子辩论过“鬼神孰与圣人明智”,墨子认为“鬼神之明智于圣人,犹聪耳明目之与聋瞽也”[③],主张“天诛鬼佑”高于“法夏从圣”,可看出墨家对于宣传鬼神威慑作用的重视。

据《墨子·公孟》载,墨子还与儒家传人程繁辩论过“儒以天为不明,以鬼为不神”等问题。[④]

这些争论特别是墨子的论说,被“说书”类弟子收集和发扬,保留在《墨子》的《天志》《明鬼》等篇中。其内容主要有以下两点。

第一,墨家宣扬世上有鬼神。《明鬼下》载墨子曾举数例书证来阐明世间有鬼:举周之《春秋》所载周宣王“杀其臣杜伯

---

① 参见孙诒让撰:《墨子间诂》,《新编诸子集成》本,中华书局 1986 年版,第 419 页。

② 孙诒让撰:《墨子间诂》,《新编诸子集成》本,中华书局 1986 年版,第 417 页。

③ 孙诒让撰:《墨子间诂》,《新编诸子集成》本,中华书局 1986 年版,第 390 页。

④ 参见孙诒让撰:《墨子间诂》,《新编诸子集成》本,中华书局 1986 年版,第 421 页。

而不辜",三年后周宣王会合诸侯猎于圃田时,杜伯"白马素车"追杀周宣王于车上[①];举燕之《春秋》所载"燕简公杀其臣庄子仪而不辜",期年,"燕简公方将驰于祖涂,庄子仪荷朱杖而击之,"殪之车上"[②];举宋之《春秋》所载宋文君鲍之臣祝观辜因"不敬慎祭祀"而被鬼神惩罚,"殪之坛上"[③];举齐之《春秋》载齐庄君之臣王里国、中里徼因诉讼不已而"共一羊,盟齐之神社",结果中里徼被"羊起而触之,折其脚,祧神之而槀之,殪之盟所"[④]。墨家用这些例子,来证明"虽有深溪博林,幽涧毋人之所,施行不可以不董,见有鬼神视之"[⑤],来论证"古圣王必以鬼神为赏贤而罚暴"[⑥]的正确性。

第二,墨家宣扬世人行事,都有鬼神在监察。世人若做了好事,鬼神便赐以年寿;反之,鬼神便为之减寿。《墨子·明鬼下》载"郑穆公当昼日中处乎庙"时,"有神入门",因郑穆公有"明德"而赐寿十九年。[⑦] 以此来宣扬有德者可增年添寿。《墨

① 孙诒让撰:《墨子间诂》,《新编诸子集成》本,中华书局 1986 年版,第 202—204 页。

② 孙诒让撰:《墨子间诂》,《新编诸子集成》本,中华书局 1986 年版,第 206—207 页。

③ 孙诒让撰:《墨子间诂》,《新编诸子集成》本,中华书局 1986 年版,第 208—209 页。

④ 孙诒让撰:《墨子间诂》,《新编诸子集成》本,中华书局 1986 年版,第 210—211 页。

⑤ 孙诒让撰:《墨子间诂》,《新编诸子集成》本,中华书局 1986 年版,第 211—212 页。

⑥ 孙诒让撰:《墨子间诂》,《新编诸子集成》本,中华书局 1986 年版,第 219 页。

⑦ 参见孙诒让撰:《墨子间诂》,《新编诸子集成》本,中华书局 1986 年版,第 205—206 页。

子·兼爱中》载“昔者文王之治西土”而上合天意、下爱百姓，故天不但对其赐寿赐福，还泽及其辖区百姓；天使其辖下百姓“老而无子者，有所得终其寿；连独无兄弟者，有所杂于生人之间；少失其父母者，有所放依而长”[①]。《墨子·天志上》载“昔三代圣王禹、汤、文、武”因“上尊天，中事鬼神，下爱人”而天使其“富有天下，业万世子孙”；但“昔三代暴王桀、纣、幽、厉”却因“上诟天，中诟鬼，下贼人”，故天“使不得终其寿，不殁其世”[②]。通过这些对比，墨家以此来宣扬为善可有福而荫庇子孙、为恶则减年损寿的学说。

墨家宣扬天有意志、世上有鬼神，宣扬鬼神在背后监察世人，对做好事者赐以年寿，对为恶者使之减寿，目的皆在于淳正民风，以辅佐社会治理。《墨子·明鬼下》说：“吏治官府之不洁廉”，“有鬼神见之”；民间百姓淫暴寇乱盗窃抢夺作恶者，亦“有鬼神见之”；“是以吏治官府，不敢不洁廉，见善不敢不赏，见暴不敢不罪。民之为淫暴寇乱盗贼，以兵刃毒药水火，退无罪人乎道路，夺车马衣裘以自利者，由此止”，“是以天下治”[③]。因为“鬼神之明，不可为幽间广泽、山林深谷，鬼神之明必知之；鬼神之罚，不可为富贵众强，勇力强武，坚甲利兵，鬼神之罚必胜之”[④]。鬼神有如此之监察力、如此之克胜力，故对百姓和

① 孙诒让撰：《墨子间诂》，《新编诸子集成》本，中华书局1986年版，第102—103页。

② 孙诒让撰：《墨子间诂》，《新编诸子集成》本，中华书局1986年版，第177—178页。

③ 孙诒让撰：《墨子间诂》，《新编诸子集成》本，中华书局1986年版，第220页。

④ 孙诒让撰：《墨子间诂》，《新编诸子集成》本，中华书局1986年版，第220—221页。

官吏都有莫大威慑力，因而能起到淳正民风、治理社会的作用。

由上所引及分析，我们可以对墨家的“天志鬼神监察赏罚说”做如下综说：其一，墨家主张天是有意志的，天欲使世人为善，不欲世人为恶；其二，墨家论证世上有鬼有神，天通过鬼神在暗中监察世人；其三，墨家宣扬上天和鬼神对做好事者赐以年寿，对为恶者“使不得终其寿”；其四，墨家的目的在于淳正民风，以辅佐社会治理。

二、道教的“天志鬼神除算减年说”

汉代产生的道教对墨家“天志鬼神检察赏罚说”进行改造补充，发展为“天志鬼神除算减年说”，有如下四大要点。

第一，道教接受了墨家的“天志”学说，不但认为天是有意志的，而且同样认为天欲使世人为善，不欲世人为恶。《太平经·大功益年书出岁月戒》宣扬：“天同欲使为善耳，不欲令为恶也。”[1]同时，道教在墨家“天志”说基础上作了发展，把“天志”与“天算”结合起来，在《太平经·天神考过拘校三合诀》中称扬：“今天上诸神共记好杀伤之人，畋射渔猎之子，不顺天道而不为善，常好杀伤者，天甚咎之，地甚恶之，群神甚非之。今恐小人积愚，不可复禁，共淹污乱洞皇平气，故今天之大急，部诸神共记之，日随其行，小小共记而考之，三年与闰并一中考，五年一大考。过重者则坐，小过者减年夺算。三世一大治，五世一灭之。故今天上集三道行文书，群神共记过，断好杀伤刑

① 王明编：《太平经合校》，中华书局1960年版，第525页。

罚也。”[1]这种宣传称扬，就使得“天志”说在民间的推行更具有心理威慑基础。

第二，道教也同墨家一样，不但宣扬天有意志，欲令世人为善而不为恶，也宣扬天通过鬼神在暗中监察世人。道教认为，人欲长寿，仅靠炼养是不能达目的的；仅靠炼养而不避恶行善，会像《太平经·四吉四凶诀》所说的“然治当长，反为其短；年当多，反为其少；举事逢凶，无益于身，天地不悦，除算减年”，这就是“天上名为短命之符”。[2] 所以，《太平经·四吉四凶诀》说，欲求长生，除了炼养之外，更重要的是要避恶行善；果真如此，“守而不失”，就“上可以度世，中可以平理，下可以全完，竟其天年”，这就是“续命之符”。[3] 但有的人存有侥幸心理，“作恶久灭亡[4]，自以当可竟年”，但“不知天遣神往记之”，并且“过无大小，天皆知之”，然后“簿疏善恶之籍，岁日月拘校，前后除算减年”。[5]

第三，道教与墨家同样宣扬世人为善而不为恶便可增寿。《太平经·大功益年书出岁月戒》说：“俗人之所长须臾耳，不念久生，可上及知士，有心念索生，故不作恶耳。天见其善，使可安为，更求富有子孙，虽不尽得，尚有所望。”[6]故《太平经·有过死谪作河梁诫》加以肯定说“为善有功年益长，无所复

① 王明编：《太平经合校》，中华书局1960年版，第672页。
② 王明编：《太平经合校》，中华书局1960年版，第522页。
③ 王明编：《太平经合校》，中华书局1960年版，第521页。
④ 据上下文意，“灭亡”前当有“未”字。
⑤ 王明编：《太平经合校》，中华书局1960年版，第526页。
⑥ 王明编：《太平经合校》，中华书局1960年版，第526页。

疑”①。《太平经·大功益年书出岁月戒》总结道:“善自命长,恶自命短,何可所疑所怨乎?”②

第四,道教也与墨家一样,把“天志鬼神监察赏罚说”与国家治理结合起来。《太平经·四吉四凶诀》说:“犯四大凶,贡非其人也,乃使帝王愁苦,治云乱。凡害气动起,不可禁止,前后不理,更相承负。天地大怒,群神战斗,六方不喜,八远乖错,终古不理,天上名是为曰减年短命之符。”③宣称世人犯凶而天怒,这就更能达到教育和威慑民众的目的。同时,道教徒也反复自诫说:“吉凶之会,相去万里,故下此文,相敕相诫,勿怨天咎地,善恶当分。其文相录,知恶为善,魂神劳极。愚者不知,故文辞丁宁反覆,展转相告,无为后生作咎。以此自证,复何怨咎?无所复恨,各得其理。此文当传,不得休止。知者减年,愚者自已。写书不用其言,但自苦耳。”④

除此之外,道教在墨家“天志鬼神监察赏罚说”基础上又有所发展。这些发展主要集中在如下三个方面。

第一,在墨家“鬼罚说”基础上发展出“子孙承负说”。为了劝诫世人,道教总结出为善、作恶的几种结果:“会欲杀人,簿领为证验。乃令入土,辄见考治,文书相关,何有脱者?努力远恶,无以为伍,可小活竟年之寿。不忠疾苦,虽为狂邪所击,会有活者。”⑤在此基础上还发展为“子孙承负说”:“天上禁神法令,亦如中和地下,四流傍行,皆同法象,何有疑者。生人有

① 王明编:《太平经合校》,中华书局1960年版,第579页。
② 王明编:《太平经合校》,中华书局1960年版,第525页。
③ 王明编:《太平经合校》,中华书局1960年版,第522页。
④ 王明编:《太平经合校》,中华书局1960年版,第573页。
⑤ 王明编:《太平经合校》,中华书局1960年版,第568页。

功于天，子孙为凶，辄除算，当死不死，算尽之后，亦无望其生。”①在伦理大行、父慈子孝大彰的中国古代做这种称扬，就使得“鬼算说”更具有威慑力，更利于在民间普及和实施。

第二，在墨家“鬼罚说”基础上发展出“地神考问说”。为了使墨家的“鬼罚说”更具有威慑力，道教宣扬世人作恶后“天遣神往记之”而“除算减年”，并且这“除算减年”是通过“太阴法曹，计所承负，除算减年。算尽之后，召地阴神，并召土府，收取形骸，考其魂神”②。这与中国古代的“土地爷信仰”结合起来，便使其威慑力无处不在。道教徒还进一步描述，“考其魂神”时，由“地神召问”；“其所为辞语同不同，复苦思治之，治后乃服。上名命曹上对，算尽当入土”；若作恶过甚，不但自己减年速死，受地神考问，并且还“愆流后生”。③ 所以道教徒告诫世人：“积过众多，太阴主状，当直法轻重，皆簿领过，人不自知，以为无他。……天神部上死亡，减年灭人世，不可详念？”④这样，道教就在继承墨家“天志鬼察说”的基础上，与至迟在东汉已出现的“地府掌死”观念⑤结合起来，对墨家的“天志鬼察说”作补充和发展，将“天志不欲人为恶”与“鬼神监察施罚”结合起来，使其更有慑服力，更利于在民间宣传推行。

第三，道教徒还进一步宣传，那个监察世人的“神”就潜伏

---

① 王明编：《太平经合校》，中华书局 1960 年版，第 568 页。

② 王明编：《太平经合校》，中华书局 1960 年版，第 579 页。

③ 王明编：《太平经合校》，中华书局 1960 年版，第 526 页。

④ 王明编：《太平经合校》，中华书局 1960 年版，第 568 页。

⑤ 据汉画像石及汉代碑刻等，至迟在东汉已出现“地府掌死”观念，详见郑杰文：《墨家鬼神观的渊源、学说及影响》，张知寒主编：《墨子研究论丛》第二辑，山东大学出版社 1993 年版，第 433—441 页。

在每个人的身体内。《太平经·贪财色灾及胞中诫》说:“五神在内,知之短长,不可轻犯,辄有文章,小有过失,上白明堂,形神拘系,考问所为,重者不失,轻者减年”,如若“神不白举,后坐其人,亦有法刑,非但生人所为,精神鬼物亦如是”。[①] 所以,心存侥幸,或谋图通过祭祀等收买手段逃过“鬼神监察施罚”,是根本不可能的。

道教徒们在民间大力推行这种经过改造了的“天志鬼神除算减年说”。《太平经·七十二色死尸诫》说:“及治生天知少智,故为施善恶救命之文,以戒前后,勿轻恶言,以为谈首,动作进退,辄有殃咎。故下此文以示子,使思其意,使无自怨。”[②]《太平经·有过死谪作河梁诫》宣传:民人应“见善当进,见恶当退,何有所疑,行各自力,无为神所误”[③];如若“朝廷尉设法,人自犯之,勿恨主者,恨之命簿不得久生”[④]。

到魏晋南北朝时,道教的“天志鬼神除算减年说”与养生之术结合起来,在社会上层广为传播。如《抱朴子·微旨》宣扬,欲炼养长寿者,其“禁忌之至急,在不伤不损而已。按《易内戒》及《赤松子经》及《河图记命符》皆云,天地有司过之神,随人所犯轻重,以夺其算,算减则人贫耗疾病,屡逢忧患,算尽则人死,诸应夺算者有数百事,不可具论。又言身中有三尸,三尸之为物,虽无形而实魂灵鬼神之属也。欲使人早死,此尸当得作鬼,自放纵游行,享人祭酹。是以每到庚申之日,辄上天白司命,道人所为过失。……大者夺纪。纪者,三百日也。小者

① 王明编:《太平经合校》,中华书局1960年版,第569页。
② 王明编:《太平经合校》,中华书局1960年版,第568页。
③ 王明编:《太平经合校》,中华书局1960年版,第578页。
④ 王明编:《太平经合校》,中华书局1960年版,第568页。

夺算。算者，三日也”[①]。又如《神仙传》载彭祖云：“养寿之道，但莫伤之而已。夫冬温夏凉，不失四时之和，所以适身也。……言若能节宣其宜适，抑扬其通塞者，不减年算而得其益。”[②]

经过道教此番改造、宣传和推扬，“天志鬼神除算减年说”深入民间，不但出现在道教徒的著述中，如《登真隐诀》曰“至夏至日日中，天上三官会於司命河候，校定万民罪福，增减年算”[③]，还渗进文人著作中，如《寓简》卷十载：“有故人喜谐谑，见人家后房或北里倡女多隐讳年岁，往往不肯出二十以上。故友戏谓曰：‘汝等亦有减年恩例，尽被烧丹学仙道人买去。’盖道士多诳诞，动辄年数百岁耳。”[④]其影响更加广泛和深远。

三、墨家鬼察与道教除算因灶神信仰而广播民间

墨家的“天志鬼神监察赏罚说”，经道教改造为“天志鬼神除算减年说”，在民间产生了深远影响，并且沉淀在中华民族的信仰与风俗中，集中反映在祀灶信仰到灶神职能崇拜的转变中。

祀灶原是上古一种祭祀仪式。《淮南子·时则训》曰：“孟

---

① 王明校释：《抱朴子内篇校释》，中华书局 1985 年版，第 125 页。

② 李昉等撰：《太平御览》，中华书局 1960 年版，第 3190 页。

③ 李昉等撰：《太平御览》，中华书局 1960 年版，第 2948 页。

④ 沈作喆纂：《寓简（附录）》，《丛书集成初编》本，中华书局 1985 年版，第 80 页。

夏之月……其祀灶，祭先肺。”[1]又曰：“仲夏之月……其祀灶，祭先肺。”[2]《风俗通义》卷八引《明堂月令》云：“孟冬之月，其祀灶也。”[3]据《淮南子·齐俗训》“有虞氏之祀，其社用土，祀中霤，葬成亩……夏后氏其社用松，祀户，葬墙置翣……殷人之礼，其社用石，祀门，葬树松……周人之礼，其社用栗，祀灶，葬树柏”[4]等言，似乎在上古三代，祀灶是周人独有的祭祀，是其独特的礼俗。但事实可能不是这样。祀灶应是所有先民部族都曾有过的原始崇拜，其起源可能与先民发明用火有关，故《太平御览》卷一百八十六引李尤《灶铭》云“燧人造火，灶能以兴”[5]。用火烧烤食物乃至发展到用灶炊饭，是所有先民部族都曾走过的共同生活历程；先民垒灶以饭，使自己脱离膻腥之苦，由此而产生对火、对灶的崇拜，故祀灶应是上古各部族先民共有的祭祀。所以，上引《淮南子·时则训》与《明堂月令》所记的祀灶时节才不一样；所以《淮南子·时则训》才说“炎帝于火，死而为灶”[6]，而《太平御览》卷一百八十六又引《淮南子》曰“黄帝作灶，死为灶神”[7]；所以《淮南子·主术训》才说“尧、舜、禹、汤、文、武，皆坦然天下而南面焉。当此之时，鼛鼓而食，

---

① 刘文典撰：《淮南鸿烈集解》，中华书局1989年版，第167页。

② 刘文典撰：《淮南鸿烈集解》，中华书局1989年版，第168页。

③ 应劭撰，王利器校注：《风俗通义校注》，中华书局2010年版，第361页。

④ 刘文典撰：《淮南鸿烈集解》，中华书局1989年版，第357—358页。

⑤ 李昉等撰：《太平御览》，中华书局1960年版，第903页。

⑥ 刘文典撰：《淮南鸿烈集解》，中华书局1989年版，第460—461页。

⑦ 李昉等撰：《太平御览》，中华书局1960年版，第903页。

奏《雍》而彻，已饭而祭灶"[①]。这些都说明了祀灶起源的多元性，说明了祀灶信仰的广泛性。

但不管其源头有多少，上古祀灶信仰的真正原因都在于它为先民生活提供了功用性的便利，故《淮南子·氾论训》说"今世之祭井灶、门户、箕帚、臼杵者，非以其神为能飨之也，恃赖其德，烦苦之无已也。是故以时见其德，所以不忘其功也……此鬼神之所以立"[②]；故《淮南子·主术训》在讲"尧、舜、禹、汤、文、武……已饭而祭灶"后接着说"行不用巫祝，鬼神弗敢祟，山川弗敢祸"[③]；故《风俗通义》卷八云包含灶神在内的"五祀之神"是"王者所祭"，祭祀的原因在于"古之神圣，有功德于民"[④]。这都说明，上古先民祀灶，是崇拜它的生活性功用；那时的祀灶信仰，尚无后世祈福避祸的宗教性目的。

自西汉起，祀灶目的悄然发生变化。《史记·封禅书》载汉武帝时方士李少君曾宣扬"祠灶则致物，致物而丹沙可化为黄金，黄金成以为饮食器则益寿"[⑤]，其祀灶目的由感谢先圣作灶以去膻腥，而渐变为"祀灶可致物—致物可炼金—金成作饮食器可益寿"这种带有信仰性的功利目的。后来，这种信仰性功利目的在世人的心理层面更加明确。《后汉书·樊宏阴识传》附《阳兴传》言："宣帝时，阴子方者，至孝有仁恩，腊日晨炊

① 刘文典撰：《淮南鸿烈集解》，中华书局1989年版，第311页。

② 刘文典撰：《淮南鸿烈集解》，中华书局1989年版，第460—461页。

③ 刘文典撰：《淮南鸿烈集解》，中华书局1989年版，第311页。

④ 应劭撰，王利器校注：《风俗通义校注》，中华书局2010年版，第361页。

⑤ 《史记》卷二十八《封禅书》，中华书局1959年版，第1385页。

而灶神形见，子方再拜受庆。家有黄羊，因以祀之。自是已后，暴至巨富，田有七百余顷，舆马仆隶，比于邦君。”[①]而《风俗通义》卷八引《汉记》载：“南阳阴子方积恩好施，喜祀灶。腊日晨炊，而灶神见，再拜受神，时有黄羊，因以祀之。其孙识，执金吾，封原鹿侯；兴卫尉，鲖阳侯。家凡二侯，牧守数十。其后子孙常以腊日祀灶以黄羊。”[②]在此“祀灶可致富贵利禄”的吸引下，在求福求禄心理的促动下，祭灶成为汉人的常祀，祈福成为汉人祀灶的新兴宗教性目的，故《后汉书·礼仪志中》载：“立夏之日，夜漏未尽五刻，京都百官皆衣赤，至季夏衣黄，郊。其礼：祠特，祭灶。”[③]

祀灶祈福，福不常至，汉人这种“祀灶可致富贵利禄”功利性目的之实现的或然性，妨碍了祀灶信仰的传播，因而在“祀灶祈福”信仰流行的同时，又流行着“祀灶避祸”的信仰。《太平御览》卷一百八十六引《万毕术》曰：“灶神，晦日归天，白人罪。”[④]《万毕术》由淮南王刘安召集方士撰著，号称“淮南外书”，反映的应是西汉人的信仰。这种“祀灶避祸”的信仰，与西汉宣帝时人阴子方祀灶神以黄羊而家暴富、子孙封侯的祀灶信仰，应是同时在民间流行的。

这种“祀灶避祸”的信仰，后经道教渲染推扬，谓“天遣神往记”人间善恶，“过无大小，天皆知之”，然后“簿疏善恶之籍，

---

① 《后汉书》卷三十二《樊宏阴识传》附《阳兴传》，中华书局 1965 年版，第 1133 页。

② 应劭撰，王利器校注：《风俗通义校注》，中华书局 2010 年版，第 361 页。

③ 《后汉书》志第五《礼仪中》，中华书局 1965 年版，第 3117 页。

④ 李昉等撰：《太平御览》，中华书局 1960 年版，第 903 页。

岁日月拘校，前后除算减年”[①]，发展成灶神信仰，使得“灶神监督、除算减年”深入民间，故《抱朴子·微旨》载“《易内戒》及《赤松子经》及《河图记命符》”皆云：“月晦之夜，灶神亦上天白人罪状。大者夺纪。纪者，三百日也。小者夺算。算者，三日也。”[②]

时至唐代，灶神信仰更加深入民间。《酉阳杂俎》前集卷十四《诺皋记上》载：“灶神名隗，状如美女。又姓张名单，字子郭。……常以月晦日上天白人罪状，大者夺纪，纪三百日，小者夺算，算一百日。故为天帝督使，下为地精。己丑日，日出卯时上天，禺中下行署，此日祭得福。……一曰灶神，名壤子也。”[③]灶神名称有异，或许说明着信仰灶神的地域至此更加广泛。

自此之后，灶神监督世人而上天报告善恶以除算减年的灶神信仰，成为笃定不疑、流传久远的民间信仰，至明、清、近现代仍历久不衰。

通过文人小说，我们可以看到明清时期灶神这种民间信仰的坚确程度。《北东园笔录四编》卷五道：乾隆间有刘秀才告贷于亲友义埋“明季兵燹后瘗骨”，但仍应试不举，故“益郁郁不乐。腊月二十四日之夕，天佑因祀灶神，遂具疏自道其平生虽无大阴德，然掩骼一事，当亦可挽回造化，何神听之不聪也？辞色颇不平”；当晚做梦便受到神灵的点化教训，“自此不敢稍有怨尤。越三年，中乡榜一百余名，后官中书舍人”[④]，以此来

---

① 王明编：《太平经合校》，中华书局1960年版，第526页。

② 王明校释：《抱朴子内篇校释》，中华书局1985年版，第125页。

③ 段成式撰：《酉阳杂俎》，中华书局1981年版，第128页。

④ 梁恭辰撰：《北东园笔录四编》，《笔记小说大观》第29册，江苏广陵古籍刻印社1983年版，第353页。

宣扬做善事必得鬼神赏赐;而《续金瓶梅》第四回载:鬼使到“在山东司查罪,(西)门庆跪在堂前,早有判官呈上,据清河县城隍、土地,灶神日夜游巡报案,西门庆积恶甚多,淫奢过分,原寿六十岁,因罪减算三纪;法应绝嗣,有施舍一事,给一子为僧,再传则绝”;西门庆不服,“只见司官与判官说了两句,就拿出一架天平——两个铜盘,一个黑的,一个红的,其砝码也是两样——将门庆作过恶册放在一头,善册放在一头,那恶册重有千斤,善册轻无二两,把个天平架子坠倒在地。司官大怒,即喝鬼使捆翻,以铜箍脑,两目努出,口鼻流血,要打入死囚牢去”①,以此来印证为恶必得鬼神惩罚。

至近现代,此一信仰不减。《自勉斋随笔》载:“普通的习俗,每年腊月二十三日或是二十四日送灶,除夕接灶。送灶是把灶神送了上天,希望他在上帝面前说几句好话,所以‘灶对’上都说‘上天言好事,下界保平安’,中间贴一张‘司命府’,可见灶神的权威了。”②从中可见灶神信仰在民间流传的久远。

结　语

由上所见,墨家那种天志欲使世人为善不为恶、天派鬼神监察世人、对做善事者增寿为恶者减寿的“天志鬼神监察赏罚说”,被道教徒接受并加以改造,增加“子孙承负说”和“地神考

---

① 丁耀亢:《续金瓶梅》,齐鲁书社 2001 年版,第 44—45 页。

② 陈邦贤:《自勉斋随笔》,上海书店出版社 1997 年版,第 155—156 页。

问说”,发展为“天志鬼神除算减年说”,使此种学说更具威慑力,更利于在民间推扬,因而更加深入民心。自汉代起,它与久已流行的原始崇拜仪式——祀灶结合,发展为灶神信仰,产生出家家有灶神,灶神代天监察世人,并于年末上天报告此家人善恶诸事,然后加减计算,或增寿或减寿的灶神信仰习俗,对中华民族性格的形成、社会生活的发展、民风民俗的建设等产生了重大影响。

论墨家伦理道德学说*

春秋战国时期,以墨子为代表的墨家伦理道德学说异军突起,冲击了儒家学说的影响而逐渐形成与儒家伦理道德学说分庭抗礼的局面。墨学因而显赫一时,与儒学并称“显学”。与儒家伦理思想相对,墨家提出兼爱、贵义、节葬、非乐等一系列主张,在很大程度上代表了广大民众的利益,喊出了民众的心声。其学说的进步性与合理成分使其得以广泛传播,虽不为历代统治者承认、接受,但在人民群众中,其影响是很深远的,至今仍存在着。

一、墨家伦理道德学说的起源

(一)墨家伦理道德学说产生的社会背景

墨子稍晚于孔子,其所处的春秋战国之交,社会生产方式发生了巨大变化,这种变化使社会政治制度开始由奴隶制向封建制转变。随着社会经济的巨大发展,私有小农经济逐步形

---

* 本文原载于郑杰文、黑琨:《墨学与新伦理道德》,中国书店 1997 年版。

成。一些自食其力的个体劳动者开始从奴隶制的社会生产关系中解放出来,获得了人身自由,脱离了奴隶身份。这些个体劳动者凭借自己的劳动而获得财富成为小私有者,经济上也有了较多的独立性。经济上的富有使他们迫切要求在社会政治生活中取得相应的地位,但他们在当时还是属于庶人阶层,政治上没有地位。这种境遇使他们强烈不满,因此他们主张尚贤,希望贵族统治者能用人唯贤,而不要“党父兄”“偏富贵”“嬖颜色”;认为“尚贤为政之本也”(《墨子·尚贤中》①),要求统治者开放政权,以使他们这些已取得经济地位的小生产者,在国家政治舞台上也占有一席之地。

春秋战国时期,是所谓“礼崩乐坏”、天下大乱的时代。各诸侯国争相称霸,战事迭起,致使民不聊生。以墨子为代表的小手工业生产者饱受战争之苦,因此他们反对战争,反对攻伐,主张兼爱非攻,以“兴天下之利,除天下之害”为己任,“劳心苦志”,宣传自己的主张。

(二)从学儒家之业到创立新说

据《淮南子·要略》载,墨子先从学于儒家而又放弃,另创新说,“学儒之业,受孔子之术”,因“以为其礼烦扰而不说,厚葬靡财而贫民,[久]服伤生而害事,故背周道而用夏政”②。墨子所居之小邾国,在今曲阜南百余里。这种地缘关系使墨子早年学儒家之业,受孔子之术。孔子出身于奴隶主贵族阶级,其

① 参见孙诒让撰:《墨子间诂》,《新编诸子集成》本,中华书局 1986 年版,第 45 页。(下引同)

② 刘文典撰:《淮南鸿烈集解》,中华书局 1989 年版,第 709—710 页。

主张多从维护奴隶主贵族的利益出发。所以,儒家那些烦琐的礼仪、厚葬久丧的规定自然不能为出身于社会下层、以力自食的墨子所接受。《墨子·公孟》篇记载有墨子非儒的言语:“儒之道足以丧天下者,四政焉。儒以天为不明,以鬼为不神,天鬼不说,此足以丧天下。又厚葬久丧,重为棺椁,多为衣衾,送死若徙,三年哭泣,扶后起,杖后行,耳无闻,目无见,此足以丧天下。又弦歌鼓舞,习为声乐,此足以丧天下。又以命为有,贫富寿夭,治乱安危有极矣,不可损益也,为上者行之,必不听治矣;为下者行之,必不从事矣,此足以丧天下。”墨子认为不以天鬼为神明、厚葬久丧、习为声乐、以命为有是儒家学说的四大弊病,其危害“足以丧天下”。针对这四种弊病,墨子提出了天志、明鬼、节葬、非乐、非命等主张,与儒家抗衡。墨子还反对儒家的“亲亲有术,尊贤有等”(《墨子·非儒下》),主张兼爱,并将其作为最高的道德理想。

由于墨子先从学于儒家,所以墨子的伦理道德学说也继承了某些儒家伦理思想,如墨子也推崇仁义,也讲“君臣上下惠忠,父子弟兄慈孝”(《墨子·天志中》),但墨子所讲的仁义、忠孝等概念,不但与孔子所说有原则性的不同,也有别于后来孟子所讲的观点。这种不同,首先表现在理论依据上。

(三)“天人合一”是墨家伦理道德的理论依据

殷末周初,天人合一的思想已有了初步萌芽。《尚书·洪范》中说:“惟天阴骘下民。……天乃赐禹洪范九畴,彝伦攸叙。”认为上天是保护人民的,上天把九种大法赐给禹,安排好了常事的次序及人伦规范。如果人们的行为合乎天意,上天就会降下“休征”;如果人们的行为违反天意,上天就会降下“咎征”;对人们进行惩罚。这样,天人相通的理论就能起到劝人向善,使人遵从天意行事的作用。

这种天人合一的理论萌芽被墨子利用来作为解释其伦理思想的根源,宣称伦理道德来源于“天志”,天要求人们相爱、相利,禁止人们相恶、相贼;“天欲义而恶其不义者也”;因为天“兼而食之也”(“之”指人民),所以也“兼爱”“兼利”天下人民。墨子认为上天的意欲为兼爱、求义,所以天下的人就要兼爱、求义;否则,违反天意必然遭到上天的惩罚,就连天子也不例外,“天子有善,天能赏之;天子有过,天能罚之”(以上见《墨子·天志下》)。墨子讲天志,除了要人们“兼相爱,交相利”之外,更重要的是要世间的统治者能够遵从天志,顺从天之意愿,“……当天意而不可不顺,顺天意者,兼相爱,交相利,必得赏。反天意者,别相恶,交相贼,必得罚”(《墨子·天志上》)。其实,墨子所说的天之意愿,如“兼相爱,交相利”“欲义而恶其不义”等等,都是墨子自己的意愿。墨子讲天志,只不过是把它当作一种工具,对上要求统治者遵天意,放弃暴政,不要剥削、歧视下层小生产者及民众;对下则劝人相爱、向善,同时通过民众对上天的信仰而增加对墨家学说的信仰,以扩大舆论,造成声势,利于墨家伦理思想的传播。这一点在《墨子》一书中讲得也很明白:“故子墨子之有天之意也,上将以度天下之王公大人为刑政也,下将以量天下之万民为文学出言谈也。”(《墨子·天志中》)

墨子讲天志,也讲明鬼,认为鬼神能“赏贤而罚暴”,若使天下人都能信“鬼神之能赏贤而罚暴也,则夫天下岂乱哉”(《墨子·明鬼下》)。在这里,“明鬼”说与“天志”说一样,都是墨子借来宣扬其伦理道德思想的手段,意欲用鬼神的威慑力来使上自统治者下至平民等社会成员都能为善、为贤。“是故子墨子曰:尝若鬼神之能赏贤如罚暴也。盖本施之国家,施之万民,实所以治国家利万民之道也。若以为不然,是以吏治官府之不洁廉,男女之为无别者,鬼神见之;民之为淫暴寇乱盗贼,以兵刃毒药水火,退无罪人乎道路,夺人车马衣裘以自利者,有鬼神见之。是以吏治官府,不敢不洁廉,见善不敢不赏,见暴不敢不罪。民之为淫暴寇乱盗贼,以兵刃毒药水火,退无罪人乎道路,夺车马衣裘以自利者,由此止。是以莫放幽间,拟乎鬼神之明显,明有一人畏上诛罚,是以天下治。"(《墨子·明鬼下》)因为有鬼神在赏贤罚暴,所以吏治官府、下层民众都不敢为恶,天下于是大治。墨子所宣扬的鬼神,就仿佛是监督人们为善与否的一种力量,与上天的意志相配合,以使墨家的伦理学说得以施行。

综上所述,墨家的伦理学说继承了儒家学说的某些成分,又利用"天人合一"的思想,把其伦理道德的内容植根于"天志",借上天、鬼神之力来阐释宣扬兼爱、相利、求义等伦理思想。其"天志""明鬼"学说虽然含有落后迷信的成分,但墨家的伦理思想却由于代表着社会下层民众的利益和要求,而充满比儒家伦理思想进步得多的内容;虽然其中存在小生产者的阶级局限性,但闪烁着劳动人民所特有的思想光辉,因而在中国古代伦理学史上占有特殊的地位。

二、兼爱共处的道德理想

(一)兼爱共处主张的提出

如前所述,墨子所处的时代,正值诸侯争霸、天下大乱的春秋战国之交，为了“兴天下之利，除天下之害”，也为了提高处于社会下层的墨家的政治地位，墨子提出了“兼相爱，交相利”，并把兼爱共处作为最高的道德理想。

墨子指出：“仁人之所以为事者，必兴天下之利，除去天下之害。”（《墨子·兼爱中》）那么，什么是“天下之利”，什么又是“天下之害”呢？他认为，“今若国之与国之相攻，家之与家之相篡，人之与人之相贼，君臣不惠忠，父子不慈孝，兄弟不和调，此则此天下之害也”（《墨子·兼爱中》）。“天下之害”若此，那“天下之利”则不言而喻了。要除去这些“害”，就首先要弄清“害”之起因。墨子分析认为，以上“害”“以不相爱生。今诸侯独知爱其国，不爱人之国，是以不惮举其国以攻人之国。今家主独知爱其家，而不爱人之家，是以不惮举其家以篡人之家。今人独知爱其身，不爱人之身，是以不惮举其身以贼人之身。是故诸侯不相爱则必野战，家主不相爱则必相篡，人与人不相爱则必相贼，君臣不相爱则不惠忠，父子不相爱则不慈孝，兄弟不相爱则不和调。天下之人皆不相爱，强必执弱，众必劫寡，富必侮贫，贵必傲贱，诈必欺愚。凡天下祸篡怨恨，其所以起者，以不相爱生也”（《墨子·兼爱中》）。墨子认为“天下之害”起自不相爱，故而解决的方法是“以兼相爱交相利之法易之”。如果人们都能做到“兼相爱，交相利”，便可“兴天下之利”，使天下大治。（《墨子·兼爱中》）

墨子的兼爱主张，首先批判了独知爱己，而不知爱人的自私自利的行为，要求人们做到“爱人若爱其身”（《墨子·兼爱上》），“为其友之亲，若为其亲”（《墨子·兼爱下》），并提出了具体的作法：“视人之国若视其国，视人之家若视其家，视人之身若视其身。”（《墨子·兼爱中》）他认为只有这样做，才能使诸侯相爱而不野战;家主相爱而不相篡;人与人相爱而不相贼;使君臣惠忠,父子慈孝,兄弟和调;使“天下之人皆相爱,强不执弱,众不劫寡,富不侮贫,贵不敖贱,诈不欺愚”(《墨子·兼爱中》)。

(二)墨家“兼爱”与儒家“仁爱”的区别

我们从墨子的这些主张可以看出,墨子的“兼爱”说与孔子儒家的“仁爱”说是有区别的。墨子讲求的“兼爱”,是天下之人不分尊卑贵贱贫富地相爱,主张爱无差等,不同于孔子和儒家所宣扬的“仁爱”。在墨子看来,儒家的爱是“亲亲有术,尊贤有等”“言亲疏尊卑之异”(《墨子·非儒下》)的爱。墨子宣扬“兼爱”,推崇爱无差等的目的,一方面是提出一种治理乱世的方法,另一方面则反映了以墨子为代表的刚刚从奴隶制束缚下解放出来、并在社会上占有了一定经济地位的小生产者的要求,他们要求有独立的政治地位。其“兼爱”说包含着要与统治阶级平等相爱的内容,以促使统治者开纳贤之路、选贤用能,让他们这些小生产者也有参与政治的机会。当然,墨子“兼爱”说中所包含的平等,并没有取消等级的意思。墨子是不反对等级制度的,他心目中的社会,还是以“天子、诸侯、士大夫、人民”之类的等级为特色,还是讲求君臣父子各尽其职的等级制的,但是墨子主张伦理思想上的平等,反对等级歧视。在墨子这里,君臣、父子间的关系是双向型的,是相互的,“臣子之不孝君父,所谓乱也。子自爱不爱父,故亏父而自利;弟自爱不爱兄,故亏兄而自利;臣自爱不爱君,故亏君而自利,此所谓乱也。虽父之不慈子,兄之不慈弟,君之不慈臣,此亦天下之所谓乱也。父自爱也不爱子,故亏子而自利;兄自爱也,不爱弟,故亏弟而自利;君自爱也,不爱臣,故亏臣而自利。是何也?

皆起不相爱”(《墨子·兼爱上》)。墨子认为子、弟、臣等下一级的人应该爱父、兄、君等上一级的人,只有这样,天下才不会乱;同时,父、兄、君等上一级的人也要爱子、弟、臣等下一级的人,否则,也会引起天下之乱。这样,就不再像儒家那样只讲臣忠、子孝,而是认为双方都应互相履行爱的义务才是合理的。相比之下,墨家的兼爱确实要比儒家的“爱有差等”进步得多。再者,墨子宣扬“兼爱”,是想让人们“皆相爱”,从而达到“强不执弱,富不侮贫,贵不敖贱,诈不欺愚”(《墨子·兼爱中》)的目的;反对贵族统治者压迫、欺凌下层的人民群众,在很大程度上反映了劳动人民渴望平等、反对剥削压迫的心声,代表着下层人民的利益,这也是墨子“兼爱”说的进步意义所在。

(三)墨子对“兼爱”学说可行性的论证

关于“兼爱”的可行性,墨子从三个方面做了论证。

第一,“兼爱”是上天的意志,人们不得违背。首先,墨子认为天是兼爱天下百姓的,“然则何以知天之爱天下之百姓?以其兼而明之。何以知其兼而明之?以其兼而有之。何以知其兼而有之?以其兼而食焉。何以知其兼而食焉?四海之内,粒食之民,莫不刍牛羊,豢犬彘,洁为粢盛酒醴,以祭祀于上帝鬼神,天有邑人,何用弗爱也?且吾言杀一不辜者必有一不祥。杀不辜者谁也?则人也。予之不祥者谁也?则天也。若以天为不爱天下之百姓,则何故以人与人相杀,而天予之不祥?此我所以知天之爱天下之百姓也”(《墨子·天志上》)。从四海之内的人民皆祭祀、供奉上帝鬼神而知天“兼而食之”“兼而有之”;又从此一步推到天“兼而明之”“兼而爱之”;再从人与人相杀,而天降下不祥之兆等,来说明天是兼爱天下百姓的。上天不仅兼爱天下之百姓，还要求天下之百姓要相爱、相利，不要相恶、相贼。“曰顺天之意何若？曰兼爱天下之人。”(《墨子·天志下》)上天希望天下之人要“兼相爱，交相利”，希望国与国、家与家之间不要互相攻伐，“子墨子曰：天之意不欲大国之攻小国也，大家之乱小家也。强之暴寡，诈之谋愚，贵之傲贱，此天之所不欲也”(《墨子·天志中》)。不仅如此，还希望人们之间要互相帮助，“欲人之有力相营，有道相教，有财相分也”(《墨子·天志中》)。在这里，墨子借“天”之志，道出了他所在的小生产者及劳动人民阶层的强烈愿望，并且也反映人民群众“有力相营，有道相教，有财相分”的美好情操。墨子不仅说出了天之意欲，而且还告诉人们天对人们的行为所做出的反应：“顺天意者，兼相爱，交相利，必得赏。反天意者，别相恶，交相贼，必得罚。”(《墨子·天志上》)用上天的赏与罚来敦促、警诫人们一定不要违背天之意愿，而应该“顺天意”，应该“兼相爱，交相利”。

第二，墨子认为“兼爱”是“圣王之道”，“自先圣六王者亲行之”，并说“吾非与之并世同时，亲闻其声，见其色也。以其所书于竹帛，镂于金石，琢于槃盂，传遗后世子孙者知之”(《墨子·兼爱下》)；又引用《禹誓》《汤说》等文献的记载，列举先圣六王行“兼”道的言行，来证明“兼爱”说是古代圣王早已施行过的，所以“兼爱”必须予以推行。圣王可以用“兼爱”之道治世，今之君王是否也能像先圣六王那样推行“兼爱”，并收到同样效果呢？墨子说：“我以为则无有上说之者而已矣。苟有上说之者，劝之以赏誉，威之以刑罚，我以为人之于就兼相爱交相利也，譬之犹火之就上，水之就下也，不可防止于天下。”(《墨子·兼爱下》)认为只要君王“说之”，推行“兼爱”的主张，人民就一定会拥护、遵从。“约食、焚身、苴服，此天下之至难为也”（《墨子·兼爱下》），然而就因为荆襄王好细腰、越王勾践好勇、晋文公好苴服，所以他们手下的臣民便投君王之所好，竞相按君王之意图办事，以致“荆国之士饭不逾乎一”（《墨子·兼爱下》），每天只吃一顿饭；越王勾践的士臣不畏死；晋国之士，皆苴服入见文公。墨子用这些事例来游说君王，让他们看到“兼爱”并不难为，只要君王号召，便可得到很好的效果。

第三，墨子用《诗经·大雅》中的“无言而不雠，无德而不报。投我以桃，报之以李”之言说明“兼爱”可行；不仅可行，而且有利。用墨子的话说，就是“夫爱人者，人必从而爱之；利人者，人必从而利之；恶人者，人必从而恶之；害人者，人必从而害之”（《墨子·兼爱中》）。爱人、利人，同样可以得到别人的爱与利；恶人、害人，别人也会恶之、害之。所以，在墨子看来，爱人、利人并非简单的奉献、给予，而是能够获得回报的。既然爱人、利人，不仅没有什么害处，相反还有许多好处，那又有谁不愿意实行“兼爱”呢？

这样，墨子就以“天志”说明了人必须兼爱，以圣王实行过、当今君王“说之”则“众能为之”，来说明兼爱的易行；又从“投我以桃，报之以李”的兼爱效果来说明人们对兼爱的乐行，最后归纳出一点：实行兼爱，“此何难之有焉？”

（四）墨子“兼爱”说的局限性

墨子认为，人生在世，只要不是只想着自爱自利，而是能爱人、利人，就能实现天下之人“兼相爱，交相利”的道德理想，以使人们不分等级、贵贱、贫富的相爱共处。我们说，墨子这种最高的道德理想虽很美好，但是在他所处的那个时代，甚至是在所有的阶级社会中,这种美好理想都只不过是一种空想而已,是不可能实现的。因为,墨子所处的时代社会经济发生着巨大变革,社会生产力水平的发展促使社会由奴隶制转变为封建制,社会上的阶级对立也转变为地主阶级与农民之间的对立。而墨子在提倡“兼相爱,交相利”的主张时,并未意识到社会中一旦存在着经济上的利益冲突和政治上的对立,人与人之间是不可能实现真正的兼爱共处的。由此可见,墨子“兼爱”说本身就存在矛盾,由于墨子并不反对等级制,因而他所希望的乃是在政治经济不平等的基础上实现伦理观念上的平等。由此可见,墨子的“兼爱”说只不过是一种空想,是不可能在阶级对立的社会中实现的。

但正如前文所述,墨子的“兼爱”说虽然只是一种空想,但它本身却包含着不可磨灭的进步意义。它代表了社会下层劳动人民渴望平等、自由的强烈愿望,要求统治者不再剥削、歧视劳动人民;抗议当时社会上那种“强执弱,富侮贫,贵傲贱,诈欺愚”的现状,提出了“饥者得食,寒者得衣,劳者得息”等有利于人民的主张。墨子提倡“兼爱”,亦提倡“相利”,反映了以墨子为代表的小生产者及劳动人民重视社会生产,重视实际的特点。他所提出的“有力者疾以助人,有财者勉以分人,有道者劝以教人”(《墨子·尚贤下》)的主张,正是劳动人民崇高品德和美好理想的真实体现。

三、急公好义的道德原则

面对春秋战国时期社会混乱的局面,墨子提出了天下之人

“兼相爱”的伦理道德主张，倡导爱无差等，爱无亲疏，试图创造一个人人皆能兼爱共处的大同理想社会。为使这一构想得以付诸实践，墨子进而提出人人应以“急公好义”为道德原则，强调社会的每一个成员都应从自身出发，去爱他人、爱天下之人；以他人之利、天下之公利为重。

通观《墨子》所载，我们可以看出，墨子正是从处理个人与他人、个人与社会的伦理关系这两个方面对“义”的概念进行界定的。

首先，墨子把“义”看作处理个人与他人关系的道德准则。

在伦理道德方面，儒、墨两家都讲“仁爱”，但又有着极大的差别。墨子讲求“爱人”，有着“利人”的内容和目的，其道德意识是建立在客观物质利益基础之上的。所以，墨子倡导的“兼相爱”与“交相利”紧密联系合而为一。在处理个人与他人的关系问题上，墨子则更为鲜明地提出了“利人”，使其成为道德行为的出发点及归宿。同时，墨子也把义的概念界定为“利人”，认为“利人”之举为义，相反，“损人自利”则为不义。对于这个问题，墨子举了一系列的例子来加以阐释：“今有一人，入人园圃，窃其桃李，众闻则非之，上为政者得则罚之。此何也？以亏人自利也。至攘人犬豕鸡豚者，其不义又甚入人园圃窃桃李。……当此，天下之君子皆知而非之，谓之不义。”（《墨子·非攻上》）之所以把“窃人桃李”“攘人犬豕鸡豚”等行为视为不义，就在于这些行为是“亏他人以自利”的。在墨子看来，亏他人愈多，其行为的不义性就愈甚；与此相对，“利人”则为义。义与利是统一的关系：义以利为内容和目的，同时又是利的手段和标准。墨子把义当作处理个人与他人关系的道德准则，就是因为义的实质即“利人”。

墨子宣扬“利人”,强调社会成员应从自身出发,“有力者疾以助人,有财者勉以分人”,即努力行义,从物质上帮助他人。不仅如此,墨子还特别重视精神教化上的助人、教人,用墨子自己的话说就是“有道者劝以教人”,要求人们不但要自己努力行义,还要去宣扬义,促使义的观念能为更多的人所接受,从而使人人都以义为准则,更好地处理相互间的关系。

墨子宣扬义,强调人们应从自身出发去爱利他人,但他并不反对人的自利之心,而是承认在利人基础上的“利己”的合理性。他也提倡通过“利人”而使自己也得到利益,而且还根据“投我以桃,报之以李”的原则来说明,只有利人才能利己。在这里,墨子讲的“利人”与“利己”是没有什么矛盾的,但在这二者面前,墨子则更倾向于“利人”,推崇义的可贵,倡导“利人乎,即为;不利人乎,即止”(《墨子·非乐上》),特别是在处理个人与社会关系的问题上,墨子更为强烈地宣扬无私奉献的精神,并以身作则,躬身行义。

其次,墨子的义是处理个人与社会关系的准则。

墨子把个人与他人之间的关系加以扩大,从一个更高的层次来讲处理个人与社会关系时,亦应以义为道德原则。在这里,义的内容与实质也由“利人”进而深化为“利天下”。他强调“仁人之事者,必务求兴天下之利,除天下之害”(《墨子·兼爱下》),要求人们以“利天下”为己任,在私利与公利、个人利益与整体利益发生矛盾时,要以公利、整体利益为重,个人利益要服从社会的整体利益。具体说来,墨子所谓“天下之利”主要包括以下内容:“刑政治,万民和,国家富,财用足,百姓皆得暖衣饱食,便宁无忧。”(《墨子·天志中》)

为求“兴天下之利”,墨子以“仁者”为楷模而广为宣传:

“仁者之为天下度也，辟之无以异乎孝子之为亲度也。今孝子之为亲度也，将奈何哉？曰：亲贫则从事乎富之，人民寡则从事乎众之，众乱则从事乎治之。……虽仁者之为天下度，亦犹此也。曰：天下贫则从事乎富之，人民寡则从事乎众之，众而乱则从事乎治之。当其于此，亦有力不足、财不赡、智不智，然后已矣。无敢舍余力，隐谋遗利，而不为天下为之者矣。”（《墨子·节葬下》）墨子把“仁者之为天下度”与“孝子之为亲度”相类比，指出人们为天下、为公之精神亦当同于孝子为亲，“无敢舍余力，隐谋遗利”，要有大公无私的精神。

墨子不仅讲到一般人处理个人与社会关系时应以义为则，以“利天下”为志，还特别提出国君亦应如同众人一样，以天下为公，为国家利益着想，在用人问题上不能“党父兄”“偏富贵”“嬖颜色”（《墨子·尚贤中》）；而应以义为原则，“不义不富，不义不贵，不义不亲，不义不近”。用人唯贤，“列德而尚贤，虽在农与工肆之人，有能则举之”（皆见《墨子·尚贤上》）。

墨子在“利人”与“利己”的关系问题上，还承认“自利”之心的正当性；在个人与社会的关系问题上，墨子则更提倡大公无私的精神，甚至认为只要是有利于众人、有利于天下，人们即应有自我牺牲的精神。对于这种大公无私、自我牺牲的精神，墨子大加赞扬，并列出历代圣王之举引以阐扬：“文王之兼爱天下之博大也，譬之日月兼照天下之无有私也……禹之征有苗也，非以求以重富贵、干福禄、乐耳目也，以求兴天下之利，除天下之害……汤贵为天子，富有天下，然且不惮以身为牺牲……即此汤兼也。”（《墨子·兼爱下》）由此可见，墨子以天下之利为重，从全局利益出发的精神特质。在以墨子为领袖的墨家内部，也奉行着“公”的道德理念。墨家成员讲求无私奉献，不但在政治行动上绝对听从于团体统一的部署，而且在经济上也乐于服从统一的安排。墨家子弟出仕为官，其官俸要上缴给团体，不能私自为用。墨家成员更重视义的道德原则，墨子亦以言传身教之法教育其子弟要行义、说义。墨家弟子高石子仕卫，谨记墨子的教导，三朝必尽言，在其言不被用时，便“倍禄而向义”，奋然离去；墨子之后的巨子腹䵍，为公利而不计私情，其子杀人，腹䵍遵义而行，将其子正法。

墨子强调“利人”“利天下”，而把义当作达到“利人”“利天下”的手段，所以特别提倡“贵义”：“和氏之璧，隋侯之珠，三棘六异，此诸侯之所谓良宝也。可以富国家，众人民，治刑政，安社稷乎？曰不可。所谓贵良宝者，为其可以利也，而和氏之璧、隋侯之珠、三棘六异不可以利人，是非天下之良宝也。今用义为政于国家，人民必众，刑政必治，社稷必安。所为贵良宝者，可以利民也，而义可以利人，故曰，义天下之良宝也。”(《墨子·耕柱》)墨子把义与“和氏之璧”等当世所公认的宝物对比，认为义能起到那些宝物所起不到的“利人”“利民”的作用，故而称义为“天下之良宝也”，对之大为推崇。

正如前文所讲，墨子不但重义、倡义，还注重身教的作用。为使义成为处理个人与他人、个人与社会关系的道德原则，使人们都能好义尚行，墨子不辞劳苦、不畏艰辛，躬身实践，体现了他所宣扬的大公无私、勇于奉献的精神。在《墨子》的《公孟》与《鲁问》篇中，都载有墨子强调言义、说义之必要性的言辞。儒者公孟认为墨子“遍从人而说”义是没有必要的，墨子却回答道：“今夫世乱，求美女者众，美女虽不出，人多求之；今求善者寡，不强说人，人莫之知也。”“仁义钧。行说人者，其功善亦多，何故不行说人也！”(《墨子·公孟》)吴虑责问墨子：

“义耳义耳，焉用言之哉？”墨子答曰：“天下匹夫徒步之士，少知义而教天下以义者，功亦多，何故弗言也？若得鼓而进于义，则吾义岂不益进哉。”（《墨子·鲁问》）墨子不计较个人得失，一心为他人、为天下，只要是有利于他人、有利于天下的事，便不辞劳苦，即使赴汤蹈火，也在所不辞。为了止楚攻宋，使宋国人民免于战争之苦，墨子“起于齐，行十日十夜而至于郢”，极力言义，终于说服楚王，使之放弃了攻宋计划。墨子也以急公好义、勇于践行的精神教导、约束自己的弟子，使他们也“以裘褐为衣，以跂蹻为服，日夜不休，以自苦为极”①。

对于墨家所言所为，其他学派的人们给予了很高的评价。庄子虽不赞同墨子学说，但十分敬服墨子的人格和精神，称墨子“不侈于后世，不靡于万物，不晖于数度，以绳墨自矫而备世之急，古之道术有在于是者”，“墨子真天下之好也，将求之不得也，虽枯槁不舍也，才士也夫！”（《庄子·天下》）儒家的孟、荀，也是反对墨子学说的，但对于墨子急公好义、匡世救民的实践精神，他们也是由衷赞叹：“墨子兼爱，摩顶放踵，利天下为之。”②“墨子之言，昭昭然为天下忧不足。”③

同“兼爱”的伦理学说一样，墨子也从上天那里找到了义这一道德原则的根据，并宣扬“义自天出”。他认为“天为贵，天为知而已矣。然则义果自天出矣”（《墨子·天志中》），“天之志者，义之经也”（《墨子·天志下》），把义说成是上天的意

---

① 郭庆藩辑：《庄子集释》，中华书局 1961 年版，第 1077 页。（下引同）

② 杨伯峻译注：《孟子译注》，中华书局 1960 年版，第 313 页。

③ 王先谦撰：《荀子集解》，《新编诸子集成》本，中华书局 1988 年版，第 184 页。

愿,“天欲义而恶不义”(《墨子·天志上》),要求人们谨遵上天意志,努力为义而远离不义,按照义的道德原则去处理自身与他人、个人与社会整体的关系。在倡行急公好义原则的同时,墨子也十分强调上天、鬼神的赏罚作用,并将利天、利鬼、利人三者结合起来,“上利天,中利鬼,下利人,三利而无所不利,是谓天德”,否则,“三不利而无所利,是谓之贼”(《墨子·天志下》)。以天、鬼的名义代言,实际上讲的还是要“利人”“利天下”,因为墨子的天、鬼本身就是意欲人们“兼爱”、好义的。

借助上天意志、鬼神之力来宣扬义作为道德原则的可贵,反映了以墨子为代表的小生产者阶层借天意述己意的独特方式。它虽然有着落后、消极的形式,但更多的是表现了进步、积极的实质。急公好义的道德原则是古代劳动人民大公无私、以他人和公众利益为重的崇高精神的具体再现,不论在当时还是在后世,对于处理个人与他人、个人与社会的伦理关系,都起到了极为重要的积极作用,所产生的影响是深远的。

四、节俭利人的伦理观念

墨子所处的时代,社会政治经历着巨大的变革,社会经济也发展到较高的水平。然而,社会财富的积累并未能改变广大劳动人民的生活处境,而是使统治阶级愈富而下层人民愈贫,加剧了社会的贫富分化。大量的财富集中在少数贵族统治者手中,广大劳动人民依然过着饥寒交迫的悲惨生活。对于这种社会状况,墨子有着十分清醒而深刻的认识。为了改变“富贵者奢侈,孤寡者冻馁”(《墨子·辞过》)的不公平现状,缓和日益尖锐的阶级对立,墨子在以义为道德原则处理个人与他人、个人与社会关系的理论基础上,针对上层贵族统治者奢侈淫靡的生活方式,提出了节俭以利人,强调上层统治者应遵循义的道德原则,效法古代圣王所为,做到"爱民谨忠,利民谨厚,忠信相连,又示之以利"(《墨子·节用中》),体恤民间疾苦,从自身出发,减少不必要的开支,杜绝侈靡浪费,"节用""节葬""去乐"以协调他们与民众的关系,从而富国众民,实现"兴天下之利"的目的。

在节用问题上,墨子并没有单纯地从强调节约消费入手,而是首先从物质生产这一与统治者及劳动人民都息息相关的根本方面谈起;以生产与消费的关系为前提,指出物质生产是消费的基础,统治者既要注重物质生产,又要注重节约消费:"凡五谷者,民之所仰也,君之所以为养也,故民无仰则君无养,民无食则不可事。故食不可不务也,地不可不力也,用不可不节也。"(《墨子·七患》)墨子认为,物质生产是人类赖以生存的必要条件,不仅为"民之所仰",也是"君之所以为养",只有重视物质生产,才能使"民之仰"和"君之养"得到保障。在注重发展生产的同时,也不应摒除节约之法,因为墨子认为节用是积累财富的一条途径。他说:"圣人为政一国,一国可倍也;大之为政天下,天下可倍也。其倍之非外取地也,因其国家,去其无用之费,足以倍之。"(《墨子·节用上》)墨子所说的"去其无用",即指消费以满足基本的生活需要为宜,超过这一限度,便是"无用"。

墨子倡导贵族统治阶级要节约消费,而且还具体地规定出消费的标准。衣服之法:"冬服绀緅之衣,轻且暖,夏服絺绤之衣,轻且清,则止。"饮食之法:"足以充虚继气,强股肱,耳目聪明,则止。不极五味之调,芬香之和,不致远国珍怪异物。”宫室之法:“其旁可以圉风寒,上可以圉雪霜雨露,其中蠲洁,可以祭祀,宫墙足以为男女之别则止。”(《墨子·节用中》)舟车之道:“车以行陵陆,舟以行川谷,以通四方之利。凡为舟车之道,加轻以利者,芊䱉不加者去之。”(《墨子·节用上》)墨子还特别反对贵族统治者所推行的厚葬制度,认为“衣三领,足以朽肉,棺三寸,足以朽骸,堀穴深不通于泉,流不发洩则止。”(《墨子·节用中》)以上这些节用之法,都是在发展生产的基础上提出的。此外,墨子还以发展经济的眼光强调贵族统治者应重视再生产,节约不必要的费用,将其投入到有利于国计民生的再生产中去。他以圣王为鉴,说:“圣王为政,其发令兴事,使民用财也,无不加用而为者。”(《墨子·节用上》)“加费不加民利者,圣王弗为。”(《墨子·节用中》)这里所说的“加用”“加费”都是指为再生产而投入的费用,如果不是为再生产而投入,不是为“民利”的,则是“无用”,应该“弗为”。

在墨子看来,物质生产是与统治者及劳动人民息息相关的,所以,他十分注重生产,并将其作为处理统治者与民众间关系的一个基点。从这个基点出发,墨子站在下层人民的立场上,对统治者提出重视生产、节约消费等要求,并规定出具体的节用之法,强调统治者应以满足生活需要为限,节省国家开支,去除不利于人民的“无用”之财。

其次,墨子从人民的切身利益出发,指出“饥者不得食,寒者不得衣,劳者不得息,三者民之巨患也”(《墨子·非乐上》),要求统治者以“利民”为指导原则,取消对人民的横征厚敛,让人民劳有时、息有隙,乐业安居。

针对当时贵族统治者侈靡浪费的生活方式，墨子也予以深刻揭露，“以其极赏，以赐无功，虚其府库，以备车马衣裘奇怪。苦其役徒，以治宫室观乐，死又厚为棺椁，多为衣裘，生时治台榭，死又修坟墓，故民苦于外，府库单于内，上不厌其乐，下不堪其苦”（《墨子·七患》）。墨子指出贵族统治者的奢侈淫靡是建立在对百姓的巧取豪夺、任意奴役之上的，是“单财劳力，毕归之于无用”（《墨子·辞过》），长此以往，定会使劳动人民在“不堪其苦”的情况下起来反抗。到那时，统治者“欲国无乱不可得也”（《墨子·辞过》）。

有鉴于此，墨子指出统治者应为人民利益着想，采取以下有利于人民的措施。

第一，薄赋敛，勿夺民衣食之财。

墨子针对统治者为逞私欲而厚敛于民、侵夺百姓衣食之财的现状，提出统治者应“节用”“节葬”“去乐”，省“无用”之财，薄赋敛，保证社百姓的衣食供应。

如上所述，墨子对统治者如何“节用”做出了详细的规定，此外，墨子还指出，在灾荒之年，统治阶级应首先降低消费标准：

> 岁馑，则仕者大夫以下皆损禄五分之一。旱，则损五分之二。凶，则损五分之三。餽，则损五分之四。饥，则尽无禄禀食而已矣。故凶饥存乎国，人君彻鼎食五分之三①，大夫彻县，士不入学，君朝之衣不革制，诸侯之客，四邻之使，雍食而不盛，彻骖騑，涂不芸，马不食粟，婢妾不衣

① “三”原作“五”，从孙诒让校改。

帛，此告不足之至也。①

灾荒之年，人民的生活比平常之时更加难以维持，统治者应该体恤百姓疾苦，不能再征敛于民，而应自觉削减行政等方面的费用，将其财用于社会救济，使民不致冻饿馁。

由此可见，墨子倡导的“节用”说，主要是针对贵族统治者而言的，是让统治者减省“刍豢蒸炙鱼鳖”之食、“锦绣文采靡曼之衣”等不必要的费用，将厚敛于民的费用还予百姓，让“饥者得食”“寒者得衣”；用于百姓，使其“加民利”。

基于“节用”之说，墨子对贵族统治者倡行的“厚葬”“习乐”，进行了猛烈地抨击，指出这是“靡财”之举，是对人民百姓的“厚敛”“暴夺”，应该坚决废止。

在《墨子·节葬下》中，墨子指出：“今王公大人之为葬埋……必大棺中棺，革阓三操，璧玉即具，戈剑鼎鼓壶滥，文绣素练，大鞅万领，舆马女乐皆具……靡民之财，不可胜计也。”并一针见血地指出了“厚葬”的不足取：“故衣食者，人之生利也，然且犹尚有节；葬埋者，人之死利也，夫何独无节于此乎。”

在《墨子·非乐上》中，墨子也旗帜鲜明地指出：“今王公大人，虽无造为乐器，以为事乎国家，非直掊潦水折坏垣②而为之也，将必厚措敛乎万民，以为大钟、鸣鼓、琴瑟、竽笙之声。……民有三患：饥者不得食，寒者不得衣，劳者不得息，三者民之巨患也。然即当为之撞巨钟、击鸣鼓、弹琴瑟、吹竽笙，

① 孙诒让撰：《墨子间诂》，《新编诸子集成》本，中华书局 1986 年版，第 24—25 页。

② “坏垣”原作“壤坦”，从毕沅等校改。参见孙诒让撰：《墨子间诂》，《新编诸子集成》本，中华书局 1986 年版，第 227—228 页。

而扬干戚，衣食之财将安可得乎？”

“厚葬”“习乐”都是厚取于民而无用于民，反而给人民百姓的生活带来了沉重的负担，使劳动人民连最基本的“衣食之财”都难以保证，这些都不利于国家的富强、统治的安定，所以墨子才反复强调统治阶级要从“节俭利民”的观点出发，严格以“节用”为本，勿夺民“衣食之财”，以此来协调相互间的利害关系。

第二，省徭役，短丧礼，勿夺民衣食之时。

墨子认为贵族统治阶级为贪图享乐而不顾农时，任意征伐劳力去造宫室、饰车舟、奏乐器，又推行久丧之制，不仅是浪费劳力去做“无用”之事，而且更重要的还在于“侵夺民衣食之时”，造成民“劳无时”“息无隙”，严重影响人民的生产和生活。

“先尽民力无用之功……民力尽于无用……三患也。”（《墨子·七患》）可见，墨子并不反对征发民力去做有用之事，他认为如果是为加强防御而修筑城郭，那么就算“以其极役”，“则民劳而不伤”，因为这是于国于民都有利的有功之事。然而，若使“苦其役徒，以治宫室观乐……修坟墓”，就会使人民“不堪其苦”了。

同样，统治者为满足一己的“耳之所乐”就征发大量的年轻力壮之民去奏乐，无疑更是对劳力的浪费，对民“衣食之时”的侵夺。因为“使丈夫为之，废丈夫耕稼树蓺之时，使妇人为之，废妇人纺绩织纴之事。”（《墨子·非乐上》）所以，墨子对统治者提出“节用”“去乐”等要求，让他们省免对劳动人民征徭役，保证人民生产有时。

对于“久丧”之礼，墨子亦从不利于生产、夺民“衣食之时”的角度给予了揭露批驳，《墨子·节葬下》载：

上士之操丧也，必扶而能起，杖而能行，以此共三年。……使农夫行此，则必不能蚤出夜入，耕稼树蓺。使百工行此，则必不能修舟车为器皿矣。使妇人行此，则必不能夙兴夜寐，纺绩织纴。……计久丧，为久禁从事者也。[1]

民以食为天，生产是劳动人民的生存所系，倘若劳动人民依循统治者所称道的“丧礼”去做，就会使失去生存的根本。所以，墨子说：“死则既以葬矣，生者必无久丧[2]，而疾而从事，人为其所能，以交相利也。”(《墨子·节葬下》)

从以上墨子的观点，我们可以看出，墨子是深知民生之艰苦的。出于对劳动人民的深切关心与同情，墨子总是站在人民的立场上，对统治者提出要求。他以圣王为楷模，强调身为一国之君，就应“爱民谨忠，利民谨厚”，时时处处为民众的利益着想；同时，墨子又为统治阶级规定了消费的标准，引导他们“节用”“节葬”，要求他们“去乐”。所有这些都是为了让统治阶级体恤人民疾苦，严于自律，不做侵夺“民衣食之财”“之时”的事情，从而更好地处理上下关系，达到“国富、民众、刑政治”的目的。

当然，墨子的这些主张在当时的历史条件下，是不可能实现的；但“节约利人”说的针对性与现实性却是十分突出的，即使是在两千多年后的今天，仍可使我们得到启发，依然值得取法和借鉴。

---

① 孙诒让撰：《墨子间诂》，《新编诸子集成》本，中华书局 1986 年版，第 158—160 页。

② “丧”原作“哭”，从王念孙、王引之校改。参见孙诒让撰：《墨子间诂》，《新编诸子集成》本，中华书局 1986 年版，第 165 页。

五、后期墨家的伦理思想

墨子死后，墨家发生了分化。《韩非子·显学》云："自墨子之死也，有相里氏之墨，有相夫氏之墨，有邓陵氏之墨。……墨离为三，取舍相反、不同，而皆自谓真孔、墨。"①庄子则称他们："俱诵《墨经》，而倍谲不同，相谓别墨；以坚白同异之辩相訾，以觭偶不仵之辞相应。"(《庄子·天下》)墨子的这些后学，都传授《墨经》，以墨学正统自居，摭拾《墨经》中的坚白、同异、奇偶等问题以相訾，以致"倍谲不同"。哲学史上称墨子这些后学为后期墨家。现存《墨子》中《经》上下、《经说》上下、《大取》《小取》诸篇，一般被认为是后期墨家的著作。《墨经》并非伦理学著作，但其中所提及的一些命题与伦理问题有关，也讨论了一些伦理学方面的问题，其学说、观点可以代表后期墨家的伦理思想。

后期墨家摈除了墨子关于"天志""明鬼"的消极思想，继承并发展了墨子伦理思想中的光辉、进步的成分，取得了一些新的成就。

（一）"周爱""尽爱"的道德理想

墨子提倡兼爱，宣扬人与人之间要"交相爱"，并以义为准则，要求人们在处理个人与他人、个人与社会的关系时，要爱利

① 陈奇猷校注：《韩非子集释》，上海人民出版社1974年版，第1080页。

他人、爱利天下。后期墨家则把墨子所倡导的“兼”大而衍之，赋予兼爱以“周爱”“尽爱”的广义：“爱人，待周爱人，而后为爱人。不爱人，不待周不爱人，不周爱，因为不爱人矣。”（《墨子·小取》）认为“爱人”，就是普遍地爱所有的人，否则，便是不爱人。在《大取》篇中，他们说：“爱众众世，与爱寡世相若。兼爱之有相若。爱尚（上）世与爱后世，一若今之世人也。”认为爱人不受世之人数的众寡以及时间、空间的限制，要“周爱人”“尽爱人”。这样，后期墨家便把墨子所推行的兼爱扩充为周爱世上所有的人，他们所倡导的应该说是“人类之博爱”。

对于后期墨家的这种类似后世之人类博爱的主张，当时曾有人提出诘责，他们认为天下之大，大到地域无限，人口之众，众到不可尽数，因此要“周爱”天下所有之人是不可能实现的。后期墨家针对这类诘责，提出“无穷不害兼，说在盈否”（《墨子·经下》）加以反驳，然后进一步解释说：

> 无南者，有穷则可尽，无穷则不可尽。有穷无穷未可智，则可尽不可尽未可智。人之盈之否未可智，而必人之可尽，不可尽亦未可智。而必人之可尽爱也，悖。人若不盈无穷，则人有穷也。尽有穷无难。盈无穷，则无穷尽也，尽有穷无难。①

这一段话，先引当时人诘责后期墨家之辞，说南方是否有

① “则可尽不可尽未可智”原作“则可尽不可尽不可尽未可智”，据毕沅校改。“人若不盈无穷”原作“人若不盈先穷”，据孙诒让校改。参见孙诒让撰：《墨子间诂》，《新编诸子集成》本，中华书局 1986 年版，第 354 页。

限，不可知；人是否充满南方，人数是否可以数清，亦不可知。既不可知，那么尽爱所有人的主张则是悖谬的。后期墨家则驳斥说："如果人不能充满南方，那么人数一定是有限的，尽爱有限的人，并不困难；如果人能充盈南方，无穷的南方既然可以被人充盈，那么也就从无穷变为有限。尽爱有限之人，也是可以的。"

在这里，后期墨家对能否"周爱""尽爱"的逻辑论证，近于诡辩，有偷换概念之嫌。但其伦理思想却是相当明确的，认为"兼爱"就是要爱世上一切人，提倡"人类之爱"。在后期墨家的伦理观念中，获、臧一类的奴隶也在被爱之列，认为他们也是人，同平民乃至贵族、公卿一样，具有作为人的人格和价值："获，人也，爱获，爱人也。臧，人也，爱臧，爱人也。"（《墨子·小取》）这种鲜明的"周爱"观点，体现了后期墨家伦理思想的进步性。

但是，后期墨家并未把"周爱"观坚持到底，因为他们认为盗贼不能在被爱之列。他们虽然承认盗贼也是人，但却主张"爱盗非爱人也，不爱盗非不爱人也，杀盗非杀人也"（《墨子·小取》①）。这一观点，与其"尽爱"世上所有人的"人类博爱"相矛盾，从而也反映出后期墨家"周爱""尽爱"的道德理想带有很大程度的空想性，这种理想在阶级社会中是不可能实现的。

（二）"体爱为仁"的道德观念

墨子倡导"爱人"，认为人不能有自私自利之心，应该视人若己；爱人与爱己是不相矛盾的，并且还要以"投桃报李"的对

---

① "杀盗非杀人也"原作"杀盗人非杀人也"，据孙诒让校改。

等互报原则推行“爱人”,称“爱人者必见爱也,而恶人者必见恶也”(《墨子·兼爱下》)。对于墨子的这些观点,后期墨家做了进一步的发挥,提出了“体爱为仁”的道德观念,认为爱人与爱己并没有什么差别:“仁,体爱也。”(《墨子·经上》)而“体爱”即指“人”与“己”处于同一体中,爱人即是爱己。

墨子用“投桃报李”原则来倡行“兼爱”说,还包含一定的“利己”的目的,因为墨子并不反对在利人基础之上的利己。后期墨家对于这一点有着更进一步的阐释。他们认为“仁而无利爱”,就是说真正的仁(爱)是不虑及个人私利的,不能把获得个人利益当作爱人的前提和目的。因为爱人即是爱己,所以“爱人不外己,己在所爱之中,己在所爱,爱加于己”。再由此引申下去,后期墨家提出:爱人应当像爱自己一样,不能为了利用别人而爱别人。不仅如此,后期墨家还对爱己与爱人做了厚薄的区别:“伦列之爱己,爱人也。”他们认为爱人要厚于爱己,“义可厚,厚之;义可薄,薄之,谓伦列”。爱有厚薄之分,但对他人要做到厚爱,不应该有什么分别,在人己关系问题上,则应厚彼薄己,厚爱他人,薄爱自己。(皆见《墨子·大取》)

这是对墨子“爱人”思想的深化和发展,突出了“利他”的特征,强调人们的道德行为应以“利他”为准绳。一旦形势需要,则要拿出“任”的精神,所谓“任”,后期墨家解释为“士损己而益所为也”,“为身之所恶,以成人之所急”(《墨子·经说上》)。就是说为了他人的利益,即使要克服重重困难,甚至是牺牲自己也在所不惜。这种舍己为人的精神,是从墨子那里继承下来的,是中国古代劳动人民美好、善良品质的具体表现。

（三）功利主义的道德原则

1. 爱与利的关系

墨子认为，爱、利是统一的。爱人也必须利人，“兼相爱”与“交相利”是密不可分的；爱不仅是一种心理动机，而且要包含利的实际内容。后期墨家阐扬了墨子的爱利观，他们认为爱、利有区别，但必须统合为一。

首先，后期墨家认为爱、利不同：爱属于心理动机、思想情操的范畴，而利属于具体地给人以实际利益方面的问题。只讲爱人，不一定就对人有利：“天之爱人也，薄于圣人之爱人也；其利人也，厚于圣人之利人也。大人之爱小人也，薄于小人之爱大人也；其利小人也，厚于小人之利大人也。”（《墨子·大取》）这里讲的是爱、利的厚薄不同，虽出于同一施动对象，但由于爱、利本身特质的不同，所以天之爱人、大人之爱小人，虽薄于圣人之爱人、小人之爱大人，但其利却是厚于后者的。

《墨子·大取》载曰：“以臧为其亲也而爱之，非爱其亲也；以臧为其亲也而利之，非利其亲也。以乐为利其子，而为其子欲之，爱其子也；以乐为利其子，而为其子求之，非利其子也。”同样指出了爱与利之间的区别。

其次，后期墨家认为爱人必须同时利人，爱与利要合而为一。爱人之所以是道德的，就因为它本身是利人的。后期墨家反对“有爱而无利”，说：“圣人有爱而无利，伣日之言也，乃客之言也。”（《墨子·大取》）认为“有爱而无利”是儒家的主张，墨家则不同，应既讲爱，也讲利。从这个观点出发，后期墨家对“义”“忠”“孝”等道德规范做出了自己的界定和诠释。《墨子·经上》说:“义,利也。”《墨子·经说上》进一步解释说:“志以天下为芬(分),而能能利之,不必用。”认为“义”就是以天下人的事为自己分内之事,而又能善于使天下人都得到利益,自己却不必居于上位。“孝,利亲也。”(《墨子·经上》)“孝,以亲为芬(分),而能能利亲,不必得。”(《墨子·经说上》)认为孝就是以爱亲为己任,又能善于使双亲得到利益,而自己不必有所得。关于忠,《墨子·经上》说:“忠,以为利而强低也。”“低”,孙诒让认为当是“君”之误,意即忠是指为君主之利而勉励、劝谏君主去做有利益的事情。总体说来,后期墨家所讲的“义”“孝”“忠”等道德观念都是和“仁”(爱)一样,是有着具体的实际利益的,其价值就在于通过道德行为的实施,带给他人以利益,而自己这一方却不必有所获得,反映了后期墨家那种为他人利益可以舍弃、牺牲自我的高尚精神。

2. 利中取大、害中取小

从以上后期墨家“爱利合一”的观点,我们可以看出,后期墨家的义利观继承了墨子既贵义又尚利的义利合一的观念。而且,对于墨子以义为原则处理个人与他人、个人与社会的关系这一观点,后期墨家做了阐发,更明确地提出以“利”为核心的功利主义道德原则。墨子倡导“兴天下之利,除天下之害”,但对于“利”“害”的具体内涵,并没有讲清楚。这两个概念,在后期墨家那里,得到了明确的阐发:

> 利,所得而喜也。害,所得而恶也。①

---

① 孙诒让撰:《墨子间诂》,《新编诸子集成》本,中华书局1986年版,第285页。

> 利,得是而喜,则是利也。其害也,非是也。害,得是而恶,则是害也。其利也,非是也。[1]

认为所得的使人"喜"即是"利",否则,所得使人"恶"则是害。通过由所得的具体事物而引起的相应主观心理感受来评判是"利"抑或是"害",从而进行比较、选择。

对于主体在利害冲突时的比较、选择,后期墨家提出了"权"的概念:"于所体之中,而权轻重之谓权。权非为是也,亦非为非也。权,正也。"(《墨子·大取》[2])意思是:权本身无是非可言,权即正,是评判是与非的准则。

在利、害问题上,后期墨家认为利、害不仅仅是对立的,它们之间还有一种相互依存、相互转化的关系。《墨子·大取》云:

> 断指以存擎,利之中取大,害之中取小也。害之中取小也,非取害也,取利也。其所取者,人之所执也。遇盗人,而断指以免身,利也;其遇盗人,害也。

对个人利益而言,如果断去手指可以保存手腕,就应果断地选择断指。因为断去手指,虽是害事,但可以由此而保住整个手腕,所以又是利事;遇到盗贼,是害事,如果断指可以使身体保全,则又是利事。这就是"利之中取大,害之中取小",取

① 孙诒让撰:《墨子间诂》,《新编诸子集成》本,中华书局 1986 年版,第 305—306 页。

② "亦非为非也"原作"非非为非也",从孙诒让校改。参见孙诒让撰:《墨子间诂》,《新编诸子集成》本,中华书局 1986 年版,第 368 页。

小害也是为了得利,是为了避大害。后期墨家把“利之中取大,害之中取小”作为一种原则,宣扬人们的道德行为应力求谋取大利、避开大害,体现了鲜明的功利主义特色。

后期墨家肯定人们谋取个人利益的正当性与合理性,但是在个人利益与他人利益及天下人之利益发生矛盾冲突时,他们则更强调后者。如前所述,后期墨家倡导舍己为人的牺牲精神,认为自我主体的道德行为应带有“利他”的性质。同时,后期墨家认为天下人的利益是最大的利益,一旦个人利益与这一最大利益有了冲突,那就应放弃个人利益,而以“利天下”为宗旨。如果断指、断腕都有利于天下,那么就要义无反顾地去断指、断腕,正如《墨子·大取》中所说的:“断指与断腕,利于天下相若,无择也。死生利若,一无择也。”

不仅断指、断腕如此,死、生也一样,如果有需要,人们就应置生死于度外,为服从天下人之利益,要有“杀己以利天下”的气魄、胸怀。后期墨家也像墨子一样,用自己的行动去实践其倡导的舍己精神。《吕氏春秋·去私》篇载有后期墨家巨子腹䵍为行“天下之大义”而依法杀子的事迹。腹䵍不顾私情,不顾秦惠王的赦免,将触犯刑律的独子绳之以法。这种“大义灭亲”之举堪称“以绳墨自矫”的典范。

通过以上所述,我们可以看出后期墨家的“利人”“利天下”之说,更重视给人以利,其功利主义特色相当鲜明。其对以“利”为则进行选择取舍的观点也论述得较为透彻,使之上升到一定的理论高度,对其他很多伦理道德观念也做了较深入的分析,这是其特有的价值所在。但是,我们也要看到,后期墨家所说的“天下之利”,较墨子的“天下之利”更为抽象;他们所倡导的“周爱”“尽爱”天下一切之人,失去了墨子思想中那种独特鲜明的人民色彩。他们在主观上希望实现“周爱”“尽爱”的道德理想，为“天下之利”而献身，事实上，他们却往往只能充当为统治阶级利益而牺牲的悲剧角色。《吕氏春秋·上德》篇记载的墨家首领为表忠心，率门徒一百八十余人为楚国阳城君殉身之事便是突出一例。他们宣扬“杀己以利天下”，但其所为往往不能有利于天下，不能有利于人民大众，原因就在于后期墨家的爱利对象是不分阶级的。这说明在阶级社会中宣扬爱、利一切之人的主张是不可能实现的。

总之，墨家的伦理思想，通过后期墨家的阐扬、发挥，达到了一个新的阶段。后来，由于种种原因，墨家作为一个学术流派逐渐衰落，但是墨家所倡导、宣扬的伦理思想、道德观念却在人民群众中得到了广泛传播，对后世产生了极为深远的影响。

墨家伦理道德的流传和影响*

墨家所宣扬的兼爱、交利、行义以助人、自苦以济世的伦理道德学说和躬身亲行的实践精神，在战国至近代两千余年间影响不衰。孟子、荀子都曾从维护自家学说主张的角度对墨家的兼爱薄葬、"僈差等"等伦理观念做过批判。而西汉儒家代表人物公孙弘等，则吸收了墨家的兼爱无私伦理学说而融入政治治理之术中。近代民主人士则鼓吹兼爱，以求民主和自由。

墨家伦理学说在民间文化中的影响集中体现在道教教义和任侠思想两大方面。墨家因实践兼爱行义主张而出现的结社形式，对早期道教组织也有过重要影响。

一、孟子对墨家兼爱、节葬的反击

墨子原学儒业，后弃儒另立新说，并且对孔子创立的儒家学说大加攻击，极力抨击儒家的"亲亲有术，尊贤有等"，从而极力推行自己的"兼爱"学说，这当然被自命为儒家正宗学说

---

* 本文原载于郑杰文、黑琨：《墨学与新伦理道德》，中国书店 1997 年版。

继承人的孟子所不容,因而与墨家后学开展过激烈辩论。

《孟子·滕文公下》载孟子曾对公都子说过:“圣王不作,诸侯放恣,处士横议,杨朱、墨翟之言盈天下。天下之言不归杨则归墨。杨氏为我,是无君也;墨氏兼爱,是无父也。无父无君,是禽兽也。”①这几乎有点攻击谩骂的味道了。照孟子看来,父母是赋予自己生命的人,所以人生在世,应首先孝顺父母,而后再及于他人之父母,即爱有差等,所以他反对墨家无等差的兼爱。

就兼爱与差等之爱的问题,孟子还与墨徒夷之展开过论辩。据《孟子·滕文公上》载,墨徒夷之通过徐辟传话,欲见孟子。孟子知其意欲辩,故以“今吾尚病”推辞之。过了不久,夷之又通过徐辟求见,于是双方由徐辟传话而展开一场尖锐的论战。

一开场,孟子即质问夷之:“吾闻夷子墨者,墨之治丧也,以薄为其道也;夷子思以易天下,岂以为非是而不贵也;然而夷子葬其亲厚,则是以所贱事亲也。”(《孟子·滕文公上》)矛头不但对着墨家的薄葬论,而且捎带着攻击夷之心口不一,借以否定墨家的薄葬论,说它不合人情,连墨徒自己也做不到。

墨家宣扬兼爱,鼓吹平等之爱,故反对贵族阶层的厚葬之风,抨击儒家的厚葬重哀久丧。墨子之世,厚葬风俗已达到甚为严重的地步:“棺椁必重,葬埋必厚,衣衾必多,文绣必繁,丘陇必巨;存乎匹夫贱人死者,殆竭家室;[存]乎诸侯死者,虚库府,然后金玉珠玑比乎身,纶组节约,车马藏乎圹,又必多为屋

① 杨伯峻译注:《孟子译注》,中华书局1960年版,第155页。(下引同)

幕,鼎鼓几梃壶滥,戈剑羽旄齿革,寝而埋之,满意。”①这样的厚葬殚尽民财、虚耗国力,严重妨碍了社会生产的发展。而重哀之风,对人们正常社会生活的妨害更严重。“处丧之法将奈何哉?曰哭泣不秩声翁,缞绖垂涕,处倚庐,寝苫枕块。又相率强不食而为饥,薄衣而为寒,使面目陷陬,颜色黧黑,耳目不聪明,手足不劲强,不可用也。又曰上士之操丧也,必扶而能起,杖而能行。以此共三年。若法若言,行若道,使王公大人行此,则必不能蚤朝,使士大夫行此,则必不能治五官六府,辟草木,实仓廪。使农夫行此,则必不能蚤出夜入,耕稼树艺。使百工行此,则必不能修舟车为器皿矣。使妇人行此,则必不能夙兴夜寐,纺绩织纴,捆布縿。”②重哀之俗,摧残世人身心,妨害人们的正常生活。而久丧之制,更是贻害无穷。“君死,丧之三年;父母死,丧之三年;妻与后子死者,五皆丧之三年;然后伯父叔父孽子其(朞);族人五月;姑姊甥舅皆有数月……若法若言,行若道,苟其饥约,又若此矣,是故百姓冬不仞寒,夏不仞暑,作疾病死者,不可胜计也。”③

厚葬重哀久丧的习俗,如此破坏社会经济,摧残人的身心健康,妨害人的正常社会生活,对社会治理和社会生产有很大破坏作用,所以墨家大声疾呼改革此等陋俗,而行丧制改革。他们宣扬:“古圣王制为葬埋之法曰:‘棺三寸,足以朽体;衣衾

① 孙诒让撰:《墨子间诂》,《新编诸子集成》本,中华书局1986年版,第156—157页。

② 孙诒让撰:《墨子间诂》,《新编诸子集成》本,中华书局1986年版,第158—159页。“使士大夫行此”,原文无,从孙诒让校改。

③ 孙诒让撰:《墨子间诂》,《新编诸子集成》本,中华书局1986年版,第160—161页。

三领，足以覆恶。以及其葬也，下毋及泉，上毋通臭，垄若参耕之亩，则止矣。死则既以葬矣，生者必无久丧，而疾而从事，人为其所能，此交相利也。”[①]认为丧制应从实用出发，棺厚以与尸体一起朽坏为度，葬衣足以覆体遮恶为限，埋葬足以覆盖臭气而又不污染水源为界。而守丧之时日，用以表达哀思，但要以不妨碍生人的社会生活运转为宜。对于活人，对于广大平民百姓，这无疑是件有利无害的大好事。但儒家却从遵从古制的主张出发，反对这种改革，说“厚葬久丧虽使不可以富贫众寡，定危治乱，然此圣王之道也”[②]。极力维护厚葬久丧，并进一步把这种丧制与治理天下的孝道联系起来，宣扬“明王之以孝治天下”（《孝经》）；孝道大行，“人人亲其亲、长其长，而天下平”（《孟子·离娄上》）。

所以，儒墨两家在丧制问题上针锋相对，辩论日久，甚至到了相互攻击谩骂的程度。墨家攻击儒家“久丧伪哀以谩亲”，儒士们“贪于饮食，惰于作务”，“富人有丧，乃大说，喜曰：‘此衣食之端也’”[③]。其刻薄如此。孟子抓住墨徒夷之丧葬中违反本家学说主张的漏洞而攻击之，说他“夷子墨者，墨之治丧也，以薄为其道也”，但“夷子葬其亲厚，则是以所贱事亲也”（《孟子·滕文公上》）。

夷之无法为自己的言行不一做辩解，却借势批判儒家的

---

① 孙诒让撰：《墨子间诂》，《新编诸子集成》本，中华书局 1986 年版，第 164—165 页。

② 孙诒让撰：《墨子间诂》，《新编诸子集成》本，中华书局 1986 年版，第 165 页。

③ 孙诒让撰：《墨子间诂》，《新编诸子集成》本，中华书局 1986 年版，第 264、265 页。

“亲亲而爱人”说，借口“儒者之道，古之人若保赤子，此言何谓也？之则以为爱无差等，施由亲始”（《孟子·滕文公上》）。你们儒家不是宣扬古人爱别人如爱自己的婴儿吗？这与我们的“爱无差等”是一个意思，我不过是遵从你们的主张，先从我的父母开始罢了，对别人父母我也会如此，所以不违反我们的兼爱主张。

孟子马上反驳说：“夫夷子信以为人之亲其兄之子为若亲其邻之赤子乎？彼有取尔也。赤子匍匐将入井，非赤子之罪也。且天之生物也，使之一本，而夷子二本故也。”（《孟子·滕文公上》）依旧主张人之所爱是有差等的，人们爱自己的侄子，与爱邻居儿子的感情深度是不同的。至于看到婴儿将落入井中而援手救助，那是出于人内心的“仁爱”本性，而不能用来证成人人无等差的兼爱。人的爱是有差等的。因为作为人来说，是父母生养了他，所以作为回报，他首先要爱自己的父母，而后才会及于他人父母，及于天下人。从这种意义上，爱只有一个根源，即血缘亲疏。而墨家却硬要找两个根源，所以才矛盾百出、言行不一，口头上宣扬兼爱、薄葬而实际上自己却做不到，也以厚葬父母来表示自己对他们的特殊感情。

据《孟子·滕文公上》记载，孟子把墨徒夷之驳得哑口无言，最后“怃然为间，曰‘命之矣’”，表示顺从。

今天看来，这场论争以孟子为代表的儒家胜利而告终，是适合当时之世情的。春秋末至战国时期，随着经济变革、私田制代替公田制而带来的社会结构体制的变革，家庭成为社会的基本生产单位，因而也成为社会最基本的管理单位。稳定家庭结构，成为治理社会的当务之急，也是社会发展的大势所趋。儒家思想之所以取得统治地位并在中国延续了两千余年之久，在今天也并非无可取之处，很大程度上在于它为稳定以家庭为基本单位的社会管理体制提出了一系列可行的措施。其中，宣扬孝道以巩固家庭结构，把社会稳定的支撑点建立在社会成员的内心深处，是重要内容之一。所以，儒家宣扬先孝而后忠，宣扬修身齐家治国平天下，以此达到社会大治。[①] 因此，他们提倡古代的厚葬久丧之说，以此作为推行孝道的重要措施之一；他们也必然反对墨家的无等差的兼爱。

从这种现实社会环境的需要来看，墨家所宣扬的兼爱，其主观愿望是好的，是为了制止国家战乱、救万民于苦难之中而提倡的一种社会政治学说，但实施起来却与当时的社会需求差距较大。从社会发展进程来看，有一定超前性。汉武帝之所以最终选定了儒家学说而没有公开认定墨家思想，两千余年的封建统治者也大多尊儒薄墨，但墨家学说却在资本主义萌芽的近代又被人们重视，也在客观上说明了墨家兼爱说不会以家庭为基本单位的社会现实，说明着它的超前性。

二、荀子对墨家“僈差等”的批驳

荀子处于诸子百家争鸣的后期，在客观上肩负着整理、总结前人学说，为即将出现的大一统王朝寻求指导思想的历史重任。他的《非十二子》，就是总结、批判前人思想学说的专篇论文，其中批判墨家学说“不知壹天下建国家之权称，上功用，大

① 参见郑杰文：《试论孔子的社会治理构想》，《东岳论丛》1993 年第 1 期。

俭约而僈差等，曾不足以容辨异、县(悬)君臣；然而其持之有故，其言之成理，足以欺惑愚众，是墨翟、宋钘也”。僈差等，正是墨家的伦理思想。清人王念孙《读书杂志》曾说：“《富国篇》曰：‘墨子将上功劳苦，与百姓均事业，齐功劳。’正所谓无差等也。故下文云‘曾不足以容辨异、县(悬)君臣’。”

僈差等，王念孙解曰：“僈读为曼。《广雅》曰：‘曼，无也。’……曼差等，即无差等。”①无差等，即均平、平等，上下无异，否定等级贵贱。这种思想，是从墨子的兼爱学说派生出来的。梁启雄《荀子简释》引梁启超说：“太过俭约，‘以腓无胈胫无毛相进’，‘五升之饭足矣’，劳心者与劳力者同一享用，故僈差等。又儒家言‘亲亲之政，尊贤之等’，墨家言‘爱邻人之家若爱其家’，故僈差等。”②这样，墨家的“僈差等”便有三重含义：其一，劳心者与劳力者都在为社会做贡献，所以在社会物质产品的再分配中应一视同仁，并应同样节俭、节用；其二，人在社会结构中的地位应是平等的，只有职务分工之不同，没有上下尊卑贵贱之分；其三，在思想意识上，爱己与及人、爱己家与爱人家应同样看重而无差别，没有亲疏贵贱之分。这便与儒家的“劳心者治人，劳力者治于人”的社会分工等级论和“尊尊亲亲”的血缘等级亲疏观念发生了矛盾，因而引起了荀子的批判。

荀子是主张社会等分论的。他认为：“夫两贵之不能相事，两贱之不能相使，是天数也。执(势)位齐而欲恶同，物不

---

① 参见王念孙撰：《读书杂志》，江苏古籍出版社 1985 年版，第 656 页。

② 梁启雄：《荀子简释》，《新编诸子集成续编》，中华书局 1983 年版，第 61 页。

能澹(赡)则必争。争则必乱,乱则穷矣。”所以,“先生恶其乱也,故制礼义以分之,使有贫富贵贱之等,足以相兼临者,是养天下之本也”(《荀子·王制》①)。有等差,有贵贱,才能制止社会争夺,防止社会混乱,因而达到大治。同时,有贵贱等差,才能组成更有战斗力的社会群体。荀子说:“(人)力不若牛,走不若马,而牛马为用,何也?曰:人能群。”(《荀子·王制》)要使人合群,使人结成能发挥作用的社会群体,就要“分”,故荀子说:“人何以能群?曰:分。分何以能行?曰:义。故义以分则和,和则一,一则多力,多力则强,强则胜物,故宫室可得而居也。故序四时,裁万物,兼利天下,无它故焉,得分之义也。故人生不能无群,群而无分则争,争则乱,乱则离,离则弱,弱则不能胜物,故宫室不可得而居也。”(《荀子·王制》)荀子认为,只有组成有等级序列的社会群体,人才能战胜外物,才能改造自然而获取物质生活必需品。所以,无论从社会治理的角度讲,还是从社会生产的角度讲,社会上不能没有等级,人在社会组织结构中不能没有差等。

从这种认识出发,荀子对于墨家“僈差等”的攻击不遗余力。他在《荀子·天论》篇中批判“墨子有见于齐,无见于畸”,在《荀子·富国》篇中分析若推行墨家的“僈差等”主张,“大有天下,小有一国,将少人徒,省官职,上功劳苦,与百姓均事业,齐功劳,若是则不威,不威则罚不行。赏不行,则贤者不可得而进也;罚不行,则不肖者不可得而退也。贤者不可得而进也,不肖者不可得而退也,则能不能不可得而官也。若是则万物失

① 王先谦撰:《荀子集解》,《新编诸子集成》本,中华书局1988年版,第152页。(下引同)

宜，事变失应，上失天时，下失地利，中失人和，天下敖然，若烧若焦”(《荀子·富国》)。没有等级贵贱，就不能真正选贤任能，社会政治结构就不能保证它强有力的领导职能及实行，最终将导致混乱和贫穷。所以荀子把墨家“僈差等”、上下同劳苦的学说斥为“役夫之道”(《荀子·王霸》)。

荀子还进一步从人的性情、心理、欲望、本性诸方面分析“僈差等”的谬误所在，宣扬“等分论”的合理。他说：“人生而有欲，欲而不得，则不能无求。求而无度量分界，则不能不争。争则乱，乱则穷。先王恶其乱也，故制礼义以分之，以养人之欲，给人之求，使欲必不穷乎物，物必不屈于欲，两者相持而长。”(《荀子·礼论》)所以，有等差，有度量分界，是社会物质财富不能最大限度地满足人的无尽欲望的社会发展阶段中的一种合理存在。若无等级限制，一味地顺从人的欲望，“人苟生之为见，若者必死；苟利之为见，若者必害；苟怠惰偷懦之为安，若者必危；苟情说之为乐，若者必灭。故人一之于礼义，则两得之矣；一之于情性，则两丧之矣！故儒者将使人两得之者也，墨者将使人两丧之者也，是儒墨之分也”(《荀子·礼论》)。儒家的等级制虽然有违于人的情欲，对人性有所限制，但最终能给社会带来安定和富足；墨家的“僈差等”虽然表面上顺从了人无拘无束的性情，似乎是顺应了人性，但归根结底给人带来的是争夺、混乱和贫穷。

我们说，墨家无等级贵贱的思想学说，只能是当时处于社会下层的广大人民群众的一种良好愿望和社会追求，在当时那种诸侯“争于力”的情况下，是根本无法实现也不可能实现的。荀子的社会等分学说，则更能适应当时诸侯战乱、社会生产力水平还相对低下、人民群众的自主自强意识还相对薄弱的社会现实。从这一点讲,墨家“僈差等”的社会伦理观念也有一定的社会超前性,因而不能为当时的统治者和后世的封建统治者所接受。

其他对墨家学说进行评说的还有庄周学派和韩非子等。《庄子·天下》篇说墨家“不侈于后世,不靡于万物,不晖于数度,以绳墨自矫而备世之急”,“生不歌,死无服”,“泛爱兼利而非斗”。评论其“意则是,其行则非”,“真天下之好也,将求之不得也”。其论“泛爱”“死无服”“不晖于数度”等涉及墨家的伦理观念。

韩非子曾对儒墨的丧葬之争和兼爱问题进行过总结。《韩非子·显学》曰:“墨者之葬也,冬日冬服,夏日夏服,桐棺三寸,服丧三月,世主以为俭而礼之。儒者破家而葬,服丧三年,大毁扶杖,世主以为孝而礼之。夫是墨子之俭,将非孔子之侈也;是孔子之孝,将非墨子之戾也。今孝戾、侈俭俱在儒、墨,而上兼礼之。……夫冰炭不同器而久,寒暑不兼时而至,杂反之学不两立而治,今兼听杂学缪行同异之辞,安得无乱乎?”①战国末年,随着社会政治一统局面的行将出现,学术思想上也存在大融合、大一统的趋势。秦相吕不韦因招天下贤士著述《吕氏春秋》,试图纳百学于其中。但此书却仅罗列众说,而不能取众说之精华熔为自己的学术体系,因而自刘向、刘歆、班固起便目之为“杂家”。韩非在此批判的,便是这种杂凑矛盾学说而以为治世之学的生硬做法,同时他也在客观上对儒墨的丧葬之争做了总结,指出墨家丧葬说中“俭”的优点和“戾”乖人

① 陈奇猷校注:《韩非子集释》,上海人民出版社 1974 年版,第 1085 页。

之常情的不足之处。

韩非在《五蠹》篇中，还从自己的法刑观点出发，对墨家和儒家的“兼爱百姓”做过批判。他说：“夫古今异俗，新故异备，如欲以宽缓之政、治急世之民，犹无辔策而御馯马，此不知之患也。今儒、墨皆称先王兼爱天下，则视民如父母。何以明其然也？曰：‘司寇行刑，君为之不举乐；闻死刑之报，君为之流涕。’此所举先王也。夫以君臣为如父子则必治，推是言之，是无乱父子也。人之情性，莫先于父母，皆见爱而未必治也，虽厚爱矣，奚遽不乱？今先王之爱民，不过父母之爱子，子未必不乱也，则民奚遽治哉？”所以，他的结论是“夫垂泣不欲刑者仁也，然而不可不刑者法也，先王胜其法不听其泣，则仁之不可以为治亦明矣”①。韩非以法治国的是与非今且不论，其评论儒墨同鼓吹先王以“仁爱”治天下，但仅有“仁爱”而天下不能为治，则切中了社会治理的要害。兼爱天下，人人无差等之爱，仅仅可以说是一种美好的人生愿望，一种理想社会的遥远追求而已。只要有私有制，因私有而引发的社会矛盾和由此而产生的利益相结的社会成员间的亲疏不同，就不可能实现无差等的人人兼爱。

综上可以看出，从墨家学说产生直到秦始皇一统天下为止，墨学一直是与儒学并立的显学，《韩非子·显学》所谓“世之显学，儒、墨也”，非为虚言。而墨家“僈差等”的兼爱天下之人的伦理学说，以及与此相关涉的丧葬问题，成为儒墨论争的焦点之一。

---

① 陈奇猷校注：《韩非子集释》，上海人民出版社 1974 年版，第 1051 页。

三、汉后两千余年墨家伦理道德之流传

秦始皇一统天下，焚书坑儒，禁百家学说，墨家亦难逃厄运。西汉惠帝除挟书令，诸子书渐出，研究者日众。司马谈《论六家要旨》谓“墨者俭而难遵，是以其事不可遍循。然其强本节用，不可废也”①。据《汉书·艺文志》载，当时流传的墨家著作，除托名的《尹佚》二篇和《墨子》七十一篇外，尚有《田俅子》三篇、《我子》一篇、《随巢子》六篇、《胡非子》三篇。《随巢子》《胡非子》下，班固分别注曰“墨翟弟子”；《我子》下，颜师古注引刘向《别录》云“为墨子之学”。这一方面说明战国时墨学流派的众多，因而流传下来的作品较多；同时也说明西汉时墨学仍在流传，其学说思想影响仍在。

桓宽《盐铁论·晁错》篇载西汉昭帝始元六年(前81)盐铁会议上大夫之言曰：“日者、淮南、衡山修文学，招四方游士，山东儒墨咸聚于江淮之间，讲议集论，著书数十篇。”可见西汉前期墨徒仍在公开活动。《史记·平津侯主父列传》载太史公曰：“公孙弘行义虽修，然亦遇时。汉兴八十余年矣，上方乡(向)文学，招俊乂以广儒墨，弘为举首。”②于此可见，在汉武帝“独尊儒术”其前，统治者还是将墨学与儒学一并提倡的。

从汉武帝后期起虽“独尊儒术”，罢黜百家，但此时提倡之

① 《史记》卷一百三十《太史公自序》，中华书局1959年版，第3289页。

② 《史记》卷一百一十二《平津侯主父列传》，中华书局1959年版，第2963页。

儒学，已是吸取了诸子百家可用世之思想学说的儒学，墨家的兼爱伦理观念渗透进大儒士公孙弘的学说中，即其一例。

《史记·平津侯主父列传》载："丞相公孙弘者，齐菑川国薛县人也。……年四十余，乃学春秋杂说。"①《汉书·公孙弘传》文与此略同。王先谦《汉书补注》引何焯之言："杂说，杂家之说，兼儒墨、合名法者也。"②学杂儒墨名法，正是西汉前期思想家们综合百家以求治理之术的学术风气。据《汉书·艺文志》载，公孙弘著有《公孙弘》十篇，然已不传。《汉书·公孙弘传》录有公孙弘于汉武帝元光五年（前 130）对策一篇，从中可窥见公孙弘的政治学术思想。

他在对策中提出"治民八术"，曰"因能任官""去无用之言""不作无用之器""不夺民时，不妨民力""有德者进，无德者退""有功者上，无功者下""罚当罪""赏当贤"。其"因能任官""不夺民时""有德者进""有功者上""罚当罪""赏当贤"诸条，综合了儒、墨、法家学说，其"去无用之言""不作无用之器"，则集中体现了墨家思想。

继而他又提出"治之本"四点，即仁、义、礼、术，也都是儒墨法并用的例证。其中对"仁"的解释，集中体现了墨家的兼爱伦理思想。他说："致利除害，兼爱无私，谓之仁。""致利除害"为仁，即《墨子·兼爱中》所说的"仁人之事者，必务求兴天下之利，除天下之害"。站在天下人的立场上，与天下百姓同利害，以天下百姓之利为利，以天下百姓之害为害。并且不仅

---

① 《史记》卷一百一十二《平津侯主父列传》，中华书局 1959 年版，第 2949 页。

② 王先谦撰：《汉书补注》卷五十八《公孙弘卜式兒宽传》，清光绪二十六年（1900）王氏虚受堂刻本，第 4791 页。

仅止于此等认识,还要使用天子的权威,制定措施去“兴”天下百姓之利,“除”天下百姓之害,这就是最大的“仁”了。

同时,统治者行“仁”还要“兼爱无私”,即做“兼君”,不做“别君”。《墨子·兼爱下》曰:“使其一君者执兼,使其一君者执别。是故别君之言曰:‘吾恶能为吾万民之身,若为吾身,此泰非天下之情也。人之生乎地上之无几何也,譬之犹驷驰而过隙也。’是故退睹其万民,饥即不食,寒即不衣,疾病不侍养,死丧不葬埋。别君之言若此,行若此。兼君之言不然,行亦不然。曰:‘吾闻为明君于天下者,必先万民之身,后为其身,然后可以为明君于天下。’是故退睹其万民,饥即食之,寒即衣之,疾病侍养之,死丧葬埋之。兼君之言若此,行若此。……我以为当其于此也,天下无愚夫愚妇,虽非兼者,必从兼君是也。”兼君爱天下之民若爱己,即《墨子·兼爱中》载墨子所要求的“视人之国若视其国,视人之家若视其家,视人之身若视其身”,这样,“天下祸篡怨恨可使毋起”,天下便可大治了。而别君则先爱己身而后爱天下万民之身,置天下万民之饥寒病苦于不顾,则天下人必怨声载道而骚动不安,统治者的地位也就不保了。

就公孙弘对“仁”的解释和对统治者的要求来看,他是将墨家的兼爱伦理思想政治化,借用儒家以伦理孝道治国的形式,而换上了墨家兼爱天下人的内容,以此去要求统治者仁爱天下百姓,同时严格要求自己勿奢侈浮华,而为“天下之害”,从而达到社会大治,万民和乐。

由上述可以看出,公孙弘的思想,实际上是融合了儒墨法等诸家思想精华的一种新思想体系,但《汉书·艺文志》却把《公孙弘》十篇列入儒家。同样,董仲舒的“天人感应”神学思想,也是融合阴阳家、儒家等学说的产物,而《汉书·艺文志》

亦列《董仲舒》百二十三篇为儒家；桓宽《盐铁论》记汉昭帝始元六年（前81年）盐铁会议上大夫、贤良、文学、御史的论辩词，可谓"九流十家"思想学说无所不包，而《汉书·艺文志》亦列《盐铁论》六十篇为儒家。由此我们便可推知，汉武帝后期的"独尊儒术"，实际上已是融合了诸子百家社会治理思想的"新儒学"了。墨家关于社会治理的思想精华（包括伦理道德）被融入这种"新儒学"体系中，因而失去了独立存在的社会价值，墨学而被冷落了两千年之久。

但墨家作为战国显学之一，作为诸子学说的一种，并没有失传。据《晋书·隐逸传》载，晋人鲁胜曾把《墨子》中的《经上》《经下》《经说上》《经说下》抽出合为《墨辩》而为之作注。南朝刘勰《文心雕龙·诸子》曾论《墨子》"语显而意质"。据《隋书·经籍志》载，唐初有《墨子》十五卷、《胡非子》一卷、《随巢子》一卷等墨家著作流传。据《旧唐书·经籍志》《新唐书·艺文志》载，以上三书在唐五代、宋初犹存。宋以前的注释、研究之作，除鲁胜《墨辩注》外，汉孔鲋有《诘墨》一卷，隋乐壹有《墨子注》三卷，唐魏徵有《墨子治要》、马总有《墨子要语》一卷。

元明两代，墨家著作渐受重视。流传至今的墨家著述注释、研究作品有：元陶宗仪《墨子节抄》《读墨子随识》《诘墨节抄》；明张宇初编《道藏》收有《墨子》十五卷，唐尧臣曾刊刻《墨子》十五卷，俞弁、吴宽都抄录过《墨子》；此外，陆隐有《墨子校》十五卷，潜庵子有《墨子》一卷，沈津有《墨子类纂》一卷，李贽有《墨子批选》二卷，茅坤有《墨子》六卷，陈继儒、王衡有《墨子类语》，陈继儒有《墨子粹言》，陆可教、李廷机有《墨子玄言评苑》，陈深有《墨子品节》，潘之洪有《点校诘墨》，叶向高有

《墨子类函》,郎兆玉有《墨子评》,王家业有《墨子家言》,钟惺有《墨子文归》,归有光有《墨子评点》,李元珍有《墨子类编》,陈仁锡有《墨子选评》《墨子奇赏》,李云翔有《墨子拔萃》等。可见,随着明代手工业的萌芽和传统儒学、理学的没落,墨学出现了复兴趋势。

清代,更是墨学复兴的时代。据初步统计,今存清人刊刻、注释、研究墨学的著述有 50 种左右。其中,毕沅是第一位为《墨子》全书作注的人;孙诒让的《墨子间诂》,被认为成就最高。他以三十年之功力,集毕沅后百余年墨学研究成果,汇注成书,被梁启超誉为"现代墨学复活,全由此书导之"。

清后期和近现代,人们对墨学的研究主要集中在两个方面:一是它的科技成就,一是它的伦理思想。

首先,大谈墨家伦理思想的是那些出使、留学国外,或受西方民主思想熏陶的人士。薛福成说"泰西耶稣之教,其源盖出于墨子";黄遵宪从五个方面考证"西学源出墨学",并说"今日而地球万国行墨子之道者,十居其七"。① 黎庶昌也说:"今泰西各国,耶苏天主教盛行,尊天、明鬼、兼爱、尚同,其术确然本诸墨子,而立国百数千年不败。"②他们看重的是墨家"兼爱"与西方耶稣教、天主教所奉行的"泛爱""博爱"精神的相通性。

而那些维新变法之士,则以墨家之兼爱相标榜而呼唤为民众利益之民主生活,以墨家行义不顾身体性命相激励。如谭嗣同认为:"吾自少至壮,遍遭纲伦之厄,涵永其苦,殆非人生所

---

① 转引自秦彦士:《墨子新论》,电子科技大学出版社 1994 年版,第130—131 页。

② 黎庶昌:《拙尊园丛稿》卷四《读墨子》,清光绪二十一年(1895)金陵状元阁刻本,第 236 页。

能忍受，濒死累矣，而卒不死。由是而益轻其生命，以为块然躯壳，除利人之外，复何足惜！深念高望，私怀墨子摩顶放踵之志矣？”①梁启超早年也大声疾呼：“欲救今日之中国，舍墨学之忍苦痛何以哉？舍墨学之轻生死何以哉？”②抨击封建纲纪人伦，赞赏墨家之兼爱平等；宣扬墨家“死不旋踵”的牺牲精神，遂使之成为近代民主改革家们的思想学说之一。

纵观两千余年的墨学沉浮，因其不适合以家庭为本位的旧有社会体制，故儒家学说未吸收其合理成分，导致其在正统的思想学术界备受冷落。但其在民间，特别是在道教和侠客、帮会中的影响，却一直延续不绝。

四、墨家伦理与道教教义和豪侠精神

道教是我国土生土长的宗教，其教义以道家、神仙家思想为主，兼采阴阳五行、两汉谶纬神学思想，同时也深受墨家思想影响。

墨家思想学说中对道教影响较大的是尊天、明鬼、兼爱、节俭、行义、尚贤等，其中兼爱和行义属于伦理道德范畴。这些，在道教经典《太平经》中都有所反映。

墨家的兼爱学说在先秦诸子之学中别具特色，其“使天下

① 转引自秦彦士：《墨子新论》，电子科技大学出版社 1994 年版，第 130—131 页。

② 转引自秦彦士：《墨子新论》，电子科技大学出版社 1994 年版，第 130—131 页。

兼相爱，爱人若爱其身”[①]的思想对道教教义影响极深。《太平经》卷五十六至六十四载：“考天地阴阳万物，上下相爱相治，立功成名，使心治一家，使人不复相憎恶，常乐合心同志。”[②]把人世间的兼相爱提到天地阴阳化生的角度解释其合理性，主张天地化生世上万物，都是出于爱心的缘故；世上万物相因相果，相互依存而又相互转化，也是兼相爱所使然。由此及于万物灵长之人类，也应兼相爱、交相利，相互辅助，心同一家，才不负苍天生人之意。这便从道教天地阴阳之义的角度解释了兼爱的合理性和必然性。

《太平经》卷五十六至六十四又说：“吾乃上为皇天陈道德，下为山川别度数，中为帝王设法度，中贤得以生善意。因以为解除天地大咎怨，使帝王不复愁苦，人民相爱，万物各得其所，自有天法常格在不匿。”[③]自言道教是为伸张天地之大道而创设的。天地之大德曰生。天生万物、地载万物，风雨四时润化万物，天地四季之根本精神，都在一个“爱”字。由此自然万物之理而推及社会人生，亦复应贯彻一个“爱”字：帝王爱万民，则天下和乐，帝王因无愁苦；人民相爱，则社会安定，生活靖宁，万物各顺其性以生，万事各顺其势以成。如此，则天道昭然，地道畅行，世界和乐，社会安定。

由此可见，道教徒们是继承了墨家的兼爱学说，而结合自己的信仰加以深化和延伸，对它加以阐释和推行。兼爱众生，人世互爱，是道教教义的出发点和落脚点，也是其受墨家学说

---

① 孙诒让撰：《墨子间诂》，《新编诸子集成》本，中华书局 1986 年版，第 92 页。

② 王明编：《太平经合校》，中华书局 1960 年版，第 216 页。

③ 王明编：《太平经合校》，中华书局 1960 年版，第 216 页。

影响最重大之处。

从兼相爱出发,道教还为世人设计了一幅人伦关系的理想图画:“古者圣帝明王,重大臣,爱处士,利人民,不害伤;臣亦忠信不欺君,故理若神。故贤父常思安其子,子常思安乐其父,二人并力同心,家无不成者。”①君爱臣,臣爱君;父爱子,子爱父;于是天下人兼相爱护。君从臣民利益出发考虑问题,便会简政惠民;臣民从爱君出发行事,便不会作奸犯科,犯上作乱。父母爱子女,从爱子女角度处理家庭事务,便会家道和乐;子女从爱护、尊敬父母角度行事,家庭便无纷争。总之,以兼相爱调剂人伦关系,便会出现一个其乐融融的安定社会。这就是道教的理想社会政治蓝图,其规划的基点是墨家的兼爱伦理学说。

“兼相爱”与“交相利”,是一对紧密相关的伦理观念。爱对方,从对方的角度考虑问题,就会给对方带来利益。《墨子·兼爱中》曰:“然则兼相爱交相利之法将奈何哉?子墨子言:‘视人之国若视其国,视人之家若视其家,视人之身若视其身。’”这种取消了人、我、亲、疏的等差之爱的“交相利”精神,对我国历史上任侠集团的产生和中华民族豪侠之气的培养,作用至关重要。

墨家不但是“兼相爱、交相利”的鼓吹者,也是急人危难、振人不赡、存亡生死、排纷解难的实践家。据《墨子·公输》载,著名巧匠公输盘为楚国造出了攻城的云梯,将用来攻宋。墨子闻知,从齐鲁之地,徒步跋涉,十天十夜赶到了楚地郢都。不但以理折服楚王,而且当场与公输盘模拟攻守,以自己的守

---

① 王明编:《太平经合校》,中华书局1960年版,第216页。

御之械破公输盘攻城之器，终于制止了这场战争，实践了自己的兼爱、非攻主张。

墨子之后，弟子们承袭了这种急人危难的豪侠精神。据《吕氏春秋·上德》篇载，巨子孟胜与楚之阳城君相善，阳城君委托他代守封地。后阳城君参与射杀吴起，而箭中停尸待殡的楚王。新王即位后欲诛杀阳城君，阳城君出逃，楚王收其封地。孟胜曰："受人之国，与之有符。今不见符，而力不能禁，不能死，不可。"弟子徐弱劝谏说："死而有益阳城君，死之可矣。无益也，而绝墨者于世，不可！"孟胜不听，说："吾于阳城君也，非师则友也，非友则臣也，不死，自今以来，求严师必不于墨者矣！求贤友必不于墨者矣！求良臣必不于墨者矣！死之，所以行墨者之义，而继其业者也。我将属巨子于宋之田襄子。"徐弱终为孟胜说服，曰："若夫子之言，弱请先死以除路！"结果，"（徐弱）还殁头前于孟胜"，孟胜"使二人传巨子于田襄子，孟胜死，弟子死之者百八十三人"。传令之二人"以致令于田襄子，欲反死孟胜于荆，田襄子止之曰：'孟子已传巨子于我矣……'不听，遂反死之"。墨家师徒一百八十余人，就这样为了一个"义"字，为了信守承诺而集体献出了性命。

这种为行义、为他人利益而死的豪侠精神对其后侠士产生了深远影响。据《史记·游侠列传》载，鲁侠士朱家，"振人不赡，先从贫贱始。家无余财，衣不完采，食不重味，乘不过軥牛。专趋人之急，甚己之私"，自苦以助人，舍身忘生以救人，但不为名利，曾"阴脱季布将军之阸，及布尊贵，终身不见也"。这种毫不为己、专门利人的精神，与墨家兼爱交利、自苦以助人、救人之危而不图报答的主张和做法有相通之处。

据《史记·游侠列传》载，朱家后有侠士剧孟，"行大类朱家”，“及剧孟死，家无余十金之财”。又有郭解，出身于任侠之家，“解父以任侠，孝文时诛死”，“及解年长，更折节为俭，以德报怨，厚施而薄望”。其他如“北道姚氏，西道诸杜，南道仇景，东道赵他羽公子，南阳赵调”等，都是豪侠之士。

司马迁曾总结过侠士精神，他说：“今游侠，其行虽不轨于正义，然其言必信，其行必果，已诺必诚，不爱其躯，赴士之阸困，既已存亡死生矣，而不矜其能，羞伐其德”，“布衣之徒，设取予然诺，千里诵义，为死不顾世”。[①] 与墨家说的主张有如下相通之处：

第一，两者同出于兼爱交利主张。墨家主张“兼相爱，交相利”，“视人之家若视其家，视人之身若视其身”（《墨子·兼爱中》），而侠客们则实践了这种爱人如爱己、利人甚于利己的无私精神。

第二，两者同有躬身行义的实践精神。墨家匡世救民，非攻弥战，为“国家百姓人民之利”奔波劳累，甚至献出生命；而侠客们也有救人危难、振人困厄不顾自家性命的牺牲精神。

第三，两者同有已诺必守的刚男之气。墨家宣扬“强不执弱，众不劫寡，富不侮贫，贵不敖贱，诈不欺愚”（《墨子·兼爱中》），并为救助弱小、承诺必守，不惜献出生命，如孟胜之徒为阳城君而死。侠客们也有此等精神。他们言必信，行必果，为了一个承诺，明知事必败、身必死也在所不辞，如《战国策·燕策三》所载荆轲为燕太子丹刺秦王嬴政之事。

第四，两者同有谦让退守、不矜伐功名的高洁情操。墨家

---

① 《史记》卷一百二十四《游侠列传》，中华书局 1959 年版，第 3181、3182—3183 页。

救人危难，不图虚名。如《墨子・公输》载，墨子止楚攻宋，返回途中过宋，避雨于闾中，而守闾者不纳，墨子不因存宋之功而与之争执炫耀。侠客们也是如此，“既已存亡死生矣，而不矜其能，羞伐其德”，同样不图名利，施恩拒报，不以商贾之风融入人伦关系。

第五，两者同有俭约自苦的生活作风。墨家不但鼓吹节用，而且努力实践，“以裘褐为衣，以跂蹻为服，日夜不休，以自苦为极”（《庄子・天下》①）；而侠客们也是如此，朱家行侠仗义，救人不赡，自己却“家无余财，衣不完采，食不重味”；剧孟行侠一生，慷慨舍财，死后却“家无余十金之财”。②

综上五点，可以看出墨家兼爱、行义、解纷救难、自苦以利人等伦理学说和精神对侠客的影响。

五、墨家结社行义对早期道教组织形式的影响

墨家不但宣扬兼爱、交利、行义等学说主张，而且也努力实践这些主张，以自己的行动推行这些主张。其实践之一是他们早期结社式的社会政治活动方式。

墨子及其弟子大多出身于社会下层，本无社会政治地位。为了增强战斗力，墨家采取了民间结社的形式活动在社会政治

---

① 郭庆藩辑：《庄子集释》，中华书局 1961 年版，第 1077 页。（下引同）

② 《史记》卷一百二十四《游侠列传》，中华书局 1959 年版，第 3184 页。

舞台上。

墨家的结社有一定组织形式。墨子在世时,他是当然的首领。墨子死后,其总首领称为"巨子"。《庄子·天下》篇在论墨家时,说他们"以巨子为圣人,皆愿为之尸,冀得为其后世,至今不决(绝)"。巨子是墨徒衷心崇拜的领袖,对他竭诚拥戴,无条件服从,即使巨子命令其赴死,也在所不辞。《吕氏春秋·上德》篇载:孟胜为墨者巨子,善荆之阳城君。阳城君令守于国。荆王薨,阳城君以与攻吴起得罪,收国。孟胜为"行墨者之义"为阳城君而死,其弟子徐弱"请先死以除路","孟胜死,弟子死之者百八十三人",可谓忠心至极。巨子过世前,指定墨徒中之一贤者为新巨子,其他墨徒必须听令于这位新巨子,否则便是违反规矩,要受到谴责。孟胜死前,"属巨子于宋之田襄子",派二徒去宋向田襄子传位。二弟子传位后"欲反死孟胜于荆",田襄子欲止之,曰:"孟子已传巨子于我矣,当听。"二弟子为了遵从"赴义从死"的规矩,"遂反死之"。其他墨徒以为:此二徒"不听",违反新巨子之命;而新"巨子不察",不该阻其赴义。(《吕氏春秋·上德》)据钱穆先生考证,墨子死后,孟胜是第一代巨子,孟胜传宋之田襄子,田襄子传秦之腹䵍。①

墨徒的结社有严格的纪律,所有墨徒皆要无条件遵守。若违反纪律必受处罚,即使巨子的儿子也不例外。据《吕氏春秋·去私》篇载:"墨者有巨子腹䵍,居秦,其子杀人。"秦惠王怜腹䵍年老而"非有它子","已令吏弗诛"。腹䵍却说:"墨者之法曰:'杀人者死,伤人者刑。'……腹䵍不可不行墨子之

---

① 参见钱穆:《先秦诸子系年》,商务印书馆 2001 年版,第 410—411 页。

法。""遂杀之。"墨家倡非攻,反对侵略战争,故禁止墨徒参与侵略战争。"子墨子使胜绰事项子牛。项子牛三侵鲁地,而胜绰三从。子墨子闻之,使高孙子请而退之。"(《墨子·鲁问》)这个结社内还制定了清苦的生活纪律,"生不歌,死无服","以自苦为极","以裘褐为衣,以跂蹻为服"(《庄子·天下》),食"藜藿之羹"(《墨子·鲁问》),不慕富贵,不贪荣华,唯行义以为求。墨子为行"我道",谢越王"五百里以封",辞越王"五十乘以迎"(《墨子·鲁问》),便是突出事例。墨徒为行道外出做官,其收入必须上缴首领统一使用,不得据为己有。墨子曾派耕柱到楚国做官,"毋几何而遗十金于子墨子,曰'后生不敢死(私),有十金于此,愿夫子之用也'"(《墨子·耕柱》)。此事被墨徒记录在《墨子》中,成为后世墨者所遵循的规则。

墨徒的结社内部有统一的行动部署。为了推行学说主张,墨子派高石子到卫国做官,而先让管黔在卫君面前游说,使卫君任用高石子。墨子派胜绰到齐国将领项子牛手下做官,以推行"非攻"学说,制止项子牛发动侵略战争。胜绰到任后反而助纣为虐,墨子知道后便派弟子高孙子去齐交涉,使齐国辞退了胜绰(事见《墨子·鲁问》)。其他如耕柱到楚国做官(事见《墨子·耕柱》)、某墨徒到卫国做官(《墨子·贵义》)、公尚过到楚国做官、曹公子到宋国做官(事见《墨子·鲁问》)等,都是由结社内首领派出的。特别是弟子禽滑釐率三百墨徒持墨子守御之械助宋守城防楚,墨子自己去楚说公输盘勿要发动侵宋战争(《墨子·公输》),更是出于统一的部署和通盘的考虑安排。

墨徒的结社有明确的宗旨,即《墨子》中所记述的墨家的兼爱、非攻、利民、节俭等一系列政治主张。结社成员的一系列活动,皆以这些既定宗旨为准则。上述墨徒的活动都是在这些宗旨的指导下进行的。墨子死后,其学说思想、言语行动被后学记录下来,成为结社内必遵的法典。墨家巨子腹䵍大义杀子的依据便是这种"墨子之法"(《吕氏春秋·去私》)。虽然墨子死后,"墨离为三","有相里氏之墨,有相夫氏之墨,有邓陵氏之墨"[1],他们"皆自谓真墨"(《韩非子·显学》),攻击别派是"别墨",但"俱诵(《墨经》)"(见《庄子·天下》),墨子所创设的结社政治宗旨,仍在各派中贯彻施行。钱穆先生曾怀疑今《墨子》中《尚贤》《尚同》《兼爱》《非攻》《节用》《天志》《非命》等篇皆有上、中、下,或即各派"记所受于师者"[2]。然细按各上、中、下篇,旨意大致相近。故言,墨子死后各墨派的政治纲领仍旧相同。

墨家这种一定组织规则、统一行动部署、严明的内部纪律、有明确集团宗旨的政治结社形式,对后世产生了重大影响。

西汉时的任侠集团,是这种结社形式的继续。据《史记·游侠列传》和《汉书·游侠传》载,西汉时有朱家、剧孟、王孟、郭解、万章、楼护、陈遵、原涉等任侠集团。他们"不爱其躯,赴士之阨困","千里诵义,为死不顾世",且"既已存亡死生矣,而不矜其能,羞伐其德",大得墨家之旨。[3] 其中鲁之朱家"所藏

---

① 墨子时候墨家分为三派:《陶潜集·圣贤群辅录》吸取《庄子·天下》篇之说,谓为宋、尹文之墨;相里勤、五侯之墨;苦获、已齿、邓陵子之墨,是为异说。

② 钱穆:《先秦诸子系年》,商务印书馆 2001 年版,第 213 页。

③ 任侠集团的"不矜其功,羞伐其德"系受墨子救宋存宋而"治于神者,众人不知其功"(《墨子·公输》)的影响。

活豪士以百数”,“专趋人之急,甚己之私”,而“家无余财,衣不完采,食不重味,乘不过軥牛”[①],宛然墨徒再世。

东汉时期,这种结社集团形式受谶纬神学和方士学说的影响,逐渐增加了宗教色彩。先有卷人维汜,“妖言称神”造反,“弟子数百人坐伏诛”。其后,“弟子李广等宣言汜神化不死,以狂惑百姓。(光武帝建武)十七年,遂共聚会徒党,攻没皖城,杀皖侯刘闵,自称‘南岳太师’”。[②]“(光武帝建武)十九年,妖巫维汜弟子单臣、傅镇等,复妖言相聚,入原武城,劫吏人,自称‘将军’。”[③]这两次起义虽被镇压了,但宗教结社的斗争形式并没有因此而消失,反而越来越频繁地出现。据卿希泰先生统计,自安帝至桓帝六十年间,被称为“妖贼”“妖言相署”的宗教结社起义事件共有44起。[④]特别是桓帝建和二年(148)长平陈景自号“黄帝子”聚徒起义,桓帝永兴二年(154)蜀人李伯自立为“太初皇帝”聚徒起义,桓帝延熹八年(165)“勃海妖贼盖登等称‘太上皇帝’”[⑤]聚徒起义,皆有浓重的道教结社色彩。

在前人结社政治斗争经验的基础上,张角建立了“军教合一”的早期道教组织,发动了波澜壮阔的宗教性农民大起义。顺帝时,琅邪人宫崇诣阙上其师干吉所得《太平清领书》百七

---

① 《史记》卷一百二十四《游侠列传》,中华书局1959年版,第3184页。

② 《后汉书》卷二十四《马援传》,中华书局1965年版,第838页。

③ 《后汉书》卷十八《臧宫传》,中华书局1965年版,第694页。

④ 参见卿希泰主编:《中国道教史》第一卷,四川人民出版社1988年版,第197页。

⑤ 《后汉书》卷七《孝桓帝纪》,中华书局1965年版,第316页。

十卷,“后张角颇有其书”[1]。张角得书后,奉为经典,“自称‘大贤良师’,奉事黄老道,畜养弟子,跪拜首过……角因遣弟子八人使于四方,以善道教化天下,转相诳惑。十余年间,众徒数十万,连结郡国,自青、徐、幽、冀、荆、扬、兖、豫八州之人,莫不毕应。遂置三十六万。方犹将军号也。大方万余人,小方六七千,各立渠帅。讹言‘苍天已死,黄天当立,岁在甲子,天下大吉’。以白土书京城寺门及州郡官府,皆作‘甲子’字。中平元年,大方马元义等先收荆、扬数万人,期会发于邺。元义数往来京师,以中常侍封谞、徐奉等为内应,约以三月五日内外俱起”[2]。这个早期道教组织,有严密的组织系统,首领为张氏三兄弟,称“天公将军”“地公将军”“人公将军”[3],三将军下统三十六方,方有渠帅;三十六方、数十万徒众能“一时俱起”,可见组织内有严明的纪律;“约以三月五日内外俱起”,可见有统一的行动计划和布置;称“苍天已死,黄天当立”,欲推翻东汉政权,建立新政权,可见这个组织有既定的宗旨和明确的目标。这种组织形式和斗争方式都是受墨家结社斗争形式的影响所致。蜀川张道陵“政教合一”的五斗米道与此相仿,有遵奉的经典、既定的宗旨、一定的组织形式和内部戒律[4],也可看出其受墨家结社方式的明显影响。

---

① 《后汉书》卷三十《襄楷传》,中华书局 1965 年版,第 1084 页。

② 《后汉书》卷七十一《皇甫嵩传》,中华书局 1965 年版,第 2299—2300 页。

③ 《后汉书》卷七十一《皇甫嵩传》,中华书局 1965 年版,第 2300 页。

④ 张道陵五斗米道(又称“天师道”)以《老子》为经典,以解难救民为宗旨,设有二十四治,道徒戒贪婪、作恶。

对墨家科技成就及命运的思考*

齐鲁大地，地灵人杰。被称为先秦“显学”的儒家和墨家都发轫在这块土地上。

儒家由孔子开创，墨家由墨子开创。墨子名翟，宋司马子鱼之后，世居目夷(今山东滕州木石镇)。据《韩非子》载，他年轻时做过工匠，曾制出过能飞的木鸢，也造出过载重 30 石的木车。他的弟子和后学也都是这样一批能工巧匠，曾帮宋人制造守城器具，使强楚不敢攻宋。经过长期的实践和不懈的探索，这一学派在科技方面取得了卓越的成就。

今人研究，在记录墨翟及其弟子和后学学说的《墨子》一书中，有关自然科学的论说就达 50 余则，内容涉及力学、数学、声学、光学、测量学、时空观念等，其中不乏真知灼见和在当时具有世界领先地位的论说。如力学方面，《墨子·经上》曰：“力，形之所奋也。”即说，力是物体运动变化的原因。这与牛顿第二定律相同，但却比牛顿早提出了两千年。《墨子·经下》载“宇或徙，说在长宇久”，即说物体的运动与一定量的时间和空间密不可分。这种把运动与时间、空间联系起来思考的

---

* 本文原载于《大众日报》1994 年 4 月 8 日，中国人民大学复印报刊资料《中国哲学史》1994 年第 5 期全文转载。

观念，在今天看来，仍有十分深刻的意义。在数学方面，墨家发现了“零”的恒定量。《墨子·经说上》曰：“库，区穴若斯貌常。”“库”与“区穴”，即指“零”“若斯貌常”，讲“零”的坐标原点永远不变。墨家给“圆”定义曰“中同长也”，比欧几里得的几何定义简括易懂，还可由此推出作圆的方法。其他如《墨子》的《备城门》篇中“瓮听”的声呐学论说、《经下》篇“负而不挠，说在胜”的平衡静力学原理、《经下》篇“均之绝否，说在所均”的弹性力学论说等，在世界科技发展史上都居领先地位。

墨家科技成就的取得，除了他们自身的实践和探索外，也与其所处的社会文化背景密切相关。墨家兴盛的战国时期，是我国历史上思想学术最为活跃的时期。新旧社会形态的交替，使一切旧有传统观念被打破。“学在官府，以吏为师”的奴隶制教学方式成为历史陈迹，官学下移，学术散在民间。孔子首开私人讲学之风，形成了一个以相礼的儒者为骨干的学术集团。墨子继其后，开创了劳动者讨论学术之风，形成了一个以手工业者为主干的学术社团。两家弟子各自光大学说，形成了儒墨抗衡的战国学术格局，儒家以讨论治世策略为己任，墨家则在讨论社会问题的同时，利用掌握的文化知识，对自己的手工业技艺、经验进行总结和探讨，留下了某些居当时世界领先地位的科学技术论说。可以说，墨家科技成就的取得，是文化知识与技艺实践结合的结果。

从更深的层面上讲，墨家科技成就的取得与其文化传统不无关系。墨家发祥地鲁南地区，曾产生过灿烂的大汶口文化。出土所见大汶口文化器物所标示的手工制作水平，远高于其他同期文化遗址所出土器物。墨子的祖先是宋人，宋人是殷人的后裔，殷人有较高的手工业技艺水平，其所创造的青铜器文化举世瞩目。周武王灭商而封天下,分鲁公以殷民六族,殷人的手工技术也被带到鲁地。所以,不论从族源关系上讲,还是从地缘关系上讲,墨子及墨家学派都承袭着重技艺道术的文化传统。他们与重"礼乐教化"的儒家不同,用自己的实践和理论浇灌出灿烂的科技文明之花,成为我国历史上重视技艺道术、重视对科学技术进行理论探索的学术派别。

墨家的科技成果,随着其学说的传扬和弟子的扩散而广为传播,从齐鲁渐至西秦。秦惠王把后期墨家首领腹䵍罗致于秦,并一反秦酷法传统而欲赦其子杀人之罪,如此礼遇优待,恐怕他看中的不是墨家那些与秦法家相左的思想学说,而是看中了这一派别的技艺道术,特别是他们所制作的那些用之有效的军事攻守器械。墨家的科技成果和技艺道术在战国时期曾备受重视,战国秦汉乃至其后的中国手工业技术的发达,不能说没有墨家的功绩。

墨家对我国古代科技文明的贡献,不仅在于他们当时所取得的科学技术成就,更在于他们开创了重科学技术研究、重科学理论探索的文化传统。这一文化传统,本应把我国导入一条科学昌隆、技术发达的文明古国的发展道路,但十分可惜,秦王朝武力统一中国后,特别是汉武帝"独尊儒术"之后,这一优秀文化传统却没有得到应有的承传和光大,甚至逐渐被抛弃、被排斥而遭中绝。就中原因值得深思。

首先,墨家重科技文化传统的中绝与其学派的中绝密切相关。墨家主张"兼爱""尚同",试图以自己的社团生活为模式,建立一个无家庭差别观念的公有社会,被儒家攻击为"无父也"。诚然,墨家这一社会结构模式不符合当时处于上升时期的封建社会发展的需要。那时,社会主导生产方式正由奴隶制群体生产向封建制家庭个体生产过渡,这种以家庭为单位的社会生产方式,十分适合封建社会初期刺激个体生产积极性以发展社会经济的时代要求。同时,以家庭作为社会基本政治单位的社会政体结构方式,也十分适合当时封建地主阶级既要利用农民作战、守土,又要使农民有所牵挂不致用手中武器造反的统治需要。基于这些,故极力探求、鼓吹以家庭作为社会细胞、先以"孝"稳定家庭再以"忠"稳定社会等治世理论的孔门儒家,在秦汉战乱之后渐受统治者青睐,上升为"国学";而鼓吹否定家庭的社会作用、重建帮会社团式社会组织的墨家被冷落,遭贬斥,以至学派中绝,便是自然的事了。应该看到,墨家的科技思想是与学派的其他学说和思想被一起记录、流传的,学派中绝,学派思想被冷落,他们重科技的文化传统自然也随之无人问津了。

其次,墨家重科技文化传统的中绝与儒家的毁伤有关。墨家以出身下层的手工业者为主干,以自苦自行相标榜,一直被鼓吹"劳心者治人,劳力者治于人"的儒家所卑视。儒家攻击他们说"贱人之所为",是"役夫之道"。儒家又一贯反对"作为淫巧以荡上心",认为奇技异术会搅乱人心,妨碍大治,所以在儒家思想大兴,特别是汉代标榜"除工商之淫业,兴农桑之上务"后,墨家重科技的文化传统被抛弃而中绝,也便是自然中事了。

但是,历史事实已证明,墨家重科技的文化传统是中华民族优秀文化传统中的重要组成部分,应当加以发扬和光大,当然,在这一过程中,我们也应当坚持实事求是的态度,承认其中一些科技结论缺乏明晰的逻辑表述。认识此不足,为今天科技事业发展提供借镜,这同样是十分必要的。

墨学流传考（上）

论《孟子》所载孟轲对墨学的批判*

据《淮南子·要略》所记，墨家学派创始人墨翟先“学儒者之业，受孔子之术”，为纠正孔门儒学“礼烦扰而不说，厚葬靡财而贫民，[久]服伤生而害事”，“故背周道而用夏政”，另创新说。这些与孔门儒学不相同的论说，引发了孟子的猛烈抨击。

《孟子·滕文公下》载：“世衰道微，邪说暴行有作，臣弑其君者有之，子弑其父者有之。孔子惧，作《春秋》。……圣王不作，诸侯放恣，处士横议，杨朱、墨翟之言盈天下。天下之言不归杨，则归墨。杨氏为我，是无君也；墨氏兼爱，是无父也。无父无君，是禽兽也。……杨墨之道不息，孔子之道不著，是邪说诬民，充塞仁义也。仁义充塞，则率兽食人，人将相食。吾为此惧，闲先圣之道，距杨墨，放淫辞，邪说者不得作。作于其心，害于其事；作于其事，害于其政。圣人复起，不易吾言矣。昔者禹抑洪水而天下平，周公兼夷狄，驱猛兽而百姓宁，孔子成《春秋》而乱臣贼子惧。《诗》云：‘戎狄是膺，荆舒是惩，则莫我敢承。’无父无君，是周公所膺也。我亦欲正人心，息邪说，距诐行，放淫辞，以承三圣者；岂好辩哉？予不得已也。能言距杨墨

* 本文原载于山东师范大学齐鲁文化研究中心、美国哈佛大学燕京学社编：《儒家思孟学派论集》，齐鲁书社 2008 年版。

者,圣人之徒也。"[1]这里,孟子着力攻击墨家的兼爱学说。今存《墨子》中有《兼爱》三篇,集中论述墨家兼爱主张。墨家主"无等差之爱",较儒家继承周人宗法制传统而提出的以血缘亲疏为准则的"差等之爱"更有号召力,更能取得广大民众的拥护,在战国初年社会大变革的形势下更容易被世人接受,所以受到自诩继承正统孔门儒学的孟子(见《荀子·非十二子》)抨击。墨家主兼爱,是主张像爱自己的亲人一样去爱他家之人,从而营造一种人人相爱、其乐融融的社会环境,而孟子却由墨家"兼爱"推导到"无父",其除了与杨朱"为我"对说的修辞因素外,更与彼时墨家学说影响太大即"杨朱、墨翟之言盈天下""天下之言不归杨,则归墨"有关。

杨朱、墨翟之言充盈天下,妨碍了儒家学说的顺利传播,故孟子对此进行激烈抨击,以光大儒家学说,扩大儒家阵营。关于此,《孟子》亦有论说。《孟子·尽心下》:"孟子曰:'逃墨必归于杨,逃杨必归于儒。归,斯受之而已矣。今之与杨、墨辩者,如追放豚,既入其苙,又从而招之。'"[2]可见在孟子所处的战国中期,依旧是儒、墨、杨三家平分社会学术舆论的形势。在这种形势下,为了保卫儒家学说,扩大儒家学说的影响,孟子当然要针对墨家最能吸引人心的思想主张,即"爱"的主张进行驳难。"爱"的主题,是战国前期一个重要的社会主题。墨家、杨朱、孟子所处的战国前期,随着私田大量出现,旧有的社会生产关系出现变革。在社会生产关系变动的同时,以家庭为生产单位同时也是生活单位的社会结构渐趋稳定。家庭成员之间

---

① 杨伯峻译注:《孟子译注》,中华书局1960年版,第155页。
② 杨伯峻译注:《孟子译注》,中华书局1960年版,第335页。

的关系、家庭成员与社会成员的关系应如何处理,即建立一个什么方式的"爱"的社会,成为广大社会成员关心的问题,也是当时的社会思想学家共同讨论的问题。所以,孟子首先在"兼爱"还是"等差之爱"的问题上力辟墨家。

"爱"的问题不单是活人间的问题,如何对待死去的亲人,也是其一个侧面。墨家主张兼爱众生,互爱互利,但对死去的亲人却不主张久丧久服。这种主张,引起继承孔子"三年之丧"主张的孟子的激烈反对。《孟子·滕文公上》载:"墨者夷之,因徐辟而求见孟子。孟子曰:'吾固愿见,今吾尚病,病愈,我且往见,夷子不来!'他日,又求见孟子。孟子曰:'吾今则可以见矣。不直,则道不见;我且直之。吾闻夷子墨者,墨之治丧也,以薄为其道也;夷子思以易天下,岂以为非是而不贵也?然而夷子葬其亲厚,则是以所贱事亲也。'徐子以告夷子。夷子曰:'儒者之道,古之人若保赤子,此言何谓也?之则以为爱无差等,施由亲始。'徐子以告孟子。孟子曰:'夫夷子信以为人之亲其兄之子为若亲其邻之赤子乎?彼有取尔也。赤子匍匐将入井,非赤子之罪也。且天之生物也,使之一本,而夷子二本故也。盖上世尝有不葬其亲者,其亲死,则举而委之于壑。他日过之,狐狸食之,蝇蚋姑嘬之。其颡有泚,睨而不视。夫泚也,非为人泚,中心达于面目,盖归反蘽梩而掩之。掩之诚是也,则孝子仁人之掩其亲,亦必有道矣。'"①墨者夷之与孟子争论的问题,是儒墨间"爱"之论争中的一个侧面。怎样爱自己亲人,活着如何爱?爱其亲人,应怎样表达对死去亲人的怀念之情?这是一个兼有人伦道德和社会礼仪的大问题。

① 杨伯峻译注:《孟子译注》,中华书局1960年版,第134—135页。

春秋战国之交,是一个所谓“礼崩乐坏”的时代,旧有的制度在变革,旧有的观念在改变,人们逐渐摆脱“天、地、鬼、神”的原始宗教牢笼,张扬人性乃至个性。所以,不但杨朱张扬个性的“为我”学说在流行,墨家打破旧有传统特别是旧礼仪束缚的“重人轻礼”的人性论亦大受欢迎,从而引发了孟子的激烈抨击。“事死”是姬周“国神教”的重要内容,带有祈福去难、祈求祖先灵魂保护的原始宗教意义。孔子保留了“事死守服”的礼仪外壳,淡化了其中原始宗教化的解释,对其内涵意义进行了“子生三年,然后免于父母之怀”的人伦化的改造,曾被他的学生宰我所质疑。宰我认为守丧三年,不为礼乐,必致礼崩乐坏。(见《论语·阳货》)宰我与孔子“三年之丧”的论辩,明显具有“个体”与“群体”混一的逻辑漏洞。即承传礼乐之人群,不可能同时遭遇“三年之丧”;即使个别人守丧时间再长,礼乐也会通过不同时间守丧者而传递延续下去。墨家所归结的“三年之丧”的弊端,即“[久]服伤生而害事”,从守丧者长久悲戚节食禁乐而毁伤身体,从长久服丧不事事功而贻误社会生产妨碍社会活动等多方面总结论说,更加圆脱,更具合理性。所以,以“好辩”著称的孟子也很难从事理上找漏洞,只好从夷之受世俗舆论影响“厚葬其亲”的行动与其墨家“薄葬”主张的矛盾上找辩论点。

孟子虽然在思想主张方面抨击墨家,但持“浩然正气”的孟子,对墨家“摩顶放踵利天下”的实践精神和人格魅力并不否定。《孟子·尽心上》载:“孟子曰:‘杨子取为我,拔一毛而利天下,不为也。墨子兼爱,摩顶放踵利天下,为之。子莫执中。执中为近之。执中无权,犹执一也。所恶执一者,为其贼道也,举一而废百也。'"①墨家"摩顶放踵利天下"的兼爱行为,与儒家坚持学说主张"戚戚惶惶"游说诸侯的锲而不舍行为,有人格精神上的相似性。故孟子虽反"兼爱",却不批评墨家"摩顶放踵利天下"的人格精神。

今本《孟子》中,论述墨家及墨学者仅此四则。此四则论说,批判了墨家的兼爱学说,驳斥了墨家的节丧主张,记述了墨家"摩顶放踵利天下"的人格精神,反映了"杨朱、墨翟之言盈天下""逃墨必归于杨,逃杨必归于儒"的儒墨杨三家学说迭兴、相互对立的战国前期的社会思想现实。其背后所隐藏的,是"崇天"与"敬祖"两种族源文化间的文化冲突。

① 杨伯峻译注:《孟子译注》,中华书局1960年版,第313页。

孟子对墨学的非自觉继承*

孟子无限推崇孔子，曾借有若之口谓“自生民以来，未有盛于孔子也”①；并叹“杨、墨之道不息，孔子之道不著”，决心承孔子之学，做“圣人之徒”而“距杨墨”。所以他不遗余力地攻击墨家学说，甚至谩骂墨家主“兼爱”“是无父也”“是禽兽也”（《孟子·滕文公下》）。但是这却并没有妨碍他在建构自己的学说时对孔门儒学进行修正，以及对墨学精华的吸取。

孟子对墨学的吸取主要表现在认识、解决问题的方法和思想观点两个方面。

一、孟子吸收墨家“利民”说

治理社会动乱，是先秦诸子各家的主要愿望。但社会动乱的原因是什么，诸子各家各派却有不同认识，所以设计出不同的解决方式。儒家开山祖孔子认为，社会动乱在于世人特别是

---

* 本文原载于张知寒主编：《墨子研究论丛》第四辑，齐鲁书社 1998 年版。

① 杨伯峻译注：《孟子译注》，中华书局 1960 年版，第 63 页。（下引同）

执政者道德沦落，因而倡导“教化”救世，重精神修养而轻物质利益。他推重颜渊的安贫乐道精神（见《论语·雍也》①）；他“罕言利”（见《论语·子罕》）；他自我标榜“不义而富且贵，于我如浮云”（见《论语·述而》）。可以说，孔学是一种重道德自律而轻物质功利的伦理政治学说。

孟子学说则不然。他那从孔子“仁学”发展而来的“仁政学说”之第一要义是“制恒产”，给百姓“五亩之宅”“百亩之田”，以作为“仰足以事父母，俯足以畜妻子”的资本，以防他们“无恒产，因无恒心”而“放辟邪侈，无不为已”；极力主张“老者衣帛食肉，黎民不饥不寒”是行仁政、王天下的根本之根本，从而把他的“仁政学说”建立在“富民安民”的经济论说之上。（皆见《孟子·梁惠王上》）

孔子强调道德教化以安天下，而孟子则强调富民安民以取天下，其认识社会问题、解决社会问题之立足点的转移，系受墨学影响所致。据《淮南子·要略》言，墨子原“学儒者之业，受孔子之术”，但他觉得孔门儒学之孝悌教化学说“烦扰”而难用于当世，故另立新说，倡兼爱交利，欲以“兼相爱，交相利”之法治乱世。（《墨子·兼爱中》②）“兼爱”是为了“交利”，天下人只有把相互间的利益放在心上，才会和平共处而不争夺。墨家进一步认为，兼爱交利，必得回报，“夫爱人者，人必从而爱之；利人者，人必从而利之”（《墨子·兼爱中》）。人若抱定爱他人之心去利人，人必爱他而利他，社会便会消弭争夺而归于安定。可以说，墨家的政治学说，是一种建立在互用共利基础上的功

---

① 杨伯峻译注：《论语译注》，中华书局1980年版。（下引同）

② 孙诒让撰：《墨子间诂》，《新编诸子集成》本，中华书局1986年版，第93页。（下引同）

利社会学说。所以梁任公曾说:“利之一字,实墨子学说全体之纲领。”①

孟子正是从墨家这种以“利”为人际关系调节杠杆、为社会稳定之第一要义的论说中得到启发,才认识到经济利益是诸侯争夺的关键所在,是统治者与被统治者间尖锐矛盾的关键所在,所以才修改了孔子学说中重精神轻物质、重教化轻利益的倾向,转而把“利民”作为“争民”“得民”进而行仁政、王天下的第一要义;告诫统治者欲“王天下”必先“保民”,欲“保民”必为民“制恒产”,让他们有生存的经济保障,让他们能获得基本的物质利益,从而使社会趋于安定,为社会的进一步繁荣奠定必不可少的经济基础。

吸收论敌的思想方法来发展和修正本派的学说,这并非孟子的本愿,而是社会现实的变化使其不得不然。周代领主制经济时期,“普天之下,莫非王土”,人们赖以存活的生产资料是由天子赐予的。所以,与这种封爵赐田制相应的人伦礼制便大行于世。春秋后期,拜爵赐田的领主制经济形式还存在,加之孔子推崇周公的“礼仪治世”,所以他强调道德自律以推广礼治,鄙视功利作用而推重精神修养。

当私田大量出现并迫使统治者不得不承认时,领主制经济便逐渐转化为地主制经济。农民在完成固定的赋税之后,剩余收获物便归己所有。对土地的投入越多,个人所获利益也越大,从而激发了农民的生产劳动积极性,使土地产出的剩余部分越来越多,逐渐培养起农民追逐利益的积极性。同时,农民

① 梁启超:《子墨子学说》,《梁启超全集》第6册,北京出版社1999年版,第3167页。

生产劳动剩余物的增加,也促进了社会商品的流通,因而产生出更多以追逐利益为根本目的的商人。这样,追逐利益的社会风气便趋于兴盛,致使后来连为吏为官也被人们看作“佣徒鬻卖之道”(《荀子·议兵》①)。最终,一个以利益事功为调节杠杆的社会价值观念体系便逐渐确立起来。

战国前期,墨子初步看到了社会利益再分配所引发的社会争夺,所以他对世人的说教,在属于道德范畴的“兼相爱”之外,又增加了属于利益范畴的“交相利”学说,在精神说教之中,加入功利内容。

孟子所处的战国中期,以功利作为社会调节杠杆的价值观念体系已经确立,所以他不得不抛开自己所崇敬的孔子学说中的“道德自律治世说”,转而以墨家“功利学说”为基础加以发展,将“制恒产”作为使百姓“有恒心”而致社会安定的理论基石,来建构自己的“仁政”学说。此并非他个人心愿欲为,而系社会发展形势使他不得不为,使他不得不抛开祖师的说教而转借论敌的学说来加以发展。

二、孟子吸收墨家“重民”说

孟子不仅在思想方法上学习墨家,甚至在观点主张上也吸收、利用墨家学说。

自有国家以来,统治者便在推崇神权的同时不断神化王

---

① 王先谦撰:《荀子集解》,《新编诸子集成》本,中华书局 1988 年版,第 286 页。(下引同)

权，以维持统治。孔门儒学是一种以推行礼制为标示的维护统治阶层特权的伦理政治学说，要求“君君、臣臣、父父、子子”（《论语·颜渊》）各安其位，下不犯上；要求“臣事君以忠”，要求“子为父隐”（《论语·子路》），要求“三年无改于父之道”（《论语·学而》），即不可触动礼制规定的上下尊卑序列；于子来说，父为尊；于臣来说，君为贵。

孟子则不然，他主张“民为贵，社稷次之，君为轻”（《孟子·尽心下》）；“君之视臣如手足，则臣视君如腹心；君之视臣如犬马，则臣视君如国人；君之视臣如土芥，则臣视君如寇雠”（《孟子·离娄下》）；他宣扬“将有大为之君，必有所不召之臣”（《孟子·公孙丑下》）。这些言论都与孔子所论不同，从而表现着对君主特权的限制乃至否定。

孔子之后，首先主张对君权进行限制的是墨家。墨家提倡节用、节葬、非乐，告诫统治者“不极五味之调，芬香之和，不致远国珍怪异物”（《墨子·节用中》）；反对统治者“厚葬久丧”，抨击“王公大人之为葬埋”“辍民之事，靡民之财”（《墨子·节葬下》）；反对统治者“厚措敛乎万民，以为大钟、鸣鼓、琴瑟、竽笙之声”（《墨子·非乐上》）。其实质在于从经济生活上对统治者进行限制，以调节社会物质分配关系。

孟子在墨家这些论说的基础上进一步发展，不但主张统治者“与民同乐”，一同享受园圃、射猎、音乐之乐，更主张统治者在精神人格上与臣民平等，对于贤德臣民，“欲有谋焉，则就之”请教（《孟子·公孙丑下》）；统治者无才无德，“异姓之卿”可弃之离去，“贵戚之卿”则可与之“易位”（《孟子·万章下》）；所以在孟子眼中，“汤放桀，武王伐纣”，是有德之臣民“诛一夫”而并非“弑君”犯上（《孟子·梁惠王下》）。

孟子对墨家限制君权学说的吸取和发展,是社会思潮发展使其不得不然。夏商两代,天帝崇拜最为盛行。为了维护统治,执政者多利用人们对神灵的崇拜,自我比附神灵。夏桀自比太阳,纣自恃“我生不有命在天”(《尚书·西伯戡黎》[①]),他们宣扬自己是天帝在人世间的代言人,具有至高无上的特权。周人为解释夺权的合理性,提出“天命靡常”的天命转移论,并为绵延国祚而提倡“保民”(《尚书·康诰》等),成为人神易位的契机。西周及至春秋,越来越多的进步政治思想家认识到“民”的决定性作用,并对其进行了不同的论说,神权被打翻在地。至春秋末年沈尹戌论“子常必亡郢”时,已纯依民心而不论神权了。

战国初年,神权失落,民力受重视,附神而自尊的君主权威相应被削落。进步的思想家们开始以常人眼光审视君主作为。墨家从其以功利为杠杆调节社会矛盾的基本主张出发,提倡在社会物质利益的再分配中对执政者进行某些限制,这顺应了时代潮流,与当时“以人为社会本位”的主导社会思潮有关。

孟子所处的战国中期,社会流动人口增多,楚国的许行跑到滕国“受一廛而为氓”(《孟子·滕文公上》),齐太子法章逃难到太史家做“灌园”的“庸夫”(《战国策·齐策六》[②]),“争民”“保民”成为急需解决的社会课题之一。与“争民”相应,当时的统治者争相养士。孟尝君有士三千,且与他同饮食[③];魏

---

① 孔安国传,孔颖达疏:《尚书正义》,《十三经注疏》本,中华书局1980年版,第177页。(下引同)

② 何建章注释:《战国策注释》,中华书局1990年版,第447页。(下引同)

③ 《史记》卷七十五《孟尝君列传》,中华书局1959年版,第2351页。

公子无忌为“争士”而给“夷门抱关者”执辔御车①;颜斶见齐宣王,竟出口而叱曰“王前”,并折服宣王(《战国策·齐策四》)。明白了这种“争民”“重士”的社会背景,便不会惊讶孟子“说王公大人则藐之”的倨傲态度,也会理解孟子在“距墨”“诋墨”的同时发展墨家限制君权思想主张的行为。

孔子厌谈兵,卫灵公问战阵,孔子答以“未之学”(《论语·卫灵公》),不问战争性质,一律加以反对。墨家也以反战“非攻”著称,但他们所反对的仅是不义之“攻”,却赞同有义之“诛”,如赞扬汤诛桀、武王诛纣(《墨子·非攻下》),从而将战争性质分为“义”与“不义”。孟子反战,谓发动战争者系“率土地而食人肉,罪不容于死”(《孟子·离娄上》),但他也赞扬舜“诛不仁”(《孟子·离娄上》)、赞扬武王和周公诛纣(《孟子·滕文公下》),亦对战争性质加以区别,表现出对墨家思想观点的借鉴。

其他,如孟子告诫统治者“与民同乐”之论与墨家的“非统治者之淫乐”有关,孟子的“举贤重士”与墨家的“尚贤重功”有某些联系等等,都表现着孟学对墨家学说在理论论说方面的承袭和延伸。

三、孟学建构吸收墨学

荀子曾抨击孟子“略法先王而不知其统”,“闻见博杂,案往旧造说”(《荀子·非十二子》),即讥讽孟子篡仲尼之学而杂入他家学说。“闻见博杂”的内容,当有上述我们分析的孟学

① 《史记》卷七十七《魏公子列传》,中华书局1959年版,第2377页。

体系中对墨家学说的非自觉继承。孟子这种既把墨家作为首要论敌加以攻诘,又对墨家的思想方法乃至观点主张加以吸收和发展的做法,确实是先秦学术史上一个甚应注意的现象。

大凡推动社会进步的思想家在建构自己的学说时,他既注意对本派先师的理论主张加以继承和发展,又注意依据时代环境的改变去更改乃至否定先师的学说。他们置身于社会潮流之中,把握社会主流,用自己的理论学说去推动和指导社会前进。

孟子自命为社会哲师,他自诩“五百年必有王者兴”,“如欲平治天下,当今之世舍我其谁也”(《孟子·公孙丑下》)。所以,他在把握时代脉搏、解决社会问题、设计前景蓝图时,就不得不在建构自己的理论体系时既师承孔门儒学,又依据时代社会的改变而修正孔学;就不得不对墨家解决社会问题的思想方法和治理社会的诸多观点主张加以吸取和利用。这是先秦诸子在建构其思想学说时的一般做法。且不论阴阳家对道家宇宙论的借鉴、法家对名家等级说的继承,即如攻击孟子篡改孔门儒学的荀子,虽自命儒学之正统,其实也对儒学之外的他家学说观点和思想方法多有吸收利用,故被后人攻击为“大醇而小疵”。

但是,主要出于学派论战的需要,先秦诸子各家却无一例外地讳言吸收他家营养来充实自己学说的事实,并且在论及他派主张时,多像孟子那样做感情式的抨击,缺乏理智、全面、公正的分析和评论。加之彼时那些评论思想学派的篇章,如《庄子·天下》《荀子·非十二子》《韩非子·显学》,还有《荀子》之《解蔽》篇、《天论》篇和《吕氏春秋》之《不二》篇,或指摘各派之不足,或评说各派之特异,很少论及学派间的相融性和学说间的共通性，因而给后人的学术研究以错误导向。

降及西汉，司马谈作《论六家要旨》，即承此风论阴阳、儒、墨、名、法、道六家学说之特异；司马迁《史记》之《孟子荀卿列传》《老庄申韩列传》等篇中评论与此相类；至班固删刘向、刘歆父子之作而成《汉书·艺文志》，更立各家学派之源出以抉析诸子十家之差异。近代西学东渐，解析研究法盛行，更加剧了学术研究中的探奇搜异倾向，使人们产生了先秦诸子各家学说势同水火的错觉。

这种错觉妨碍了对先秦诸子之学的整体研究和全面把握，妨碍了对先秦思想发展主线和学术主潮的把握。其实，面对着相同的社会现实，且又像《淮南子·要略》所言主要是为"救时之弊"而产生的先秦诸子学说，在思想实质乃至观点主张上更多地具有相通性和共融性。理清先秦诸子学说间的影响、继承和嬗变关系，不但要对诸子活动年代、诸子著述产生年代及写定年代等方面花大气力考证（随着先秦著述考古发现的日益增多，这种工作的难度将越来越小），更重要的是要在研究方法上来一个转变，强调解析研究后的综合研究和整体把握。这一点，《淮南子·要略》对"管子之书"、"晏子之谏"、"纵横修短"之说、"商鞅之法"等的论说已为我们做出了榜样。只有这样的研究，才能揭示先秦诸子之学的精髓。

《新书》《淮南子》等所见西汉前期的墨学流传*

——“墨学中绝”说的再检讨

在《新语》《新书》《韩诗外传》《淮南子》等西汉前期人的著述中，儒墨并举、孔墨同称，说明此时期墨学地位与儒家难分伯仲。西汉前期人十分明了儒墨学说的种种对立，说明此时期墨家思想学说依旧在流传。可见清代汪中、孙诒让等人所说的“墨学西汉中绝论”则有失检点。

关于墨学流传，清人汪中谓“至楚汉之际而微”，孙诒让继此谓“西汉，儒复兴而墨竟绝”①，形成“墨学西汉中绝论”，在学术史上影响颇大。但细检西汉特别是西汉前期（高祖、惠帝、文帝、景帝四朝）时人著述，此论不确，大有重新探讨之必要。

公元前191年，汉惠帝除“挟书律”，解除了学人的思想顾忌，加快了先秦典籍的再现与流传。先秦诸子学说重新被学人

---

* 本文原载于《山东大学学报》（哲学社会科学版）2004年第2期。

① 孙诒让撰：《墨子间诂》，《新编诸子集成》本，中华书局1986年版，第655页。

重视、讨论和引用。

高祖、惠帝、文帝、景帝时期学者的著述，流传至今且较为完整的有陆贾的《新语》、贾谊的《新书》、韩婴的《韩诗外传》、刘安诸人的《淮南子》等。这些著述中有关墨家学派和墨家学说的评说，据不完全统计共32次。以下我们主要依据这些评说，来探讨墨家学派、墨家学说在西汉前期的流传和影响。

一、论者儒墨并举，说明西汉前期墨子与墨家的影响尚大

由今天所存典籍看，最早评论墨家的西汉人著述是陆贾的《新语》。其《思务》云："故仁者在位而仁人来，义者在朝而义士至。是以墨子之门多勇士，仲尼之门多道德，文王之朝多贤良，秦王之庭多不详（祥）。"[①]所举论例中，政权举"文王之朝"与"秦王之庭"，学派举"墨子之门"与"仲尼之门"，可见此时在陆贾等学人眼中，墨家的地位与儒家的学术地位是相等的，两家的社会影响足以与周文王和秦始皇相提并论。这说明，《韩非子·显学》所述"儒墨显学"的舆论影响，在西汉初年依然存在。

继陆贾之后论墨家的有贾谊。其《过秦论》谓："（陈涉）材能不及中人，非有仲尼、墨翟之贤，陶朱、猗顿之富，蹑足行伍之

---

① 陆贾原著，王利器撰：《新语校注》，《新编诸子集成》本，中华书局1986年版，第193页。

间，俯起阡陌之中，率疲弊之卒，将数百之众，转而攻秦。"[①]贾谊将儒家鼻祖孔子与墨家创始人墨子并举，并同誉为"贤"，不但说明"儒墨显学"的舆论仍存，还可见有儒家思想倾向的贾谊[②]在此时对墨子影响的重视。

其后又有邹阳《狱中上书》曰："故偏听生奸，独任成乱。昔者鲁听季孙之说而逐孔子，宋信子罕之计而囚墨翟。夫以孔、墨之辩，不能自免于谗谀，而二国以危。何则？众口铄金，积毁销骨也。"[③]被视为纵横家的邹阳[④]在孔、墨并举的同时，又谓二人同是"辩者"，可见此时纵横学派对墨家论辩的重视。

儒墨并举、孔墨同称的现象在《淮南子》[⑤]中更为普遍。如《俶真训》曰"周室衰而王道废，儒墨乃始列道而议，分徒而讼"[⑥]，曰"孔、墨之弟子，皆以仁义之术教导于世"[⑦]；《主术训》曰"孔、墨博通，而不能与山居者入榛薄险阻也"[⑧]，曰"孔丘、墨

---

① 王洲明、徐超校注：《贾谊集校注》，人民文学出版社 1996 年版，第 7 页。

② 《汉书》卷三十《艺文志》即列贾谊为儒家。

③ 司马迁撰，[日]泷川资言考证，[日]水泽利忠校补：《史记会注考证附校补》，上海古籍出版社 1986 年版，第 1518—1519 页。

④ 《汉书》卷三十《艺文志》即列邹阳为纵横家。

⑤ 《淮南子》奏上朝廷的时间虽在武帝初年，但其写作则在其前，故将其记述的"儒墨并举"现象放在武帝前讨论。

⑥ 刘文典撰：《淮南鸿烈集解》，《新编诸子集成》本，中华书局 1989 年版，第 66 页。

⑦ 刘文典撰：《淮南鸿烈集解》，《新编诸子集成》本，中华书局 1989 年版，第 71 页。

⑧ 刘文典撰：《淮南鸿烈集解》，《新编诸子集成》本，中华书局 1989 年版，第 278 页。

翟修先圣之术，通六艺之论"[①]，曰"吴起、张仪，智不若孔、墨，而争万乘之君"[②]；《齐俗训》曰"孔、墨不原人情之终始"[③]，曰"故制礼义，行至德，而不拘于儒、墨"[④]；《道应训》曰"孔子劲杓国门之关，而不肯以力闻。墨子为守攻，公输般服，而不肯以兵知"[⑤]，曰"（能使天下人和睦相处、互爱互利者）孔、墨是已。孔丘、墨翟，无地而为君，无官而为长"[⑥]；《氾论训》曰"今儒、墨者称三代、文武而弗行"[⑦]，曰"（战乱时）丰衣博带而道儒墨者，以为不肖"[⑧]，曰"（和平时应）总邹、鲁之儒墨，通先圣之遗教"[⑨]；《说山训》曰"为儒而居里闾，为墨而朝吹竽……是非所行而行所非"[⑩]；《人间训》曰"（徐偃王、燕子哙、鲁哀公、代君）

---

① 刘文典撰：《淮南鸿烈集解》，《新编诸子集成》本，中华书局 1989 年版，第 303 页。

② 刘文典撰：《淮南鸿烈集解》，《新编诸子集成》本，中华书局 1989 年版，第 313 页。

③ 刘文典撰：《淮南鸿烈集解》，《新编诸子集成》本，中华书局 1989 年版，第 356 页。

④ 刘文典撰：《淮南鸿烈集解》，《新编诸子集成》本，中华书局 1989 年版，第 358 页。

⑤ 刘文典撰：《淮南鸿烈集解》，《新编诸子集成》本，中华书局 1989 年版，第 384—385 页。

⑥ 刘文典撰：《淮南鸿烈集解》，《新编诸子集成》本，中华书局 1989 年版，第 386 页。

⑦ 刘文典撰：《淮南鸿烈集解》，《新编诸子集成》本，中华书局 1989 年版，第 432 页。

⑧ 刘文典撰：《淮南鸿烈集解》，《新编诸子集成》本，中华书局 1989 年版，第 438 页。

⑨ 刘文典撰：《淮南鸿烈集解》，《新编诸子集成》本，中华书局 1989 年版，第 438 页。

⑩ 刘文典撰：《淮南鸿烈集解》，《新编诸子集成》本，中华书局 1989 年版，第 530 页。

四君独以仁义儒、墨而亡者，遭时之务异也”①，曰“非仁义儒、墨不行，非其世而用之，则为之擒矣”②；《修务训》曰“孔子无黔突，墨子无暖席”③，曰“今取新圣人之书，名之孔、墨，则弟子句指而受者必众矣”④，曰“通士者，不必孔、墨之类”⑤；《泰族训》曰“孔子弟子七十人……墨子服役者百八十人”⑥。在出自众人之手的《淮南子》中，有这么多处儒墨并举、孔墨同称的论述，充分说明当时儒墨影响的强大。特别是，如此众多的论说称引，并非出自墨家后学之口，而是出自主要为道家思想的淮南诸家之口，这更能说明墨家和儒家的学术影响同样不容世人忽视。《修务训》所称“新圣人之书，名之孔、墨”则会大受世人所重，更形象地显示出孔、墨学术名声大大超过了当代大学者。这些都足以说明在西汉前期墨家学说影响的强烈，它几乎与儒家同样，虽不被执政者青睐，却足以使受执政者扶助的道家之徒们时时感到其思想学说社会影响的威胁。

西汉前期这种儒墨并举、孔墨同称现象出现的原因，首先

---

① 刘文典撰：《淮南鸿烈集解》，《新编诸子集成》本，中华书局 1989 年版，第 621 页。

② 刘文典撰：《淮南鸿烈集解》，《新编诸子集成》本，中华书局 1989 年版，第 621 页。

③ 刘文典撰：《淮南鸿烈集解》，《新编诸子集成》本，中华书局 1989 年版，第 633 页。

④ 刘文典撰：《淮南鸿烈集解》，《新编诸子集成》本，中华书局 1989 年版，第 657 页。

⑤ 刘文典撰：《淮南鸿烈集解》，《新编诸子集成》本，中华书局 1989 年版，第 657 页。

⑥ 刘文典撰：《淮南鸿烈集解》，《新编诸子集成》本，中华书局 1989 年版，第 681 页。

在于《韩非子·显学》所述“儒墨显学”的战国中后期学术格局的影响尚在。秦祚短暂，享天下仅十年又五；且其焚书坑儒，距秦亡又仅六七年；再加上汉高祖虽讨厌儒士，但并未像秦始皇那样实施严酷的文化传播禁绝政策；特别是汉惠帝除“挟书律”使各家学术公开传授，上距秦焚书仅二十二年。因此，战国中后期的学术格局，在汉初学坛得以延续，从而使得“儒墨显学”的舆论影响，在西汉前期随传统学术的代代传递而留存下来。

西汉前期这种儒墨并举、孔墨同称的另一原因，在于大部分儒家流派还未把墨家作为思想论敌。据今存西汉前期的文献典籍看，对墨家进行攻击的儒家流派仅有韩婴一派（详后说）。也就是说，此时期妨碍儒家取得学术独尊位置，进而操控王朝执政思想，实现儒士们“做王者师”理想的，还是当时占主流地位的黄老学派而不是墨家学派。再加上，此时的儒家学派正在酝酿自己的学术转型，以改变历来“孔孟游说惶惶如丧家之犬”的尴尬学术地位（此问题容另文详论），所以还没有对墨家学派做不遗余力的攻击。

《淮南子》中大量儒墨并举、孔墨同称现象的出现，还有淮南学派在学术观点方面的特殊原因。在社会治理参照系方面，淮南学派主张“治在道，不在圣”①，从而指出社会治理方面两种截然不同的策略路径。道即天道，圣即圣王。模仿古圣王诸措施以治天下，是儒家和墨家的共同主张，只不过孔子倡“法周”，墨子倡“法夏”，仅此而已。故淮南学派在上述论说中将

---

①　刘文典撰：《淮南鸿烈集解》，《新编诸子集成》本，中华书局1989年版，第22页。

孔子与墨子、儒家与墨家同列并举。

陆贾、贾谊、淮南学派这种儒墨并举、孔墨同称的论述，说明在陆贾至淮南学者活动的高、惠、文、景四朝，墨子、墨家的影响还很大。《韩非子·显学》所述“儒墨显学”的战国中后期学术格局在西汉前期余音未了，此时期墨家与儒家的学术影响和学术地位难分伯仲。

二、论者驳斥墨学，说明墨家学说在西汉前期仍颇有影响

在上述儒墨并举、孔墨同称诸论说中，《淮南子》或谓儒、墨两家“皆以仁义之术教导于世”（《俶真训》），或谓孔、墨二人同“修先圣之术，通六艺之论”（《主术训》），或谓儒、墨同“制礼义，行至德”（《齐俗训》），或谓儒、墨两家同“称三代、文武”（《氾论训》）等，似乎认为两家学说无本质差异。但据流传至今的儒墨两家论述来看，儒墨两家思想的根本差异还是相当明显的。那么，淮南诸学者是不了解战国时期儒墨两家的长久学术对立？还是不清楚儒墨两家思想学说的基本观点的对立？抑或是墨家学说此时已不彰显因而引发时人误会？此大有深入考察之必要。

我们翻检《淮南子》诸论，见其作者们对孔、墨学说的差异、对立和攻讦，以及战国时期儒、墨两家的学术递变还是较为熟悉的。如《氾论训》曰“夫弦歌鼓舞以为乐，盘旋揖让以修礼，厚葬久丧以送死，孔子之所立也，而墨子非之。兼爱尚贤，右鬼非命，墨子之所立也，而杨子非之。全性保真，不以物累

形，杨子之所立也，而孟子非之。趋舍人异，各有晓心"①，论述了战国前期的诸子学术递变，展示了孔、墨学说的诸多对立。而《要略》则更为明确地叙述了墨学的源出和对孔子诸学说的弼正："墨子学儒者之业，受孔子之术，以为其礼烦扰而不说，厚葬靡财而贫民，[久]服伤生而害事，故背周道而用夏政。"②这便从学术史角度论述了墨家对于孔门儒学的继承和改造。此外，《淮南子》还列述了诸多儒墨思想对立的观点。《齐俗训》曰："夫三年之丧，是强人所不及也，而以伪辅情也。三月之服，是绝哀而迫切之性也。夫儒、墨不原人情之终始，而务以行相反之制。"③指出孔、墨两家在丧礼方面的差异和对立。

另外，就《淮南子》所见，彼时学人们能够较为熟悉地把握墨家学说的要义和精髓，了解墨家的厉行精神和智巧作为。其《说山训》曰："为儒而踞里闾，为墨而朝吹竽，欲灭迹而走雪中，拯溺者而欲无濡，是非所行而行所非。"④在诸事例的列举中突出墨家"非乐"学说的特点。《说山训》又曰："曾子立孝，不过胜母之间；墨子非乐，不入朝歌之邑；孔子立廉，不饮盗泉。"借传说突出墨家主张"非乐"论的坚定性。其《说林训》曰："杨子见逵路而哭之，为其可以南可以北；墨子见练丝而泣

① 刘文典撰：《淮南鸿烈集解》，《新编诸子集成》本，中华书局1989年版，第436页。

② 刘文典撰：《淮南鸿烈集解》，《新编诸子集成》本，中华书局1989年版，第709页。

③ 刘文典撰：《淮南鸿烈集解》，《新编诸子集成》本，中华书局1989年版，第356页。

④ 刘文典撰：《淮南鸿烈集解》，《新编诸子集成》本，中华书局1989年版，第530页。

之，为其可以黄可以黑。”[1]在与杨子故事的对比中凸现墨家“所染”的教育思想。其《修务训》曰：“孔子无黔突，墨子无暖席。”[2]在其后又用较多篇幅记述了墨子千里救宋的故事[3]，赞“墨子跌蹷而趍千里，以存楚、宋”[4]，歌颂墨子为推行学说主张而惶惶奔走的实践精神。其《泰族训》曰：“墨子服役者百八十人，皆可使赴火蹈刃，死不还踵，化之所致也。”[5]在称赞墨子身体力行精神的同时歌颂墨家学派那“死不旋踵”的献身精神。其《道应训》述墨者田鸠借楚人之重达到见秦惠王的心愿[6]，从而赞扬墨家之智。由这些记述可见，以《淮南子》作者为代表的彼时学者，对墨家学说要义和精神性格还是相当熟悉的。

这些称引大多是对墨家学说和儒家学说的批评，这又说明即使在黄老思想被执政者青睐的时代，道家之徒在对儒家学说批判攻击的同时，同样不能忽视墨学的影响而任其流传，一并进行批判和攻击。

《淮南子》作者们在列述儒、墨学说部分对立的同时，也没

---

① 刘文典撰：《淮南鸿烈集解》，《新编诸子集成》本，中华书局1989年版，第583页。

② 刘文典撰：《淮南鸿烈集解》，《新编诸子集成》本，中华书局1989年版，第633页。

③ 参见刘文典撰：《淮南鸿烈集解》，《新编诸子集成》本，中华书局1989年版，第635—636页。

④ 刘文典撰：《淮南鸿烈集解》，《新编诸子集成》本，中华书局1989年版，第637页。

⑤ 刘文典撰：《淮南鸿烈集解》，《新编诸子集成》本，中华书局1989年版，第681页。

⑥ 参见刘文典撰：《淮南鸿烈集解》，《新编诸子集成》本，中华书局1989年版，第414页。

有忘记墨家学说与自家学说的差别，没有放弃在价值观念方面对墨家学说的批判。如《俶真训》曰："百家异说，各有所出，若夫墨、杨、申、商之于治道，犹盖之无一橑，而轮之无一辐，有之可以备数，无之未有害于用也。"①讥墨家等学说于"治道"无用。在黄老道家看来，社会只可"无为而治"，不需要墨家"兼爱、尚贤"等治世策略。不但墨家学说于社会治理无用，其技能智巧于世用之器亦无补，其《齐俗训》曰"鲁般、墨子以木为鸢而飞之，三日不集，而不可使为工也"，以此来说明"人材不足专恃""道术可公行"②的"宏道不宏技"的道理，显示墨子等的"鸢飞之巧"制造的是无用之器。黄老道家以他们的治理观念和价值观念来观察墨家学说与墨家行为，无疑会得出上述结论。

然而淮南学派的这些批评远没有比儒家某些流派对墨学的批判更为尖锐。虽然此一时期墨家与儒家同样处于非主流学术地位，对儒家学说的发展和传播没有重大影响，但依旧有部分儒家流派继承了战国时期"批墨攻墨"的学术传统，《韩诗外传》保存下来的部分记载透露着这一信息。如其卷四有曰："夫当世之愚，饰邪说，文奸言，以乱天下，欺惑众愚，使混然不知是非治乱之所存者，则是范雎、魏牟、田文、庄周、慎到、田骈、墨翟、宋钘、邓析、惠施之徒也。"③这是对《荀子·非十二子》所

---

① 刘文典撰:《淮南鸿烈集解》,《新编诸子集成》本,中华书局 1989 年版,第 55—56 页。

② 刘文典撰:《淮南鸿烈集解》,《新编诸子集成》本,中华书局 1989 年版,第 369—370 页。

③ 韩婴:《韩诗外传》,董治安主编:《两汉全书》第二册,山东大学出版社 1999 年版,第 717 页。

论它嚣、魏牟等六家非儒家学派抨击和评说[①]的综合继承；又如其卷五有曰："逢衣博带，略法先王而不足于乱世，术谬学杂，其衣冠行为已同于世俗而不知其恶也，言谈议说已无异于老墨而不知分，是俗儒者也。"[②]这是对《荀子·儒效》所论"俗儒"学术"无异于墨子"、服饰"同于世俗"等批评论说[③]的综合继承，其中改谓"言谈议说已无异于老、墨"，增加黄老道家，将其与墨家同作为对立学派的认识和说法，明显带有西汉前期学术格局的印痕，同时又说明了此时期黄老道家、儒家、墨家思想影响同样强大。

由《淮南子》所载对儒墨学说差异的认识、对墨学与自己学派价值功用差异的认识，以及《韩诗外传》所展示的儒家部分流派对墨家学说的攻击与批判来看，淮南学派和儒家等学者对墨家学说的思想要义还甚为熟悉，墨家学说在彼时并没有失传，其社会影响还很大。

三、盲目信从古说，反映我国传统学术思想方法的一大缺陷

由上可见西汉前期墨学不但在流传而且影响颇大，那么汪

---

① 董治安、郑杰文汇撰：《荀子汇校汇注》，齐鲁书社 1997 年版，第 175 页。

② 韩婴：《韩诗外传》，董治安主编：《两汉全书》第二册，山东大学出版社 1999 年版，第 725 页。

③ 董治安、郑杰文汇撰：《荀子汇校汇注》，齐鲁书社 1997 年版，第 252 页。

中、孙诒让等为何持“墨学西汉中绝论”呢?

讨论墨学衰微者,现知较早有《盐铁论·论诽》载文学曰:“昔秦以武力吞天下,而斯、高以妖孽累其祸,废古术,隳旧礼,专任刑法,而儒墨既丧矣。”①孙诒让即信从此说,在《墨子传略》开篇即曰:“墨氏之学亡于秦季,故墨子遗事在西汉时已莫得其详。”②但我们通过考察却明明可见,在“秦季”之后的西汉前期,学界儒墨并称、孔墨并举的论说很为多见,墨家的思想观点,西汉前期的学者们甚为熟悉。号为《墨子》整理研究大家的孙诒让,斯失察也如是!

孙诒让等人的失察,反映了我国传统学术思想方法的一大缺陷。

中国传统学术,经两汉经学、宋明理学至清代朴学,而以足可代表清代朴学成就的乾嘉考据学最为扎实。秉承乾嘉考据扎实学风的孙诒让,竟然在自己研究半生的墨学领域,在墨学流传的重大问题上,竟如此轻率地信从汉人只言片辞,这其中表现出的是我国传统学术思想方法的一大缺憾——崇古信古。

上面已经提及,在讨论社会问题时,道家与儒墨两家有不同的路向——道家主张从天顺自然,而儒墨两家主张从古顺先王。自汉武帝起,儒家学术占主导地位,从古、信古、崇古成为两千多年来的主要学术思潮和主流思维方式——越古的朝代越清平,越古的帝王越贤圣,越古的学术越正确,越古的学说越可信。盲目信古之风,熏陶出中国人“向后看”的思维定式,限

① 王利器校注:《盐铁论校注》,天津古籍出版社1983年版,第299页。

② 孙诒让撰:《墨子间诂》,《新编诸子集成》本,中华书局1986年版,第629页。

制了社会进步,阻碍了学术发展。孙诒让的“墨氏之学,亡于秦季”,乃至汪中的墨学“至楚汉之际而微”,由此而引发的20世纪墨学研究史上的“墨学汉代中绝论”,其根本原因都是受信古、崇古传统学术思想方法的影响。

盲目信古、崇古,阻碍了学术研究的深入发展。其实,每一种学术观点,都应是当时学术研究条件下的、阶段性的学术结论,超越时空性的、一成不变的学术真理实际上是不存在的。例如,牛顿定律曾被认为是永恒真理,但它仅适用于重力场;时间是顺时的一维性的,但在光速环境中却不然。世间一切事物都在发展变化着,学术观点亦如此。我们明白了如此道理,因而对一切学术旧说检验之而后从,就能推进学术的快速发展。

墨家与早期道教*

春秋战国时期，一支“为民兴利除害”的民间政治力量——墨子及其弟子组成的原始社团，奔走在鲁、宋、卫、越、齐、楚一带。他们说诸侯、倡兼爱、解纷争、止攻战，产生了重大影响。六百年后，我国最早的宗教组织——太平道又在这块土地上诞生。他们以《太平清领书》为经典①，创设教义教规，宣传民众，解危救难，劝人为善，咒符治病，掀起了一场轰轰烈烈的宗教性农民大起义，导致了汉王朝的覆灭。这两起历史事件间是否存在着有机联系？我们的回答是肯定的。墨子及其后学的天志明鬼、兼爱互利的思想学说对太平道教产生了深刻影响，墨子学派那种以社会结社形式从事政治活动的斗争方式在这块土地上余韵未了。墨子学派在光学、力学等方面取得的科技成就被秦汉方士吸收利用，成为道教方术的重要组成部分。寻绎这两起历史事件的有机联系，研究墨子及其后学对太平道教的影响，对于加深认识墨子学派在中国文化史上的历史地位，进一步了解道教产生的文化思想背景和社会条件，将不无益处。

---

* 本文原载于张知寒主编:《墨子研究论丛》第一辑，山东大学出版社1991年版。

① 王明先生认为，《太平清领书》即后世所称《太平经》的主要部分。

一、《墨子》的尊天事鬼学说与方道术士的神道设教

鬼神崇拜是随着人类灵魂观念的产生而出现的。它曾是原始社会（灵魂观念产生后）和奴隶制社会时期占统治地位的思想意识，人在鬼神面前战战兢兢，“菲饮食而致孝乎鬼神”（《论语·泰伯》），甘做鬼神的奴仆。到了春秋时期，人文思潮兴起，出现了怀疑甚至否定鬼神观念的社会思潮。这种思潮解放了人们的思想，促进了人们对自然和社会的科学探索。但是，另一方面，解除了鬼神精神束缚的人们特别是那些君王公侯们却更加肆无忌惮地盘剥百姓、肆意挥霍，致使道德沦丧、世风日下。在这种情况下，以“救民匡世”为己任的墨家重新打起“天志”“明鬼”的旗帜，以“天意”“鬼神”威慑世人，节制私欲，劝善戒恶，匡正世风，意欲使天下人“兼相爱，交相利”，以出现一个其乐融融的太平社会。

墨家认为，社会系统是一个严密的控制系统，自上而下产生层层效应。“庶人不得次己而为正，有士正之；士不得次己而为正，有大夫正之；大夫不得次己而为正，有诸侯正之；诸侯不得次己而为正，有三公正之；三公不得次己而为正，有天子正之。”[①]通过层层控制、上教下正，而使善行恶除，世风淳正。但天子由谁控制呢？“天子不得次己而为正，有天正之。”天，是

① 孙诒让撰：《墨子间诂》，《新编诸子集成》本，中华书局 1986 年版，第 190 页。

人世社会的终端控制者。“天子有善，天能赏之；天子有过，天能罚之。”天是有意志的。

那么“天意”是什么呢？其一，“天欲义而恶不义”。什么是“义”？“义者，政（正）也。”天意欲人世风俗淳正。其二，“天之意，不欲大国之攻小国。”若能顺乎天意，淳正世风，制止攻伐，便能出现“刑政治，万民和，国家富，财用足”的太平盛世。（以上皆见《墨子·天志》）

若不从天意，不义而攻伐，“天”便会谴告世人。昔者三苗作乱，故“日妖宵出，雨血三朝，龙生于庙，犬哭乎市，夏冰，地坼及泉，五谷变化”，夏桀不义，故“日月不时，寒暑杂至，五谷焦死，鬼呼国，鹤鸣十夕余”。[①] 这是“天”对君王的控制方式。若不顺从天意行事，上天鬼神还可使人受疾病之苦，遭祸祟之灾。“人之所不欲者何也？曰：病疾祸祟也。若已不为天之所欲而为天之所不欲，是率天下之万民以从事乎祸祟之中也。”这是“天”对所有世人的控制方式。君王和世人应老老实实地服从“天”的控制，按天意行事，以求得上天和神灵的福佑。其中君王要发挥率先作用，“明知天鬼之所福，而辟天鬼之所憎，以求兴天下之利，而除天下之害”[②]。

天意在人世是否得以贯彻，由鬼神来监察。“鬼神之明，不可为幽间广泽，山林深谷，鬼神之明必知之。”[③]鬼神查明人

① 孙诒让撰：《墨子间诂》，《新编诸子集成》本，中华书局1986年版，第134—137页。

② 孙诒让撰：《墨子间诂》，《新编诸子集成》本，中华书局1986年版，第182页。

③ 孙诒让撰：《墨子间诂》，《新编诸子集成》本，中华书局1986年版，第220页。

间善恶而行赏罚,“鬼神之所赏,无小必赏之;鬼神之所罚,无大必罚之”①。周宣王无故诛杀杜伯,三年后在出猎时被杜伯的鬼魂射杀于车上;燕简公枉杀其臣庄子仪,三年后被庄子仪的鬼魂杖杀于祭社途中。而郑穆公因有“明德”,被神灵句芒面赐寿考,使延国祚。所以墨家一再强调“鬼神之能赏贤而罚暴”②。世人欲免灾求福,不仅要“臣事上帝山川鬼神”③,还要“以敬祭祀上帝山川鬼神”④,更重要的是要做到顺从天意,以己推人,“此之我所爱,兼而爱之;我所利,兼而利之”,做到“上尊天,中事鬼神,下爱人”⑤,“上利于天,中利于鬼,下利于人”⑥。爱人利人,终得善报,“爱人者必见爱也”;反之,“反天之意”,“不善刑政”,便会“恶人者必见恶也”。⑦

墨家学说中这种天鬼学说被秦汉方道术士们吸收利用,结合他家学说,建立起自己的“天人一体”的神学思想体系。道

---

① 孙诒让撰:《墨子间诂》,《新编诸子集成》本,中华书局 1986 年版,第 224 页。

② 孙诒让撰:《墨子间诂》,《新编诸子集成》本,中华书局 1986 年版,第 201 页。

③ 孙诒让撰:《墨子间诂》,《新编诸子集成》本,中华书局 1986 年版,第 130 页。

④ 孙诒让撰:《墨子间诂》,《新编诸子集成》本,中华书局 1986 年版,第 191 页。

⑤ 孙诒让撰:《墨子间诂》,《新编诸子集成》本,中华书局 1986 年版,第 177 页。

⑥ 孙诒让撰:《墨子间诂》,《新编诸子集成》本,中华书局 1986 年版,第 179 页。

⑦ 孙诒让撰:《墨子间诂》,《新编诸子集成》本,中华书局 1986 年版,第 115 页。

教的原始经典《太平经》[1]认为：天地人间存在着无数神灵，构成一个有上下等差的神灵控制系统，其中最高控制者是“天”，“天者，为神主神灵之长也”[2]。“天”以下有众多的神灵，“神也者，皇天之吏也”[3]。从“天”到世人共分十等，曰：天、无形委气之神人、大神人、真人、仙人、大道人、圣人、贤人、凡民、奴婢[4]，从而构成一个天人合一的有序的神人世界。

在这个神人世界里，“天”是最高的善恶主宰。天意欲人行善事、去邪恶。“王者行道，天地喜悦；失道，天地为灾异。”[5]“天地睹人有道德为善，则大喜；见人为恶，则大怒忿。”[6]世人行善，天地以善报世人；世人行恶，天地则以恶报世人。“夫天地之性，自古至今，善者致善，恶者致恶，正者致正，邪者致邪。”[7]天神报应执政君王的手段是灾异，“帝王多行道德，日月为之不蚀，星辰不乱其运”[8]。报应世人的手段是寿夭、灾病，“善自命长，恶自命短”[9]，“有善者财小过除，竟其年耳。如有大功，增命益年”[10]，“天大怒不悦喜，故病灾万端”[11]。“天”派鬼神来监察世人，人间善恶，“天遣神往记之。过无大

---

① 太平道以《太平经》为经典，设教义、教规。
② 王明编：《太平经合校》，中华书局 1960 年版，第 371 页。
③ 王明编：《太平经合校》，中华书局 1960 年版，第 221 页。
④ 王明编：《太平经合校》，中华书局 1960 年版，第 88 页。
⑤ 王明编：《太平经合校》，中华书局 1960 年版，第 17 页。
⑥ 王明编：《太平经合校》，中华书局 1960 年版，第 374 页。
⑦ 王明编：《太平经合校》，中华书局 1960 年版，第 512 页。
⑧ 王明编：《太平经合校》，中华书局 1960 年版，第 366 页。
⑨ 王明编：《太平经合校》，中华书局 1960 年版，第 525 页。
⑩ 王明编：《太平经合校》，中华书局 1960 年版，第 537 页。
⑪ 王明编：《太平经合校》，中华书局 1960 年版，第 55 页。

小,天皆知之。簿疏善恶之籍,岁日月拘校,前后除算减年”①。

两相比较,便可看出,早期道教的神道系统和报应说教与墨家之说是何其相似!这分明是道教受墨家影响所致。

二、墨家的结社与早期道教组织

墨子及其弟子大多出身于社会下层,本无社会政治地位。为了增强战斗力,墨家采取了民间结社的形式活动在社会政治舞台上。

这个结社有一定的组织形式。墨子在世时,他是当然的首领。墨子死后,其总首领被称为“巨子”。《庄子·天下》在论墨家时,说他们“以巨子为圣人,皆愿为之尸,冀得为其后世,至今不决”②。巨子是墨徒衷心崇拜的领袖,对他竭诚拥戴、无条件服从,即使遵从巨子之意去死,也在所不辞。《吕氏春秋·上德》载:孟胜为墨者巨子,善荆之阳城君。阳城君令守于国。荆王薨,阳城君以与攻吴起得罪,收国。孟胜为“行墨者之义”为阳城君而死。其弟子徐弱“请先死以除路”,孟胜死后“弟子死之者百八十三人”,可谓忠心至极。巨子过世前,指定一墨徒之贤者为新巨子,其他墨徒必须听令于这位新巨子,否则便是违反规定,将会受到谴责。孟胜死前,“属巨子于宋之田襄子”,派二徒去宋向田襄子传位。二弟子传位后“欲反

① 王明编:《太平经合校》,中华书局1960年版,第526页。

② 郭庆藩辑:《庄子集释》,中华书局1961年版,第1079页。

死孟胜于荆”。田襄子欲止之,曰:“孟子已传巨子于我矣,当听。”二弟子为了遵从“赴义从死”的规定,“遂反死之”。其他墨徒以为:此二徒“不听”,违反新巨子之命;而新“巨子不察”,不该阻其赴义。[①] 据钱穆先生考证,墨子死后,孟胜是第一代巨子,孟胜传宋之田襄子,田襄子传秦之腹䵍。[②]

这个结社有严格的纪律,所有墨徒皆要无条件遵守。若违反纪律必受处罚,即使巨子的儿子也不例外。据《吕氏春秋·去私》载:“墨者有巨子腹䵍,居秦,其子杀人。”秦惠王怜腹䵍年老而“非有它子”,“已令吏弗诛”。腹䵍说:“墨者之法曰:‘杀人者死,伤人者刑。’……腹䵍不可不行墨子之法。”“遂杀之。”[③]墨家倡“非攻”,反对侵略战争,故禁止墨徒参与侵略战争。“子墨子使胜绰事项子牛,项子牛三侵鲁地,而胜绰三从。子墨子闻之,使高孙子请而退之。”[④]这个结社内还规定了清苦的生活纪律“生不歌,死无服”,“以自苦为极”,“以裘褐为衣,以跂蹻为服”[⑤],食藜藿之羹,不慕富贵,不贪荣华,唯行义以为求。墨子为行“我道”,谢楚王“五百里以封”,辞楚王“五十乘以迎”,便是突出事例。墨徒为行道外出做官,其收入必须缴

① 陈奇猷校释:《吕氏春秋校释》,学林出版社 1984 年版,第 1257 页。

② 参见钱穆:《先秦诸子系年》,商务印书馆 2001 年版,第 410—411 页。

③ 陈奇猷校释:《吕氏春秋校释》,学林出版社 1984 年版,第 55—56 页。

④ 孙诒让撰:《墨子间诂》,《新编诸子集成》本,中华书局 1986 年版,第 440 页。

⑤ 郭庆藩辑:《庄子集释》,中华书局 1961 年版,第 1074、1077 页。

给首领统一使用,不得据为己有。墨子曾派耕柱到楚国做官,“毋几何而遗十金于子墨子,曰‘后生不敢死(私),有十金于此,愿夫子之用也’”①。此事被墨徒记录在《墨子》中,成为后世的规则。

这个结社内有统一的行动部署。为了推行主张,墨子派高石子到卫国做官,而先让管黔在卫君面前游说,使卫君任用高石子。墨子派胜绰到齐国将领项子牛手下做官,以推行“非攻”学说,制止项子牛发动侵略战争。胜绰到任后反而助纣为虐,墨子知道后便派弟子高孙子去齐交涉鼓动,使齐国辞退了胜绰。其他如耕柱到楚国做官、某墨徒到卫国做官、公尚过到楚国做官、曹公子到宋国做官等,都是由结社内首领派出的。特别是弟子禽滑釐率三百墨徒持墨子守御之械助宋守城防楚,墨子自己去楚游说公输盘勿要发动侵宋战争,更是出于统一的部署和通盘的安排。

这个结社有明确的宗旨,即《墨子》中所记述的墨家的兼爱、非攻、利民、节俭等一系列政治主张。结社成员的一系列活动,皆以这一既定宗旨为准则。上述墨徒的活动都是在这一宗旨的指导下进行的。墨子死后,其学说思想、言语行动被后学记录下来,成为结社内的法典。墨家巨子腹䵍大义杀子便是依据这种“墨子之法”行事的。虽然墨子死后,“墨离为三”,“有相里氏之墨,有相夫氏之墨,有邓陵氏之墨”②,他们“皆自谓真

---

① 孙诒让撰:《墨子间诂》,《新编诸子集成》本,中华书局 1986 年版,第 391 页。

② 墨子死后墨家三派,《陶潜集·圣贤群辅录》吸取《庄子·天下篇》之说,谓为宋钘、尹文之墨,相里勤、五侯之墨,苦获、已齿、邓陵子之墨,是为异说。

墨”(《韩非子·显学》),攻击别派是“别墨”,但“俱诵《墨经》”(《庄子·天下》),墨子所创设的结社政治宗旨仍在各派中得以贯彻。钱穆先生曾疑今《墨子》中《尚贤》《尚同》《兼爱》《非攻》《节用》《天志》《非命》等篇皆有上、中、下,或即各派“记所受于师者”①。然细按各上、中、下篇,旨意大致相近。故言,墨子死后各墨派的政治纲领仍旧相同。

墨家这种有着一定组织规则、有着统一行动部署、有着严明的内部纪律、有着明确的集团宗旨的政治结社形式,对后世产生了重大影响。

西汉时的任侠集团是这种结社形式的继续。据《史记·游侠列传》和《汉书·游侠传》所载,西汉时有朱家、剧孟、王孟、郭解、万章、楼护、陈遵、原涉等任侠集团,他们“不爱其躯,赴士之阸困”,“千里诵义,为死不顾世”,且“既已存亡死生矣,而不矜其能,羞伐其德”,大得墨家之旨。② 其中鲁之朱家,“所藏活豪士以百数”,“专趋人之急,甚己之私”,而“家无余财,衣不完采,食不重味,乘不过軥牛”③,宛然墨徒再世。

东汉时期,这种结社集团形式受谶纬神学和方士学说的影响,逐渐增加了宗教色彩。先有卷人维汜,“訞(妖)言称神”造反,“弟子数百人坐伏诛”。其后,“弟子李广等宣言汜神化不死,以诳惑百姓。(光武帝建武)十七年,遂共聚会徒党,攻没

① 钱穆:《先秦诸子系年》,商务印书馆2001年版,第213页。

② 任侠集团的“不矜其能,羞伐其德”系受墨子救宋存宋而“治于神者,众人不知其功”(《墨子·公输》)的影响。

③ 《史记》卷一百二十四《游侠列传》,中华书局1959年版,第3184页。

皖城，杀皖侯刘闵，自称‘南岳太师’”[①]。“（光武帝建武）十九年，妖巫维汜弟子单臣、傅镇等复妖言相聚，入原武城，劫吏人，自称‘将军’。”[②]这两次起义虽被镇压下去了，但宗教结社斗争形式并没有因此而消失，反而越来越频繁出现。据卿希泰先生统计，自安帝至桓帝六十年间，被称为“妖贼”“妖言相署”的宗教结社起义事件共有44起。[③] 特别是桓帝建和二年长平陈景自号“黄帝子”聚徒起义，桓帝永兴二年蜀人李伯自立为“太初皇帝”聚徒起义，桓帝延熹八年“勃海妖贼盖登等称‘太上皇帝’”[④]聚徒起义，都有浓重的道教结社色彩。

在前人结社政治斗争经验的基础上，张角终于建立起“军教合一”的早期道教组织，发动了波澜壮阔的宗教性农民大起义。顺帝时，琅邪人宫崇诣阙上其师干吉所得《太平清领书》百七十卷，“后张角颇有其书”[⑤]。张角得书后，奉为经典，“自称‘大贤良师’，奉事黄老道，畜养弟子，跪拜首过……角因遣弟子八人使于四方，以善道教化天下，转相诳惑。十余年间，众徒数十万，连结郡国，自青、除、幽、冀、荆、扬、兖、豫八州之人，莫不毕应。遂置三十六万。方犹将军号也。大方万余人，小方六七千，各立渠帅。讹言‘苍天已死，黄天当立，岁在甲子，天下大吉’。以白土书京城寺门及州郡官府，皆作‘甲子’字。中平元年，大方马元义等先收荆、扬数万人，期会发于邺。元义数往来京师，以中常侍

① 《后汉书》卷二十四《马援传》，中华书局1965年版，第838页。

② 《后汉书》卷十八《臧宫传》，中华书局1965年版，第694页。

③ 参见卿希泰主编：《中国道教史》第一卷，四川人民出版社1988年版，第197页。

④ 《后汉书》卷七《孝桓帝纪》，中华书局1965年版，第316页。

⑤ 《后汉书》卷三十《襄楷传》，中华书局1965年版，第1084页。

封谞、徐奉等为内应,约以三月五日内外俱起"①。这个早期道教组织有严密的组织系统,首领为张氏三兄弟,称"天公将军""地公将军""人公将军"②,三将军下统三十六方,方有渠帅;三十六方、数十万徒众能"一时俱起",可见组织内有严明的纪律;"约以三月五日内外俱起",可见有统一的行动计划和部署;称"苍天已死,黄天当立",欲推翻东汉政权,建立新政权,可见这个组织有既定的宗旨和明确的目标。这种组织形式和斗争方式都是受墨家结社斗争形式的影响所致。蜀川张道陵"政教合一"的五斗米道与此相仿,有遵奉的经典、既定的宗旨、一定的组织形式和内部戒律③,也可看出墨家结社方式的明显影响。

三、墨家的科技成就与方士道士的方术法术

墨家徒众大多出身于手工业者,其祖师墨子便是一个技术高超的工匠,能设计制造多种守城防御器械(见《墨子·公输》)。墨家又提倡读书学习,总结前人经验。墨子出游卫国,"关中载书甚多",立志效"周公旦朝读书百篇"。④ 所以,墨家

---

① 《后汉书》卷七十一《皇甫嵩传》,中华书局1965年版,第2299—2300页。

② 《后汉书》卷七十一《皇甫嵩传》,中华书局1965年版,第2300页。

③ 张道陵五斗米道又称天师道,以《老子》为经典,以解难救民为宗旨,设有二十四治,戒道徒贪婪、作恶。

④ 孙诒让撰:《墨子间诂》,《新编诸子集成》本,中华书局1986年版,第407页。

著作中总结了不少前人的科技成就和自己的经验心得。今存《墨子》书中,最为突出者是对力学和光学的探索。

据方孝博先生研究考察,《墨子》中关于力学的知识和理论共有八条论说,计力的定义一条,应用杠杆、斜面、滑车等原理制成的几种简单机械的描写和说明五条,物体平衡理论一条,与物质分子结构有关的力学问题一条,解释了桔槔利用杠杆起重的机械作用,说明了斜面上物体能够滑动且省力的原因,论述了力的平衡问题以及调节杠杆平衡的原理①;《墨子》中有关光和影、针孔成像和球面反射成像等光学理论共八条,论述了光的直线运行、影的成因、针孔成像、平面镜及球面镜成像的原因和方式等问题②。另外,墨家还制成过载五十石的重车(见《墨子·鲁问》)、往地道中送风的鼓风设备和探听敌人挖地道之所在的瓮听设备等。

方士道士们吸收利用墨家的科技成果,制成法术器具,研究出种种方术来迷惑世人,以神其道。西汉武帝年间,方士齐人少翁"夜致王夫人及灶鬼之貌",使"天子自帷中望见"之术,以及方士栾大的"夜祠其家""百鬼集矣"等方术③,还有北海营陵道人在夜间"令人与死人相见"等方术,大概都是利用光、影、成像等光学知识所创制的方术。王莽时,"博募有奇技术可以攻匈奴者",有方士"言能飞,一日千里,可窥匈奴"。于是

---

① 参见方孝博:《墨经中的数学和物理学》,中国社会科学出版社1983年版,第50—75页。

② 参见方孝博:《墨经中的数学和物理学》,中国社会科学出版社1983年版,第76—102页。

③ 《史记》卷二十八《封禅书》,中华书局1959年版,第1387、1391页。

“取大鸟翮为翼，头与身皆着毛，通引环纽”，便可“飞数百步”①，是利用机械原理、风力流体力学原理创制的方术。这些方术的创制，与墨家所总结的光学、力学等科技知识不无联系。

据《抱朴子·遐览》载，葛洪自述所见其师郑隐所藏道书中，有《墨子枕中五行记》五卷，有《明镜经》《正机经》《平衡经》各一卷。他又说：“其变化之术，大者唯有《墨子五行记》，本有五卷。昔者刘君安未仙去时，钞取其要，以为一卷。其法用药用符，乃能令人飞行上下，隐沦无方，含笑即为妇人，蹙面即为老翁，踞地即为小儿，执杖即成林木，种物即生瓜果可食，画地为河，撮壤成山，坐致行厨，兴云起火，无所不作也。”②若此说不谬，是西汉淮南王刘安前已有署名墨家的方术专书问世，刘安的《淮南王万毕术》即《墨子五行记》摘要。不管这些书是否出自墨徒之手，我们仍可从中看出墨家的科技成就对方道术士们方术道术的影响。

由上所述可以看出，墨家对我国早期道教的设教方式、思想教义、组织形式和斗争方式以及方术道术的创制，都产生过不容忽视的影响。所以葛洪在《神仙传》中收录墨子事迹，称其外治经典，内修道术，想象神仙，后得神人授书，“乃得地仙”。说他“隐居以避战国。至汉武帝时，遣使者杨违束帛加璧以聘墨子。墨子不出。视其颜色，当如五十许人”③，成为道教崇拜的神仙。

---

① 《汉书》卷九十九下《王莽传》，中华书局 1962 年版，第 4155 页。

② 王明校释：《抱朴子内篇校释》，中华书局 1985 年版，第 337 页。

③ 葛洪撰，钱卫语释：《神仙传》，学苑出版社 1998 年版，第 76 页。

隋唐五代时期墨学的流传*

隋唐五代时期，特别是唐代，是思想学术文化甚为繁荣的时期。传统的经学之外，由于唐代执政者思想开放，先秦诸子学亦甚受重视。墨学作为先秦诸子之一也进入一个相对繁荣的流传时期。

隋唐五代时期，墨学流传情况应予注意者有三：第一，其时《墨子》书仍在流传，且篇卷与《汉书·艺文志》所载同；第二，对墨家与墨学的评价方面，继承的基本都是前代已有的观点；第三，对于墨学流传的态度，则出现截然相反的两种观点，一种主张以儒家为正统，一种主张儒经与含有《墨子》在内的诸子书并重。

一、从典籍所载看隋朝墨学的流传

就流传至今的古代典籍看，能够全面反映隋代政治、经济、军事、思想、学术等社会情况的还是《隋书》。《隋书》85卷，其纪、传55卷，唐魏徵等撰；其志30卷，唐公孙无忌、于志宁等撰

---

* 本文原载于《山东社会科学》2005年第11期。

修。《隋书》论墨家、墨学及引《墨子》情况如下。

《隋书·经籍志》载墨家书3种："《墨子》十五卷、目一卷，(注：)宋大夫墨翟撰。《随巢子》一卷，(注：)巢，似墨翟弟子。《胡非子》一卷，(注：)非，似墨翟弟子。梁有《田俅子》一卷，亡。"①而另外还载"《墨子枕内五行纪要》一卷"。

《隋书·经籍志》之诸子论中论墨家曰："墨者，强本节用之术也。上述尧、舜、夏禹之行，茅茨不翦，粝粱之食，桐棺三寸，贵俭兼爱，严父上德，以孝示天下，右鬼神而非命。《汉书》以为本出清庙之守。然则《周官》宗伯'掌建邦之天神地祇人鬼'，肆师'掌立国祀及兆中庙中之禁令'，是其职也。愚者为之，则守于节俭，不达时变，推心兼爱，而混于亲疏也。"②其论兼融司马谈《论六家要旨》及班固《汉书·艺文志》论墨家，而又有自己的裁剪发挥。其论杂家时涉及墨家曰："杂者，兼儒、墨之道，通众家之意，以见王者之化，无所不冠者也。古者，司史历记前言往行，祸福存亡之道。然则杂者，盖出史官之职也。放者为之，不求其本，材少而多学，言非而博，是以杂错漫羡，而无所指归。"③其论亦仿《汉书·艺文志》论杂家之言，以为杂家中兼有"墨家之道"。

《隋书·经籍志》所载"《墨子枕内五行纪要》一卷"久已佚失。据葛洪《抱朴子·遐览》载，其师郑隐所藏道书中有《墨子枕中五行记》五卷，后由别人摘抄为一卷，称"《墨子五行记》"；其内容有"用药用符，乃能令人飞行上下，隐沦无方，含

① 《隋书》卷三十四《经籍志三》，中华书局1973年版，第1005页。

② 《隋书》卷三十四《经籍志三》，中华书局1973年版，第1005页。

③ 《隋书》卷三十四《经籍志三》，中华书局1973年版，第1010页。

笑即为妇人,蹙面即为老翁,踞地即为小儿,执杖即成林木,种物即生瓜果可食,画地为河,撮壤成山,坐致行厨,兴云起火,无所不作也”。[①] 其书内容在宋代依旧流传,《太平御览》卷八百八十八载:“《墨子五行书》云:‘墨子能变形易貌,坐在立亡。蹙面则成老人,含笑则成女子,踞地则成小儿。’”[②]此所论,当与道教徒崇信墨子为神仙有关。

此外,《隋书》还载时人论墨学与墨家计4次。《隋书·李德林传》载李德林答魏收书中有曰“史者,编年也,故鲁号《纪年》。《墨子》又云,吾见《百国春秋》。史又有无事而书年者,是重年验也”[③],证古史书体例而举《墨子》所论;《隋书·王贞传》载隋炀帝时齐王杨暕招王贞书中有曰“卿道冠鹰扬,声高凤举,儒、墨泉海,词章苑囿,栖迟衡泌,怀宝迷邦,徇兹独善,良以于邑”[④],以“儒、墨泉海,词章苑囿”赞王贞之才;《隋书·潘徽传》在《韵纂序》中曰“上柱国、太尉、扬州总管、晋王握珪璋之宝……加以佃渔六学,网罗百氏,继稷下之绝轨,弘泗上之沦风,赜无隐而不探,事有难而必综。至于采标绿错,华垂丹篆,刑名长短,儒墨是非,书圃翰林之域,理窟谈丛之内,谒者所求之余,侍医所校之逸,莫不澄泾辨渭,拾珠弃蚌”[⑤],论学术以“儒墨是非”为例。这些,都说明了自汉代开始的“儒墨并称”现象仍在延续,墨家的思想学术影响在隋代仍未式微。

另外,在《隋书·艺术传》的绪论中有曰“语医,则文挚、扁

① 王明校释:《抱朴子内篇校释》,中华书局1985年版,第337页。
② 李昉等撰:《太平御览》,中华书局1960年版,第3944页。
③ 《隋书》卷四十二《李德林传》,中华书局1973年版,第1197页。
④ 《隋书》卷七十六《王贞传》,中华书局1973年版,第1737页。
⑤ 《隋书》卷七十六《潘徽传》,中华书局1973年版,第1746页。

鹊、季咸、华佗;其巧思,则奚仲、墨翟、张平子、马德衡。凡此诸君者,仰观俯察,探赜索隐,咸诣幽微,思侔造化,通灵入妙,殊才绝技”①,以墨子为至巧的代表。

由《隋书》所见,隋代墨学的流传可注意者有三:

第一,虽经过了魏晋南北朝时期的长久战乱,但《墨子》仍在流传,只是因抄录《墨子》者自竹简而至缣帛,故合篇为卷。萧梁庾仲容辑钞《子钞》时《墨子》已为“十六卷”,《隋书·经籍志》因之著录为“《墨子》十五卷,目一卷”。

第二,由于东汉以来道教的发展,特别是魏晋神仙道教的兴盛,墨家因主“明鬼、天志”而被道教徒看重,造作出种种神怪传说,墨子也逐渐被附会为道教的神仙。这种现象至迟从葛洪的论著中就已反映出来,其《抱朴子·遐览》载《墨子五行记》中有“墨子丹法”,可令人“万病去身,长服不死”;其《神仙传》载墨子从神人处得不老秘术而成“地仙”,且寿至“汉武帝时”。《隋书》所载《墨子枕内五行纪要》即此一方面内容的反映。

第三,《隋书》所见隋代关于墨家与墨学的评说,依旧承袭汉魏晋南北朝人“儒墨并举”之论。并由于晋人鲁胜《墨辩注》的影响,墨家的工艺技巧也受到重视,故有《隋书·艺术传》墨翟“巧思”之论。

二、从典籍所载看唐五代墨学的流传

《旧唐书》200卷,五代后晋人刘昫等撰;《新唐书》225卷,

① 《隋书》卷七十八《艺术传》,中华书局1973年版,第1763页。

宋人宋祁、欧阳修等撰。《旧五代史》150 卷,宋薛居正等撰;《新五代史》74 卷,宋欧阳修等撰。其论墨家、墨学及引《墨子》情况如下。

《旧唐书·经籍志》曰:“丙部为子,其类一十有四:一曰儒家……五曰墨家,以纪强本节用。……十四曰医方,以纪药饵针灸。”①《新唐书·艺文志》曰:“丙部子录,其类十七:一曰儒家类……五曰墨家类……十七曰医术类。”②以上两书都将墨家作为子部中的重要一家来收录。具体到墨家类,《旧唐书·经籍志》载:“《墨子》十五卷,(注:)墨翟撰。《胡非子》一卷,(注:)胡非子撰。右墨家二部,凡一十六卷。”③《旧唐书》所著录为现存书,故未载《随巢子》。《新唐书·艺文志》载:“《墨子》十五卷,(注:)墨翟。《胡非子》一卷。《随巢子》一卷。右墨家类三家,三部,一十七卷。”④墨家著述还在,其思想影响当然不容忽视。

以上两书之纪传部分论墨 11 次,除重复,所余之 8 条,主要有以下三方面的内容。

一是论墨家思想或学术流别。《旧唐书·崔沔传》载其与太常卿韦縚论“加笾豆之数及制服之纪”时有曰:“虽加笾豆十二,未足以尽天下美物,而措诸清庙,有兼倍之名,近于侈矣!鲁人丹桓宫之楹,又刻其桷,《春秋》书以‘非礼’。御孙谏曰:

---

① 《旧唐书》卷四十六《经籍志上》,中华书局 1975 年版,第 1963—1964 页。

② 《新唐书》卷五十九《艺文志》,中华书局 1975 年版,第 1509 页。

③ 《旧唐书》卷四十七《经籍志下》,中华书局 1975 年版,第 2032 页。

④ 《新唐书》卷五十九《艺文志》,中华书局 1975 年版,第 1533 页。

‘俭，德之恭也；侈，恶之大也。先君有恭德，而君纳诸恶，无乃不可乎！’是不可以越礼而崇侈于宗庙也。又据《汉书·艺文志》：‘墨家之流，出于清庙，是以贵俭。’由此观之，清庙之不尚于奢，旧矣。太常所请，恐未可行。”①此据《汉书·艺文志》所论，举墨家“出于清庙是以贵俭”作为清庙尚俭的例证。而两唐书中所载“史臣”之论，亦可见此内容。《旧唐书》列传第一百一十卷末论曰：“韩、李二文公，于陵迟之末，遑遑仁义，有志于持世范，欲以人文化成，而道未果也。至若抑杨、墨，排释、老，虽于道未弘，亦端士之用心也。”②赞韩愈、李翱维护儒学之功，将“杨、墨”与“释、老”一同作为儒学的对立学说来对待。《新唐书》列传第一百一卷末论曰：“自晋汔隋，老佛显行，圣道不断如带。诸儒倚天下正议，助为怪神。愈独喟然引圣，争四海之惑，虽蒙讪笑，跆而复奋，始若未之信，卒大显于时。昔孟轲拒杨、墨，去孔子才二百年。愈排二家，乃去千余岁，拨衰反正，功与齐而力倍之，所以过况、雄为不少矣。自愈没，其言大行，学者仰之如泰山、北斗云。”③赞韩愈维护儒学之功，将杨、墨作为儒学的对立学说来对待。

二是承魏晋旧说以墨子可行“鬼道”。《旧唐书·李邕传》载李邕谏中宗勿以“妖人郑普思”为秘书监时曰：“若以普思可致仙方，则秦皇、汉武久应得之，永有天下，亦非陛下今日可得而求；若以普思可致佛法，则汉明、梁武久应得之，永有天下，亦非陛下今日可得而求；若以普思可致鬼道，则墨翟、干宝各献于

① 《旧唐书》卷一百八十八《崔沔传》，中华书局 1975 年版，第 4930 页。

② 《旧唐书》卷一百六十，中华书局 1975 年版，第 4215—4216 页。

③ 《新唐书》卷一百七十六，中华书局 1975 年版，第 5269 页。

至尊矣，而二主得之，永有天下，亦非陛下今日可得而求。此皆事涉虚妄，历代无效，臣愚不愿陛下复行之于明时。”①此言若“鬼道”实可致，则“墨翟、干宝，各献于至尊矣”，以墨子为明“鬼道”的代表，可能与因墨子倡“明鬼说”而被道教徒附会有“五行术”有关。此一观念，至五代动乱时，为民间术士所借用而作为起事的号召手段。《新五代史·李存乂传》载：“存乂历建雄、保大二军节度使。娶郭崇韬女。是时，魏州妖人杨千郎用事，自言有墨子术，能役使鬼神，化丹砂、水银。庄宗颇神之，拜千郎检校尚书郎，赐紫，其妻出入宫禁，承恩宠，而士或因之以求官爵，存乂及存渥等往往朋淫于其家。”②而《旧五代史》论李存乂被诛事亦引《北梦琐言》云：“庄宗异母弟存乂，以郭崇韬女婿伏诛。先是，郭崇韬既诛之后，朝野骇惋，议论纷然。庄宗令阉人察访外事，言存乂于诸将坐上诉郭氏之无罪，其言怨望。又于妖术人杨千郎家饮酒聚会，攘臂而泣。杨千郎者，魏州贱民，自言得墨子术于妇翁，能役使阴物，帽下召食物果实之类。又捕博必胜，人有拳握之物，以法必取。又说炼丹乾汞，易人形，破扃鐍。贵要间神奇之，官至尚书郎，赐紫，其妻出入宫禁，承恩用事。皇弟存乂常朋淫于其家，至是与存乂并罹其祸。”③“墨子术”成为五代时神仙方术的代表。

三是承用秦汉传闻，以墨家事迹作为例证。《旧唐书·于志宁传》载其谏太子书中有曰：“又郑、卫之乐，古谓淫声。昔

① 《旧唐书》卷一百九十中《李邕传》，中华书局1975年版，第5040页。

② 《新五代史》卷十四《李存乂传》，中华书局1974年版，第151页。

③ 《旧五代史》卷五十一《宗室传三》，中华书局1976年版，第691页。

朝歌之乡,回车者墨翟;夹谷之会,挥剑者孔丘。先圣既以为非,通贤将以为失。顷闻宫内,屡有鼓声大乐,伎儿入便不出。闻之者股栗,言之者心战。”[①]以墨子“非乐”论所引发的传闻作论据来谏太子切勿沉迷“淫乐”。《旧唐书·孝敬皇帝弘传》载郭瑜建议太子李弘改读《礼记》时有曰:“里名胜母,曾子不入;邑号朝歌,墨子回车。……臣闻安上理人,莫善于礼,非礼无以事天地之神,非礼无以辨君臣之位,故先王重焉。”[②]以“邑号朝歌,墨子回车”的传说,来论述坚持根本特色的重要性。

另外有后蜀孙光宪《北梦琐言》卷二载皮日休云:“请废《庄》《列》之书,以《孟子》为主。有能通其义者,其科选请同明经也。其二请以韩文公愈配飨太学,其略曰‘臣闻圣人之道不过乎求用。用于生前则一时可知也,用于死后则万世可知也’云云。又云:‘孟子、荀卿翼传孔道,以至于文中子。文中之道旷矣,其几于室授者唯韩愈焉。蹴及杨墨,蹂践释老,故得孔道,炳然如日星焉。吾唐以来,一人而已。苟不得在二十一贤之数列,则典礼未为备也。’”[③]所记亦为儒墨在思想界的冲撞。

---

① 《旧唐书》卷七十八《于志宁传》,中华书局 1975 年版,第 2695 页。

② 《旧唐书》卷八十六《孝敬皇帝弘传》,中华书局 1975 年版,第 2828 页。

③ 孙光宪撰:《北梦琐言》,《丛书集成初编》本,中华书局 1985 年版,第 7 页。

三、隋唐五代墨学流传综说

隋唐五代时期墨学流传情况应予注意者有三。

第一,由《隋书·经籍志》《旧唐书·经籍志》《新唐书·艺文志》的著录可见,其时《墨子》书仍在流传,且篇卷与《汉书·艺文志》所载同。该书流传面颇广,墨学论说与墨家事迹被多人传扬。如《初学记》引《墨子》文17次,引他书载墨家事或论墨学9次:卢照邻《秋霖赋》(卷二)、颜师古《圣德颂》(卷九)、徐干《哀别赋》(卷十八)、张载《述怀诗》(卷十八)、后周武帝《立通道观诏》(卷二十三)、桓谭《新论》(卷二十四)、王充《论衡》(卷二十四)、后梁甄玄《成车赋》(卷二十五)、南齐王俭《和萧子良高松赋》(卷二十八)。又如《艺文类聚》引《墨子》文21次,引他书载墨家事24次:晋张协《洛禊赋》(卷四)、魏邯郸淳《上受命述》(卷十)、汉傅毅《明帝诔》(卷十二)、梁王筠《昭明太子哀策文》(卷十六)、晋张敏《头责子羽文》(卷十七)、汉司马相如《美人赋》(卷十八)、《淮南子》(卷二十)、梁刘孝标《辨命论》(卷二十一)、东汉班固《答宾戏》(卷二十五)、魏曹植《玄畅赋》(卷二十六)、梁张缵《怀音赋并序》(卷三十一)、梁刘孝标《追答刘沼书》(卷三十四)、《傅子》(卷四十四)、《尸子》(卷四十四)、晋潘岳《司空郑袤碑》(卷四十七)、陈徐陵《让散骑常侍表》(卷四十八)、梁萧琛《和元帝诗》(卷五十)、汉枚乘《七发》(卷五十七)、梁吴筠《连珠》(卷五十七)、汉邹阳《上梁王书》(卷五十八)、王充《论衡》(卷六十三)、陈徐陵《丹阳上庸路碑》

（卷六十四）、《吕氏春秋》（卷六十八）、梁庾肩吾《谢湘东王赉米启》（卷八十五）。从中可看出汉代至唐代墨学与墨家事迹广泛流传的延续性。

第二，隋唐五代对墨家与墨学的评价方面，继承的基本都是前代已有的观点。《隋书·潘徽传》在《韵纂序》中论学术以“儒墨是非”为例，《隋书·李德林传》载李德林答魏收书引《墨子》《隋书·王贞传》载齐王杨暕招王贞书中以“儒墨泉海，词章苑囿”赞王贞之才，《旧唐书·崔沔传》载崔沔与太常卿韦縚论“加笾豆之数及制服之纪”时举墨家“出于清庙是以贵俭”作为清庙尚俭的例证，《旧唐书·于志宁传》载其谏太子书中以墨子“非乐”论所引发的传闻作论据来谏太子切勿沉迷“淫乐”，《旧唐书·孝敬皇帝弘传》载郭瑜建议太子李弘改读《礼记》时以“邑号朝歌，墨子回车”的传说来论述坚持根本特色的重要性等，以上皆是战国以来因墨家名声或墨学影响而被举为论据的例证。在《隋书·艺术志》的绪论中以墨子为至巧代表，继承的是汉代以来论至巧举墨家为例的观点。《旧唐书·李邕传》载李邕谏中宗勿以“妖人郑普思”为秘书监时以墨子为明“鬼道”的代表、《新五代史·李存乂传》载“魏州妖人杨千郎用事，自言有墨子术，能役使鬼神，化丹砂、水银”、而《旧五代史》卷五十一引《北梦琐言》云“妖术人杨千郎……自言得墨子术于妇翁，能役使阴物、帽下召食物果实之类”等，继承的是晋代以来“墨子为鬼道”的观点。

第三，唐代，关于墨学的流传出现截然相反的两种观点。一种主张以儒家为正统，另一种主张在传儒经之外，亦传其他诸子书，其中含有《墨子》。

就后者，顾炎武在《日知录》卷十七曾专考此问题，谓“唐时凡九流百家之事,并付诸国学,而授之以经”,并引欧阳詹《贞元十四年记》“我国家春享先师后,更日命太学博士清河张公讲《礼记》。束脩既行,筵肆乃设,公就几,北坐南面;直讲抗牍,南坐北面。大司成端委居于东,小司成率属列于西。国子师长序公侯子孙自其馆,太学长序卿大夫、子孙自其馆,四门师长序八方俊造自其馆,广文师长序天下秀彦自其馆,其余法家、墨家、书家、算家术业以明亦自其馆。没阶云来,即席鳞差,攒弁如星,连襟成帷”为证。[①] 这是唐代社会开放的结果,它对促进墨学与墨家事迹的流传作用是很大的,在墨学史上应予重视。这种广泛借鉴诸子百家思想的风气,可能与魏徵的施政思想有关。魏徵在其选编的《群书治要》中,广涉诸子百家思想,其中选有《墨子》。[②] 魏徵的此一思想影响到唐太宗的提倡,唐太宗在训诫太子的《帝范》中倡导节俭(卷三),与墨家“节用”说同调。

另外一种是继承了孟子以来“尊儒辟墨”的观点,如《旧唐书》列传第一百一十卷末赞韩愈和李翱维护儒学之功时将“杨、墨”与“释、老”一同作为儒学的对立学说来对待,《新唐书》列传第一百一卷末赞韩愈维护儒学之功时将“杨、墨”作为儒学的对立学说来对待等。

这两种观点的对立,开启了千余年来“儒墨为用”与否的争论。这是唐代墨学史上甚应注意的现象。

---

① 黄汝成集释:《日知录集释》,岳麓书社 1994 年版,第 635 页。

② 参见魏徵:《群书治要》第五卷,影印宫内厅书陵部藏镰仓写本,汲古书院 1989 年版,第 256—281 页。

社会治理构想中的“儒墨相用”及其启示*

在先秦诸家的社会政治治理构想中，儒家创始人周公旦主“神性血缘说”和“遵从民心观政说”，孔子改为“人性血缘说”和“道德教化说”，他们都忽略了世人的社会经济需求。墨子针对儒家“礼乐靡财”而提出“节用”说，把发展经济以稳定社会作为重要治理措施之一，孟子接受墨家提醒而提出“制恒产”主张来补充儒家治理措施中的经济缺环，荀子在此基础上提出了“国家政治管理一体化”与“国家经济管理一体化”构想。这些，都被唐人韩愈名为“儒墨相用”。“儒墨相用”的历史事实给我们的文史研究方法以诸多启示。

《淮南子·要略》谓先秦诸子学说“皆起于救世之弊”，《史记·太史公自序》称先秦诸子皆“务为治者也”。政治治理、社会现实问题的解决，是先秦诸子各家首先关注的问题，而儒墨两家表现尤为突出。

儒家创始人是周公旦。为争取民心，为解说“小邦周”替代“大邑商”君临万民的合理性，他对于夏商以来民众根深蒂固的“神权学说”做了两方面的理论改造：一为揭示周人君临

* 本文原载于《管子学刊》2008 年第 3 期。

万民的合理性，他接受了商殷的“君权神授说”，宣扬周人始祖后稷亦似商人始祖契为其母吞鸟卵而生那样，系其母“大人迹”而感生；二为解释周人夺权的合理性，为论证“天命转移”，他提出“遵从民心观德说”。这样，他以“君权神授说”衍生出来的“神性血缘”为基础，制定礼乐等级制度，稳定了周初社会。但他为论证“天命转移”而提出的“遵从民心观德说”，却又使得周民对昭、穆以后诸王之“德”渐次产生怀疑，而最终导致了春秋时期的“民神易位”，致使犯上僭越公行，诸侯征战不已，社会动荡不安。

孔子面对动荡不已的社会现实，提出“从周”而推行礼乐制度来重构和谐社会的治理主张。然而，孔子所面对的已不再是土地分封而形成的井田制下的群体大生产方式，而是私田大垦而导致的以家庭为社会生产单位和生活单位的社会现实。针对这种社会现实，孔子提出以“孝”稳定家庭、以“悌”稳定乡里的“孝悌治国”方略——全民讲“孝悌”而皆成“仁人”，全社会皆做“仁人”而使社会稳定的社会治理思想。以孝为先，故孔子与叶公论“直躬”而曰“父子相隐”。因此可以说，行孝讲悌以为仁人，是孔子和谐社会的治理根本；而复礼复乐，是孔子规范和感化世人成为仁人的手段；故孔子曰“一日克己复礼，天下归仁焉”。孔子倡导的是建立在“子生三年后免于父母之怀”的“人性血缘”基础上的道德教化治国学说。“人性血缘”代替“神性血缘”，是孔子改造周公之礼的理论基石。

但是，为了道德教化而推行礼乐，为行孝悌而倡厚葬久丧，皆导致耗费社会资财，妨碍社会生产。为改革此一弊端，曾从孔子后学而学的墨子提出“节用”的经济主张：倡薄葬、短丧、非乐；主陋室、素衣、粗食；号召繁殖人口，增加社会生产。故

《庄子·天下》论墨，首讲其“节用”“非乐”；《荀子·非十二子》批墨，首讲其“上功刀”“大俭约”“僈差等”。故《韩非子·显学》讲其“节俭”“节葬”，《吕氏春秋·不二》赞其“贵廉”，《淮南子·要略》谓其“兴民利”“节财”“薄葬”，《史记·太史公自序》载司马谈称其“强本节用”“人给家足”，《汉书·艺文志》论墨家观点首称其“贵俭”。先秦至西汉思想家首先看重的是墨家“节用”的社会主张，因为它可从另一方面——发展社会经济的角度来稳定社会，而这正是孔子倡导道德教化治国而忽视的方面。

孔子所忽视的社会经济发展对于维护社会稳定的关键作用的问题，经墨家提出而为孟子所补充增添。在稳定社会诸治理措施中，孟子提出“制恒产”主张，说“无恒产而有恒心者，惟士为能。若民，则无恒产，因无恒心。苟无恒心，放辟邪侈，无不为已”，故要“制民之产”，使民众“仰足以事父母，俯足以畜妻子”；要推行“五亩之宅”“百亩之田”的新经济政策（《孟子·梁惠王下》）。从而补充了孔子治世思想中的经济缺环，注意到社会物质基础对维护社会稳定的重要作用。

荀子在此基础上更加完善了儒家的社会治理学说，提出了国家治理中的“政治管理一体化”与“经济管理一体化”主张：倡学习“圣王之道”来抑制人的“私欲”以改造“人之恶性”，使人“定分序位”以制止社会动乱，以使社会形成一种以礼定分、以职分民、百官尽责、君王出令的国家政治管理一体化格局。这就是荀子的“政治管理一体化”的政治主张。同时又指出，有了这种按“人伦等差”而结成的“序列齐一”社会群体，就可通过如下三种措施来实现社会经济一体化构想：国家制定经济政策和经济规划；国家对社会各行业间的分工进行协调；君王发挥仁德感召作用。这就是荀子在“以礼定分使群”的“群论”基础上,通过国家规划、国家协调、君王感召而使社会各行业分工合作的社会经济一体化构想。这两种主张,都被后世的执政者自觉或不自觉地贯彻到国家治理政策中。

由上可以看出,在社会政治理想和社会治理措施等方面,儒墨在争辩诘难的过程中实际上造就了“儒墨互补”的学术结局,故产生了两汉魏晋时期的“视墨同儒”的社会观念,进而造成了学术史上“墨学中绝”的假象。因此,唐人韩愈在《读墨子》中说:“孔子必用墨子,墨子必用孔子,不相用不足为孔墨。”①北宋欧阳修赞墨家“贵俭”学说,谓其“强本塞用之说,有足取焉”②。

“儒墨相用”的历史事实给我们今天的文史研究方法以诸多启示。

西学东渐改变了中国传统的学术认知体系,传入了新的学术评价系统和学术研究方法。现当代学者运用西方的解析研究方法等来研究诸子学术,十分注意儒墨学说的区别和对立,在学术研究中取得了很大成就。但是,产生于东方古老文化环境中的中国传统学术,是否要用西学思想来比附和用西学方法来解析就能把握的?20世纪某些用“以西框中”方法来解说墨家思想、解释墨辩逻辑和诠说墨家科技著作而失败的例子,应给我们的古代文史研究以诸多启示。

改革开放以来,学界不断引入西方新兴研究方法来研究中

---

① 马其昶校注,马茂元整理:《韩昌黎文集校注》,上海古籍出版社1986年版,第39页。

② 欧阳修:《崇文总目·叙》,陈梦雷等编纂:《古今图书集成》第440卷,中华书局、巴蜀书社1985年版,第72307页。

国传统学术，试图有较大突破和创新。但是，却往往是像谭戒甫先生批评的墨辩逻辑研究那样："周秦诸子里面多有名家言，自来不少学者利用西方逻辑三段论法的形式，把来一模一样地支配，因说东方也有逻辑了。及仔细查考，只是摆着西方逻辑的架子，再把我们东方的文句拼凑上去做一个面子。这不是我们自己的东西，虽然有些出于自然比附，但总没有独立性……这种研究，只有研究形式上的'创新'，难有学术研究中的实质性的创新性突破。"①

所以，在古代文史研究中，我们应注意东方学术体系和西方学术体系的差别，注意东方学术体系中那固有的综合性特点，在运用解析法研究儒墨学说的区别和对立时，注意运用综合方法来研究儒墨学说的互补互用，以完善我们的学术方法，以取得学术研究成果的实质性的创新性突破。

---

① 谭戒甫撰：《墨辩发微》，中华书局1964年版，第3页。

清代墨学研究之省思*

墨翟死后，墨离为三，各自著述。西汉刘向在此基础上整理出《墨子》七十一篇[①]，《隋书·经籍志》著录为十五卷、目一卷，宋时尚存六十三篇[②]。后又亡十篇，《道藏》本《墨子》仅存五十三篇，遂流传至今。

前贤多云"墨学中绝"。查自秦至1588年间见于记载之《墨子》校理、研究著述，自秦末孔鲋《诘墨》至元人陶宗仪《读墨子随诂》，不足十种（包括佚书），确呈近乎断绝之象。

明人商品意识渐浓，刻书业随之大兴。自正统间张宇初所编《道藏》之《墨子》，至崇祯十五年（1642）刊金堡、范方等批评《墨子》之作，明代276年间，见于载录之墨学刊、校、注、研著作，计28种。其中节评本十余种，汇集诸家评语，反映了明人研究《墨子》的重要成果，最可引人注意。如焦竑等《墨子品汇释评》（明万历四十四年晋江李廷机刊本），收陈后山、袁了凡、何孟春、张之象、申时行、林希元等家评语；又如归有光等

---

* 本文原载于台湾中山大学主编：《第二届国际清代学术研讨会论文集》，台湾中山大学，1999年。

① 参见《汉书》卷三十《艺文志》，中华书局1962年版，第1738页。

② 参见《隋书》卷三十四《经籍志三》，中华书局1973年版，第1005页。

《墨子评点》(明天启五年《诸子汇函》刊本),收陈明卿、何椒丘、黄旨玄、胡可泉、杨南峰诸家说。它们为清人的墨学研究奠定了一定基础。

一、清代墨学研究的低沉期

清人的墨学研究是接续明人墨学研究而来的,可分为清初低沉期、乾嘉复兴期、清末高潮期。

清顺治元年(1644)至雍正十三年(1735),是清代墨学研究的低沉期。此间92年,仅出现如下三种墨学整理著作。

马骕《墨子与墨者》,在康熙九年(1670)刊于《绎史》中,后有清同治七年(1868)姑苏亦西斋刊本、光绪十五年(1889)金匮浦氏重修本、民国二十六年(1937)上海商务印书馆《万有文库》印本等,又被收入严灵峰编辑的《无求备斋墨子集成》。其书节录《墨子》中的《亲士》《尚贤》《尚同》《辞过》《兼爱》《三辩》《非乐》《节葬》《天志》《公输》《大取》《小取》诸篇文字,并取《韩非子》《说苑》《庄子》《淮南子》《吕氏春秋》《论衡》诸相似论述以为比照,后取《吕氏春秋》《胡非子》《随巢子》《缠子》等文以为附注。它是清代关注《墨子》的最早著作。

傅山《墨子大取篇释》,在《霜红龛集》卷三十五中,有清宣统三年(1911)山阳丁宝铨太原节署刊本,后收入《墨子集成》。它节取《墨子》之《大取》篇文句,顺文注释。他是清代注《墨》第一家。

陈梦雷、蒋廷锡等《墨子汇考》,在《古今图书集成·理学汇编·经籍典》中,有清雍正四年(1726)铜活字排印本、清光绪十九年(1893)上海同文书局印本、民国二十三年(1934)上海中华书局影印铜活字本等。该书辑录了周人至洪迈之著述中载录的《墨子》目录、序跋、评论等,为后人研究提供了诸多方便。

此时期九十余年,墨学整理著述仅出现三种,墨学研究著作连一种也没有,这首先与此时期的民族文化冲突有关。清人入关,占领北方、打下江南之后,先实行"圈地""编庄""投充"等政策,加剧了与汉人的矛盾。尔后虽两度实行笼络汉民、收买知识士子的政策,却又损伤了入关的满人的利益,故屡行屡废。两种民族文化的关系短时间内难以理顺,执政者无暇顾及当时还处于非主流地位的墨家文化的振兴,这是此期墨学低沉的原因之一。

顺治皇帝虽看到关外旧有满人文化的落后性,决意改革,但他推行的主要还是明朝那以儒家思想为主导地位的旧有政策。康熙皇帝执政后继续推行顺治帝"复明旧制"的政策,力主实行的也是传统的属于儒家文化系统的一贯政策。这是此期墨学低沉的原因之二。

清人入关前,儒家思想已在中国推行了一千七八百年,不但贯彻到历代王朝的统治政策中,而且日益渗入到中华大众的举止言行乃至思维方式中。推儒术,兴科举,确实是当时笼络民心、牢笼士子的有效措施。此时期的执政者只有选择这为大众所习惯接受的,为当时的社会精英——知识士子所欢迎的儒家文化,才有利于自己的统治。清初执政者也这样做了。这是此期墨学低沉的原因之三。

执政最长、奠定清代主要文化政策的康熙皇帝幼习儒学,接受的是儒家文化,他对其他文化学说尚不甚熟悉,缺乏精深的研究和理解,因而未能关注到墨家文化。这是此期墨学低沉的原因之四。

此时期的知识士子分化为两类:一为依附清廷自寻出路者,他们唯清廷政策是瞻,自然不敢超越皇家所好而弃儒习墨;另一为拥护南明反清复国者,他们自然要沿袭明代的主导文化,继续推行儒家文化。知识群体中缺乏推倡墨家文化者,这是此期墨学低沉的原因之五。

此一文化现象的改变,墨学的复兴,有待于社会现实状况的变化和国家政策的改革,以及知识士子文化心态的转变。

二、清代墨学研究的复兴期

乾隆、嘉庆两朝(1736—1820)是清代墨学研究的复兴期。此85年间,墨学刊本、校注本、札记等出现了15种。

其中刊本、校注本九种:纪昀等四库抄本《墨子》、汪中《校陆隐刻本墨子》及《墨子表微》、毕沅《墨子注》、张惠言《墨子经说解》、顾广圻《校道藏本墨子》、丁杰与许宗彦《墨子经说校本》、许宗彦《许校墨子》、黄丕烈《校墨子》。其中较受后人关注者有:

汪中《校陆隐刻本墨子》五十三篇,据《述学·内篇》所存汪氏《墨子序》,当作于乾隆四十五年(1780)。汪《序》曰“明陆隐所叙刻,视他本为完”,故以其为基础校刻《墨子》;又曰“其书多误字,文意晦昧不可读”,故“以意粗为是正”。查明嘉靖三十一年(1552)芝城铜活字蓝印本陆隐《墨子校》十五卷,曾藏于聊城杨氏海源阁,后归姑苏潘博山。明人校书多粗疏,汪中自言多正其"误字",当非虚言,惜乎汪书没有流传下来。然据汪中《墨子序》,他还曾"采古书之涉于《墨子》者别为《表微》一卷"。据此可见他对《墨子》文句、义理都曾下过一番功夫。那么他所校《墨子》,当有许多可采之处。

毕沅《墨子注》十六卷,有清乾隆四十八年(1783)刊《经训堂丛书》本、清光绪元年(1875)湖北崇文书局刊《子书百家》本、民国八年(1919)上海扫叶山房石印《百子全书》本及日本天保六年(1835)松本氏重刊本等十数种,流转较广。其书篇幅较大,首列毕沅《墨子叙》《墨子篇目考》;中为毕注《墨子卷之一》至《墨子卷之十五》,卷十五后为《墨子佚语》二十一条;最后是《墨子目之十六》,并附按语列述《墨子》流传聚散过程,又附孙星衍《墨子后叙》。它以《道藏》本为底本,参校以潜庵子《墨子》节选本、郎兆玉《墨子评》堂策槛本等明人校注研究成果,成为明清间《墨子》校注的承前启后之作,此为其注《墨》功劳之一。发现《经上》《经下》篇读法,即梁启超在《中国近三百年学术史·清代学者整理旧学之总成绩(二)》中所说:毕沅"据《经上》篇有'读书旁行'一语,于篇末别为《新考定经上篇》,分为上下两行横列。最初发现此《经》旧本写法,不能不算毕氏功劳",这是毕氏注《墨》功劳之二。

张惠言《墨子经说解》二卷,先有手稿本流传,后有清光绪三十三年(1907)上海国粹学报馆石印本、清宣统元年(1909)邓宝辑《风雨楼秘籍留真》影印本、清宣统元年国学保存会影印本、严灵峰《墨子集成》本等。它专释《墨子》之《经上》《经下》《经说上》《经说下》四篇。将《经说》文字附于《经》文旁;注用单行小字,颇多精意。孙诒让《墨子间诂·总目·附记》曾说:"此书最难读者,莫如《经》《经说》四篇。余前以未见皋文先生（即张惠言——引者注）《经说解》为憾。”后得此书，“惊喜累日。余前补定《经下》篇句读，颇自矜为创获，不意张先生已先我得之。其解善谈名理。……固有精论，足补正余书之阙误者”。

其余校注诸书，亦各有特点。它们成为此时期墨学复兴的重要标志。

此时期还有读《墨子》札记三种：钱陈群《读墨一隅》、王绍兰《读墨子杂记》、朱亦栋《墨子书札记》。

王绍兰《读墨子杂记》，在其《读书杂记》中，该书篇先刊于罗振玉编《雪堂丛刻》内，有民国四年（1915）排印本，后有上海书店 1994 年《丛书集成续编》本等。该篇节录《墨子》“窥戎”“晋文染于舅犯、高偃”“其类在誉石”“吾当未盐数天下之良书”“摽羊”“芉鉏”“其类在院下之鼠”“故所得而后也”等八条，加以校正考释。或补毕沅注《墨》之缺，如解“窥戎”为“观兵”；或正毕注之失，如“吾当未盐数天下之良书”句，毕谓“盐当尽字之讹”，王绍兰依郑玄《郊特牲注》而谓之曰“此盐亦当读为艳”；或据方言以释，如“摽羊”，以吴语“刭羊”解之，谓“刑羊”。

朱亦栋《墨子书札记》，在其《群书札记》内，有清光绪四年（1878）武林竹简斋刊本，后有《墨子集成》本。该篇节录《墨子》“高偃”“聆缶”“湊湊而至”“芉鉏”“翁”“抎失社稷”“圃田”“敬”“三亭”“宍”等十条，加以校释。或补毕沅校注之缺，如考“高偃”为“郭偃”，又如解“宍”为“肉”字；或正毕注之失，如谓“聆缶”之“缶”“当如字解”，是乐器；谓“湊湊而至”之“湊”当解为“聚”，而不作毕注之“臻”。

另外，此时期还出现了姚文田的《墨子古韵》和江有诰的

《墨子韵读》这两种《墨子》音韵研究著作,标列《墨子》韵文的韵部。如江有诰的《墨子韵读》节录《亲士》《七患》《尚贤上》《尚贤中》《非攻中》《非乐上》《耕柱》《杂守》及《墨子佚文》诸有韵文句、段落,标明句末字在何部。

这诸多札记及韵文研究著作,标志着此时期部分文人研读《墨子》的细密,它们为后人的《墨子》校注和研究奠定了一定基础。

此期间85年,墨学著作既出现15种,数量大增;毕沅通注《墨子》,成为现存的第一个《墨子》全注本;张惠言校注《墨经》,孙诒让为之赞叹。这些都证明着墨学研究出现了战国之后两千年来的第一个兴盛局面。

此期墨学研究的兴盛,主要在于《墨子》文本的整理,它与整个乾嘉时期以校注、考据为代表的学术繁荣是一致的。乾嘉考据学派,无论是惠栋、沈彤、江声、钱大昕、王鸣盛等的吴派,还是戴震、段玉裁、王念孙、王引之等的皖派,在注经、考据诸方面都取得了前无古人的成就。这种畸形的学术繁荣,主要与清代的学术政策有关。清人入主中原,为巩固统治,对汉人特别是汉族知识士子实行软硬两手政策:或以科举牢笼,或以文字狱恫吓。而后者尤为酷烈,从而使得知识士子相率钻于故纸堆中,而考据训诂之小学,遂风靡于一世。动辄犯禁杀头的威胁,使此时的知识士子们专心古学,不问现实,遂使经典整理之学大兴。《墨子》也渐成士子们关注的对象。

关注文字校理,疏于义理致用研究,是此时期墨学研究的不足,也是整个乾嘉学术的缺陷。这主要与知识士子的时代心态紧密相关。清初顺治、康熙年间,南明政权尚残存,以民族气节相标榜的知识士子们尚有一线希望,他们试图利用自己的学问为时代做出贡献，因而出现过鼓吹经世致用的顾炎武、黄宗羲、王夫之等经学大师。但随着康熙剿灭南明而巩固政权、雍正健全典制以加强统治等新形势的出现，在清代文化环境中成长起来的乾嘉士子，不但已没有明代遗少们的抗清情绪，甚至转而附清拥清，承认大清为天下正统，因而心安理得地钻在学问中，充当社会机制运转的一颗螺丝钉。就乾嘉士子的思想意识与时代形势的关系，黄秀政先生曾说："时值盛世，天下太平，学者易于沉醉在学术之中，而忘却学术所以经世的大目标，于是学术愈精愈醇，愈与世道无关。"①此一时期墨学校注、札记乃至音韵研究成绩斐然，而义理、实用研究不昌，此乃重要原因。

三、清代墨学研究的高潮期（上）

道光元年（1821）至宣统三年（1911），是清代墨学研究的高潮期。此 91 年间，产生了墨学整理、研究著作 44 种：洪颐煊《读墨子丛录》、王念孙《墨子杂志》、俞正燮《墨学论》及《墨子四则》、杨绍和《校旧钞本墨子》、魏源《墨子章句》、戴望《墨子》及《墨子校记》、苏时学《墨子刊误》、邓云昭《墨经正文解义》、邹伯奇《学计一得》（部分）、俞樾《墨子平议》、张文虎《墨子随笔》、陈澧《墨子读书记》（载于《东塾读书记》中）、谭献《校墨子》及《批校墨子》、王树枏《墨子斠注补正》、吴汝纶《考订墨子经下篇》、陶鸿庆《读墨子札记》、张自牧《瀛海论》（部

---

① 黄秀政：《顾炎武的经世思想》，《思与言》第 14 卷第 4 期，1977 年。

分）及《蠡测卮言》（部分）、孙诒让《墨子间诂》、李宝铨《墨子文粹》、杨葆彝《墨子经说校注》、王闿运《墨子注》、曹耀湘《墨子笺》、沈湛钧《墨子经说校正集解》、吴汝纶《点勘墨子读本》、梁启超《子墨子学说》、王景曦《墨商》、胡兆鸾《墨子尚书古义》、冯涵初《光学述墨》、殷家隽《格术补笺》（部分）、郑文焯《墨经古微》和《辑注王闿运墨子经说上下篇注》及《批校张皋文墨子经说解》、孙国仁《墨子引书说》、刘师培《墨子拾补》、于鬯《墨子校书》、王仁俊《格古致微》（部分）和《墨子经说疏》及《墨子佚文》、张子高《墨经注》、栾调甫《名经注》。

这一时期的墨学著作中，有许多引人注目的札记。其中成绩最著者有以下几种：

洪颐煊《读墨子丛录》，在其《读书丛录》内，有清道光二年（1822）富文斋刊《读书丛录》本，清光绪间重刊富文斋《读书丛录》刊本，后有《墨子集成》本。该篇列“墨子缺篇”“墨子在七十子后”至“傑”共35条，或为研究心得，如前两条；或校《墨子》文字，如“敌国”条，谓《七患》之“边国”乃“适国”之误，即“敌国”，古“敌”字多作“适”；或以方言释词，如“连独”条，谓《兼爱中》“连独无兄弟”之“连独”即《尔雅》郭璞注所引江东语“幼独”；或正毕注之失，如“倀子”条，《非攻下》“譬若传子之为马”，毕曰“传子言传舍之人”，而洪氏引《方言》，以“倀，养马人”解之。诸如此类，创获良多。

王念孙《墨子杂志》，在其《读书杂志》中，是王念孙、王引之父子研《墨子》的纪录，有清道光十二年（1832）《读书杂志》原刊本，清同治九年（1870）金陵书局重刊《读书杂志》本，民国十二年（1923）上海扫叶山房石印《读书杂志》本等近十种，及《墨子集成》本等，流传较广。该著首列道光十二年王念孙《墨子序》，次《亲士》至《杂守》诸篇校注、辨正札记共433条，后附错简校正6条。其篇以《道藏》本《墨子》为底本，将卢文弨、孙星衍、毕沅三家《墨子》校注之“所未及，及所校尚有未当者，复加考正”。或正前注之失，如《亲士》之“正天下”，毕注为“征天下”，而王考“正”当作“长”；又如《修身》之“本不固者未必几”，毕注“几”为“微”，而王曰不确，当为“危”。或补毕注之缺，如《非攻下》“天下序其德”，注“序，顺也”；又如《非攻下》“王兄自纵也”，注“兄与况同。况，益也”。或校正文字，如《辞过》之“故法令不急而行”，王曰“故字涉下故字而衍”；又如《尚贤上》“古者王公大人”，王曰“古者，当依《群经治要》作今者”。或补脱简，如谓《尚贤下》“曰莫若为王公大人骨肉之亲无”以下“旧本脱故‘富贵而面目佼好者’八字”；又如谓此篇“若此则饥者不”以下“旧本脱‘得食寒者不得衣乱者不得治’十二字”。其校补文字，除引他本外，还引丛书、旧注所录《墨子》原文为证，故所获良多；其注释辨正，多引字书及他书文句为证，表现了审慎的态度。诚如王树枏《墨子斠注补正・序》所言：“乾隆癸卯毕弇山沅始集卢、孙校本重加订正，作校注十五卷；道光中高邮王氏念孙补校六卷；自两家书出，而是书之症结大半可通。”其于墨学研究之功，此可谓的论。

俞樾《墨子平议》三卷，在其《诸子平议》中，有清同治九年(1870)刊《诸子平议》本、清光绪七年(1881)重定刊本、清光绪十五年(1889)刊《俞氏丛书》本、清光绪二十五年(1899)刊《春在堂丛书》本、民国十一年(1922)双流李氏念劬堂刊本等近二十种。该著逐篇摘引《墨子》词句(各篇首句下标出篇名)227条，或补充辨正毕沅、王念孙之说，如解《亲士》之“分议者延延，而支苟者諮諮，焉可以长生保国”句；或引证先秦汉魏古籍文句，以诠释字义、词义、句义等，如解《所染》之“晋染于舅犯、高偃”句；或以己意校订文字，如谓《三辩》之“无乃非有血气者不能至邪”之“非”字为衍文。该书创获颇多。但所见他家校注不广，是其缺陷。

王树枏《墨子斠注补正》二卷，有光绪十三年（1887）文莫室刊本，后有《墨子集成》本等。首为作者光绪十三年序。次上下卷，摘引《墨子》词句，依次低一格作注；并将吴汝纶为其刊正数十条，用双行小字附于《补正》之后；还将吴汝纶《考订墨子经下篇》正文附于《经说》后。最后附其丁亥三月跋。其《序》称赞毕沅、王念孙校注之功，而对其“间有考定未审及误文漏义、遗诸目前者”，“复合二书，详加审订”。其补毕、王二家之缺者，用“补曰”标出；其正二家之失者，用“正曰”标出；中称“万历本”者，乃《子汇》本；称“焦竑本”者，乃《二十九子品汇释评》本。

于鬯《墨子校书》，在其《香草续校书》中，先有稿本传世，1963年中华书局据以排印，后有《墨子集成》本。该著依次释《墨子》之《亲士》至《杂守》词句243条。因其著在集大成之作《墨子间诂》之后，故对孙诒让校勘、句读、注释多有补正。特别是对《墨经》四篇用力尤多，其前《亲士》至《非儒下》三十篇共释一百条，而此四篇就释五十条。特别应予指出的是，于鬯的校语、释语中，有不少篇幅颇长的考述，如《经说下》“鉴中之内鉴者……缘正而长其直也”句之释语，竟近九百字，表现了作者考订的细密。

王景曦《墨商》三卷，有宣统二年（1910）永嘉王氏刊本，后有《墨子集成》本。该书首列《墨商目录》及附记，中为《墨商》三卷，后附王景曦宣统二年《跋》及《墨商补遗》。《墨商》三卷，逐篇列出《墨子》53篇需校注词句257则，或补充毕沅《墨子注》、孙诒让《墨子间诂》，如《亲士》之“靡礛”条，谓“靡”为《墨子》所用古文；或补充毕沅《墨子注》、孙诒让《墨子间诂》之校勘，如《亲士》之“是故江河……”条，谓“是故江河不恶小谷之满己也”至“故能为天下器”，乃道家语错入；或正毕沅《墨子注》校勘之误，如《所染》之“干辛”条；或解句意，如《备穴》之“铁索长三丈”条。《墨商补遗》又补充校注语十八条。另外，《墨商》三卷中还有多篇题解，或总结篇意，或辨别此篇与他书的关系。据此可看出王景曦对《墨子》曾下过较大的功夫。王景曦做过孙诒让家塾师，曾参与校勘《墨子间诂》，历时数年。书成后，又将平日与孙诒让所论及自己的见解，刊刻成书，兼称《墨商》（见王景曦《墨商跋》）。

此时期诸多《墨子》读书札记的出现，为《墨子》校注工作奠定了良好的基础。而此一时期的《墨子》校注之作，更取得了引人注目的成就。其中最受后人重视者有以下几种：

孙诒让《墨子间诂》十五卷，有清光绪二十年（1894）苏州毛上珍聚珍木活字本、光绪三十三年（1907）定本重刊本、民国二十四年（1935）世界书局刊《诸子集成》本，以及《墨子集成》本等。定本首列光绪二十一年（1895）俞樾序、孙诒让自序、《墨子间诂总目》及孙诒让附记、毕沅和洪颐煊关于《墨子》目录的考说；次《墨子间诂》十五卷；后有《墨子附录》一卷，包括《墨子篇目考》、《墨子佚文》（在毕沅所辑基础上增六条）、《墨子旧叙》（收鲁胜《墨辩注叙》、毕沅《墨子注叙》、孙星衍《墨子注后叙》及《经说篇跋》、汪中《墨子序》及《墨子后叙》、王念孙《墨子杂志叙》、武亿《跋墨子》、张惠言《书墨子经说解后》），又有《墨子后语》上下篇（包括《墨子传略》《墨子年表》《墨学传授考》《墨子绪闻》《墨学通论》《墨家诸子钩沉》）。其校以毕沅本为底本，又吸收了明人吴宽、清人王念孙、王引之、顾千里、苏时学、洪颐煊、俞樾、戴望等人的研究、校注成果；且初版后又得张惠言《墨子经说解》、杨葆彝《墨子经说校》二书以补正，始成定本；因之，《墨子间诂》包容了清代《墨子》校注乃至札记式研究的主要成果，仅有如王树枏《墨子斠注补正》等少数成果未收入其中。书中前序、后附录及后语等，还收罗了清代以前人的研究成果，因之又可以说《墨子间诂》也是其前两千年墨学研究的总结。并且，其书十五卷中，增加了作者的大量注语和校语，是毕沅注语、校语的十数倍。诚如清人王景曦《墨商跋》所论："盖其兴废举绝，与晋鲁胜同功。而精博则不啻倍蓰。其表彰孤学之心不可谓不盛矣！"

吴汝纶《点勘墨子读本》十六卷，在《桐城先生点勘诸子读本》中，先有清宣统元年（1909）北京衍星社排印线装本，后有《墨子集成》本等。前十五卷，列《墨子》原文，逐句点读，间加注释。末卷为《墨子佚文》，除列毕沅本所辑二十一条外，又补《意林》所辑三条。其注除采用毕沅、王念孙、俞樾、王树枏诸家成果外，并加按语以明己意。间有眉批阐明篇意、辩说真伪等。书中还有其子闿生附批、圈点、句读。该书是晚清时期流传较广的普及读本。

曹耀湘《墨子笺》十五卷，先有清光绪三十二年（1906）湖南官书报局排印本，后有《墨子集成》本。校注文字双行排于正文下，篇末附记篇意概要及作者的发挥议论；《备城门》以下诸篇未注。后附《墨子佚文》《墨子篇目考》《评议五家》①、毕

① 节录《庄子·天下》《韩非子·显学》《淮南子·要略》《史记·孟子荀卿列传》《汉书·艺文志》相关文字。

沅《毕刻本叙》、孙星衍《毕刻后叙》及《附记》、王闿运《读墨要旨》等。所注篇章详略不一,《亲士》《修身》和《墨经》四篇及《大取》之注尤详,可与《墨子间诂》对读。

综观此时期产生的《墨子》整理著作,成就巨大,甚至超过了乾嘉时代。其中原因,首先与墨学研究的积累有关。乾隆年间,毕沅开清人注墨之先;其后,有众多学者从校勘、注释、音韵等方面对《墨子》下过诸多功夫,出现了诸多读书札记和校注之作;并对《墨子》中最为杂乱、深奥的《墨经》四篇进行了董理、研究;从而使清末学者可以站在前人"肩膀"上继续努力,即如孙诒让在《墨子间诂·附记》中所言:"余生诸贤之后,得据彼成说,以推其未竟之绪。"

其次,当与此时期某些学者的学术爱好有关。以孙诒让为例,其为清末文献学大家,他在研读校理古书方面下过相当大功夫。而除《周礼》外(孙氏有《周礼正义》八十六卷),他用精力最多的便是《墨子》。特别是对《墨经》四篇及《备城门》以下诸篇,他自言"研核有年,用思略尽","覃思十年,略通其谊"。[①] 十数年心血的浇灌,始成这一部《墨子间诂》。

就清代的《墨子》校理,梁启超《中国近三百年学术史》十四《清代学者整理旧学之总成绩(二)》曾总结说:"大抵毕(即毕沅——引者注)注仅据善本雠正,略释古训;苏氏(即苏时学——引者注)始大胆刊正错简;仲容(即孙诒让——引者注)则诸法并用,识胆两皆绝伦,故能成此不朽之作。然非承卢(即卢文弨——引者注),毕、孙(即孙星衍——引者注),王(即

① 孙诒让撰:《墨子间诂·自序》,《新编诸子集成》本,中华书局1986年版,第2—4页。

王念孙——引者注），苏、俞（即俞樾——引者注）之后，恐亦未易得此也。仲容于《修身》《亲士》《当染》诸篇能辨其伪（见孙诒让《墨子序》——引者注），则眼光远出诸家之上了。其《附录》及《后语》，考订流别，精密闳括，尤为向来读子书者所未有。盖自此书出，然后《墨子》人人可读。现代墨学复活，全由此书导之。古今注《墨子》者固莫能过此书，而仲容一生著述亦此书为第一也。"①其概括可谓精当，其评说可谓公允。

四、清代墨学研究的高潮期（下）

道光至宣统间的墨学著述，更应引起我们注意的是那些义理研究之作。

关于墨家思想、学说、流派、影响诸问题的研究，严格说来是从清末梁启超开始的。其前虽不能说没有这方面的述说，但它们大多以序跋、札记、评说、眉批的形式出现，显得零碎而无系统。真正对墨家思想、学说、影响、作用等开始全面、系统研究的，当推梁启超《子墨子学说》。

梁启超《子墨子学说》，先发表于《新民丛报》第一、二、四、九、十各期内，后收入《饮冰室专集》，有清宣统间《墨学微》坊刻本、民国二十五年（1936）上海中华书局排印本、《墨子集成》本等。《子墨子学说》计五章：第一章"墨子之宗教思想"、第二章"墨子之实利主义"、第三章"墨子之兼爱主义"、第四章"墨

① 梁启超著，朱维铮校注：《梁启超论清学史两种》，复旦大学出版社1985年版，第360页。

子之政术”、第五章“墨学之实行及其学说之影响”。第一章前有《叙论及子墨子传略》。

梁启超之所以将墨家宗教作为开宗明义之第一章,逐句排绎了《墨子》之《天志》《明鬼》《非命》中的宗教言论,是因为他觉得,“墨子以宗教思想,为其学说全体之源泉,所以普度众生者,用心良苦”(见此章之《结论》)。这种认识,显然是受西方宗教学理论影响。梁氏研究认为,墨家之宗教有三大内容:尊天、明鬼、非命。尊天为墨家宗教之核心,故而他先从天的类别谈起。梁氏认为古人所说的天,可分为有象之天与无象之天。有象之天即有形体的自然之天,如《说文》《尔雅》所释之天。无象之天又包括有灵之天与无灵之天。无灵之天中,以命运言天者如孔子;以义理言天者如孟子。而言有灵、主宰之天者,即墨家之天。墨家这种天是“人格”之天,是全知全能的,它不但主宰了善恶报应,更欲天下人行义而恶不义,欲人兼爱互利而非恶非贼,因而它是“墨家兼爱学说之前提”。而墨家明鬼,在于“检束人心”;墨家非命,在于阐明天随人之行善行恶而福之祸之,故劝人行善而勿“偷息”:它们是墨家“天命”学说的补充和辅助。梁氏的这种研究,打通了墨家天、鬼、人之论说间的内部联系,在墨学研究史上具有重要意义。

在二至五章中,梁氏依次分析了:墨家言利,在于以利导民,其节葬、节用、非乐说皆由此起;墨家兼爱,与耶稣教之爱同,其目的“在于取现在社会之组织法,翻根柢而变更之”;墨家之政治思想,即卢梭之民约主义,“非国家主义,而世界主义、社会主义也”。他还分析了墨家学说实施的可能性,考证了墨学传授之派系。

梁氏的《子墨子学说》,继承了今文经学和宋明理学的义理研究传统,采用了西方近代学术研究方法,对墨家学说分门别类地进行归纳总结和分析研究,取得了前所未有的综合性研究成果。

清末民间坊刻本《墨学微》,还收录了梁启超的《墨子之论理学》。这是一部关于墨辩逻辑的研究著作。该文首论墨家论理学之作用,谓论理学是"一学说之独立"并"排斥他人之谬误"的"城壁";"欲论墨子全体之学说,不可不先识其所根据之论理学"。然后用较多的篇幅,探讨了《墨子》特别是《经说上》《经说下》《大取》《小取》《非命》诸篇所反映的墨家论理学法则。

梁氏归结墨家论理学所用之定义有"辩""名""辞""说""实意故""类""或""假""譬""侔""援""推"等;归结墨辩所用类似西方论理学公例的法式,主要是据论理学上内包外延之例以明全称名词、特称名词之异用:凡主宾两词之质量相等者则可以互为主宾,凡主宾两词之质量相包相延者则不能互为主宾。以此为基础,梁氏分析了墨家在论述自己的兼爱说、天志说、非攻说、明鬼说时,对归纳法和三段论演绎法的运用。这是我国近代逻辑学研究和语言逻辑分析的开山之作,栾调甫论此曰:"及梁任公所著《墨子之论理学》出,乃有辩理之谈。"①

梁氏之前,对墨家逻辑有所涉及和论述的清代学者还有傅山、孙诒让和曹耀湘。傅山将《墨子·大取》"以形貌命者"解为"实指之词","必知是物为某物";将"不可以形貌命者"解为"想象之词","不能确知是物为某物"。类似于近代逻辑学所谓的实体概念和属性概念。傅山将《大取》之"有其异也,为

① 栾调甫:《墨子研究论文集》,人民出版社1957年版,第144页。

其同也,为其同也异”解为“因有异也,而欲同之。其为同之也,又不能混同”因而各有其异,以辩证观念解释《墨子》的同异问题。傅山解《墨子·大取》,有与近代逻辑学相合之处,惜其数量太少。孙诒让虽已认识到“《经说》上下篇,与庄周书所述惠施之论及公孙龙书相出入”①,但他在注《墨经》及《大取》《小取》篇时,却较少涉及逻辑层面。曹耀湘也是如此。他虽在《墨子·经说下·附记》中谓“九流中名家典籍久已阙微,《庄子》末篇略述惠施辩说,不过存其目耳。其散见于此数篇中者”较多,但他却不能一一指明,不能从逻辑角度加以解释。而稍后之梁启超,却能借助西方近代逻辑学知识,对墨家逻辑辩说进行综合论说和具体分析,这是他比前辈和同时代学者的高明之处,也是他对墨家学说研究论说的最大贡献之一。附带说明,梁启超在十数年后刊行的《墨经校释》,于墨家逻辑辩说有更进一步的发挥,并断言《墨经》是世界上最古老的逻辑著作之一(《墨经校释·自序》),从而将墨辨逻辑研究又向前推进了一步。

除思想学说和墨辩逻辑的综合研究外,清人对墨家科技亦有所述说。现知最早关注这一问题的是咸丰同治间的邹伯奇。他既熟悉传统国学,又了解新传入的西方科技学说。他在《学计一得》(1845)中指出:《墨经》中有“圆界距心皆等”等几何学论说,有“测景之理”的测量学论说,有“重法”即力学论说,有“视学”即光学论说等。因而他得出结论:“西学源出《墨子》可从。”

---

①　孙诒让撰:《墨子间诂·自序》,《新编诸子集成》本,中华书局1986年版,第1页。

受此影响,陈澧在《东塾读书记》(1871)中、张自牧在《瀛海论》(1876)和《蠡测卮言》(1879)中、王仁俊在《格古致微》(1910)中对墨家科技都有所论说。特别是张自牧的《瀛海论》,书中认为:《墨子》中的“化,征易也”和“同、重、体、合、类”及“异、二、不体、不合、不类”(《墨子·经上》),“蛙为鹑”(《墨子·经说上》),“火烁金”及“金靡碳”(《墨子·经说下》)等,是“化学之祖”;《墨子》中的“一少于二而多于五,说在建;住景二,说在重”(《墨子·经下》),“倍,二尺与尺但去一”(《墨子·经说上》),“均,发均县,轻重而发绝,不均也;均,其绝也莫绝”(《墨子·经说下》)等,是“重学之祖”;《墨子》中的“二,临鉴而立,景到”(《墨子·经下》),“景,二光夹一光”及“鉴者,近则所鉴大,景亦大;亣远所鉴小,景亦小”(《墨子·经说下》)等,是“光学之祖”;等等。由此,他得出结论:“泰西智士从而推衍其绪,其精理名言,奇技淫巧,本不能出中国载籍之外。”他在《蠡测卮言》中甚至推衍此说为:“欧罗艺术文字,皆著于《经上》之篇,以此知墨子为西学之祖。”这种心态的是非姑且不论,其中对于墨家科技的发掘,则足以振聋发聩,从而开辟了墨学研究中的一个新的、重要的方面。

总之,此一时期墨学研究的成就是巨大的。其原因,首先在于西方思想学说和科学技术的传入,使中国传统的义理研究方法有了新的方法论的借鉴,从而使此时期学者得以借用西方的归纳、综合等近代研究方法,去重新审视《墨子》中的诸多论说,从而对墨家思想学说进行总体把握,能够得出新的结论。梁启超的《子墨子学说》,堪称清末此一方面的代表。

其次,在于西学东渐对中国传统学术的冲击。两千多年来,中国传统学术中,一直是儒学占据独尊的地位。而鸦片战争以来出现的内外交困的新形势,迫使以救国救民为己任的知识士子重新思考。具有新思想的知识士子们认为:旧有的儒学已经失去了它那指导社会的传统作用,而墨家的兼爱学说则与西方的、具有较大社会凝聚力的基督教、耶稣教中的博爱思想暗合。他们从而得出结论:“今举中国皆杨(指‘为我’的杨朱学派——引者注)也。……今欲救之,厥惟墨学。”[①]他们认为欲改造中国人的自私本性,传统的儒学已经无效,只有研究墨学,宣传墨家学说,才能改造社会。于是,此时期的知识士子们,不再像乾嘉学子那样仅凭一种学术爱好来研究、整理墨学,而是抱着一种救世救民的责任感来对待墨学,因而使墨家思想学说之研究大兴。

最后,在于时代形势的逼迫。鸦片战争中,西方列强以坚船利炮敲开了中国那封闭已久的国门,妄自尊大的清政府遭到前所未有的重大打击,变革图新成为时代的强大呼声。迫于此种形势,有前瞻眼光的军政要员发动了洋务运动,试图以“师夷之长技以制夷”(魏源《海国图志·叙》);有进步思想的知识士子则除了翻译西学著作,介绍西方科学技术与进步思想外,还在传统学术中发掘此前没有认识到的新思想与新知识,于是兴起了研究墨辩逻辑、发掘墨家科技论说的新热潮。

在清末这个墨家学说研究热潮中,墨家社会政治学说、墨辩逻辑、墨家科技三方面的研究水平是不平衡的。成果最著者是墨家社会政治学说的研究,这与过去的义理之学的研究传统

① 梁启超:《子墨子学说·叙论及子墨子略传》,严灵峰编辑:《无求备斋墨子集成》第18册,(台北)成文出版社1977年版,第1页。

有关系,可以使那些训练有素的今文经学家们,不太费力地结合西方近代研究方法,对《墨子》中的社会政治思想学说进行归纳、分析和综合,从而获得新的研究成果。

而辩学,则一直是名家学派消匿两千余年来,在研究、继承方面最为薄弱的社会学科之一,学科基础知识的欠缺,使此时期的学者们难以在短时间内,将新传入的逻辑知识全部消化吸收,转而用来指导研究墨辩逻辑,发掘墨家辩学中的逻辑概念、逻辑条例等。传统研究门类的薄弱,妨碍了对此种新知识的接受,因而此时期的墨辩逻辑研究还显得较为肤浅。

此时期墨学研究最差者是墨家科技研究。秦汉后两千余年间,中国古代科技不能说没有发展、没有总结和研究。但由于统治阶层的偏好和相对封闭的地理环境的局限,以及历代入侵中原者皆为科技水平落后于中原王朝的边族,所以中国古代科技,特别是器物制造、兵器演进等缺乏竞争意识,远远低于应有的发展水平,最终落后于西方科技发展的步伐。而一旦这一封闭的环境被打破,中国士子便显得手足无措,难以在短时间内接受西方的新科技。而且,此时期为西方科技初步传入时期,新传入的科学技术知识还十分凌乱,缺乏系统性,因而中国的知识士子难以系统深入地掌握西方科技精义。但另一方面,此时期在"中华天朝"妄自尊大心态影响下产生的"西学东源"说,却促使着知识士子们借用尚未深入、系统掌握的西方科技知识,去发掘中国传统学术中的科技成分。这种学术背景下产生的墨家科技研究,就难免牵强附会,难免强作比附,难免望文生义。

余 论

纵观清代的墨学研究成果的出现,有一个由传统研究成果向近代研究成果转化的过程。清前期、中期学者用传统的注经方法,对《墨子》进行校勘、注释,做文字音韵方面的研究,整理出一个供时人和后人研究的定本,这是清代墨学研究的成绩之一。清代中期、后期学者,借助西方新传入的人文科学方法和科技知识、逻辑学说,对《墨子》定本进行分析、归纳、综合研究,在墨辩逻辑、墨家科技特别是墨家社会政治学说研究方面,取得了前所未有的成绩,出现了诸多墨学综合研究成果,以及墨家社会政治思想、墨辩逻辑、墨家科技等方面的专门研究成果。

纵观清代学者所用的墨学研究方法,有一个由传统研究方法向西方近代研究方法转化的过程。清代前期、中期的墨学研究者主要运用中国传统的经典整理方法,从文字、音韵研究和版本校勘方面去整理《墨子》,在文本研究方面取得了较大成就,但在墨家思想义理研究方面却相形见绌。而清后期的墨学研究者们,则能运用西方传入的分析法、归纳法甚至逻辑演绎方法去解析《墨子》文本,去研究墨家思想学说和科技论说,从而在义理研究方面,把墨家学说研究推向了一个新高潮。这与近代新文化思潮的出现是相一致的。

从清代墨家思想学说研究的过程中,最可看出中国知识士子那一贯的传统心态。孔子教导学生“忧道不忧贫”(《论语·卫灵公》),“笃信好学,守死善道”(《论语·泰伯》);孟子号召学人“以身殉道”“穷不失义,达不离道”(《孟子·尽心上》)。此后,中国知识士子一直把国家的命运、民众的前途等社会责任放在自己的肩上——忧患意识成为中国知识士子沉重的十字架,而且代代相袭相传。正是清末知识士子的这种忧患意识,才使得他们在国势不振、民族危亡的形势下,心急火燎地向西方学习,急急匆匆地从传统学术中发掘救国良策,从而成就了墨学研究的昌盛,推动了墨学研究的深入。而中国知识士子的这种可贵的忧患意识,正是我们中华民族自立于世界民族之林、保持国运经久不衰的最大的社会推动力。

墨学流传考（下）

近代以来《墨辩》整理与研究评说*

一、清代《墨辩》整理与研究评说

20世纪前《墨辩》研究的主要成就在清代。

秦汉以降，由于秦皇汉武文化政策的变化，以及其他种种复杂原因，墨学失去了与儒学并称“显学”的地位，文人传习不盛。自战国至元代，其间1500余年，墨学整理之作仅出现10种（包括佚书）。明代整理旧典风盛，270余年间，墨学整理之作出现26种。清代260余年间，墨学整理之作出现了52种。

自刘向校书后，晋人鲁胜曾整理过《墨辩》，其后，一直到清中叶，《墨辩》没得到系统的整理，故讹、脱、衍、窜现象十分严重，以至不可卒读。正是经过清儒的整理，特别是毕沅、张惠言、孙诒让等人的校释，校正了大部分错简，提出了《墨经》“旁行读法”，破解了诸多科技、逻辑论说，才使其成为可读、可解之作。清代学者的努力，为20世纪《墨辩》研究提供了可资利用的文本。

---

* 本文原载于王裕安、李广星主编：《墨子研究论丛》第七辑，北京图书馆出版社2006年版。

《墨辩》是《墨子》的重要组成部分,它所包含的科技、逻辑论说以及人文思想观念是墨家学说精华之一。但由于其论述过简,又由于晋人鲁胜的《墨辩注》失传,其后也无人整理研究,因而成为难以破解的谜篇。毕沅、张惠言、邹伯奇、陈澧、孙诒让等先后以西方科技知识和逻辑知识比附、解说《墨经》,发掘其深邃含义,不但使其义稍可窥知,而且为20世纪的墨学研究指出了一条可以遵循的研究途径。

清代《墨辩》研究成就卓著的最主要原因有二:

一是经学和诸子学研究的兴盛。清代墨学复兴的主要标志是墨学价值的被重新认识和重新挖掘。墨学价值的重新发现,得益于清代学者诸子研究的兴起。乾嘉学人在经学研究中重考据的学风,使他们在推导经典原义时,不得不去研究那些与儒家经典产生时代相近的子书,用它来作为比照儒经古音古义、古本和史实的材料。因而,乾嘉前后的诸多学人,如傅山、汪中、章学诚、毕沅、卢文弨、孙星衍、张惠言、王念孙、王引之、俞樾、孙诒让等人,在研究经学的同时,都花大气力研究先秦子学,使长期受冷落的《墨子》《管子》《商君书》《韩非子》《吕览》等备受重视,出现了较多校本和注本。乾嘉时期子学研究的繁荣,不仅促进了经学研究的发展,还为与经学研究同时新兴起的小学研究提供了基础资料,使得以音韵学、文字学、训诂学为主要内容的小学,作为一门独立学科受到时人重视,出现了"《说文》四家注"、《音学五书》等一批有分量的小学研究著作。由上可看出,以经学、子学、小学为代表的乾嘉学术的繁荣,都导源于经学研究中对宋代理学方法的舍弃,创新的考据学方法的出现。从中可以看出,新的学术方法的出现对一代学术繁荣的重要作用。

二是西学的传入和比照西学知识的诠释方法的使用。独立的《墨辩》注释出现,《墨辩》科技含义、逻辑含义的发掘,首先由于西学的传入的刺激。具有进步思想的学人受西方科技知识、逻辑理论的启发,在解读《墨辩》时加以比较对照,逐渐发现了其中诸多与西方科技、逻辑等学说相似的论说,因之用西学知识比附论说,从而开启了一条能够逐渐接近《墨辩》原义的研究道路,使这一尘封了约2000年的古老典籍焕发出熠熠炫目的科学光芒,使部分学者在西学东渐的狂潮中,找到了一种可以固守"国粹"的"自慰"的扁舟。而在客观上,这种为证明"西学东源"的"夜郎心情"而使用的比照西学知识的诠释方法,为20世纪的《墨辩》校注乃至整个墨学义理研究,提供了新的切实可用的学术方法。

总之,清代墨学研究的成绩是重大的,它为20世纪的墨学研究提供了较为可靠的《墨子》文本,为20世纪墨学研究找到了一种可以遵循的研究方法——中西学比较方法。但是清代墨学研究亦有它的不足。在整理方面,且不说在具体词句诠释上还存在许多问题,《墨辩》中更多的科技含义和逻辑论说还没被认识、利用、发掘出来;更应注意的是,它那比照西学成就来解说《墨辩》的简单比附式研究方法,给20世纪墨学研究制造了某些误区。在研究类别方面,系统专门的《墨辩》研究著述成为空白。这说明彼时的墨学研究尚处于初级阶段,同时也再一次证明了民国前整个中国古代典籍研究的通病——重校刑轻义理。这些阙误和不足,有待于现当代墨学研究来匡正和补救。

二、1912—1948年《墨辩》整理与研究评说

1912—1948年的《墨辩》整理与研究是墨学研究热门。而此一时期的《墨辩》研究，除少数几篇论文外，其成果多包含在《墨辩》整理中。不从事《墨辩》条文的研究，也就无从进行《墨辩》整理。《墨辩》整理是此一时期《墨辩》研究的主要成果。

从整理方法上讲，清末民国学者多采用详注加义疏、解说的方式进行《墨辩》整理，如梁启超的《墨经校释》、胡适的《墨子小取篇新诂》、谭戒甫的《墨经易解》、顾实的《墨辩讲疏》、杨宽的《墨经哲学》。

就解说方式看，清代及此一时期的《墨经》解说，有一个振荡式的发展过程。现存最早的《墨子》校注——毕沅的《墨子注》集合了毕沅、孙星衍、卢文弨三位大师的注《墨》成果；其《墨辩》六篇，仍同其他篇的校注方法相同，以诠释词语、解说句义，即训诂、考据为主，并注意《经》文间意蕴的相互照应；这时，它的特殊含义和应有价值刚被初步认识，其解说方式可算是传统的书证解说式，是“以中解中”式。稍后，张惠言从晋鲁胜之法，将《墨经》四篇从《墨子》中剥离出来，结合形学、算学、光学等术数之学解说《墨经》义理；又有邹伯奇，陈澧等继用此法，并结合西方近代科技论说解说《墨经》，令旧学人耳目一新。民初，胡适用西方逻辑、梁启超用西学诸知识解说《墨经》，使《墨经》义理研究发展到一个新阶段。此一阶段的《墨经》解说方式，可谓“以西解中”式。物极必反，当胡、梁二人的“以西解中”方式发展到极限后，《墨经》解说又出现了向“以中

解中”的回归。徐廷荣出于政治目的的《新校正墨经注》今且不论,20世纪30年代出版的顾实的《墨子辩经讲疏》、40年代出版的杨宽的《墨经哲学》,均抛弃以西方科技与逻辑解说《墨经》的习惯方式,而重新回归到“以墨解墨,以子解子”的传统方法,用先秦两汉人的论说去诠释《墨经》,回到“以中解中”的方式。但这种“回归”并非简单重复,而是螺旋式上升。顾、杨的“以中解中”,借鉴了“以西解中”的《墨辩》注释成果,对《墨辩》经文含义有了较毕沅等清代学者更为清晰、准确的认识。他们不像清代学者那样把精力主要放在《墨辩》字词注释和文义解析上,而是更多地放在对句义背后所蕴含的社会规律、人生哲理、生活经验、生产积累的挖掘和阐释上,故而能从更深的底蕴、更广的层面上去解说《墨辩》。

无论是毕沅等的“以中解中”,抑或胡、梁等的“以西解中”,还是顾、杨的“以中解中”,都基于一种共同的文化心态,即挖掘传统学术的应有价值,提高传统文化的学术品位,加重《墨辩》论说的知识含量,以增强它的现有价值,提高它的历史地位。也正是基于这种共同的文化心态,才在“以西解中”的《墨辩》注释时期,出现了张白牧等人的“西学中源说”;又在向“以中解中”回归的初期,出现了徐廷荣的以社会伦理妄说《墨经》科技条文。

三、1949—1999年《墨辩》整理与研究评说

1949—1999年大陆的墨学整理和研究,除《墨辩》部分外,其他不论是综合研究,还是分类研究,不管是《墨子》整理,还

是墨学史考辨,都成果甚少。新中国成立不久,即兴起了思想改造运动,其矛头主要针对从旧社会过来的知识分子,要求他们以无产阶级世界观去改造资产阶级的世界观,用无产阶级思想方法去替代资产阶级治学方法。于是,烦琐考据和实验主义作为封建主义、作为资产阶级的东西受到批判:辩证唯物主义、历史唯物主义作为马克思主义的重要组成部分被奉为圭臬。历史反映论、阶级分析方法成为唯一正确的社会科学研究方法。毕沅在与孙星衍通信中已谈及《墨经》中"有似坚白异同之辩"①的社会科学研究方法。大陆虽也讲"对传统文化的批判继承"态度,号召"取其精华,去其糟粕",但在"精华"与"糟粕"的具体区别上难有既定的准则,使研究者无所适从;加之阶级斗争的影响,政治运动接连不断,学者动辄得咎,故谁也不愿自己倾注心血的研究成果成为"复辟封资修"的证据,所以多选择那些远离政治、远离现实的墨辩逻辑和墨家科技论说作为研究对象。

《墨辩》研究的相对繁荣从另一侧面说明了此时期社会政治对学术研究的粗暴干涉。

《墨辩》中的逻辑论说和科技定义,既远离社会政治,又有一定难度供人们施展才华,所以此时期产生了多种《墨辩》(或《墨经》)研究、整理著述。例如,谭戒甫的《墨辩发微》,坚持旧有的立足于材料论证的研究方法,并终于在郭沫若的过问下出版;高亨的《墨经校诠》,坚持乾嘉学派的书证方式,亦取得了

① 见《墨子间诂》附录之《孙星衍〈经说篇跋〉》,孙星衍:《墨子间诂》,影印世界书局《诸子集成》本,河北人民出版社 1986 年版,附录第 19 页。

超越前人的成就。但是,也有些“理论先行”与时代政治要求和研究方法“合拍”的墨辩研究著作顺利问世,留下了时代政治和学术的烙印。就《墨经》研究来讲,谭戒甫的《墨经分类译注》是积数十年研究的厚重之作,姜宝昌的《墨经训释》总结了前贤成果,亦不乏新见新说。

此时期台湾的《墨辩》研究,较大陆为逊色。不但出版此类著作的数量少,质量也有所不及。没有如大陆此期沈有鼎《墨经逻辑学》、方孝博《墨经中的数学和物理学》那般论说精深、见解独到的著作。大陆学者的收入虽然菲薄,但无衣食之忧,且大家同样贫困故无个人另开创收门径之想,所以部分以学术为第二生命的学者,能够倾全力花较长时间从事那种并无多少“直接效益”的研究,不似台湾那样或为教学之需、或为取得学位而作短时期的“急就章”。这是此时期和上一时期大陆的《墨辩》研究一直优于台湾的主要原因。

20世纪20年代墨子国籍论战述评*

20世纪墨学史上曾有三次大的论战，即20年代初的《墨辩》论战，20年代末的墨子国籍论战，90年代的墨子里籍论战。其中关于墨子国籍的论战尤为激烈。

一、关于墨子是否为印度佛教徒的论战

1928年4月，胡怀琛在《东方杂志》第25卷8号上发表《墨子为印度人辨》，同年8月郑师许在《东方杂志》第25卷16号上发表《〈墨翟为印度人辨〉驳议》，吴进修在同刊同期上发表《正胡怀琛的〈墨子为印度人辨〉》，同刊同期并列刊出胡怀琛答辩文章《墨翟续辨》；尔后，有方授楚、陈登源参与辩论，并成为与胡怀琛论辩的主力。事后，方授楚将他参与论辩的主要文章收入其《墨学源流》下卷，并记载他与胡怀琛往复论辩计10文。

胡怀琛的《墨子为印度人辨》考"翟"与"狄"古通，由此而

---

* 本文原载于《东岳论丛》2001年第6期，中国人民大学复印报刊资料《先秦、秦汉史》2002年第2期全文转载。

证“一、墨翟者,‘墨狄’也。因面黑或衣黑而称‘墨’,因外国人而称‘狄’。二、墨翟,印度人也。三、‘兼爱’‘节用’,佛学也。四、‘天志’‘明鬼’,佛教也。五、‘名学’,‘因明’也。六、‘无父’,出家也。七、‘摩顶放踵’,秃头赤足之僧装也。八、索卢参,印度字之译音也”。

方氏《墨子非印度人论》以先秦至三国书尤其是《墨子》书中无一处以“狄”为“翟”者,驳胡氏第一结论;以孟子因陈相学于南蛮人许行而严斥之,但未以“外国人”斥墨子,以《渚宫旧事》卷二鲁阳文君言“翟子北方贤圣人”等,驳胡氏第二结论;以天志、明鬼乃上古旧学,因明学乃陈那改良后才传至中国等,驳胡氏等三、四、五结论;分析胡氏对《孟子》“无父”及“摩顶放踵”之曲解,并指出墨家主入世、倡早婚不同于佛学,驳胡氏第六、七结论;以后汉有索卢放、后秦有索卢曜驳胡氏第八结论。①

方氏《驳胡君怀琛〈墨翟续辨〉》,对胡怀琛《墨翟续辨》中列出的新证一一辩驳:胡氏曰墨翟以释迦灭度后约六七十年来中国,与先秦书载墨子行年不合;胡氏曰墨子曾言火葬之风俗同印度,但墨子所言火葬之义渠国在今甘肃而不在印度;又驳胡氏以《鲁问》言楚南啖人国有食长子之风来比附印度;驳胡氏以《墨经》之几何学来自印度,谓古几何学出于划井田、造宫室;驳胡氏以《墨经》之“鸡三足”论题来自印度说;驳胡氏以《墨子》之寓言来自印度说等。②

与胡怀琛论辩的另一主要人物是陈登源。陈登源驳胡怀

① 参见方授楚:《墨学源流》,中华书局1937年版,第18—25页。

② 参见方授楚:《墨学源流》,中华书局1937年版,第30—44页。

琛的第一文《为墨翟国籍质胡怀琛君》,发表于1929年开明书店《一般》杂志第7卷1号(总25号)。其文云:(一)《墨家的旗帜》,驳胡怀琛的墨学为佛学旁支说。谓墨家从未"打起佛的旗帜",但却以"三代圣王"为旗帜。(二)《从孟子书中论墨翟》,谓中国古今人皆以卑视态度对外来民族,若墨翟真为外来之印度人,孟子为何不痛斥此点?(三)《先秦无特创之名学乎》,引胡适谓荀子已有演绎的逻辑论式等驳胡怀琛"先秦无名学,故别墨之辩来自印度因明"说。(四)《天与鬼、节丧与火葬》,批胡氏"天志为佛教"说,举《商颂》《洪范》等文,论天志观念上古已有之。批胡氏"明鬼为佛教之一部"说,举《左传》《竹书纪年》等已载有鬼而驳之。批胡氏"墨子言火葬之俗由印度来华"说,以墨子主薄葬但却不以火葬为善而驳之。(五)《从兼爱到出家》,驳胡氏"墨子主兼爱无父即主出家"说。谓兼爱近于"无父",不等于"无父";孔门亦讲"爱人""兼善天下",以此驳胡氏说。(六)《思想相同未必人种相同》,举《后汉书·孔融传》孔融"父之于子,当有何亲"之论与西方"父育子为义务说"同等等,驳胡氏因墨学与佛学有相通处即谓墨子必印度人。(七)《佛墨之思想果相同乎》,举墨子"非乐"与佛教"作乐"有异、墨家"抵抗"主义与佛家"无抵抗"有异、墨家"有为"与佛教"无为"有异以驳胡氏。(八)《结论》归结上文之七事,并谓作翻案文章贵有证据,如阎若璩等尚可,而胡氏"以贸然而得,证据不甚充实之材料,推翻数千年之成案",实不可能。此文有理有据,且陈氏对印度史、佛学都有研究,故能切中胡氏所论要害。

就陈登源所诘,胡怀琛复一信,刊登在《一般》杂志第8卷2号上,名曰《为墨翟国籍问题答陈登源君》。该信针对陈登源所驳七事加以反驳，其大意如下：（一）佛家坚忍性较耶稣教、回教稍差；（二）基督教徒所输入西洋学说，亦杂中国旧说；（三）孟子斥外国人，墨翟之"翟"字亦含斥意；（四）荀子名辨学乃受墨家影响而有；（五）墨子之前无火葬，中土言火葬自墨子始有，而印度为火葬唯一发生地；（六）今人章太炎、张纯一已言墨子与佛有相通处；（七）墨学内容谓其出于印度无不通，谓出于中国难一一寻出根源；（八）汉后佛教大盛，但"墨子之徒乃一反其本来面目，故有佛而无墨"；（九）墨子与佛非乐不同不敢强答。

陈登源就此复信作一文，登于《一般》同期上，名曰《为墨子国籍事再质胡怀琛君》，分七部分驳胡氏说：（一）《由中土十宗再论宗教家的坚忍性》，列表举佛教传入中国之十宗皆高举"佛"之旗帜，不似胡氏所言墨子之"易帜"不言佛。（二）《再论"依附"与不忘所"自"》，论明末清初基督教传入中国虽杂引中国旧学，但不忘自己学说；而墨家则绝口不提"佛"字。（三）《再论孟子骂墨子》，谓孟子斥蛮夷，除陈相外，还因白圭"欲二十而取一"而斥之；此两小敌则大斥，而于墨家之学说大敌怎仅一个"翟"字斥之？（四）《论翟字》，分："墨翟"即墨狄之武断、古人以"戎""狄"命名之例、墨翟之翟绝不能作洋鬼子解三部分，批胡氏以"翟"通"狄"之妄解墨子为印度人。（五）《论以墨辩证佛墨同源之非》，分先秦本有名学、胡适已证后期《墨经》名学家系发扬墨子名学、墨子前已有孔老之名学（取胡适说）三部分，批胡氏"先秦本无名学，《墨经》为因明之衍"说；又分析《尚书·洪范》《易·坤卦》等已用三段论证方式，来证中国古有名学。（六）《论以火葬证墨子西来之误》，再论墨子主旨反厚葬。又证火葬非印度为唯一源处，苗族、非洲桑给巴岛土人、希腊部分人,皆用火葬。(七)《再从学术思想论人种》,谓学术出于相应环境,墨学因非儒而产生;谓墨家非乐与佛家用乐大别,此足破墨子西来之说。此再驳之文,问题范围虽无太多扩展,但所搜证据更加广泛,所论更加细密,颇有辩驳力。所以,此文一出,"墨子为印度人说"事实上已被驳倒,其后胡、陈虽各发一文,但无新见,墨子是否为印度佛教徒的论战至此告一段落。

二、关于墨子是否为印度婆罗门教徒的论战

在上述论战过程中,为了答辩方授楚、陈登源等人的驳难,胡怀琛曾将自己关于"墨翟为印度人"的观点详加整理,增加条目,先油印分赠同行,后又于1929年10月铅印成册,名曰《墨子学辨》。

该书首列卫聚贤1929年6月写于教育部古物保护所的《序》,先从大赞顾颉刚的疑古态度入手,攻击反驳方对胡怀琛的反驳"只有谩骂,没有有力的反证"。次论"西学中源"说之非,又由抵制日货讲到抵制外来科学。复次说自己亦曾找证据证墨子为印度人。最后鼓励胡怀琛。次为释太虚于1929年7月12日所作《序》,谓墨子之天志明鬼及物理学系中国原无,名家及荀子正名受墨辩影响,以证墨子确非中国人。但又谓墨子根本思想不是佛教,而是印度婆罗门教。该书正文分十六章,章目虽多,但内容单薄,没有增加新的有力证据来证明墨翟为印度人,只是遵从太虚之说,改墨翟之为佛教徒而为婆罗门教徒。

在这场论战中,同意胡怀琛观点并予以撰文应和的是卫聚贤。1929年1月卫聚贤在《认识周报》第2期上发表《墨子老子是印度人考证》,后在《古史研究》第二集(商务印书馆1935年版)中仍坚持是说。

关于胡怀琛自印本和卫聚贤文,方授楚在《墨学源流》有两文驳辩,列为下卷之第三章,篇名曰《驳墨子为印度婆罗门教徒说》,包括《〈墨子学辨〉商兑》和《评古史研究者之墨子国籍观》两文。

《〈墨子学辨〉商兑》谓《墨子学辨》的"要义则在墨翟为印度婆罗门教徒",就胡氏书中此论之证据,方氏一一驳之如下:(一)驳墨翟肤色黑而为婆罗门教徒。方氏指出"历史上印度统治阶级,其肤色为白色,本阿利安种也",并举当时流行之《世界史纲》所载为证,该书载征服印度黑色土人之吠陀雅利安人有三类,即婆罗门、刹帝利、吠舍,他们是"一种肤白、食牛肉之人";又举《瞿昙略传》所载为证,该书亦曰"婆罗门人虽享特权,有势力,尚未能据阶级最上层也。然在彼高贵之雅利安人与较黑之平民间,区别已着深痕……"。最后方氏直言不讳:"于印度史实现状,隔膜如此,安能高论墨子是否为印度人乎?"(二)论墨翟弟子无一为外国人。逐一驳胡氏书中索卢参为月氏人、禽滑釐为匈奴人。(三)从《孟子》攻击墨子无父、摩顶放踵,反证墨子非婆罗门人,因婆罗门人重家庭观念,且"未尝秃头"。(四)从哲学、科学、文学、文字等方面,证墨子非婆罗门人。(五)从墨子与婆罗门苦行相同但动机相反、火葬之俗不同、墨子主早婚与婆罗门风俗不同,证墨子非婆罗门人。(六)论墨学源流与印度无关。(七)论墨子与婆罗门最大区别在于:墨翟主平等,而婆罗门讲阶级。

《评古史研究者之墨子国籍观》，是针对《古史研究》第二集中卫聚贤的“墨翟为印度人说”而写的驳论文章。该文对卫氏提出的证据一一驳辩：其一驳卫氏《墨子小传》内提出的墨子“产生地究为印度或亚剌伯亦不易定”，及卫氏《墨子引书考》《墨子各篇作者及其派别》等文中认定的“墨子为印度婆罗门教徒”说。总结卫氏证据有三：墨子之身体、生平、学术。方氏逐一驳卫氏提出的墨子身体之肤黑、高鼻（卫氏因《墨子·公孟》记有跌鼻之人而附会墨子是高鼻），秃头而发不黑（卫氏因班固《答宾戏》有“墨突不黔”而附会墨翟发不黑），以及赤足说；又驳卫氏因《墨子》书载墨子北之齐见日者事附会“南之人……黑”而谓墨子非犹太人即印度雅利安人；又驳卫氏因《墨子·尚贤上》有墨子自称“远鄙郊外之臣”而附会出墨子是中国以外很远国的人；又就卫氏因《墨子·经下》有“通意后对”谓墨家曾通其翻译而谓墨子为印度人，举先秦时因方言而需翻译数例驳之；又驳卫氏之墨子道义不同似来自印度说；又驳卫氏之墨子自苦为极不合中国人苟安性而来自印度说。其二驳卫氏《墨子引书考》提出之三证。卫氏谓《墨子》引书，逸文比先秦任何书都多；引同一书音同而字不同者多，似译音；所引《诗》《书》语句不类中国文体。方氏考《管子》书中引《诗》《书》之逸文远较《墨子》为多，分析卫氏认定的译音“决非印度字译音”，考证引书有异是先秦人通例，从而逐一驳卫氏说。其三驳卫氏《墨子各篇的作者及其派别》中“苦获”即伯夫的异音，“已齿”之名不类中国，当非楚国人而为印度人说；驳卫氏谓《墨经》四篇文体不类中国，其中科技非中国原有说。最后从三方面证墨翟当为中国人：孟子不斥墨子为外国人；墨家主平等比佛教更彻底；在卫氏考墨子来华之年（周考王初年）前墨子已有活动见于先秦书载等。

自此学界再无人公开赞同墨子为印度婆罗门教徒,此论战亦告一段落。

三、关于墨子是否为阿拉伯人的论战

《古史研究》第二集还收有金祖同《墨子为回教徒考》,其文主墨子为阿拉伯回教徒说。方授楚针对此写有《驳墨子为亚剌伯回教徒说》一文,收入《墨学源流》下卷。

金祖同《墨子为回教徒考》论证的主要问题有:墨子非中国人;《墨子》书为宗教家言论;墨子非佛教及婆罗门教;墨子为回教;回教不创始于穆罕默德。金氏认为:常人谓回教创于穆罕默德,在中国陈宣帝太建三年(571),墨子与回教创教年代相距颇远,但公元前埃及史学家马懿涛早已言及回族自外来而胜埃及军队事,所以金氏定曰"回教之不创始于穆罕默德也明矣"。金氏认为墨子于回族胜埃及这一强盛之时来中国。方授楚文在分析此文前四点之非后,主驳其第五点。方氏依韦尔斯《世界史纲》之"埃及古史"节所考,谓入侵埃及之人为喜克索人,时当中国夏朝少康至商小甲四百年间,而至墨子时他们已回伊斯兰并衰败至"寂寂无闻",以证金说之非。

另外,参与这场论战并著文的尚有:钟山《墨翟非印度人辩》(《中山大学语言历史研究所周刊》第6卷第67、68期,1929年)、静因《墨子与穆勒是否中国人的问题》(《文学周报》第8卷第7期,1929年)等;后来有杨宽的《论墨学决非本于印度再质胡怀琛先生》(《历史科学》第1卷第3、4期,1933年)、童书业的《〈墨翟为印度人说〉正谬后案》(《文澜学报》第2卷第1期,1936年)、顾颉刚与童书业合著的《墨子姓氏辩》(《史学集刊》第2期,1936年)、施之勉的《墨子姓墨辩》(《东方杂志》第39卷18期,1943年)、冯汉镛的《广〈墨子姓墨辩〉》(《中央日报》1948年2月19日)等。

四、墨子国籍论战评说

就今天来看,胡怀琛等一派所列证据,多牵强附会。如胡怀琛谓孟子斥其"无父"即不要家庭而出家、"摩顶放踵"是和尚装等,故不敌方、陈之驳。从胡怀琛等人的论证中,可看出他们对旧学钻研不深,且西学知识肤浅。如胡怀琛在答陈登源第一信中谓孟子称墨子为"墨翟","翟"字已含贬义,殊不知《孟子》中所有"夷狄"之"狄"皆作"狄"而不作"翟"。后来胡怀琛从释太虚之说改谓墨子为印度婆罗门教徒,证据之一仍是其肤黑,殊不知婆罗门为雅利安人种,不是黑肤色。诸如此类之"硬伤",常为方、陈等人指诟。另外从论辩方式看,方、陈等文多举例评论,滔滔不绝,而胡怀琛等文则简单比附,妄加断说。后来胡怀琛《墨子学辨》虽扩至十六章,亦难免此病症。所以,胡怀琛、卫聚贤等人的"墨子为外国人说",并没有经得住历史的汰选,历时不久即无信徒。

这场争论涉及的虽是具体问题,但它反映的却是两种学术思潮间的斗争。卫聚贤在为胡怀琛《墨子学辨》写的《序》中,关于这次争辩,先从顾颉刚的疑古谈起。自1917年夏起,胡适在北京大学讲中国哲学史从西周晚年讲起,兴起了怀疑儒家经典的思潮;再结合清代今文家阎若璩等的儒家古经辨伪,因而出现了顾颉刚的“累世创造上古史说”,产生了疑古学派。疑古学派不但怀疑儒经的真伪,也渐次及于诸子学派传世著述的写成年代。胡怀琛等人疑墨子非中国人,正是彼时这种疑古学术思潮的反映。卫聚贤以胡怀琛疑墨子国籍为突破旧说,并将其与顾颉刚的疑古说相联系,即代表了当时部分学者对这次墨子国籍论战性质的认识。

早在清末,丁谦就主“中国人种西来说”,与其前盛行的“西学中源”说相抗衡。卫聚贤在《序》中,亦有对墨学研究中“西学中源”学术方法的批判,并自谓是传统学术观念的革新斗士。诚然,妄自尊大的“西学中源”说,意在维护中国旧学传统,在学术史上自然没能站住脚;但胡、卫等人的“墨翟为外国人”说,意在反对旧学传统,却也被历史大浪淘掉,个中原因,都在于二说的倡导者难以举出令人信服的过硬证据,且对于立论的相关知识甚为缺乏(如胡怀琛对印度古史的隔膜),故只能耸人听闻于一时,而不能彪炳学术史于千古。只有“大胆的假设”,而无“扎实的考证”,立说难以站住脚,这是学术史上的重要规律之一。

20 世纪的《墨辩》讨论*

《墨子》中的《墨经》四篇和《大取》《小取》，胡适《中国哲学史大纲》第八篇《别墨》统称之为《墨辩》。20 世纪墨学史上有一甚应注意的事件，即 20 年代关于《墨辩》的大讨论。有众多学者参与这一讨论，就《墨经》体例、名墨关系、治墨方法等各抒己见。

一、梁启超和胡适的《墨辩》讨论

就《墨辩》相关问题的学术争论，是由梁启超与胡适的通信讨论发端的。

1922 年初，梁启超利用在清华大学授课假期，将他二十年来的《墨经》札记整理成《墨经校释》，致信胡适，让胡适给他提意见①，并索序。胡适在《序》中不客气地提了两条意见：

---

* 本文原载于马来西亚《国际中文研究》第一辑，博特拉大学出版社 2001 年版。

① 胡适《墨经校释序》言梁启超请他"是正其讹谬"。

其一，“牒经标目字”[1]公例太狭窄，不能成为公例。应该改为“《经说》每条的起首，往往标出《经》文本条中的一字或一字以上”，但是，“（一）不限于《经说》每条的首一字，（二）不限于《经》文每条的首一字，（三）不必说‘必’，（四）不可说‘此字在《经说》中决不许与下文连读成句’”。[2]

其二，批评梁氏径改径删原文，指出梁氏诸多误删误改的例子。

此《序》写于民国十年（1921）2 月 26 日。同年 4 月 3 日，梁启超复胡适一信。

信中先驳胡适“牒经标目公例定得太狭窄”说，认为书中十之八以上不改字可用此例，并举出“宋本书之夹缝，每恒牒书名之首一字”为例，坚持自己的发现为全书之“公例”。

信中又针对胡适评他径改径删文字，特别是胡适所主张《经上》最末之六段文字不用删而合为一条即可通之说，加以驳斥曰：《经上》文字极短，最长者 11 字，仅两条。此 36 字一条，“与全书似不相应”。又针对胡《序》中“原书短简每行平均五六字”之说，举《汉书·艺文志》以为《尚书》每简 20 余字，《聘礼》错简 30 字左右，《礼记·王藻》错简为 26 字至 35 字不等，汲冢《穆天子传》每简 40 字等为例，证胡适说之非。

梁氏答复，有的是学术论争，有的则似妄抠字眼，如批胡适

---

① 梁启超《墨经校释》前附《读墨经余记》中提出校读《墨经》之“公例”：“凡《经说》每条之首一字，必牒举所说《经》文此条之首一字以为标题。此字在《经》文中可以与下文连读成句；在《经说》文中，决不许与下文连读成句。”（梁启超：《墨经校释·公例》，商务印书馆 1923 年版）

② 文中着重号是原书所加。

每简五六字的问题，与胡适《序》中原义并不尽相同。这当与梁启超直言肆辩的一贯学术作风有关。

胡适接到此信后，又复梁启超一信。信中首先指出梁氏谓宋本书夹缝恒牒书名首一字并非通例，且比喻不当，而“西文古本书每页之末行往往复写下页之首一字，以示衔接”，才与《墨经》牒经标目字例合。此下以大段文字，就梁氏指责他将《经上》末六条合一之事作以论辩。首先承认自己“措词不完密”，使梁氏误解，自己所说的“每行”是指上半行或下半行，两行乃一简。又以《经说上》末一大段文字“确是一片连贯文字”，而坚持将相应经文合一不误。又分析《经上》有三种体例，故“不可用一个通则来包括”，以辩自己连六条为一不误。

胡适此信，写于民国十年(1921)5月3日，当时没有公开，后连上两信一并收入《胡适文存》二集卷一，于1924年11月由上海亚东图书馆出版。而前两信，则由于梁启超收入他的《墨经校释》，并于1922年4月由上海商务印书馆出版，公诸社会，从而引发更多人参加这一讨论。

二、栾调甫、伍非百等参与讨论

梁启超《墨经校释》问世，惊动了一位默默钻研《墨经》已达19年之久的人，他便是济南齐鲁大学的门卫栾调甫。

栾调甫读《墨经校释》后发现不少问题，亟写就《读梁任公〈墨经校释〉》万余言，投给已刊登多篇《墨辩》研究论文(如章士钊《名墨訾应论》及《名墨訾应考》等)的《东方杂志》。

《东方杂志》没有结果。栾调甫就自己油印 40 份，于 6 月①分寄海内学者。因梁启超、蔡元培、胡适地址不知，故转托《哲学》杂志社转寄。原《哲学》杂志社社长傅佩青一个月后自河南回社，见到此稿，十分高兴，复函栾调甫商讨发表。于是，该文与张之锐《〈墨经注〉绪论》及《〈墨子·大取篇〉释义》、胡国钰《〈墨子·小取篇〉解》一同刊登在 1922 年 11 月的《哲学》第 7 期上。

在栾调甫分寄文章的学人中，有旧识张纯一。张纯一曾于 1922 年 7 月 20 日所作的《墨子间诂笺·自序》中记道："又得栾调甫先生《读墨经校释》稿，见《经说上》'户枢免瑟'，瑟通之证。而《经下》'鉴团景'一条，尤能证其错简。此皆示我周行者也。"自此二人通信讨论墨家光学、力学诸问题，成为治墨同志，曾交换《墨子与景教》《墨子宗教观》等著作和文章互提意见。②

傅佩青复栾调甫函中，曾建议他寄油印稿于张之锐，时张之锐为河南实业厅厅长。张之锐不久复书万言于栾氏，极赞栾氏"集海内治墨名贤共商墨学，恢复绝学"的倡议，并在信中批评梁启超不遵家法，"不论形声，任意窜改，则直是作经，岂是注经。此例一开，恐其害不仅影响《墨经》也已"，并赞赏栾调甫"纠正其失，其墨功不少"；又预言"将来闻风起者，必更大有

---

① 张纯一于 1922 年 7 月 20 所作《墨子间诂笺·自序》有曰"又得栾调甫先生《读墨经校释》稿"；栾调甫《墨子研究论文集》之《读子晋〈墨经注〉》中，言傅佩青接到油印本后复书在"壬戌七月"；故言栾调甫分寄油印稿在 6 月。

② 栾登、栾汝珠：《栾调甫与墨子》，张知寒主编：《墨子研究论丛》第二辑，山东大学出版社 1993 年版，第 576—589 页。

人在也”。①

于栾调甫此文发表稍前，上海《学艺》杂志第4卷第2、3、4号(1922年8月、9月、10月)曾连载伍非百《〈墨辩〉定名答客问》《〈墨辩〉释例》《〈辩经〉原本章句非旁行考》三文。栾调甫读此三文后，识为治墨同志，因于是年冬托丙辰学社转寄信函及《读梁任公〈墨经校释〉》油印本。伍非百即回信并附治墨文加以讨论。日后往来信件达十余封。② 次年，伍非百作成《评胡、梁、栾〈墨辩〉校释异同》一文，刊于上海《学艺》杂志第5卷2号(1923年6月)。

栾调甫的《读梁任公〈墨经校释〉》一文为何引起如此大反响？这首先是其文内容所决定的。

栾文首先指出，梁书的最大缺点是“校释内随意改字删字的办法”。如《经说上》“动偏祭从者户枢免瑟”梁氏改为“动遍际徙若户枢它蚕”。栾氏批评梁氏不知“瑟”字为“蠹”的假借字而妄从孙诒让改“免瑟”为“它蚕”。又如梁氏改《经上》“恕明也”为“㤜明也”，栾氏认为由《经说》中牒经字之例可知原“恕”字为是，梁氏从孙诒让改为“㤜”字为非。③ 举此两例后，栾氏批评梁氏“不去详观细问的推求，只顾就文字随笔乱改，纵然说得圆满中听，其实反将原书的真意与可解的文字涂模糊了”。因此他建议“凡校注古书，最好将他本不同的字，与

① 参见栾登、栾汝珠：《栾调甫与墨子》，张知寒主编：《墨子研究论丛》第二辑，山东大学出版社1993年版，第576—589页。

② 栾登、栾汝珠：《栾调甫与墨子》，张知寒主编：《墨子研究论丛》第二辑，山东大学出版社1993年版，第576—589页。

③ 关于此意见之失，栾调甫于1924年8月24日所写《读伍非百〈墨辩解故〉》(见栾调甫《墨子研究论文集》附五)中已有分析。

校者所疑当为某字的,都附注在本文下,如此就是我们现在不能解的,或读解错的,都可留与后人来解,或替我们审正。那么就是古书的文义,无论如何玄奥幽秘,也就不患莫有明的日子了”。这里栾氏强调的,实际上是遵从顾广圻等清儒创立的校书方法来谨慎地校古书。

其次,栾文就“旁行读”与“牒举字”两例,发表自己的意见。他从古书自简至帛至册至本的形制发展上,并举《经下》说“鉴”三句的错简证《墨经》确为旁行读。又依《盐铁论》第八所载“山东儒墨咸聚江淮”等语,考定《墨经》分章由西汉或汉后人完成。再据《后汉书·朱景传》后三十二将名次,及《考证》引《罗氏闻见录》云原为两重旁行读,而确考旁行读法是刘宋时人写卷书时为省卷子而写成的,并由唐宋间人注出《经上》末“读此书旁行”五字。关于“牒举字”,栾调甫谓既有“牒首一字的正例”,也有“牒二字的变例”。梁氏不顾变例,又不知脱文,于是“不顾文义的胡乱运用”,故受胡适批评而提出四条修正例。但梁氏所说“是古人说《经》牒字标识的公例”,胡适所说“是今人用这公例来读《经说》应取的方法”,本为两事。栾调甫又以《管子》的《形势》诸解、《韩非子》的《解老》《喻老》之标识法为例,证《墨经》确有“牒举字”公例。

再次,栾文举《墨经校释》误删、误改、误释 15 条,逐一辨析订正。此辨广举书证,实从古文家法。

复次,栾文就《墨经》作者提出见解,驳胡适“别墨惠施公孙龙之徒所作说”,修正梁氏“《经下》出弟子之手”说。谓公孙龙“离坚白”“合同异”与《墨经》“盈坚白”“别同异”说不同,其时尚有墨家在,墨家敬巨子、遵家法,故不容公孙龙之徒染指

《墨经》。①

栾调甫文发表后，不见梁氏、胡氏有何反映。倒是有伍非百作《评胡、梁、栾〈墨辩〉校释异同》，主要就“旁行”“牒经”两公例及《经说上》末135字读法问题评三家得失。

文中先赞栾文就“旁行读”成因及时间作了考证，但同时提出疑问；又赞同梁启超所定“牒经”公例，并以《经说》有“颠倒”“并省”“脱落”三种错讹来替梁氏向胡氏辩解。关于梁启超径删字及胡适认为《经说上》末135字之六条可合为一条，伍文各有驳难，并谓此135字可分为七条。最后逐一评点栾文评说梁氏《墨经校释》的15条例子，分析孙诒让校及梁校、胡校、栾校优劣，发表自己的看法，并特别就《经下》自“宇或徙”至“说在因”一段文字的校读，阐明己见以求讨论。

梁启超未参加讨论事出有因。栾调甫油印《读梁任公〈墨经校释〉》分寄学者在1922年6月，由《哲学》杂志社转寄梁启超在1922年7月。据钟珍维、万发云作《梁启超主要活动年表》②，此时梁启超在山东济南中华教育改进社讲演，7月24日讲学完毕回天津，8月又外出讲学至11月患心脏病，其后谢客养病至次年6月，而后又在北京清华、中国大学讲学。此即梁启超在1925年5月13日复栾调甫信中所说的“牵于人事，忽忽久稽”③。这种情况下，梁启超关注的热点已从墨学研究转

① 以上据栾调甫：《墨子研究论文集》，人民出版社1957年版，第22—35页。

② 参见钟珍维、万发云：《梁启超思想研究》，海南人民出版社1986年版，第280—343页。

③ 栾调甫：《墨子研究论文集》附《梁任公来书》，人民出版社1957年版。

到教学讲演，再加上傅佩青转寄梁启超油印稿时，“函内无书，又无发函地所”①，故未答辩栾调甫《读梁任公〈墨经校释〉》之意见。及伍非百《评梁、胡、栾〈墨辩〉校释异同》发表的 1923 年 6 月，梁启超仍在养病中，故亦未有反响。

1923 年 5 月，梁启超在《东方杂志》第 20 卷 10 号上发表《阴阳五行说之来历》，涉及《墨经》中五行问题，并以他从康有为那里继承来的疑古思想方法与眼光，谓五行创于黄帝之说为诬，而谓五行出于邹衍以后。针对此，栾调甫又作《梁任公五行说之商榷》一文。文中首引梁任公《墨经校释》释《经下》及《经说下》文，重申自己在《读梁任公〈墨经校释〉》中的观点。又举梁氏论点：《甘誓》《洪范》之五行，不同于后世所说金、木、水、火、土之五行，《左传·昭公二十五年》所说五行虽近后世五行，但《左传》真伪时代有问题；然后重申自己在《读梁任公〈墨经校释〉》中的观点，谓墨家在前人五行生克基础上，创出“五行毋常胜”之论，故古有“五行常胜和毋常胜两派”。栾氏以古有五行与阴阳两大哲学派别，至邹衍始将其合而为一。最后指出梁氏的方法问题：为证五行生克说出邹衍后，对邹衍之前提到五行之书，均谓伪书，或谓曾窜乱。这种为证观点而否定材料的方法实不足取。

梁启超虽未公开答复此文，但对栾调甫《墨经》研究成就已十分推许，故于因 1924 年春在南开大学讲学而著《清代学者整理旧学之总成绩》（先发表于《东方杂志》第 21 卷 15 号，后汇入梁氏《中国近三百年学术史》）中，关于《墨子》整理一条

① 栾调甫：《墨子研究论文集》附《梁任公来书》，人民出版社 1957 年版。

里，赞扬“栾调甫著《读梁任公〈墨经校释〉》，虽寥寥仅十数条，然有卓识，明于条贯。其最大发明，在能辨墨学与惠施一派名学之异同”①。

1925年，栾调甫因章士钊《名墨訾应论》（《东方杂志》第20卷21期）和汪馥炎《坚白离盈辩》（《东方杂志》第22卷9期）误解了他关于名墨之辩的本意，故作《杨墨之辩》②，寄予梁启超。梁启超接到文章后，在上海见张纯一而得知栾调甫地址，于5月13日复信一通，解释两次接到文章未复信的原因，表示了见面商讨的愿望。

同年10月，梁启超自天津至济南齐鲁大学，在齐鲁大学东村五号宅见到栾调甫，畅谈数日，并代燕京大学聘栾为教授。至此，齐鲁大学校方才认识到栾调甫这位失聪的看门人的学术价值，聘为教授挽留。而至此，栾、梁间的《墨辩》争论也画上了句号。

三、胡适、章士钊、栾调甫等的《墨辩》之争

20世纪20年代的《墨辩》大讨论，除梁、胡、栾等的上述争辩外，还有以胡适与章士钊为主角的论争。

胡适在《中国哲学史大纲》中有《别墨》一篇，将惠施、公孙

---

① 梁启超：《中国近三百年学术史》，东方出版社1996年版，第256页。

② 原在齐鲁大学《墨学讲义》中，见栾调甫《墨子研究论文集》附二孙禄《〈坚白离盈辩〉考证》；后又收入栾调甫《墨子研究论文集》。

龙列入墨家后学。此与《汉书·艺文志》诸子略“九流十家”分法大异,因而引发了20世纪20年代另一场关于名墨关系的讨论。

《中国哲学史大纲》出版的次年即1920年,章士钊便有《名学他辨》发表在《东方杂志》第7卷20号上,批评胡适《中国哲学史大纲》以“争驳”诂《经上》“辩,争彼也”,则此与“辩者辩也”无异,系用“胶漆混淆之树义”;又主张墨辩形式与逻辑三段论和佛家因明三支相合,谓《经上》“辩,争彼也”之“彼”,即联结另二端词的三段论式的媒词(middle term);又逐一讨论了公孙龙辩式与三段论之异同。章士钊曾于1907年入英国苏格兰大学攻读政治经济学和逻辑学,至1911年方回国,对西方逻辑钻研较深;又曾于1917年作成《逻辑指要》一书,主张以墨辩与逻辑学相结合,建立以“欧洲逻辑为经,本邦名理为纬”的中西结合的逻辑学体系。上述论文,阐发的正是这种主张。其后,章士钊又有《墨学谈》发表在1923年11月6日上海《新闻报》上,指摘梁启超《墨经校释》之误,推崇章太炎的墨学研究,指名批评胡适所释《经上》“辩,争彼也”之释为“语赘”,而“陷全《经》于无意义”;以下又举“尺梐”之例,慨叹包括梁、胡在内的当世学者,不能分辨名墨流别,从而引发了治经方法和名墨关系这两方面的争论。

章太炎见此文后,于11月6日复章士钊信,肯定了章士钊诸多论说正确,又点名批评“适之以争彼为争佊,徒成费辞,此未知说诸子之法与说经有异,盖所失武断而已”。此信及章士钊复信以《章氏墨学一斑》为名,发表在《新闻报》1925年11月11日。

胡适至此再也不能沉默,于是在11月13日致书章士钊,请代向章太炎询“说诸子之法与说经之法”有何不同。

11月14日章士钊即将胡适信转示章太炎，章太炎于11月15日致书章士钊，谓“经多陈事实，其中时有重赘”，“诸子多明义理，有时下文简贵”；又谓训诂有直训、语根、界说三途，“《墨辩》下义，多为界说”；最后嘱章士钊“请以质之适之”。胡、章此二信以《墨辩之辩》为名，发表于《新闻报》11月17日。

胡适接信后，复章士钊一信，并请在《新闻报》上发表。信中力辩治经治子皆循审校勘—明训诂—定义理之途径；又解“辩争彼也”训“彼”为“佊”之三理由，以明“争佊”训辩不为赘语，不为直训。

章士钊由是论胡适以“争佊”为逻辑矛盾律之不可通者七事，作《〈墨辩〉三物辩》，刊于11月27日《新闻报》。而胡适此时已因养病而离开上海，故不及答辩。至此，此一方面的争论暂告结束，而以栾调甫作《平章胡〈墨辩〉之争》来评说作结。

栾文先列述了争论过程，指出争论的问题有二：一为名墨流别，一为“争彼”之义。因胡适主要针对后一问题作答，故栾主评后一问题。文章首先指出双方争论“胸存得失，纷汹失态”，次析双方是非，引申章太炎“经子之别”意为治经应有“贾、马之学”，应博学；治子要有“郭象、张湛之思”，必玄悟；次论胡适以清代汉学家方法治《墨经》，只重文字训诂，不“研求《经说》全章之义”，即缺乏“玄悟”，因而虽具看出毕沅、张惠言校“辩，争攸也”之“攸”当为“彼”为是，但不可当“彼”字平常义之解的眼光，却陷于字词细琐训诂而不能据《墨经》大义求训解，故误。最后得出结论，“彼”，当以章太炎《庄子解故》“彼、匪可通”之释，解为“辩，争非也”，即争辩是非。

至此，“辩，争彼也”讨论暂告结束，名墨关系讨论兴起。

与胡适在《新闻报》上争辩的同时，章士钊又于 1923 年 11 月在《东方杂志》第 20 卷 21 期发表《名墨訾应论》。文中提出三证，力主惠施、公孙龙等名家与墨家不可混一，名墨争论诸题乃惠施本论而墨家驳之所成，并批评胡适所主之"惠施、公孙龙为墨者"之说，及胡适"《墨经》出于惠施、公孙龙辈"之说；还将其与章太炎所讨论之"名墨各异，但名墨儒三家俱讲正名"等公诸世人。

1924 年 1 月，章士钊又在《东方杂志》第 21 卷 2 期上发表《名墨訾应考》，就《墨经》中几组《经》《经说》文，考证墨家与惠施、公孙龙等名家论难的诸多命题，以证名、墨两家"倍谲不同"，绝非有"祖述"关系，再次申论名墨之异。

伍非百见《名墨訾应考》后，于 1924 年 7 月作《〈名墨訾应考〉辨正》，发表在 1924 年 9 月出刊的《东方杂志》第 21 卷 17 号上。谓章士钊所举名墨訾应论题中，仅"厚，有所大""非半无著斲""行修以久""物甚不甚"四条为名墨论题，其他《经上》"次，无间而不撄撄也"等 7 条，《经下》"无不必待有"4 条与名墨訾应无关，并详加考辨。章、伍持论不同，是由对《墨经》的诂释不同引起的。

汪馥炎就章士钊两文，作《坚白离盈辩》，发表在 1925 年 5 月出刊的《东方杂志》第 22 卷第 9 号上。谓章士钊此二文指明了名墨渊源有自，且持论相对，相互訾应，这是对胡适《中国哲学史大纲》所持"惠施、公孙龙为别墨"说的最有说服力的斥难。但觉章士钊对名墨訾应最热门的论题——坚白之辩未加申论，故举《墨经》中涉及坚白之论者 8 条(《经上》"坚白，不相外也"等 2 条，《经下》"不可偏去而二"等 6 条)逐一解说。又摘引栾调甫《读梁任公〈墨经校释〉》中坚白有离盈两宗之说，分析在坚白论题上名墨家三大不同:公孙龙等谓石或坚或白,“可二不可三”,而墨家则“二之三之皆可”;公孙龙等谈坚白,“重在以名取”,而墨家则“以为有所取,必有所去”;公孙龙等以为石或藏坚或藏白,而墨家则谓坚白可互载。由此他得出结论:公孙龙等名家主离坚白,墨家主盈坚白。

栾调甫见此,谓学界误解了他的“名墨关系说”,故于《华北日报》的《图书周刊》第25、26期(1935年4月22日、29日)发表《二十年来之墨学》,谓章士钊、汪馥炎都曲解了自己在《读梁任公〈墨经校释〉》和《梁任公五行说之商榷》文中一再申明的:坚白说有离、盈二宗;墨子主“盈坚白”,而杨朱主“离坚白”故与墨子弟子论辩;其后有惠施、公孙龙与墨家后学之辩。所以,他“因就所见复作《杨墨之辩》,并属孙君稗余为作《考证》”。

栾调甫在《杨墨之辩》中钩稽先秦古书所记,考证墨家与道家、杨朱争论的十二命题,重申:坚白说中有离盈二宗,离宗古已有之,盈宗为墨子所创;同异说中有别合二宗,道家、杨朱多持合论,墨家持别论,因有“别墨”;等等。

孙碌《〈坚白离盈辩〉考证》亦就栾调甫对坚白说的主张加以申证,谓“细绎《读〈墨经校释〉》论坚白条之词意,原以坚白离盈两宗指杨墨二家之论辩,并非专指名墨互相訾应也;特恐学者不察,容有误会,故又根据《墨经》,参证诸子,而作《杨墨之辩》(齐鲁大学《墨学讲义》),胪举十有二事。……复证实坚白离盈,同异别合各渊源之有自。”但是,“近读章行严先生《名墨訾应论》及《考》,见其逐条考证,用心入细,或可谓有见于栾师说而作者。第其谓《庄子·天下篇》所记惠施、公孙龙之言,是《墨经》诸辩,其义莫不处处相反,不免多涉牵强附会,未足据为定论”。而“最近汪君馥炎作《坚白离盈辩》,又采栾先生之说,谓为名墨訾应之证,似亦未能详考名墨各家之异同,不免误会栾说”,复重申栾调甫本意,“盖栾先生本以坚白为最古之辩论,彼离宗之说,亦发生于春秋之季年,而当墨子之前。……厥后墨子起振盈宗,以抗离宗,而杨朱亦复伸离宗之说,以与墨者相诘难,遂有杨墨之辩”,“公孙龙辈,既生杨墨之后,其思想学说,饱受杨墨之影响,斯为事实”。此即“栾先生谓坚白与后世名家极有关系”,非谓“至公孙龙时代,始与墨家共窜名游心于坚白同异之间”。至此,将栾调甫持坚白离盈二宗说的本意,与章士钊文中名家有坚白论而墨家訾应之误,交代清楚明白。最后,摘取栾调甫尚未出版之《名经注》中十条相关坚白离盈之说的注文,以坐实栾调甫本意。此文后来收入栾调甫《墨子研究论文集》中,作为附录之二。

至此,栾调甫接续胡适参与的这场名墨关系大讨论也结束了。

四、《墨辩》大讨论的主要论题、特点及原因

自 1922 年开始,至 1925 年基本结束的这两场《墨辩》大讨论,其争论的主要问题有:

第一,牒经字问题。1922 年春出版的梁启超《墨经校释》主牒经字为《经说》通例,恒牒出《经》文一字为《经说》标目字,不合此例者为后人增改。胡适《墨经校释序》反对此说,并指责梁氏改字。

第二,墨经旁行读问题。胡适 1919 年出版的《中国哲学史

大纲》、梁启超1922年出版的《墨经校释》，都提出过自己的旁行读法。1922年夏，栾调甫在《读梁任公〈墨经校释〉》中断定旁行写法是由竹简抄到帛书上时，即西汉或汉以后的人造成的。1922年10月伍非百发表的《〈墨辩〉原本章句非旁行考》亦持是论。其后，还有伍非百、张之锐、栾调甫就此问题讨论。

第三，名墨关系问题。1922年栾调甫《读梁任公〈墨经校释〉》支持梁启超的《墨经》为墨子所作说，反对胡适的惠施、公孙龙所作说；并借机指出坚白有离、盈二宗，离坚白说创自春秋末，盈坚白为墨子所创，其后有墨子弟子与杨朱的盈离之辩，及墨家后学与公孙龙的论辩。章士钊在1923年11月发表的《名墨訾应论》及次年1月发表的《名墨訾应考》中，反对胡适的惠施、公孙龙为墨家而作《墨经》说，而定墨家弟子持墨子所作"辩经"之精神，与名家相辩而作，并逐一考证名、墨持论不同的论题。及汪馥炎作《坚白离盈辩》，谓公孙龙之徒授《经说》而入其书，固有坚白之辩。对章、汪二人之说，栾调甫于1925作《杨墨之辩》以澄清己意与此不同，孙碌于1926年作《〈坚白离盈辩〉考证》更申说栾意。

第四，关于治《墨经》方法的讨论。胡适在《墨经校释序》中，曾指责梁启超为遵从自己的牒经字公例，妄改妄删经文。1922年夏，栾调甫《读梁任公〈墨经校释〉》亦批评此。1923年11月章士钊发表《墨学说》，并将此时与章太炎往来的信件发表在《新闻报》上。他们就胡适《中国哲学史大纲》中的《经上》"辩，争彼也"之误，批评胡适不明治子与治经方法的不同。胡适回信谓治经治子皆应循校勘—训诂—义理之途，坚持"彼"为"佊"之误而训"辩"无误。栾调甫于1923年作《平章胡〈墨辩〉之争》，认为章太炎谓治经、子之别，当谓治经须广识，治子须玄思；胡适之训诂陷于烦琐考证而不明全书大义，谓“彼”当与“匪”通而训为“非”。

这场《墨辩》大讨论的特点，总括说来有以下几点：

第一，持续时间长。由墨学文章统计可见，至 1949 年尚有相关文章发表。而其源起，则是 1919 年胡适出版《中国哲学史大纲》的某些论点和 1921 年初梁启超整理的《墨经校释》中的某些观点引发的。这场讨论延续了 30 年之久。

第二，讨论问题深。这场讨论中，虽也涉及《墨经》校诂的具体问题，但这往往作为基础或发端，大家关注、争论的多是《墨辩》中所包容的诸如作者、思想等重大研究问题和治学方法问题。

第三，牵涉学人多。由墨学文章统计可见，仅著文参加讨论者有数十人。而其中主将，则是各学术派别的首领型人物：梁启超是近代今文学大师，章太炎是近代古文学大师，胡适是现代中西学结合的大师。他们都是当时学界的顶尖人物，其论著、观点必然被广大学者所关注。所以不止一位学者说过，谈“墨辩”成了时尚。

第四，《墨辩》大讨论引发了广大读者的读墨兴趣。许多学者曾谈到此问题。如 1923 年 11 月 6 日《新闻报》载章士钊《墨学谈》中说：“迩来诵《墨经》者日多，谈士每好引《经》中一二事以相高。”栾调甫 1924 年作《读伍非百〈墨辩解故〉》中说：“近年墨学大行，墨辩亦显于世。”①梁启超于 1927 年所作《墨经通解叙》中说：“晚近此书（指《墨经》——引者注），为时髦

① 栾调甫：《读伍非百〈墨辩解故〉》，《墨子研究论文集》附五，人民出版社 1957 年版，第 200—208 页。

学问,著述多家。”[①]栾调甫于1932年所作《二十年来之墨学》中总结说:“《墨子》书……至晚近二十年中,家传户诵,几如往日之读经。”[②]

为什么会产生这次《墨辩》讨论并带来如此大的社会影响呢?其表面原因虽仅是《墨辩》诸学术问题探讨,但深层原因则与当时的学术文化思潮密切关联。随着五四新文化运动的深入发展,如何对待传统学术成为时代课题。1919年11月,胡适在《新青年》发表《新思潮的意义》一文,提出“研究问题,输入学理,整理国故,再造文明”的主张。同年,胡适又发表《论国故学》,宣传整理国故的重要性,号召用清代朴学式的科学方法,用历史发展的眼光,用训诂、校勘、辨伪等手段去整理和研究古籍。[③] 1922年5月,胡适创办《努力周报》增刊《读书杂志》,以发表整理国故成果;1923年1月,创办《国学季刊》,有计划地组织讨论文章。自此,整理国故风气盛行起来。

在两千余年中国传统学术中,儒学研究一直占据主导地位。但由于五四新文化运动的猛烈冲击,在“打倒孔家店”的呼喊下,大多数文人将整理国故的目光转向儒家典籍以外的古书。具有反孔思想和科学精神的《墨子》被多数学人所注视,这也是一重要原因。

《墨子》中的《墨辩》部分既含科学,又有较大难度,为文人施展才华、表现学问制造出一座舞台。中国知识阶层从它脱离

---

① 梁启超:《墨经通解叙》,《国学论丛》第1卷第4期,1928年。

② 栾调甫:《二十年来之墨学》,《墨子研究论文集》,人民出版社1957年版,第143—150页。

③ 参见胡适:《论国故学》,许啸天编辑:《国故学讨论集》第一集,上海群学出版社1927年版,第131—134页。

官学而独立的那天起，历来都靠舞文弄墨、论辩诘难以相高。从先秦诸子的著述、辩难、游说，到两汉儒生注经、说经，到魏晋六朝士人谈玄说易，到唐代士子作诗、行卷、科举，到宋明学人讲理学、谈心性，到清代学者解经、考据，各代士子都有表现自己的不同方法和途径。而清末废科举，堵塞了士子的争胜之路，故学人转以发表文章求胜。读《墨子》成风、研《墨辩》成时尚，此亦为重要原因。

这次《墨辩》大讨论在墨学史上产生了深刻影响。它不但带动了《墨辩》研究的深入，也带动了墨学研究中其他问题的争论和讨论。如关于禅让说与墨家关系的讨论、墨子国籍的争论等，并有多人对这次墨辩大讨论进行总结。如栾调甫在《二十年来之墨学》中讲述自胡适发表《墨辩新诂》之一部分，到梁启超出版《墨经校释》，自己发文质疑，以及章士钊发表《名墨訾应论》及《考》二文，汪馥炎发表《坚白离盈辩》，到自己作《杨墨之辩》；孙禄作《〈坚白离盈辩〉考证》，到伍非百《墨辩解故》等著作问世的过程，先发表于《华北日报》之《图书周刊》第 25、26 期上，后收入他的《墨子研究论文集》。栾调甫还曾收录部分此次讨论的文章，结集为《墨辩讨论》，1926 年由子学社排印出版。

20 世纪墨学研究历程、规律及启示*

一、20 世纪墨学研究的曲折历程

20 世纪的墨学研究,有一曲折发展的过程,大致可分为如下四个时期。

(一)延续更新期(1900—1918)

1900 年至 1918 年可谓延续更新期。此时期出版墨学著作 28 种,发表论文 10 篇。所出墨学著作 28 种中,有整理著作 25 种,主要延续乾嘉学人的治学方法,用书证式考据方法校勘和整理《墨子》。此外,有研究著作 3 种,除了运用前代旧学那般借书证材料以证明观点的研究手法外,更多地借用西学论著的解析方法来论说墨家思想,用西学论著的章节形式来组织全书,表现出在传统研究方法上的更新。如梁启超的《子墨子学说》。此时期墨学研究的显著成绩,集中在学者们用西学知识和方法所从事的墨辩逻辑研究和墨家科技研究中。

以西方几何、光学、力学等知识研究《墨经》,清同治间邹伯奇《墨子经说》、光绪间张自牧《瀛海论》等已先为之,但他们

---

* 本文原载于《齐鲁文化研究》2002 年第 1 辑。

都抱有证明“西学源出墨子”的偏狭；而俞樾等对墨家思想论说中也同样抱有“以墨抵洋”的偏见。因而他们在研究方法上就存有简单比附、望文生说之失。

20世纪初，西方哲学、逻辑学以及其他科技知识系统传入我国，加之资产阶级革命思想的影响，墨学研究方法出现了质的变化。王仁俊的《格古致微》、殷家隽的《格术补笺》、冯涵初的《光学述墨》等墨家科技研究之作，梁启超的《子墨子学说》等墨家思想学说研究著述，都能较为自觉地运用西方研究方法，结合西方科技知识和思想学说，较为客观地发掘墨家科技成就，总结墨家思想学说，归纳墨家的逻辑理论，对墨家学说做科学的探讨，并以此作为“振救时弊”的途径。①

墨学研究内容相对狭窄，阐扬墨学之热情有余而研究方法欠成熟（如不能运用思辨逻辑）等，是此时期研究的不足。

（二）全面展开期（1919—1949）

1919年至1949年是墨学研究的全面展开期，在《墨子》整理、墨学史研究、墨家社会思想研究、墨辩逻辑和墨家科技研究诸方面，都取得很大成就。此时期，共出版《墨子》整理著作31种、墨学综合研究著作17种、墨学史研究著作4种、墨家社会思想研究著作5种、墨辩逻辑和墨家科技研究著作28种；发表墨子墨家与墨学研究论文168篇、墨家社会思想研究论文99篇、《墨辩》研究论文74篇、其他论文28篇。墨学各领域的研

---

① 梁启超在《墨子学案·自叙》中说“吾昔年曾为《子墨子学说》及《墨子之论理学》二篇，坊间有汇刻之名为《墨学微》者”，见《饮冰室合集》第8册，中华书局1989年版，第60页。

究工作已全面展开。

此时期的墨学研究有两点应予以重视。其一,梁启超以西学方法研究《墨经》十数年,于1922年出版了《墨经校释》,意在阐扬墨家“论理(逻辑)思维”方法论和科学思想,以宣传资产阶级启蒙理论来救国;章太炎《原名》等文将西方逻辑学和佛家因明学与墨辩做比较研究,把墨辩研究推向深入。这些,都突破了旧经学研究的框架。

其二,胡适于1919年以《中国哲学史大纲(卷上)》为名,在国内出版了他充实后的博士学位论文,把西方实证逻辑与乾嘉考据结合起来,申明了他那西方实证推理方法,及用历史的、发展的观念看问题的研究方法,来梳理中国传统学术的观点,对现当代墨学研究产生了重大影响。另外,冯友兰《中国哲学史》在胡适说基础上发挥出的“前后期墨家说”,也一直影响到今天的墨学研究。

其三,20年代前期和后期,分别产生了多人参与、影响深远的墨辩讨论和墨子国籍论战。前者就《墨经》牒经字、旁行读及与此相关的《墨经》校释展开讨论和争辩,并由此及于墨学研究方法的论辩;后者就墨子是印度人、阿拉伯人还是中国人展开争辩和论战。这两次论战的成果,特别是栾调甫提出的名墨訾应、方授楚和陈登源坚持的墨子本为中国人诸结论的正确性,直到今天仍为大家公认。

此时期的墨学研究应予特别重视的是近代研究方法的确立。20世纪之交,梁启超既以他的革新派勇气,率先用西学论著方式研究墨学。清末民初,胡适以他深厚的国学功底和西学研究方法的系统训练,将西学论著形式与中国传统考据方法有机结合,完成了墨学研究方法的近代化改造,成为绝大多数墨学研究者所共同遵循的研究方法。

总之,此时期是20世纪墨学研究史上的第一个高潮期,成绩是空前的。但此期墨学研究者因不明古代学术与近代学术的形态差异而导致的“以西学融中学”的研究倾向,则应注意批判。

(三)两岸分流期(1950—1976)

1950年至1976年是中国墨学研究的两岸分流期。两岸政治阻隔,将中国墨学研究者分割为基本不相交流的两部分。此时期大陆出版墨学著作23种,发表墨学论文232篇;港台出版墨学著作30种,发表墨学论文243篇。

此时期两岸阻隔,大陆和港台的墨学研究各有特点。1965年至1976年,大陆由于阶级斗争和“文革”的影响,墨学研究几成空白。台湾的墨学研究则无此波折。从研究内容上看,除综合研究外,台湾学者重视墨学哲学和政治思想的研究;论文中则较多墨家宗教和伦理学说的研究。而大陆学者研究较多的是墨家科技和逻辑,这与大陆特定时期的政治环境有关。从研究方法上看,台湾学者主要沿用上一时期的归纳、实证法;而大陆由于辩证唯物主义的普及,墨学研究者们注重联系时代背景和社会发展去分析墨家学说,此一方面较有成就的是任继愈先生的《墨子》。

此时期应予特别注意的是,由于诸多数理学家、逻辑学家的参与,而使《墨辩》研究取得突破性进展。先学机电工程而后致力于文史研究的谭戒甫,积40余年研究之力,出版了《墨辩发微》,成为墨辩研究的集大成作,至今享誉学林。汪奠基的《墨辩的逻辑科学思想分析》,对墨辩逻辑意蕴的发掘亦受人重视。

但由于对马克思主义思想方法的片面理解,此时期大陆墨学研究中出现了“理论先行,材料填充”的形而上学倾向。

1975 年,严灵峰编成并出版了《无求备斋墨子集成》,收战国至 1975 年墨学著述 91 种,为学界提供了最基本的墨学研究文本资料,成为此时期台湾墨学界最受瞩目的成就。

（四）携手共进期（1977—1999）

1977 年至 1999 年是中国墨学研究的携手共进期。两岸阻隔状态逐渐改变,两地学者终于有机会坐在一起,交流墨学研究成果,探讨墨学研究疑难,规划和联合进行墨学研究,因而出现了 20 世纪墨学研究史上的第二个高潮期。此时期出现墨学著作 124 种(其中大陆 83 种,台湾 41 种),发表墨学论文 977 篇(其中大陆 731 篇,台湾 246 篇),成为 20 世纪墨学研究史上的丰收期。

改革开放政策带来了宽松的学术环境,大陆墨学研究涌现出一大批有分量的综合研究著作。杨俊光的《墨子新论》原始材料丰富,理论思辨色彩浓郁;孙中原的《墨学通论》于墨辩逻辑研究方面多独到见解;谭家健的《墨子研究》注意总结前人研究成果,资料丰富。

台湾则有一批大学教授的墨学综合研究成果,如王冬珍《墨学新探》、陈问梅《墨学之省察》、蔡仁厚《墨子哲学》,研究面广,有新角度,因而受学界重视。

改革开改的经济大潮促进了地方政府对墨学研究的支持。20 世纪 90 年代,山东大学和滕州市连续召开了五次大型的墨学研讨会,为海内外同仁提供了交流机会;并发起成立了中国墨子学会;又主持编写了《墨学与当今世界丛书》和《墨子研究论丛》1—4辑等墨学著作,承担或完成了墨学史研究等国家级、省部级墨学研究课题。河南鲁山也有一批地方学者鼓动墨学研究,并召开过大型墨学研讨会。

在研究方法上,台湾学者仍承归纳、实证法;大陆学者则能交叉运用归纳实证、唯物反映、文化综合等方法,在传统墨学研究各个类别中皆有开拓;台湾学者王讚源将墨学用于企业管理的研究颇有成就,大陆学者张斌峰等结合西方普遍语用学研究墨辩的新动向亦引人注意。

此时期墨学研究的主要问题在于,虽然墨学研讨会声势浩大,但本时期墨学研究成果则出现部分低水平重复现象。台湾学者的部分墨学综合研究著作虽面面俱到,但亦不能取得重大研究突破。

二、20世纪墨学研究的规律和启示

20世纪墨学研究历程艰难曲折,给我们留下了诸多思考课题。

(一)墨学研究兴衰与时代主潮息息相关

重社会功用,与时代需求紧密关联,是中国学术发展的特点,也是历代墨学研究的基本规律。战国后期,墨家后学适应攻城守战的需要,发扬墨子开创的科学实验精神,总结出诸多科技理论,以指导守御兵器的制造和防守设备的修筑。清中后期,适应富国强兵的社会需要,学者们再次发掘墨家科技中的重实验、重功用等实践精神，以振救时弊。这都说明墨学兴衰与时代主潮的密切关系。

20世纪墨学研究的曲折发展，亦与各时期社会主潮紧密关联。

20世纪初，振救时弊、富国强兵以抵御外侮，成为时代的首要任务；改革世风，教育国民以革除旧制，成为知识分子的历史使命。适应时代要求，知识分子在西方涌入的众多思想和学说中，选择缔造西方物质文明的科技成就和促进西方诸种文明的民主制度，提出以“科学”“民主”来强国富民，来救国救民。而墨家学说中，既含有与西方科技定理相似的科技论说，又具有与西方民主精神主要含义之一的博爱相似的兼爱内容，还含有与西方据以从事社会科学研究的思维理论——逻辑相似的辩说方式和定理。所以，以救国救民为己任的知识分子，特别是那些有国学素养的知识分子，选中了墨家学说作为社会科学研究中的热门，出现了“人人争言墨学”的局面。

五四运动后，“孔家店”被打倒在地，支撑中国社会精神生活两千多年的儒学失去了独尊的地位。西方涌入的形形色色的社会思潮充斥中国大地。“中国向何处去”的时代命题摆在以“先知先觉”自命的中国知识分子面前：是在东方再仿造一个“欧罗巴”，还是回归传统？具体说来，是“全盘西化”，还是“保存国粹”？知识分子以不同方式进行探索，反复比较。游欧考察的梁启超作《游欧心影录》指出“西方文明”的弊端，得出以中国文化传统防其弊端的结论，具有时代的先觉性。胡适等不失时机地提出“整理国故”，以理清旧文化精华和糟粕。在对五四新文化运动反思的时代潮流中，包含科学内容与科学精神，包含兼爱节用等“救时”学说，包含墨辩逻辑等合理思维方式的墨家学说,再次成为时代学人关注的热点,墨学研究出现了20世纪第一个高潮。20年代初墨辩大讨论中牵动学者层次之高——今文学派巨头梁启超、古文学派首领章太炎、西学巨擘胡适都参与讨论,并成为论战主角,是此时期"墨学热"的最好注脚。

抗日战争结束,国共两党再次对立,其结果是海峡两岸长久分离。中国墨学研究也因之进入两岸分流时期。大陆执政者错过了战后中心工作转移的大好时机,即由阶级斗争向经济建设转移的时机,不但造成了大陆经济落后于发达国家,更由于继续强调思想领域内的"阶级斗争",片面强调"为谁服务"的学术功利性,造成了社会科学研究的畸形发展,导致了墨学研究发展的不平衡性——那些离现实政治较远的墨辩逻辑、墨家科技研究片面繁荣,而称得上系统研究墨家社会思想学说的著作,17年间仅出现寥寥几种。知识分子思想改造运动所带来的对马克思主义思想方法的机械理解,不但使墨家思想学说研究中出现了"经济基础决定论"等形而上学研究倾向,也使得诸多墨辩逻辑研究中出现了"理论先行"的形而上学论说,即"摆着西方逻辑的架子,再把我们东方的文句拼凑上去做一个面子"①。詹剑峰《墨家的形式逻辑》可谓代表。墨学研究中再次出现"以西框中"的偏向。

台湾的墨学研究重复着上一时期的老路,60年代末开展的"中华文化复兴运动",对墨学研究有所带动。

"文革"结束后,新任领导提出改革开放政策,两岸对立情绪缓解,两地墨学研究逐步交流。大陆适应搞活经济而提出的

① 谭戒甫撰:《墨辩发微·序》,中华书局1964年版,第3页。

解放思想口号,带来了两方面的学术效应。一是知识分子丢掉思想包袱,墨学研究全方位展开,出现了墨家社会思想学说研究热潮,此期 20 余年间出版墨学著作 83 种,是上时期出版墨学著作 23 种的 3.6 倍。二是地方政府出于带动地方经济的主要目的,对地域文化研究给予经济支持,数次大型墨学研讨会的召开即此之结果。其声势之大,足以吸引世人耳目。但每次会议之高质量的学术论文比例不大,又显出此种“经济干预学术”的弊病。

台湾墨学研究力量主要集中在大学。基于“提高办学经济效益”而带来的大学教师高课业负担,使他们在讲授之余难有充裕时间从事科研,因而台湾出版的墨学著述多为讲稿,内容面面俱到而少有突破性见解。这从另一侧面体现出经济干预学术的弊端。

由上可见,不管是 20 世纪初科学、民主以救国救民的时代思想主潮,还是五四后“中化”“西化”之争的时代思潮,抑或下半世纪的政治主导学术、经济制约学术的时代主潮,都对墨学研究产生了决定性影响,从正面促进或从反面制约了墨学研究的正常开展,使 20 世纪墨学研究呈现出曲折进程。

(二)20 世纪墨学研究的启示

20 世纪墨学研究的兴衰成败,给予 21 世纪墨学研究者诸多启示。其最主要者有如下三点:

第一,处理好学术、政治、经济的三角互动关系。

由 20 世纪墨学研究的曲折发展可见,理顺政治、经济、学术三者关系,是墨学研究顺利开展的首要条件。强调“文以载道”的社会功能,是中国古代学术研究的一贯传统。这一传统使中国古代学术与王朝政治紧密关联。王朝用“选官”与“资助”等手段,对欲用之学说大力支持,对不用之学压制打击,甚至利用强暴手段予以禁止。其结果,导致了某些学说(如儒学)的畸形繁荣,造成了某些有历史价值的学说和方法湮没失传。墨学也曾在两千余年间不绝如缕,使甚有科技价值、逻辑学价值的《墨经》差点失传。政治对学术过分干预的弊端,莫过于大陆五六十年代的阶级斗争,它使某些学科研究几成空白。由此可见,学术不能成为政治的附庸。在社会上层建筑领域,它们应是并列平行关系,应是相互为用的互助互动关系。学术研究为新执政王朝提供理论基础,提供法律依据,提供调节人际关系的伦理道德模式。而王朝以政治手段对学术研究提供政策保证和舆论支持。对那些暂不使用的学派学说,也须支持其继续研究,扶助其持续发展。某些学说的价值和作用,囿于历史局限,一时不能看清时,也不可限制打击,或许十余年、数十年后,它的社会功用和实用价值就会凸现出来。在这一点上,美国已为我们做出了榜样。学术短视,政治高压,往往使那些有潜在价值的学说难以发展甚至泯灭,给人类带来不可估量的损失。

学术研究需要经济资助,而经济发展,又需要学术研究提供理论支持。经济发展的方向、前景,以及阶段性的问题及对策,都需要通过学术研究来解决。具体到离经济学稍远的传统学术研究,它也可为经济发展、经济管理、解决经济难题提供思维模式,提供方向性指导。

经济、政治、学术处于三角互动的平行关系,它们是社会存在和发展的三大支柱。处理好其间关系,便可使政治稳定,经济发展,学术繁荣;反之,政治易陷入迷途,经济发展会受到阻碍,学术研究也会陷入困境。

由此看来,21 世纪的墨学研究,首先需要国家政治政策的继续支持,需要在“百花齐放,百家争鸣”政策下的自由发展。同时,国家和社会应投入一定经济财力予以支持。而墨学研究也应该像世纪初解决“科学、民主”的时代课题那样,为 21 世纪的“和平与发展”提供理论支撑。

第二,确立好 21 世纪墨学研究课题。

为适应 21 世纪“和平与发展”时代主题的需要,21 世纪墨学研究应继续在社会思想与墨辩研究方面加大力度。

《墨辩》六篇,经 20 世纪学者的整理和研究,解决了旁行读、牒经标目字规律等体例问题,基本弄懂了名墨訾应的诸多辩题,以及具体《经》文、《经说》文的断句、校勘、释读问题,大体明白了其中所蕴含的某些科技内容和逻辑定理与辩说方式。但是,科技蕴意的挖掘是否还留有空间?这种用西方科技知识比附解释《墨经》的方式是否恰当?特别是处于战国时期的墨家,为什么能特立于其他诸家之上,对诸多科技问题做出如此“超前”的论说?仅用其“出身于工匠”“有制造军事守御器械实践”等猜测是否能说明主要原因?墨家科技成果的取得与《考工记》等所总结的上古科技知识的关系怎样?对两汉方术发展的影响如何?等诸多问题,需要 21 世纪的墨学研究做出回答。

20 世纪学者或比照西方近代逻辑学说,或参考佛家因明三支,来比附解说墨辩逻辑,来诠释《墨辩》六篇,这种方式是否恰当?墨辩逻辑体系是否可用西方近代逻辑体系来比况?若可比况,为什么会在公元前三四世纪同时出现墨辩逻辑和亚里士多德逻辑学说两个中心?若不可比况,墨辩逻辑不同于亚里士多德逻辑体系的特质是什么？另外，墨辩逻辑的学术渊源是什么？它对后世思维有什么影响？它与佛学传入而兴盛的因明学在发展中处于什么关系？墨辩逻辑在新时代的思维价值何在？等等问题，也需要 21 世纪学者予以研究。

20 世纪墨家社会思想学说研究，基本处于勾勒、归纳《墨子》条文、解说文句文意的浅层次状态，所以它给 21 世纪墨学研究留下的任务更为艰巨。墨家社会思想学说研究的突破点何在？是否像墨家科技、墨辩逻辑那样，简单地用卢梭“民约论”等西方社会学说来比附就能解决问题？20 世纪墨学研究中提出的《墨经》诸社会学论说是《墨子》“十论”纲领的观点是否正确？它是否可作为墨家社会思想学说研究的突破点？20 世纪出土简帛等文献中哪些与墨家学说相关？墨家社会思想学说的社会价值何在？它为什么在人文思潮兴盛的战国前期又重提天志鬼神？它在汉武帝“独尊儒术”后对中国古代思想学术发展的影响何在？它对 21 世纪“和平与发展”主题有何积极作用？以上诸多问题，都需 21 世纪墨学研究者予以解答。

墨学史研究是 20 世纪墨学研究的薄弱点，虽有 20 年代末墨子国籍大论战，但在其他方面的研究投入不多，许多基本问题尚未理清。如墨学是否源出于“清庙之守”？史角后人尹佚是否真把“庙守之学”传给墨子？其学说内容是什么？墨家为什么推崇大禹？战国时代是否有“大禹学”在流传？从文化角度讲，墨学与孔子所说的“山川守文化”和“社稷守文化”有何关系？它应属哪种文化遗存？前后期墨家学说是否合理？前期墨家是否与《墨子》“十论”有关？后期墨家是否与《墨辩》六篇有关？墨学流派的分合怎样？后期墨家与各诸侯国关系怎样？他们在哪些方面发展了墨翟的学说？墨家是否真与游侠有渊源关系？以上问题，也有待于21世纪墨学研究者予以澄清。

第三，选择好21世纪墨学研究方法。

学术研究的突破，一靠新材料的发现，二靠选择合理的研究方法。20世纪墨学研究的突破性进展，如墨家科技、墨辩逻辑、墨家思想研究的突破，都赖于借用西方近代研究方法。所以，寻求新的研究方法，仍是21世纪墨学研究欲有突破性进展的关键。

20世纪墨家科技与墨辩逻辑的突破性成果的取得，大多赖于那些既掌握了西方近代科技知识，又具有坚实的国学根柢的学者。所以，多学科交叉研究，仍是21世纪墨家科技研究和墨辩逻辑研究应继续使用的方法之一。

比较研究的方法也被20世纪墨学研究者用于墨家思想学说研究，并取得显著成果。比较研究可使某些问题在多维坐标中表现得更加明晰。所以，比较研究，不但是21世纪墨家科技、墨辩逻辑研究应继续使用的方法，也应是墨家思想学说、墨学史等研究中使用的方法之一。

其他如文化学方法、“反映论”方法等，对解决墨学研究中的某些具体问题都会有积极作用。灵活地选取多种研究方法，是21世纪墨学研究取得突破性进展的需要。

总之，处理好政治、经济、学术研究的三角互动关系，选择合理的墨学研究方法，确定墨学攻坚课题，21世纪的墨学研究就一定能取得突破性进展！

墨学研究方法的近代化历程*

战国时期，儒墨并称显学。秦汉以降，墨学沉寂近2000年，至清乾隆年间渐次复兴。自乾隆至今200余年间，产生了330余种墨学著作，是其前近2000年间墨学著作的10倍。墨学复兴不仅表现在数量上，更表现在研究范围和研究质量上。这330余种墨学著作，不仅仅像其前墨学著作那样只有整理校释和评点，更涉及了墨学史考证、墨学“十论”研究、墨辩逻辑研究、墨家科技研究、墨家军事学研究等方方面面；这些考证和研究，不但勾画了墨学发展的历史脉络，理清了墨家学说的思想内容，更揭开了2000年来无法破解的墨辩逻辑、墨家科技论说的神秘面纱。这种种成就的取得，不但与儒学独尊局面的打破、西方民主与科学思想的传入有关，更与墨学研究方法的改进紧密关联，与近现代人立足于传统研究方法而吸收西方研究方法来治墨息息相关。

一、清儒注墨中以书证求义的朴学方法

自孔子解说六经起创立的典籍阐释模式，至汉代分化成

---

* 本文原载于《文史哲》2001年第6期。

“发挥经义”的今文经学研究方法，和“循经求义”的古文经学研究方法。古文经学家这种试图通过诂字训词来探求经典原意的研究方法，魏晋起被学人奉为圭臬，致使群经注疏之学大兴。至宋儒解经，不满足于这种“循经求义”的烦琐、呆板方法，重倡今文经学方法以治经，并逐步发展成“离经说义”的宋学研究方法。宋学研究方法增字解经，望文生说，辄用“叶音”，甚至径改经文，主观随意性太大，使某些解说离经典原意太远。所以，清儒抛弃此法，复用举例为证的汉代古文经学方法并加以发挥，引用众多的古书实例来证明字义、注释音读、校理错字错简，从而推求经典义理，被称为“书证求义”的朴学方法。

清儒用“书证求义”的朴学方法来校理古籍，在经史子集各部的整理中取得引人瞩目的成就。作为子部重要著作之一的《墨子》，也被毕沅、王念孙、孙诒让等用此“书证求义”法来整理校注，从而改变了两千年来《墨子》不可释读的局面。

“书证求义”法运用的关键在于广求书证来校勘字句、解说字词、疏释典章，从而推求文义。今以孙诒让《墨子间诂·公孟》所载“昔者，楚庄王鲜冠组缨，绛衣博袍，以治其国”①之“绛衣博袍”句的清代诸家注释为例，来看清儒对此法的运用。

毕沅等注释此句，因《太平御览》所引为“褒衣博袍”，故对“绛衣博袍”之“绛”字提出怀疑。② 王引之接过这一疑点，连举《集韵》《汉丹阳太守郭旻碑》《尚书·洪范》《礼记·儒行》

① 孙诒让撰：《墨子间诂》，《新编诸子集成》本，中华书局1986年版，第414—415页。

② 参见孙诒让撰：《墨子间诂》，《新编诸子集成》本，中华书局1986年版，第415页。

《庄子·盗跖》《荀子·非十二子》《荀子·儒效》《列子·黄帝》《淮南子·齐俗训》《淮南子·氾论训》中十条书证，来证明“绛”乃“缝”之形误，缝衣即大衣，从而解决了毕沅提出的疑问。孙诒让作《墨子间诂》，认为“缝衣”和“博袍”还有问题需解说，又以《周礼·春官·司服》郑玄所注士之衣袂、袪形制，及“大夫以上侈之”之制，来推演楚庄王“缝衣”之制式。[①] 至此，“绛衣”之误，缝衣之宽大，及宽大的具体制式，都已圆满解决了。

但王念孙于此句又别作辩解，引《公羊传·哀公十四年》“反袂拭面，涕沾袍”之何休注，以明此句之“袍”字非人们习惯上所指的长衣，而是指衣前襟。可是孙诒让反驳此说，因此文下有“以治其国”句，故说此“袍”当指“听治之服”，而非“燕居之服”，不是《广雅·释器》所指的“长襦”；并进一步指出任大椿《列子释文考异》以“汉晋后朝服绛纱袍”来释“缝衣博袍”的错误。[②] 至此，此“袍”字指衣前襟而非谓“长襦”，也得到确认。

由以上引述可见，毕沅表示自己对“绛衣”的怀疑，王引之证明“绛衣”乃“缝衣”之形误，孙诒让考证“缝衣”之形制、反驳“袍”字指“衣前襟”等，都是运用“书证求义”的朴学方法，即寻求古书例证来证明自己的观点和反驳他人论说。阅读《墨子间诂》中所有校注可见，清儒注墨，都基本运用这种旁搜书证以解说、辨证的朴学方法。翻检清儒所注他书，亦基本用

---

① 参见孙诒让撰:《墨子间诂》,《新编诸子集成》本，中华书局 1986 年版，第 415 页。

② 参见孙诒让撰:《墨子间诂》,《新编诸子集成》本，中华书局 1986 年版，第 415 页。

此方法。此法虽源于汉代古文经学研究方法，但清儒在运用中搜求的书例更多，并且注意了因一字多义而导致的不同书例的辨析，因而显得比汉儒注经更加缜密，治学态度更加严谨，更加具有实事求是精神。

从逻辑角度讲，清儒注书所用的这种书证方式，基本上属于归纳法。所举书证愈多，愈近于完全归纳，其结论愈可靠；反之，所举书证愈少，愈近于枚举归纳。枚举归纳的可靠程度，在于所举例证代表性广泛与否，它的结论往往是或然的。故清儒注书为文，讲求"例不足十，不足为证"，即追求近于完全归纳以增强结论的可靠性。王引之、孙诒让等穷搜书证以注"绛衣"，意即在此。

但是，清儒这种近乎完全归纳式的穷搜书证的注书方法，看似结论可靠，却因存在方法论缺陷，其成果也有可疑处。如上举看似结论十分可靠的"绛衣博袍"之校注，所搜求的书证，都是汉儒臆想中的，或自汉后才推行的、盛行于中原风化区的儒家服制的记载。而《墨子·公孟》载墨子言齐桓公"高冠博带"、晋文公"布衣""羊裘"、楚庄王"绛衣博袍"、越王勾践"剪发文身"而皆使其国大治，是为了证明"行不在服"。其结论是"其服不同，其行犹一也"[①]，已明言上述四君服制不一。而清儒用汉后才盛行于中原地区的一统服制，来比证秦汉前楚地君王的特殊服制，与《墨子》所言四君服制不同的本意不合，犯了形而上学的方法论错误。

王念孙以"袍"指衣前襟，所据为《公羊传·哀公十四年》

① 孙诒让撰：《墨子间诂》，《新编诸子集成》本，中华书局1986年版，第415页。

载:孔子闻薪采者获麟后,“反袂拭面,涕沾袍”,何休注“袍,衣前襟也”。[①] 今查“袍”字在现存先秦典籍中使用不多:(1)《尚书》《老子》《孟子》《荀子》《韩非子》《吕氏春秋》中均无“袍”字(见各书之《引得》)。(2)《诗经》中仅一见:《秦风·无衣》“与子同袍”,毛传“袍,襺也”。[②]《说文》曰:“以絮曰襺,以缊曰袍。”[③]是此“袍”指旧絮做的棉长衣。(3)《论语》《庄子》中“袍”字均仅一见:《论语·子罕》“衣敝缊袍”[④],《庄子·让王》“缊袍无表”[⑤],此“袍”均指旧絮做的棉长衣。(4)《墨子》中亦仅此一见。(5)《春秋》及“三传”中仅《公羊传》“涕沾袍”一例,而何休却注为“衣前襟”,故后人以“袍”指“衣前襟”为特例,而有改经文为“涕沾衿”者,如唐徐彦《公羊传(哀公十四年)疏》。[⑥] 今按何休此种注法,当明古汉语中以整体代局部的修辞手法。泪涕下流,故沾湿所穿袍之前襟。这是词语的特殊用法。王念孙不查词语特用、通用之别,以特用注通用,故误。

联系20世纪出土楚帛画中人物服饰,参以先秦古籍相关记载,王念孙注“袍”字之误更为了然。若此“绛衣博袍”之“袍”字指衣前襟,则此“博袍”当指楚庄王衣前襟肥大。但本

---

① 何休解诂,徐彦疏:《春秋公羊传注疏》,《十三经注疏》本,中华书局1980年版,第2353页。

② 毛亨传,郑玄笺,孔颖达疏:《毛诗正义》,《十三经注疏》本,中华书局1980年版,第373页。

③ 许慎撰:《说文解字》,中华书局1963年版,第170页。

④ 何晏注,邢昺疏:《论语注疏》,《十三经注疏》本,中华书局1980年版,第2491页。

⑤ 曹础基:《庄子浅注》,中华书局2007年版,第342页。

⑥ 何休解诂,徐彦疏:《春秋公羊传注疏》,《十三经注疏》本,中华书局1980年版,第2353页。

世纪出土帛画中男女人物服饰,前襟皆不肥大。1973 年 5 月长沙子弹库 1 号墓出土楚帛画“人物御龙图”,图中男子侧立,衣袖遮住了前胸至腰际。[①] 若其前襟肥大,是不会被袖子遮住的。1949 年 2 月长沙陈家大山楚墓出土“人物龙凤图”,图中女子双手上举,露出的衣前襟清楚可见,并不肥大。[②] 但这两图却无一例外地画出,男女主人公那长长的外衣下摆特别肥大,以致作堆积上卷状。那么从中可看出,外衣长长,上部特瘦,而下摆特肥,是楚地男女服饰之通俗。联系《韩非子·二柄》“楚灵王好细腰而国中多饿人”[③]的记载,更可见楚服以上身紧瘦为美。又考这种上身紧瘦之服并非仅限于女子。《墨子·兼爱中》曰:“昔者楚灵王好士细要(腰),故灵王之臣,皆以一饭为节,胁息然后带,扶墙然后起。”[④]《兼爱下》所载略同,是楚地男士亦穿紧瘦上衣。灵王即位上距楚庄王辞世仅 50 年。而据民俗学家研究,没有外来文化冲击,某文化圈之服饰在短时期内不会有重大突变。那么书载楚灵王好细腰,当谓其特别提倡,从中更可见此俗渊源已久。准此,楚庄王时服饰风俗,当与楚灵王时服饰以及楚帛画所示相差不多。民风所然,乃上好所致。那么“博袍”当指楚庄王长衣下摆特肥,而王念孙注“博袍”之“袍”为“衣前襟”便是错误的了。

翻检清代《墨子》诸注,大都采用王引之、孙诒让等人这种

---

① 参见杨宽:《战国史(修订本)》,上海人民出版社 1980 年版,图版 14。

② 参见张正明:《楚文化史》,上海人民出版社 1987 年版,图版 18。

③ 梁启雄:《韩子浅解》,中华书局 1960 年版,第 45 页。

④ 孙诒让撰:《墨子间诂》,《新编诸子集成》本,中华书局 1986 年版,第 97 页。

穷搜书证以归纳结论的注释方式。翻检其他清代古籍注释，亦可看出此法是清人注书的基本方式。这种书证方式中融涵的扎实考证精神，为后人注书立下了一种可靠范式。但是，由于清儒注书过分单一地使用书证归纳法，而还不知运用其他方法，故亦有让人诟病处。如他们不能用文化学的方法，因而忽略了上古地域文化风俗差异，出现了不少类似上述“博袍”注之类的错误；再如他们缺乏历史演变观念，因而忽视了礼制、服制的朝代变化，出现了不少类似上述以后世服制注前人服饰之类的错误；并且他们所举的证据是书本例子，即前人关于古书或社会现象的解释，而不是事物本原，不是社会生活实例。这些都成为中国传统注释学，乃至整个传统学术方法的通病。所以，传统学术方法的改革迫在眉睫。

二、梁启超治墨时对西学方法的尝试

学术方法的发展和变革，有待于时代文化的巨变，有待于学术新人的出现。站在时代前列的学者，往往能感受时代主潮，“预流”学术方向，采取新的学术方法，因而取得超越前贤的成果。梁启超治墨，就是此例。

鸦片战争后，在引进西方科技的同时，西方思想涌入，西学方法也渐次介绍到中国来。晚清学者注墨，已注意利用西方科技成果来比照墨学内容，如邹伯奇《墨子经说》、陈澧《东塾读书记》中的《墨子读书记》、杨葆彝《墨子经说校注》，特别是张惠言的《墨子经说解》，皆能不同程度地借用从西方引入的光学、力学、数学知识来注墨。但这种改变却仅是用西方科技知识部分地代替了传统的书证内容而已,所用仍是书证注墨方式,没有方法论的突破,更没有析论式的墨学义理研究论著。

梁启超则不然。他能渐次学用西学方法来注墨、研墨,使墨学研究方法开始发生近代化转变。

梁启超的墨学研究可以分为前、后两期。1904年,他于《新民丛报》上相继发表了《子墨子学说》和《墨子之论理学》,后被坊间汇刻为《墨学微》。这是前期。1920年梁启超游欧归国至1922年,他相继写成并出版了《墨子学案》与《墨经校释》。这是后期。

梁启超所用的治墨方法也分前、后两期。前期所用,主要是西学论著结构下的传统书证方式。这突出表现在他的《子墨子学说》中。

《子墨子学说》前有《叙论》考述墨子活动年代及其社会特点和学术背景,以下分六章依次梳理了《墨子》所包含的宗教思想、实利主义、兼爱主义、政术、实践精神和学说影响、墨学传授系统。每章下再分节论述。这种结构方式,无疑是西方论著方式。

该书每章的章目名称,也多借西方词语。如讲墨家之天志、明鬼、非命诸说,章目却取"墨子之宗教思想"①;如讲墨家"交相利"学说,章名却取"墨子之实利主义"②;如发挥墨家尚同学说,章名却取"墨子之政术"③;等等。节名亦如此,如"墨子之兼爱主义"下,分中西宗教家哲学家爱说之比较、墨子兼

---

① 梁启超:《子墨子学说》,中华书局1936年版,第4页。

② 梁启超:《子墨子学说》,中华书局1936年版,第18页。

③ 梁启超:《子墨子学说》,中华书局1936年版,第37页。

爱说之梗概、墨子兼爱说之批评三节①,节名亦多用西方语词。

另外,各章节论述中,也有借用西学方法者。如第一章第一节中,仿日本高濑武次郎《杨墨哲学》,将中国古籍中所论之天,综合分析为“有象”“无象”之天;“无象”之天又析为“有灵”“无灵”之天;“无灵”之天又析为“运数因缘”的“命”天,与“原则理性”的“理法”天。② 这样的分析论说,中国古代也有过,但没有如此细密,没有这么多的层次,没用这种列图表现方式。这实际上是借用了西学方法中的析论方式,因而显得层次分明且逻辑严密。

梁启超还取用了西方的比较论析方法。如第三章第一节中,将印度“外道”的爱灵魂不爱躯体、希腊阿里士帖菩(Aristippus)和伊壁鸠鲁(Epicurus)及中国杨朱的绝对自爱而不顾他人、儒家的亲亲尊尊等差之爱、墨子及耶稣的无等差之兼爱、佛家的普爱众生,逐一列出以做比较。③ 这实际上是仿效西学论著中的比较方法。

可是,细读《子墨子学说》我们就可以发现,这类新的论述方法的使用,在书中还少之又少。大量使用的,仍是清儒排比书证的论说方式。大部分章节下(第四、五、六章不分节),都是先提出一论点,接着排列《墨子》书中相关原文,然后略加综说。这实际上是对传统的古文经学家“循经求义”的注经方法和今文经学家“发挥经义”的解经方式的引申。

梁启超这种在西学结构形式下、基本套用古今文经学方法

① 参见梁启超:《子墨子学说》,中华书局 1936 年版,第 29—34 页。
② 参见梁启超:《子墨子学说》,中华书局 1936 年版,第 4—5 页。
③ 参见梁启超:《子墨子学说》,中华书局 1936 年版,第 30—31 页。

以为主要论述方式的前期治墨方法,与他的学术经历有密切关系。梁启超自幼受传统私塾教育,12 岁中秀才,17 岁中举人;15 岁入广州大书院学海书堂钻研汉学,从事考据,受到古文经学方法的系统训练;18 岁经陈千秋介绍结识今文经学大师康有为,遂入广州万木草堂研习今文经学、心学及西学,在帮助康有为撰写《孔子改制考》等书时,学得今文经学的精要;其后参与变法,"百日维新"失败后亡命日本,办《清议报》《新民丛报》等以介绍西方思想学说及学术方法。因此,他能在此期治墨中并用中西学术方法,兼用古、今文经学方法。

在梁启超研究《墨子》,写作《子墨子学说》的 1904 年,虽然西方科技成果和思想学说已被大量介绍到东方来,但学术研究方法的系统传入,却是十数年后的事情。所以,这时的梁启超只能从传入的西文著述中,自己感悟一些新的学术方法,而运用到治学之中。毋庸讳言,梁启超这时学到的,只是西方学术方法的皮毛。当然,这时的西方学术方法,也正处在日新月异的发展中,有些方法并不完善,有些方法还没上升到理论的高度加以总结。所以,梁启超前期的治墨方法,只能是在西学方法外表下,对传统古今文经学方法的发展运用。

梁启超治墨后期,其学术方法有了大的改观。这从他的《墨子学案》中可以清楚看出。写于 1921 年的《墨子学案》,虽仍用西学结构方式分章论述,但每章的论析,却不再像《子墨子学说》那样主要排比书证,而是用论析方法来架构文章。所引书证,不但形式上变短、夹于论析语言中,且在内容结构上,都成为所论观点的有机组成部分。

在研究方法上,《墨子学案》除像《子墨子学说》那样运用解析法、比较法外,还能结合墨学所处的社会文化现状,用历史发展的眼光,去分析墨家学说的生成与时代思想文化的关系。如第一章中的《墨子的环境及其学说渊源》,从制度变革、社会风气、动乱现状、贵族奢侈、墨翟位卑、对孔子老子学说的反动等方面,去分析墨家各种学说主张产生的社会原因和文化原因。①

从逻辑角度看,梁启超前期治墨,多用传统的归纳法,如《子墨子学说》中关于墨家思想的大部分章节,都是先举出书证,然后归纳作结;其第六章《墨学之传授》,亦先排比《墨子》书中相关言行,来归纳墨子弟子表谱,然后搜集先秦书证,考察墨子后学。② 但其中亦间或有演绎推理,如《墨学之传授》考证宋钘、尹文一派为墨家流派,举《庄子·天下》《孟子》《韩非子·显学》所载其派禁攻寝兵之说而论定。③ 这是先基于"非攻为墨家独家学说"这一大前提而作的推理,是演绎推理。不过,这类推理方式在《子墨子学说》中运用较少。而到了梁启超后期墨学著作,如《墨子学案》中,演绎推理比例明显增加。如第二章《墨学之基本观念——兼爱》中,关于"别君""别士"的证明,关于兼爱社会的论定,关于非攻的区别等④,都用演绎推理方式或其变式来论证。

更为可贵的是,梁启超治墨后期所作的整理著作《墨经校释》,能够做到在传统书证方式基础上,古、今文经学方法兼用,中西方法皆取。如其释《经上》"故,所得而后成也"及相应《经说》文字,先曰"《说文》'故,使为之也'",这是传统书证

---

① 参见梁启超:《墨子学案》,商务印书馆 1921 年版,第 4—19 页。
② 参见梁启超:《子墨子学说》,中华书局 1936 年版,第 48—53 页。
③ 参见梁启超:《子墨子学说》,中华书局 1936 年版,第 52—53 页。
④ 参见梁启超:《墨子学案》,商务印书馆 1921 年版,第 15—27 页。

式;其下曰“加热能使水蒸为汽,加冷能使水凝为冰。汽,得热而成;冰,得冷而成也。故曰:‘故,所得而后成也。’”这虽也是以例证法注书,但例子已不是传统的书证,而是饱含了科学原理的生活实例。其后综释《经》《经说》文曰:“此条论因果律,实论理学上最重要之问题也。‘故’为事物所以然之故,即事物之原因。原因分两种:总原因,谓之‘大故’;分原因,谓之‘小故’。”以下又举眼能看见物体的五个条件(即原因)来解释“大故”“小故”的区别和逻辑含义,最后说:“佛典《唯识》《俱舍》诸论,皆言眼识待八缘而生。可知‘见之成见’,其故实繁。”①这段注释,从形式上看,是今文经学家解经的章句法;其举佛典为证,又似古文经学家的书证法;以佛典《唯识》《俱舍》与《墨经》之论比照,是比较法;以生活中通常的能否“看见”之条件为例,来证“大故”“小故”之别,这是西方实证方式;而其中对能否“见”之五种条件的分析,又似西方解析法。翻检《墨经校释》可见,这种古今文法兼用、中西方法皆取的注书方式,已成为该书的基本注释方法。它代表了梁启超后期治墨方法的重要变化——他已能较熟练地融合中西学术方法来研究墨学。

总观梁启超的治墨方法,有一个从生硬套用西方形式到熟练融合中西方法的发展过程。这一过程,是清末进步知识分子学习西方学术方法的艰难历程的缩影,具有可贵的时代意义。西方文化输入中国,以科技知识最早,科学理论次之,社会学说又次之,包括学术方法在内的思想方法论的输入为最后。引发中国文史研究方法大为改观者,论者咸推 1919 年 2 月胡适《中

① 梁启超:《墨经校释》,商务印书馆 1922 年版,第 2—3 页。

国哲学史大纲》①的出版，它使中国学术研究突破经学的藩篱而步入近代化时代。而梁启超却能在那个日新月异的文化转折时代，先于胡著15年，在《子墨子学说》中尝试运用西学研究方法，开创墨学义理研究新门径，这实属可贵！梁启超并能在胡著面世而使义理研究著述中的近代方法确立，但注释整理著述中传统方法依旧故我的形势下，在《墨经校释》中探索出古今文法兼用、中西方法皆取的注书新途径，成为注释学的新范式。这种开学术风气之先的做法，在中国学术方法发展史上应予特别重视。

三、胡适的中西相融治墨方法

胡适是完成传统学术方法向近代化学术方法转变，建构中国近代化学术方法框架的时代学术巨匠。他于1915年9月至1917年4月在美国哥伦比亚大学完成的博士学位论文《先秦名学史》中，用西方析论方式，对先秦诸子的逻辑方法做了分析论述。1917年至1918年，又在此基础上，结合他在北京大学的主讲课程，加工成《中国哲学史大纲》第一卷。如果说，在《先秦名学史》中，胡适还为了答辩需要，有意识地多用导师的实验主义研究方法的话，那么在《中国哲学史大纲》中，他则能挥洒自如地融汇中西学术方法，将二者有机结合，创立了中国近

---

① 参见熊十力：《纪念北大五十周年并为林宰平先生祝嘏》，《国立北京大学五十周年纪念一览》，北京大学出版部，1948年。又见王法周：《胡适〈中国哲学史大纲〉与中国现代学术》，《现代学术史上的胡适》，生活·读书·新知三联书店1993年版。

代学术方法的新范式。这种新范式包含的主要方法有三:即实验求证的材料考辨方法,明变求因的解析研究方法,发展流变的历史系统方法。这三种方法,在他的《中国哲学史大纲》中都有成功的运用。今以其中的墨学研究为例,来看这三种方法。

胡适遵从杜威实验主义规范,从事学术研究时首重材料考辨。他在《中国哲学史大纲·序言》中强调,研究哲学史的"根本工夫,叫做述学",即研究材料的考辨和整理。他把研究材料分为"原料"(各哲学家的著作)和"副料"(有关哲学家及其著述的其他材料)。两者在使用前都须考辨真伪。考辨方法有五种:史事真伪法、文词特点法、文体特点法、思想鉴别法、旁证法。审定后的材料须经校勘、训诂、贯通(即会通材料内容,理解思想脉络)的三步功夫。至此"述学"完成,才进入明变、求因、评判的系统研究阶段。①

胡适的文史研究都遵循这些方法和步骤。他治墨先从考证墨翟与今本《墨子》的关系入手。考定墨翟生在公元前500年至公元前490年间,当孔子50岁至60岁时;死在公元前425年至公元前416年间②;从而为以下的明变、求因、评判等研究提供时间坐标。胡适第一次把今本《墨子》53篇分为五部分,指明哪些部分是研究墨翟等前期"宗教墨家"的"原料",哪些是研究后期"科学墨家"的"原料",哪些材料不可靠③,从而为

① 参见胡适:《中国哲学史大纲》,《胡适学术文集》,中华书局1991年版,第14—28页。

② 参见胡适:《中国哲学史大纲》,《胡适学术文集》,中华书局1991年版,第101—103页。

③ 参见胡适:《中国哲学史大纲》,《胡适学术文集》,中华书局1991年版,第106—107页。

其下对墨家学说的析论奠定坚实的材料基础。非唯立论，胡适的驳论亦往往从驳对方使用的材料入手。如其驳孙诒让所考墨翟年代之误，首先指出孙氏依据的原始材料——《墨子》中的《亲士》《鲁问》《非乐上》“都是靠不住的书”①，来一个釜底抽薪，使人不得不信服。

胡适这种首重研究材料考辨的实证精神，来源于杜威的实验主义；而他的考辨方法，又是对中国古代传统辨伪方法的继承。胡适材料考辨五法中的“史事真伪法”和“文词特点法”，西汉刘向、刘歆父子在古籍辨伪时已先用之②；其五法中的“思想鉴别法”，东汉马融辨《尚书》中《秦誓》之伪时已先用过③；五法之“旁证法”中胡适特别强调的“引文观察法”，马融辨《秦誓》时也曾用过（同上）；五法中的“文体特点法”，刘勰《文心雕龙·明诗》辨所传李陵、班婕妤五言诗之伪时既已用过④。胡适自 4 岁入塾，19 岁出国，其间 15 年对国学系统学习和钻研，因而能驾轻就熟地运用传统的辨伪方法，在实验主义实证精神指导下，创造出中国文史研究近代方法中的材料考辨方法。

将材料考辨证实、贯通理解后，便进入明变、求因和评判的系统研究阶段。胡适在《中国哲学史大纲·序言》中称：“把各

① 胡适：《中国哲学史大纲》，《胡适学术文集》，中华书局 1991 年版，第 102 页。

② 参见郑良树：《古籍辨伪学》，台湾学生书局 1986 年版，第 66 页。

③ 参见孔安国传，孔颖达疏：《尚书正义》卷十一引马融《书序》，《十三经注疏》本，中华书局 1980 年版，第 179—183 页。

④ 参见范文澜注：《文心雕龙注》，人民文学出版社 1958 年版，第 66 页。

家的学说,笼统研究一番,依时代的先后看他们传授的渊源,交互的影响,变迁的次序:这便叫做'明变'。然后研究各家学派兴废沿革变迁的原故:这便叫做'求因'。然后用完全中立的眼光,历史的观念,一一寻求各家学说的效果影响,再用这种种影响效果来批判各家学说的价值:这便叫做'批判'。"①

胡适对墨学的"明变",是从儒墨学说比较入手的。胡适在"述学"时已考出墨翟生在孔子60岁前,又与孔子同为鲁人,所以他信从《淮南子·要略》说,谓墨翟先学儒业,后因儒家尚"文",礼烦、厚葬、久服、重乐、信命,不利于上治下事,故改从夏之"质",与儒家针锋相对地提倡节葬、节用、非乐、非命;又针对儒家不言鬼神而倡明鬼、崇天志,而成为"宗教的墨学"。② 胡适又分析,墨翟倡导的这些学说,都是针对当时的社会实际,为了民众的实利,所以他提倡检验学说的"三表法",即看其是否上合古圣王成功经验,中合国家治理实践,下合百姓民人之利。③ 这种以经验和应用为基准的思想方法,导致了墨家后学在"宗教的墨学"之外,又产生出总结论辩逻辑、研究科技知识的"科学的墨学",即"别墨"一派。"别墨"是后期墨家,他们的许多论辩命题都与惠施、公孙龙的辩题相联系。④ 胡适在这样阐明墨家学说产生、发展、变化、影响,在做"史"的

---

① 胡适:《中国哲学史大纲》,《胡适学术文集》,中华书局1991年版,第29页。

② 参见胡适:《中国哲学史大纲》,《胡适学术文集》,中华书局1991年版,第101—106页。

③ 参见胡适:《中国哲学史大纲》,《胡适学术文集》,中华书局1991年版,第112—116页。

④ 参见胡适:《中国哲学史大纲》,《胡适学术文集》,中华书局1991年版,第127—156页。

线性研究，即在“明变”的同时，又将“求因”贯穿其中，做逻辑的横向研究，分析墨家产生的主要原因在于对儒家学说的反动，分析后期墨家科学论说的出现在于对墨子“三表法”之求实精神的继承等。这样，胡适联系当时的学术背景，对墨家和墨家学说做了纵横两方面的论述和分析。并在论述和分析中使用了比较法（如儒家对立观点的比较）、考证法（如墨子年代考）、解析法（如对“三表法”的分析）、表谱法（如对墨辩逻辑辩式的解说）等①，在为后世树立研究方法范式的同时，也树立起著作论述方法的范式。

这就是胡适“明变求因”的解析研究方法。

胡适不把墨家学说当作一种孤立的学术现象，而是把它置于先秦诸子学说发展中做历史系统的研究。他的《中国哲学史大纲》第一卷以先秦诸子的哲学方法为主要研究对象②，依次研究老子的无名论、孔子的正名论、墨子的论辩逻辑、庄子的思辨逻辑和荀子的名辩逻辑，并试图寻绎名辩逻辑、论辩逻辑、思辨逻辑的内在联系和发展线索，勾画墨学方法在整个先秦哲学方法发展中的位置和作用。又谓“别墨”于孔子“有名”与老子、杨朱“无名”之间，别寻出一种“执中”的名学，以研究名与实在名学上的作用，对先秦名辩逻辑做出了贡献；谓“别墨”创立了效、辟、侔、援、推等种种逻辑推理方法，奠定了论辩逻辑基

---

① 参见胡适：《中国哲学史大纲》，《胡适学术文集》，中华书局 1991 年版，第 101—145 页。

② 胡适在《先秦名学史》中说：“哲学是受它的方法制约的，也就是说，哲学的发展是决定于逻辑方法的发展的。”（《胡适学术文集》，中华书局 1991 年版，第 770 页）基于这种认识，他的《先秦名学史》和在此基础上改成的《中国哲学史大纲》第一卷，都以研究先秦诸子哲学方法为主。

础;谓墨家名学论“法”的观念,上承儒家“象”的观念、下开法家“法”的观念;谓墨子的实用主义和三表法,经后期墨家发展,深深影响了以后诸子各派等。[1] 这些论说,试图在梳理先秦哲学方法诸命题的发展递变中,凸现墨学的作用。

这是胡适哲学史研究中的“发展流变”的历史系统方法。

在胡适所创立的实验求证的材料考辨方法、明变求因的解析研究方法、发展流变的历史系统方法中,体现着中西学术相融的文化精神。西方实验主义哲学方法重实验、重科学论断的坚实材料基础,这给胡适的学术研究以方法论指导;而清儒所承汉学重书证的解释、考证方法,以及古籍辨伪等整理古籍、研究学术的传统方法,给胡适学术研究以方法论的借鉴。西方实验主义哲学重实验过程、认为某历史阶段的每一结论都是学术发展中的暂时假设的观念,启迪胡适学术研究中明变求因、发展流变学术方法的创立。深厚的国学根柢、系统的实验主义学说的训练、研究中首重哲学方法的考察等等,这诸多条件的兼备,使胡适能够创造出中西相融的学术研究方法模式。

结　语

综上所述,可以看出发生在 20 世纪之交的墨学研究方法的近代化历程:毕沅、王引之、孙诒让等清儒治墨,发展了汉代古文学家的书证归纳方法,使其达到甚为完满的境地,在《墨

① 参见胡适:《中国哲学史大纲》,《胡适学术文集》,中华书局 1991 年版,第 127—156 页。

子》校勘、注释方面取得了前无古人的成就；但由于过分单一地使用此法，也使《墨子》校注留下不少缺憾和疑点。变法维新派旗手梁启超出于启蒙国民的政治需要，在20世纪初便尝试用自己所感悟的西学论著方式去表述墨学义理，但仅使用了西方著述结构形式，其论述方法仍基本使用传统的书证归纳式，表现出传统研究方式与西学研究方式的初步结合。作为新文化运动发起人之一的胡适，以其深厚的国学功底，及受过西学研究方法系统训练的独特条件，融合中西方学术方法来研究墨学及其他先秦诸子学，创造出一整套考据原始材料、析论思想学说、评价历史作用的人文学术研究方法，奠定了人文科学近代化研究方法的基本模式，同时也标志着墨学研究方法近代化的完成。梁启超后期的《墨经》校注，开启了古籍校注的近代化样式，完善了墨学研究方法的近代化内容。

清中叶以降，西学渐次输入中国，冲击着传统的学术研究方法。处理中西方文化关系，寻求适合研究中国传统学术的新的研究方法，以与世界学术潮流接轨，是时代赋予学术新人的文化使命。在孙诒让、梁启超、胡适墨学研究方法的新旧交替中，在19、20世纪之交墨学研究方法的近代化历程中，可以窥见清末民初文化学术巨变的时代轨迹，可给20、21世纪之交的学术总结和学术发展以诸多有益的启迪。

墨家伦理学说的当代价值*

战国初年，墨家在与儒家的对辩中提出了平等、贵义、兼爱、利人、舍己为人等主张，逐渐形成了自己的伦理道德思想体系，并渐次融汇于中华民族道德精神中，对后世产生了深远的影响。时至今日，墨家伦理学说在当代新伦理道德建构中的积极作用，依旧不容忽视。例如，墨家"僈差等"的平等思想，可以作为建立新型的、同志式的平等人际关系的借鉴；墨家的贵义学说，可以作为建立新型的、企业间竞争关系的借鉴；墨家的兼爱学说，可以作为重建家庭新伦理道德规范的借鉴；墨家"义利合一"的思想，可以作为当代商品经营规范的借鉴；墨家舍己为人的精神，可以作为领导者道德规范的借鉴。以下分论之。

一、墨家平等伦理说与新型人际关系

《荀子·非十二子》曾批评墨家"僈差等"，言其"不足以县（悬）君臣"，使社会无上下等级贵贱。清人王念孙《读书杂志》

---

* 本文原载于《人文与自然》1998年第1期。

解“僈差等”为“无差等”，即社会人伦关系无贵贱之别。墨家之所以主张社会人伦无等级，主要源于他们的兼爱主旨，只有人人平等，才有利于“兼相爱”，所以不主张人为制造等级差别。

人类社会原本是没有什么等级、贵贱差别的。原始社会中，所有社会成员共同劳动，共享劳动成果。采集、渔猎等社会群体活动中，只有分工的不同，没有贵贱的等级。但是，伴随着私有制的出现，社会成员也因占有社会劳动成果量的多寡而逐渐有了贫富贵贱之别，且愈演愈烈。奴隶社会中，奴隶主尊贵无比，而由战争俘虏等演化来的奴隶则被视同牲畜，低贱无比。当奴隶社会趋于没落，新兴地主阶级逐步掌握了社会经济大权而向奴隶主贵族夺取政治权力时，曾喊出振奋人心的“民贵君轻”口号，获得了世人的支持。但他们夺得政权后，却一反旧说，“定制度”“分尊卑”，制造新的等级制。当资产阶级向封建主们夺权时，也故技重演，宣传“自由”“平等”。但当他们夺得政权后，却同样依靠手中的经济特权制造实际上的人为等级。由此可以看出，等级制是私有制的伴随物，社会成员没有经济上的平等，就不能获得政治上的最终平等。

我国处于社会主义初级阶段，还需要按每个社会成员对社会的劳动付出去分配劳动所得，我们实行的是坚持按劳分配为主体、多种分配方式并存的制度，因而社会成员在经济地位方面还存在着一些差异。由此而及于社会地位，也还存在着大平等下的小等差。这是由经济基础所决定的，而非为人的主观意志所能改变的。

问题的关键在于，是努力去缩小这种等差呢？还是任其自由发展去扩大这种等差？回答当然是前者。但由此又出现了另一个问题:努力寻求社会成员经济地位的平等,会不会妨害社会成员个体积极性的发挥,而使社会经济的发展减缓或者倒退呢? 这便需要对社会成员进行正确引导和思想教育。引导他们树立正确的世界观,建立人生只为自己着想、只为自己的个人利益奋斗是可耻的等正确认识。所以,个人富足了应为他人着想。大家共同富裕,社会才能安定,才会繁荣,才会发展,作为社会一员的个人,才能更加富足,更加幸福。

墨家的“僈差等”的人人平等学说,对我们逐步消除等级观念,创建社会主义伦理道德,对现实生活中新型的、同志式的人际关系的建立,仍不无借鉴意义。只有建立起所有社会成员间的人与人间充满相爱之心的平等关系,才能形成一个和谐安定的新型社会环境。

二、墨家贵义说与新型企业关系

在社会交往中,墨家主张贵义,即社会成员都应尽自己所能去帮助别人,或以力,或以财,或以“道”即道德说教、正义宣传。由此而论及现代企业之间,也应从“兼相爱,交相利”的目标出发,去贯彻贵义精神,相互帮助,共同发展。

但是,作为市场经济社会,各企业间又确实存在着竞争。有竞争,才能调动企业积极性,以促进社会经济的发展。

那么,贵义互助与企业竞争是否矛盾? 我们的回答是否定的。它们各是企业发展的一条腿,缺一而不能前进,缺一而不能快步发展。

社会经济的发展,需要刺激企业本身的积极性。但需要注意的是,应从哪些方面去刺激?是刺激他们在社会生产方面发挥本体积极性,以努力增加社会财富呢?还是刺激他们在社会流通方面去钻国家政策的空子,牟取暴利呢?无疑,我们的着眼点应在前者。

如何刺激企业在社会生产方面发挥本身积极性呢?其捷径是引导企业钻研技术,开展科学研究,以提高劳动生产率,开发新产品,多为社会创造财富。在社会劳动成果分配方面,利用政策,引导社会成员注重科技发展、生产发展,在增加社会财富的同时,增加个人劳动所得。这才是现阶段促进社会经济发展的正确道路。

义者,宜也。讲义,就是在采取每一行动前,先看它是否适宜。是益于自己而有害于别人?还是益于别人有害于自己?还是益于自己也益于别人?仅益于自己而有害于别人,你去做了,全不顾"道义"二字,虽然占到了暂时的便宜,但别人也会以你之道还治你之身,同样也会只管对自己有益不顾对他人有害去做一些事,使你深受其害。只益于别人而有害于你自己,长此以往,你就不能发展。只有选择、寻求那些对你有利、对别人也有利的事去做,各企业才能共同发展。你益于别人,别人也益于你,大家相互为别人考虑,有这样一个互助的、宽松的环境,最终使大家都得到发展,社会才会进步。

三、墨家兼爱说与家庭伦理道德建设

墨家的兼爱平等学说,曾对抵制儒家的愚孝学说起过积极作用。儒家的愚孝在古代历史上也几度被批判过。但随着宋明理学的兴盛，原本温文和谐的家庭伦理关系却蒙上了一层近乎残酷的“理性阴影”：所谓“父叫子死，子不死为不孝”，所谓“饿死事小，失节事大”等压抑人欲、摧残人性的说教在家庭伦理观念中占据了统治地位。国史及各地方志中关于孝子和节妇的表彰，实际上是记载着封建家庭伦理关系对人的摧残。

新文化运动对于孔孟儒学的批判，特别是民主主义革命胜利推翻了封建统治，封建家庭伦理观念也受到批判，平等互爱的新型家庭伦理观念正在确立。但是，随着“文革”十年的思想混乱，以及当代西方形形色色思潮的涌入，在家庭伦理观念问题上也存在着诸多偏颇。目前较为突出的问题是“妇唱夫随”和“宠小弃老”。

妇唱夫随，即家庭事务由女子主宰，男子居于从属地位。人类历史上曾出现过从女子主宰氏族事务到男子独揽社会政治大权乃至家庭权利的演变。近世以来，民主革命，解放妇女，强调女权。女子在逐步取得社会经济地位的同时，也取得了政治上、社会事务上与男子平等的地位。但目前在不少家庭特别是城市中，男子由于忙于更多的社会事务，所以家庭事务更多由女子承担。主其事者必有其权，家庭主妇在家庭事务中的决策权逐渐大于男子，这便被戏称为“妇唱夫随”。由此容易引发一个问题，即有的女子在家庭中当权后，对公婆白眼相待，导致家庭纠纷不断，和谐生活气氛被破坏，成为影响社会安定的一个因素。

墨家宣扬兼爱，视别人父母如同自己父母。而公婆还是自己所爱之人的父母，为什么不能相容，不能善待，不愿赡养呢？在当今经济转型时期，那些退休的老人大多靠儿女补贴度日。作为子女来说，应该爱护宽慰他们，发扬中华民族尊老敬老的优良传统。

宠小弃老,指在家庭中对儿女爱护有加,百般宠爱,而对老人却厌烦乃至遗弃不养。这样的报道近几年时有发生。幼儿娇小细嫩,天真无邪,确实令人爱怜;而老人老态龙钟,步履迟缓,皱纹满面,缺少生命力,不如儿女招人爱。但我们却不应忘记,今天的一切,包括我们的生命本体和生活所需的基础,都是上一代老人留给我们的。如同没有我们,没有我们的努力,就没有下一代,没有下一代的生活条件一样,没有上一代,就没有我们;没有上一代人的努力,就不会有今天的生活条件。从这种意义上讲,我们在爱护、抚养下一代的同时,也应善待、赡养上一代。

墨家倡导兼爱,要求人们爱护天下所有人,为天下所有人的利益尽心尽力。而一个连自己的老人也不愿爱护、赡养的人,怎能做到去爱护天下人,去为天下人谋利益呢?又从何谈他会具有共产主义道德修养呢?

四、墨家“义利合一”与商品流通

墨家主张“兴天下之利,除天下之害”(《墨子·兼爱下》),尽个人所能帮助别人。因而,兼爱利人,为他人之利赴汤蹈火,成为墨家的主体精神。

而商贾之人,自古则以逐利为务,以获利为准绳去确立自己的人生道德和行为。《战国策·秦策五》“濮阳人吕不韦贾于邯郸”章载:吕不韦在人生关键时刻与父亲讨论人生道路时,劈头即问:“耕田之利几倍?”继而连问“珠玉之赢几倍”“立主定国之赢几倍”,终因“立主定国之赢无数”而选择了辅佐秦公子夺位的政治投机道路。司马迁《史记·货殖列传》记时人谚曰“天下熙熙,皆为利来;天下攘攘,皆为利往”,即商人世界观的形象写照。《货殖列传》还记载了时人贩卖骤富的例子:“行贾,丈夫贱行也,而雍乐成以饶;贩脂,辱处也,而雍伯千金;卖浆,小业也,而张氏千万……胃脯,简微耳,浊氏连骑……”所以,尽管从汉代起即制定“重农抑商”的政策,但逐利为务的行商坐贾却日见增多。当然这也从一个角度反映了社会经济的运行规律。

但我们说,仅仅是以获利为目的去改善经营,促进流通,还是较低层次的商业经营方针。仅仅瞄着一个“利”字,在有突获暴利的机会时,会放弃行业道德去牟取暴利。有时还会因此而丧失自己奋斗多年创立的商业信誉与个人形象,从而失去广大顾客,最终吃了大亏。所以,要想永葆商业信誉,牢固地争取广大顾客,还必须坚持义利合一、重义轻利的经营方针。

日本第一劝业银行高悬的经营主旨是“义利合一,彼此互惠”,就是互相为对方提供获取利益的机会和条件。相互为对方提供获利机会,就是“义”。有了这种“义”,商家便会日渐拥有更多的顾客,于是利润也就滚滚而来;而顾客也从商家的优质服务、优良商品、低廉价格中获取了利益,因而愿意光顾店家。这样的商品经营,便会进入一种良性循环的佳境。这种“义利合一,彼此互惠”的商品经营观念,颇似墨子“兼爱交利”思想学说的体现。《墨子·经上》曰:“义,利也。”义,就是为对方互相提供利益。这是一条正确的人际关系交往准则。

企业家如果能够做到“义利合一”,自己想取利时不忘别人的利益,在别人获取利益时自己也从中获利,把顾客希望贱买、商家希望贵卖这一对矛盾转化为互相得利的互助互取,那么就会取得良好的商业信义。以互利得商业信义,你的事业便获得了蓬勃发展的生命力。

五、墨家舍己为人与当权者道德规范

墨家宣扬兼爱,倡导贵义,并且身体力行,真心诚意地舍弃私利,去爱天下人,为天下人的利益奔走呼喊,为天下人的利益奉献力量,甚至为了行义献出生命。

这种为了信仰、为了天下人利益的牺牲精神,值得大家尤其是当权者好好学习。在社会这个大运作体系中,当权者无疑起着核心作用,其一言一行,对广大民众有不容忽视的重要影响。《墨子·兼爱下》曾论述过这种作用:“昔荆灵王好小要(腰),当灵王之身,荆国之士饭不逾乎一,固据而后兴,扶垣而后行。……昔者越王勾践好勇,教其士臣三年,以其知(智)为未足以知之也,焚舟失火,鼓而进之,其士偃前列,伏水火而死,有不可胜数也。……昔者晋文公好苴服,当文公之时,晋国之士,大布之衣,牂羊之裘,练帛之冠,且苴之屦,入见文公,出以践之朝。”墨子总结当权者这种作用说:“是故约食、焚舟、苴服,此天下之至难为也,然后为而上说之,未逾于世,而民可移也。何故也?……即求以乡(向)其上也。”社会风俗中的这种“求以乡(向)其上”的上行下效的风化作用,使得那些历代“有道明君”严求于己而教化于民。

西汉初年,民生凋敝,汉文帝为振兴经济,力倡节俭,并“亲率耕,以给宗庙粢盛”(《史记·孝文本纪》)。此风一开,节俭之风大行于天下。至汉和帝时,又有邓皇后倡导节俭,禁绝郡国贡献珍玩,于是贿赂之风禁。

上行下效的思想渊源,在于我国传统的“官本位”思想。统治阶级不光是“物质贵族”,同时也是精神贵族。他们借用手中的特权攫取了社会财富,不以为耻,反以为荣,炫耀于世,显赫门庭。加之我国自古生活资料不富足——“民以食为天”的口头禅足以说明这一点——所以,手握特权、生活富足的当权者们的思想言行、生活作风容易引发世人的羡慕和效仿。

上行下效的道理,孔子早就说过。《论语·颜渊》载孔子对执政的季康子说:“子欲善而民善矣。君子之德风,小人之德草。草上之风,必偃。”

当今我们的干部也应明白自己的一言一行都会在群众中造成影响,所以应以身作则,应谨言慎行,应有舍私为公、舍身取义、为天下人利益奉献一切的思想精神。

但由于各种腐朽思想的影响,在市场经济大潮中,有些干部忘记了自己是个共产党员,忘记了自己的入党誓言,不但不能为人民利益献出一切并为实现共产主义奋斗终生,反而假公济私,损公肥私,巧取诈夺,将国家财物、人民财产据为己有;不问工作是否需要,而从比阔气、讲排场的目的出发,买好车、装修豪华办公室;更有甚者,利用开放之机,打着到国外发展、办公司的旗号,抽资在境外自己办公司。他们已堕落为社会主义的蛀虫。

所以,我们应树立良好的道德规范,确立全心全意为人民服务的思想。要像墨家那样,为“兴天下之利,除天下之害”不惜“赴汤蹈火”“死不旋踵”。

综上所言,发扬墨家伦理学说精华,是当今新伦理道德建设的需要。

墨家职业技术教育对当代职业教育的启示*

墨家是先秦诸子中的重要派别，其兼爱、非攻、尚贤等思想曾对中国古代主流思想和社会政治等产生过重要影响，其勤俭、勉力等思想曾对中华民族性格形成产生过重要影响。墨家特重职业技术教育，在先秦诸子中别具特色。其职业技术教育方式、方法对中国古代技艺传授方式和方法产生过重要影响，对今天的职业教育有重大启示意义。

墨子创立学派后，讲学传道，其思想被后学记录下来。西汉末年，刘向奉命校理皇宫图书，收集众多墨家学派文章，整理成《墨子》71 篇，定为墨翟所作，被班固著录在《汉书 · 艺文志》中。《墨子》在长久战乱中不断散佚，至明代编《道藏》时只剩下 53 篇。

墨子创立学派后，弟子众多。他们长期奔走于各诸侯国之间，宣传自己的政治主张。墨子在鲁多次游说鲁君，又曾至齐国试图劝止项子牛伐鲁；墨子曾止楚攻宋，实施兼爱、非攻的主张；他“南游使卫”，宣讲“蓄士”以备守御；又屡游楚国，献书楚

* 本文原载于淄博职业学院稷下研究院编:《稷下论丛》第一辑，山东人民出版社 2017 年版。

惠王；越王曾邀墨子作官，并许以五百里封地，但墨子以“听吾言，用我道”为前提条件，而不计较封地与爵禄，只是为了实现墨家的政治抱负和主张。

一、墨家职业技术教育的内容

墨家重视实践，故在教育学生时重视技术教育。

《墨子·耕柱》载墨子答治徒娱、县子硕之问时讲学生中“能谈辩者谈辩，能说书者说书，能从事者从事”[①]，可见墨家弟子有“谈辩”“说书”“从事”之别。其中的“从事”类弟子指从事工匠技艺或守城保卫等体力劳动的弟子，他们的学习内容和学习方式对今日之职业技术教育尤具启示意义。

（一）墨家重视技艺教育

墨家主张“从事”类弟子应接受建筑、制作等所需的五种技艺教育，和守城所需的射箭等军事技术教育。

1. 墨家的五种建筑、制作技艺教育

“从事”类弟子即那些从事工匠技艺等体力劳动或守城保卫的弟子，他们应学“规矩方圆”，应“学射”等军事技艺。这种教育弟子的方式，符合墨子“天下从事者，不可以无法仪”的一贯思想。《墨子·法仪》载：“子墨子曰：‘天下从事者，不可以无法仪。无法仪而其事能成者，无有也。虽至士之为将相者皆

---

① 孙诒让撰：《墨子间诂》，《新编诸子集成》本，中华书局 1986 年版，第 390 页。

有法,虽至百工从事者亦皆有法。百工为方以矩,为圆以规,平以水[①],直以绳,正以县。无巧工不巧工,皆以此五者为法。巧者能中之,不巧者虽不能中,放依以从事,犹逾已。故百工从事,皆有法度。今大者治天下,其次治大国,而无法度,此不若百工辩也。'"[②]《墨子》之《法仪》篇,胡适谓乃"墨家的余论",而梁启超以为"墨家记墨学概要"。[③] 总之,我们用它来考察墨子言行,不致大谬。此则语录载墨子讲:不论从事工匠技艺还是从政治国,都应遵从"法仪"。这些话虽不一定就是针对弟子的学习所言,但我们可从中分析墨子的教学思想:在墨子看来,"百工从事者"与"治天下""治大国"者是有区别的。像后者必须具备一种"法仪"一样,前者也必须具备另一种"法仪",这另一种"法仪"就是"为方以矩,为圆以规,平以水,直以绳,正以县"的五种技艺。

(1)为方以矩,为圆以规:制作方形要用矩,制作圆形要用规。矩就是画方的直角尺,规是画圆的圆规。矩常与规合用。《孟子·离娄上》中有:"不以规矩,不能成方员(圆)。"朱熹《孟子集注》曰:"规,所以为圆之器也;矩,所以为方之器也。""器"在这里就是画圆、画方的工具。在汉画像石中,对此二工具有形象的展示(见图1)。

---

① "平以水"三字本脱,从孙诒让说补。见孙诒让撰:《墨子间诂》,《新编诸子集成》本,中华书局1986年版,第19页。

② 孙诒让撰:《墨子间诂》,《新编诸子集成》本,中华书局1986年版,第18—19页。

③ 杨俊光:《墨子新论》,江苏教育出版社1992年版,第38—39页。

1

2

3

1—武梁石室第一石第二层；2—后石室第五石第二层；3—左石室第四石第三层

图 1　嘉祥县武梁祠汉画像石

（资料来源于蒋英炬主编：《中国画像石全集》第 1 卷，山东美术出版社、河南美术出版社 2000 年版）

（2）平以水：测量平面须用水。

（3）直以绳：绳墨之用。

（4）正以县：垂线之用。

从墨子要求此类弟子所掌握的技能，可推测出墨子教授“从事”类弟子的课业即此五种技艺的学习与练习；而《墨子》之《经上》《经下》《经说上》《经说下》，极有可能就是接受这五种技艺的弟子所记录的课业内容。两者对照看：

(1)关于“为方以矩”。《墨子·经上》曰：“方，柱隅四讙也。”胡蕴玉引邵瑞彭以“端”释“讙”。用矩正反放，找出四个柱点，即成方。

(2)关于“为圆以规”。《墨子·经上》曰：“环，一中同长也。”一个中心，相同的半径。

(3)关于“平以水”。《墨子·经上》曰：“平，同高也。”

(4)关于“直以绳”。《墨子·经上》曰：“直，以参也。”

陈澧：“即《海盗算经》所谓‘前表与后表参相随’也。”徐廷荣：“几何测量学，求一直线延长线，在视线之中须有三个点。”

(5)关于“正以县”。《墨子·经上》曰：“直，以参也。”

2. 墨家的学射等军事技术教育

“从事”类弟子还有一种课业内容，即学射。《墨子·公孟》载：“二三子有复于子墨子学射者。子墨子曰：‘不可。夫知者必量其力所能至而从事焉。国士战且扶人，犹不可及也。今子非国士也，岂能成学又成射哉？’”①在墨子看来，“学”与“射”是两类不同的知识和技艺，“国士”犹不可兼具“成学”与“成射”，那么他的弟子更不可能兼“成”，故墨子反问弟子“岂能成学又成射哉”。但由《墨子·公输》载墨子言“臣之弟子禽滑釐等三百人，已持臣守圉之器，在宋城上而待楚寇矣”可知，

① 孙诒让撰：《墨子间诂》，《新编诸子集成》本，中华书局 1986 年版，第 426 页。

墨家弟子中有很大一部分人是学军事技艺的,“成射”应当是墨子教授“从事”类弟子的一种课业内容。

由上述可见,“从事”类弟子的课业内容是“为方以矩,为圆以规,平以水,直以绳,正以县”的五种工匠技艺,和“学射”等军事家技艺。

（二）墨家在重视技术教育的同时又重视职业道德教育

无论是哪类弟子,墨子都特别强调他们在学习中对自身道德的改造。《墨子·所染》载:“子墨子见染丝者而叹曰:‘染于苍则苍,染于黄则黄,所入者变,其色亦变,五入必,而已则为五色矣。故染不可不慎也!’”①墨子正是从染丝中受到启发,“所入者变,其色亦变”,才极力强调坚持不懈地学习,强调“慎于染”以改造自己。

墨子强调学习,更强调言行结合,强调通过学习圣人之“言”来改造自己的“行”。《墨子·贵义》载:“子墨子曰:‘言足以迁行者,常之;不足以迁行者,勿常。不足以迁行而常之,是荡口也。’”②《尔雅·释诂》释“迁,徙也”,迁行,即改变行为。“言足以迁行者,常之”即足以可使自己改变行为的那些合于“道”的言语教诲,必须经常诵习。此则语录与《墨子·耕柱》“言足以复行者常之”③云云一则语录应当有异,故编辑者

① 孙诒让撰:《墨子间诂》,《新编诸子集成》本,中华书局1986年版,第10—11页。

② 孙诒让撰:《墨子间诂》,《新编诸子集成》本,中华书局1986年版,第405页。

③ 孙诒让撰:《墨子间诂》,《新编诸子集成》本,中华书局1986年版,第395页。

作为两条不同的墨子语录收录。墨子以为这些载“道”的言语可使人改变自己的行为,可以使人改造自己的思想品质,从而加强自身的道德修养,故强调不断诵习此类载“道”的语言,以改造自己。

另外,墨子特别强调无论如何,无论挫折与成功,各类弟子都不能放弃自己的“道”,即各自所接受的课业精华。《墨子·贵义》载:“子墨子谓二三子曰:‘为义而不能,必无排其道。譬若匠人之斫而不能,无排其绳。’”①“匠人之斫而不能”是其技艺不成,不能因此而放弃绳墨,否则更不成;墨家弟子“为义而不能”,是其学说不精、“辩谈”技术不到家,不能因此而“排其道”,否则更不能成其事,更不能达到自己的人生目标。坚信自己所学习的“道”——或“从事”之道,或“说书”之道,或“谈辩”之道——的正确性,将其付诸实践,是墨子对弟子的坚定不移的要求,所以墨子曾想方设法运用比喻来教育弟子要行义到底。《墨子·贵义》载:“子墨子曰:商人之四方,市贾倍徙,虽有关梁之难、盗贼之危,必为之。今士坐而言义,无关梁之难、盗贼之危,此为倍徙不可胜计,然而不为。则士之计利,不若商人之察也。”②商人趋利,士人为义。商人不畏“关梁之难、盗贼之危”,是因为他们看到了“倍徙”之利;士人无此决绝态度,是因为他们短视,没有看到“坐而言义”之后的“倍徙”之利“不可胜计”。墨子学孔子的“儒家之业”,从一个“贱人”成为士人,进入知识阶层;墨子自立学说,“坐而言义”,又从一个士

---

① 孙诒让撰:《墨子间诂》,《新编诸子集成》本,中华书局 1986 年版,第 405 页。

② “倍”原作“信”,据毕沅校改。见孙诒让撰:《墨子间诂》,《新编诸子集成》本,中华书局 1986 年版,第 409—410 页。

人而成为学团首领，游说诸侯，推荐学生，辞越王“地方五百里”之封，在行义于天下的同时实现了自己的人生价值，从某种意义上说终获“不可胜计”的“倍徙”之利。而部分学生看不到“坐而言义”背后那“不可胜计”的“倍徙”之利，不能坚定“言义”“行义”的信心，故墨子有此教导。

二、墨家职业技术教育对今天职业教育的启示

发展职业教育是民族振兴的重要基础，是我们国家经济发展的需要，是我们国家社会发展的需要，是构建和谐社会的需要。所以党的十七大报告指出，要大力发展职业教育，其要求是：义务教育要均衡发展，高中阶段教育要加快普及，高等教育要提高质量，而职业教育要大力发展。

照此要求来对照墨家的职业技术教育论说和教育实践，可为今日所借鉴者至少有如下几点。

（一）墨家知识教育与技能教育并重的思想可为今日所借鉴

与儒家特别重视思想道德教育有所不同的是，墨家在重视思想道德教育的同时，也特别强调职业技术教育，强调实际技术的锻炼和培养。墨家把招收的弟子分为三派，其中“说书”派是负责传播墨家学说的，“谈辩”派是负责游说诸侯、推广墨家学说，诸派弟子中，人数最多、影响最大的是成为墨家集团中坚力量的“从事”类弟子。

墨家“从事”类弟子的主要学习内容是从事器械制造和守城保卫,故此类弟子以擅长制造技艺、从事器械制造为业。《墨子》的《备城门》以下十数篇,即所谓的“城守部分”所载的守城战略战术和守城器械的制造使用。从《墨子·备城门》载禽滑釐问墨子“今之世常所以攻者,临、钩、冲、梯、堙、水、穴、突、空洞、蚁傅、轒辒、轩车”诸攻城方法如何防守来看,《备城门》以下十数篇应是对他们学习过的内容的记录。

墨子在教这部分学生时,特别重视制造技术的传授。《墨子》之《备城门》以下各篇有大量守城器械的形制叙述和尺寸交代,如若不是为了提供制造参数,是不会在讨论防守中交代得如此详尽的。如《备高临》篇关于连弩车的述说:“材大方一方一尺,长称城之薄厚。两轴三轮,轮居筐中,重下上筐。左右旁二植。左右有衡植,衡植左右皆圜内,内径四寸。左右缚弩皆于植。以弦钩弦,至于大弦。弩臂前后与筐齐,筐高八尺,弩轴去下筐三尺五寸。连弩机郭用铜,一石三十钧,引弦鹿长奴。筐大三围半,左右有钩距,方三寸,轮厚尺二寸,钩距臂博尺四寸,厚七寸,长六尺。横臂齐筐外,蚤尺五寸,有距,博六寸,厚三寸,长如筐,有仪,有诎胜,可上下。为武重一石,以材大围五寸。矢长十尺,以绳□□矢端,如如弋射,以磨鹿卷收。矢高弩臂三尺,用弩无数,出人六十枚,用小矢无留。十人主此车。”①这简直就是一张制造图纸的

---

① 孙诒让撰:《墨子间诂》,《新编诸子集成》本,中华书局 1986 年版,第 495—496 页。

描述,照此就可将连弩车造出来。如此详细的守城器械的描述,在《墨子》之《备城门》及以下各篇中还有很多,如《备城门》之"转射机"、之"藉车",如《备蛾傅》之"县脾""累荅",等等。这类器械,大多厚大笨重,只有在现场制作,而又须多人合作,由此可以推见墨家这类从事器械制造的弟子不但数量很多,而且都是学习过相当的手工艺技巧和技术,以及数理理论知识的。

正因为墨家重视手工技术的传授和学习,所以由墨家的"从事"类弟子组成的城守队伍才具有制止诸侯侵伐的能力。

墨子救宋的故事曾在战国广为流传,因而不但被记录在《墨子》中,还被收录在《战国策·宋卫策》中。据墨子自言,"从事"类弟子有"三百人",以禽滑釐为首领,从现实意义上说,最终使楚王"请勿攻宋"的是墨家这类弟子即"禽滑釐等三百人",已持墨子的"守圉之器,在宋城上而待楚寇矣"。这类弟子之所以让持有"云梯之械"的楚王畏惧,是因为他们掌握了墨子的"守圉之器"。所以说,是墨家不同于儒家等其他诸子派别的重视职业技术教育的思想和教学方式,才使得平民出身的墨子为首领的墨家集团,有如此超越当时的周王权威的那种制止诸侯侵略战争的力量。

为了促进我国职业教育大发展,国务院于2005年曾颁发过《关于大力发展职业教育的决定》(以下简称《决定》)。《决定》第九条指出:要"加强职业院校学生实践能力和职业技能的培养",要"高度重视实践和实训环节教学"。这一要求与墨家强调职业技术教育,并特别强调实际技术的锻炼和培养的教学思路可以互参。

（二）墨家道德教育与技能教育并重的思想可为今日所借鉴

墨家不但重视技术教育，同时也重视道德教育，即学生的养成教育。墨家特别强调弟子们在学习中对自身道德的改造，对于自己所从事的事业的忠诚，不但工作兢兢业业，而且为了自己的事业和职守，甚至不惜性命。

《吕氏春秋·上德》曾记载墨家守卫鲁阳事：

> 墨者巨子孟胜，善荆之阳城君。阳城君令守于国，毁璜以为符，约曰："符合听之。"荆王薨，群臣攻吴起，兵于丧所，阳城君与焉，荆罪之。阳城君走，荆收其国。孟胜曰："受人之国，与之有符。今不见符，而力不能禁，不能死，不可。"……徐弱曰："若夫子之言，弱请先死以除路。"还殁头前于。孟胜因使二人传巨子于田襄子。孟胜死，弟子死之者百八十。二人以致令于田襄子，欲反死孟胜于荆，田襄子止之曰："孟子已传巨子于我矣，当听。"遂反死之。墨者以为不听巨子不察。严罚厚赏，不足以致此。今世之言治，多以严罚厚赏，此上世之若客也。①

据《韩非子·和氏》，吴起在楚改革，"使封君之子孙三世而收爵禄，绝灭百吏之禄秩，损不急之枝官，以奉选练之士"，

① 陈奇猷校释：《吕氏春秋校释》，学林出版社 1984 年版，第 1257—1258 页。

结果“悼王行之期年而薨矣,吴起枝解于楚”。[①] 太子臧即位,因射吴起时箭中悼王尸而诛射杀吴起之贵族,阳城君因此被缉拿而收国。孟胜因与阳城君有符约而率弟子百八十余人死于阳城。

由《吕氏春秋·上德》见,孟胜自言欲死的原因,首先是“受人之国,与之有符。今不见符,而力不能禁,不能死,不可”,是基于自己那“一诺千金”的职业操守。孟胜欲死的深层原因,是他向弟子徐弱所说的“不死,自今以来,求严师必不于墨者矣,求贤友必不于墨者矣,求良臣必不于墨者矣”。可见“严师”“贤友”“良臣”是早期墨家集团的理想追求。“严师”可使欲学立身处世真本领的青年人趋之若鹜,“贤友”能让墨家具有广泛的真挚朋友而学说大行,从墨徒中选“良臣”会给墨家弟子带来更多的施展才华的机会,因而使更多的年轻人加入墨家集团,从而扩大墨家队伍,形成弟子人数更多—社交朋友更广—从政机会机会更多的良性循环,使墨家事业更发达。忠于职守,为理想工作乃至献身,是墨家重视道德教育、重视理想教育的结果。

墨家的这一思想,与国务院《决定》中的某些精神是相通的。《决定》第十二条指出:要“把德育工作放在首位,全面推进素质教育。坚持育人为本,突出以诚信、敬业为重点的职业道德教育”。这样,就能实现职业教育的德育目标:“使学生热爱祖国,拥护党的领导和党的基本路线,确立坚持中国特色社会主义事业的理想信念,具有为人民服务、奉献社会的使命感

---

① 陈奇猷校注:《韩非子集释》,上海人民出版社 1974 年版,第 96—97 页。

和责任感；逐步树立正确的世界观、人生观、价值观，养成科学的思想方法；自觉地遵纪守法，依法维护自身权益，具有良好的道德品质和健康的心理素质；热爱专业，勤奋学习，勇于创造，大胆实践，具有良好的职业习惯和安全意识、质量意识、效率意识、环境意识。”①使学生（1）树立爱国、爱人民，为社会奉献的理想；（2）树立正确世界观和人生观，遵纪守法；（3）热爱学习，勇于创新，有职业道德。

① 国家教育行政学院组编：《职业教育法律法规文件选编 1996—2009》，中央文献出版社 2010 年版，第 167 页。

纵横家考论

鬼谷今地考*

随着商品竞争和国际外交摩擦的日益激烈,我国古代那部讲求智谋权术和游说艺术的奇书《鬼谷子》的身价日益高涨,此书的署名作者鬼谷先生也成了众目所瞩的显赫人物。但是,这位显赫人物的身上至今仍包裹着重重迷雾,不但他的身世鲜为人知,就是他因之得名的鬼谷在今何处,也存在着诸多争论,大有进行考辨的必要。

前人关于鬼谷地望之说有五,而实源于三。以下分论之。

一、颍川阳城说

此说影响最大。南朝刘宋人裴骃《史记(苏秦列传)集解》引徐广曰:“颍川阳城有鬼谷,盖是其人所居,因为号。”①徐广,东晋孝武帝时人,有《史记音义》二十卷(今佚),裴骃作《史记集解》多引之。颍川阳城,在今河南登封。

此论一出,后人多信之。如唐人李吉甫《元和郡县图志》即曰:“鬼谷,在(告成)县北五里,即六国时鬼谷先生所

* 本文原载于《齐鲁学刊》1992年第5期。

① 《史记》卷六十九《苏秦列传》,中华书局1959年版,第2241页。

居也。”[①]唐代告成，即晋之颍川阳城，武则天万岁登封元年(696)改阳城曰告成，后为河南登封告城镇。自言为鬼谷先生纵横派八十二代传人的台湾术士陈英略亦从是说，曰：“鬼谷子隐居于颍川阳城东北五里，鬼谷，即河南省登封县告城镇鬼谷山，山下有一大洞，又称鬼谷子洞。”[②]

但细绎此论，其据有误，颍川阳城之“鬼谷”实应作“归谷”。《吕氏春秋·求人》曾言昔者高士许由辞尧帝位之让，“遂之箕山之下，颍水之阳，耕而食，终身无经天下之色”。高诱注曰：“箕山在颍川阳城之西。”是颍川阳城之“鬼谷”即许由归隐的箕山山谷。据登封县志办公室1985年编印的《登封名胜文物志》讲，“在颍水之源，周围为高高低低的山岭丘峦，其间，为四五里的平滩地。滩地中有泉水数处，滚滚涌上，好像串串珍珠，四季不涸”[③]。这里地肥水美，交通闭塞，确是隐士避居的好去处。又据当地人传说，许由是阳城槐里人（同上）。许由辞尧之让而隐于阳城，是归故里，故其隐居之溪谷，应称作“归谷”，而不应称作“鬼谷”。“归谷”之传为“鬼谷”，系同音假借。上古音中，“鬼”与“归”同为见声微韵，发音相同，故可假借。三国蜀人谯周言此时便谓“‘归’之声与‘鬼’相乱故也”[④]。可见，颍川阳城之“鬼谷”本应作“归谷”，不能因同音而目为鬼谷先生隐身授徒之鬼谷。

---

① 李吉甫撰：《元和郡县图志》，中华书局1983年版，第139页。

② 陈英略：《鬼谷子传（增订本）》，台湾鬼谷先师纪念堂1979年印行本，第46页。

③ 河南省登封县地方志编纂委员会编：《登封名胜文物志》，1985年，第4页。

④ 谯周：《古史考》，中华书局1991年版。

二、雒州城县北说

唐人张守节《史记(苏秦列传)正义》曰:“鬼谷,谷名,在雒州城县北五里。”古时,雒州无“城县”之名,故其字有误。今人盛瑞裕说“当为雒县城北”①。雒县,汉置,明省,故址在今四川广汉北。苏秦从师于鬼谷先生在战国中期②,那时蜀川尚不通于中原,苏秦又怎能前去就学呢?再说,蜀川在洛阳西南,也与《史记·苏秦列传》所言洛阳人苏秦“东事师”方位不合。

笔者以为张守节之“雒州城县北五里”之“城”字前脱“阳”字③,应作“雒州阳城县北五里”。古“雒”与“洛”通,“雒州”即“洛州”。阳城县,据《旧唐书·地理志一》所载,唐高宗武德四年(621),“割阳城、嵩阳、阳翟置康成县,又置嵩州,治阳城。贞观元年,割阳翟隶许州。三年,省嵩州及康城县,以阳城、嵩阳属洛州。登封元年,将有事嵩山,改(阳城县)为告成县”④。是知贞观三年(629)至万岁登封元年(696)之洛州阳城,即徐广所言之“颍川阳城”而李吉甫所说之“告成县”。徐

---

① 张建国注译:《鬼谷子》盛氏《前言》,陕西旅游出版社 1991 年版,第 1 页。

② 唐兰先生据马王堆帛书推定苏秦学成初次游说在公元前 312 年(见马王堆汉墓帛书整理小组编:《战国纵横家书》,文物出版社 1976 年版,第 130 页),故此言苏秦从师在战国中期。

③ 日本藏南宋庆元本及古活字本,此句及以下 34 字一并脱去,故他本脱此一“阳”字便极有可能。

④ 《旧唐书》卷三十八《地理志一》,中华书局 1975 年版,第 1423 页。

广言“鬼谷”在“颍川阳城”,李吉甫言“鬼谷”在“告成县北”,陈英略言“鬼谷”在“颍川阳城东北五里”,与张守节所言“鬼谷”在“雒州(阳)城县北五里”实指一地。此“鬼谷”实应作“归谷”,非鬼谷先生隐身授徒地,已详上论。

三、扶风池阳说

此说起源最早。西晋《太康地记》即有是说,而由唐人司马贞《史记(苏秦列传)索隐》光大之。其文曰:“鬼谷,地名,扶风池阳、颍川阳城并有鬼谷墟,盖是其人所居。”①

此说因何而起?《史记·樗里子甘茂列传》云:苏代使秦前受甘茂之托,“因说秦王曰:‘甘茂,非常士也,其居于秦累世重矣,自殽塞及至鬼谷,其地形险易皆明知之。彼以齐约韩、魏(当时甘茂因受谗自秦出奔在齐),反以图秦,非秦之利也。’秦王曰:‘然则奈何?’苏代曰:‘王不若重其贽,厚其禄以迎之,使彼来,则置之鬼谷,终身勿出。’王曰:‘善!’”裴骃《集解》引徐广曰:“鬼谷,在阳城。”而司马贞《索隐》则主张此“鬼谷”与颍川阳城之“鬼谷”别为两地,曰:“案徐广云‘鬼谷,在阳城’,刘氏云‘此鬼谷在关内云阳’,是矣。”此“刘氏”,指刘伯庄,张守节《正义》即引刘伯庄之言为论,曰:“刘伯庄云:‘此鬼谷,关内云阳,非阳城者也。’案,阳城鬼谷,时属韩,秦不得言‘置之’。”②据苏代

① 《史记》卷六十九《苏秦列传》,中华书局1959年版,第2241页。

② 以上皆见于《史记》卷七十一《樗里子甘茂列传》,中华书局1959年版,第2316—2317页。

所言召甘茂来秦则软禁于“鬼谷”,此“鬼谷”必为秦地而不能是韩地,刘伯庄所言是,此“鬼谷”系指关内云阳之“鬼谷”。关内云阳故址,在今陕西泾阳县北三十里。泾阳,后魏所置,唐贞观元年(627)改曰池阳县,故唐人司马贞言“扶风池阳”。

然司马迁明言洛阳人苏秦“东事师”“而习之于鬼谷先生”,又怎能以洛阳西之秦地“鬼谷”当洛阳东苏秦从师之鬼谷呢?大概司马贞自己也觉得其说不妥,故既引徐广“颍川阳城说”,又列自刘伯庄“关内云阳”而生发出的“扶风池阳说”并存之,而又言“盖是其人所居”,不敢断定。又,笔者通过考索而知,“扶风池阳”之“鬼谷”,本称“槐谷”(详下)。故言:扶风池阳之“鬼谷”非鬼谷先生隐身授徒之鬼谷。

四、清水谷说

此说首见于唐人《十道志》,后有宋人乐史承其说。乐史《太平寰宇记》之《关西道·耀州·华原县》曰:“清谷水,在县西三十五里。《十道志》云‘即鬼谷先生所居也’。水自云阳界来。”①其《关西道·耀州·三原县》条曰:“清谷水,在县西北,云阳县界流入。一名鬼谷,昔苏、张师事鬼谷先生,即此谷也。”②宋之华原县,在今陕西耀州东南。华原县之清水谷,在今耀州南。宋之三原县,在今陕西三原东北三十里。上所言之山

① 乐史撰,王文楚等点校:《太平寰宇记》卷三十一,中华书局2007年版,第660页。

② 乐史撰,王文楚等点校:《太平寰宇记》卷三十一,中华书局2007年版,第663页。

在今三原北，是今陕西省耀州、淳化、三原、泾阳四地交界之山脉。据西汉王褒《云阳宫记》，此山俗名嵯峨山。光绪《三原县新志·地理志》曰："嵯峨山……山东为县之毛坊，北为县之大盘、小盘、杜寨，西有冶水，东有清水。"①清水又曰清峪水，其《地理志》又曰："清峪水……又东为鬼谷，出鬼谷东南流，西有杜寨。"②清水、清峪水之谷即清水谷，清水谷即山东一溪谷，《太平寰宇记》所言三原县之"鬼谷"、华原县之"清水谷"，并指此谷。

清水谷又名"鬼谷"，系因与此谷所通之冶谷的大古槐而得名。民国《淳化县志·山川记》曰："（清水）出县东石门山，东南流入耀州界，又南至泾阳县北，合于冶谷水也。"清水谷与冶谷通。冶谷，在巀嶭山西，其上游曰甘泉水（见《太平寰宇记》卷三十一）。甘泉水因甘泉山而得名。甘泉山上古有甘泉宫，本为嬴秦离宫林光宫。《关中记》曰："甘泉宫，一曰云阳宫，秦所造，在甘泉山上，宫以山为名。"《元和郡县图志》曰："云阳宫，即秦之林光宫，汉之甘泉宫。"又据王褒《云阳宫记》言，冶谷去云阳宫八十里，入冶谷二十里有一古槐树。西汉扬雄《甘泉赋》亦叹咏此古槐"翠玉树之青葱"。《太平寰宇记》卷三十一曰："《云阳宫记》：甘泉宫北有槐树。今谓玉树，根干盘峙，二三百年来木色青葱，耆旧相传咸以为此树即扬雄《甘泉赋》所谓'玉树青葱'者也。"③

---

① 贺瑞麟纂：《三原县新志》，三原县地方志办公室稽注整理：《咸阳经典旧志稽注》，三原县地方志办公室，2011年，第4页。

② 贺瑞麟纂：《三原县新志》，三原县地方志办公室稽注整理：《咸阳经典旧志稽注》，三原县地方志办公室，2011年，第6页。

③ 乐史撰，王文楚等点校：《太平寰宇记》卷三十一，中华书局2007年版，第666页。

可见，“鬼谷”即“槐谷”之讹。《说文》曰：“槐，从木鬼声。”声同故可通假。又《战国策·秦策二》所记苏代受甘茂之托说秦王事之辞句与上述《史记·樗里子甘茂列传》所记辞句基本一致，但《史记》之“置之鬼谷”《战国策》作“置之槐谷”，是汉以后所称此地之“鬼谷”，秦人本称作“槐谷”之明证。

秦称“槐谷”、汉称“鬼谷”、后人称清水谷之水自耀州南流入泾阳界。泾阳西北，有云阳、池阳故址，是《太康地记》与《史记（苏秦列传）索隐》所言之“池阳鬼谷”、刘伯庄所言之“关内云阳鬼谷”即此清水谷之“鬼谷”。“清水谷说”与“扶风池阳说”本指一地。“扶风池阳说”之非已见上述，“清水谷说”亦不待言。

五、临沮青溪山说

此说源于东晋郭璞，其《游仙诗（二）》曰：“青溪千余仞，中有一道士。云生梁栋间，风出窗户里。借问此何谁，云是鬼谷子。翘迹企颍阳，临河思洗耳。”（《文选》卷二十一）李善注此引刘宋庾仲雍《荆州记》曰：“临沮县有青溪山，山东有泉，泉侧有道士精舍。郭景纯尝作临沮县，故《游仙诗》嗟青溪之美。”①郭璞原来是对着青溪山东的道士观在发感叹！诗歌本是咏物言志、写景抒情之作，虚构、想象、借喻、夸张是其常用手

① 萧统编，李善注：《文选》（上），太白文艺出版社 2010 年版，第 621 页。

法。郭璞在这组《游仙诗》中，或咏庄周、老莱之高蹈，或叹鬼谷、许由之飘逸，或赞浮丘、洪崖之脱俗，以此抒发胸中愤懑之情而言避世之志，见青溪山道士观所处环境之超尘峻逸，因此联想到战国纵横术士之祖鬼谷先生，而用文学手法将其“移居”到超尘脱俗的道士观中，借以言志，故不足以此考鬼谷地。

晋临沮县故址，在今湖北当阳。至今这里仍流传着不少关于鬼谷先生的传说。或曰此地有洞曰鬼谷洞，内堪坐百余人，是当年鬼谷先生授徒之处。洞口有石形似老虎，即当年鬼谷先生坐骑所化。洞东南四里棋盘山上，有大石三，石上有石纹如方形卦，即当年鬼谷先生与友人对弈处。抑或这些传说东晋时已有之，郭璞所言或即因此而发。但不管怎样，说青溪山即鬼谷先生隐身授徒地则难以服人。其一，《史记·苏秦列传》明言洛阳人“东事师”“习之于鬼谷先生”，而临沮却在洛阳正南偏西，方位大乖。其二，战国时期，临沮故邑为楚南边鄙之地，鬼谷先生若真隐身于此，便不可能那样熟知战国中期中原各国形势，而留下《鬼谷子》这样一部依据各国形势利弊而游说各国诸侯的政治斗争经典著作了。其三，战国时期，楚文化尚得不到中原人的认可，博学的孟子犹斥荆楚学者为“南蛮鴃舌之人”(《孟子·滕文公上》)。若鬼谷先生真为隐身于楚地之楚人，中原的苏秦、张仪怎能从师受学呢？是知“临沮青溪山”非鬼谷先生隐身授徒地。

以上五说，都不是战国鬼谷先生隐身授徒的鬼谷。要知鬼谷故址在今何地，我们还得从最早记述鬼谷先生的文献典籍中寻求线索。

《史记·苏秦列传》载：“苏秦者，东周雒阳人也。东事师于齐,而习之于鬼谷先生。”①苏秦在齐地从师,而向鬼谷先生学习,鬼谷在齐地,司马迁之说甚明。齐地在洛阳之东,故言“东事师”。后人无视司马迁此说,而生出种种附会,主要是出于对“习”字的误解,以为“事师”是学,“习”是练习、复习,故将“东事师”与“习之于鬼谷先生”分为两事。其实,“习”之言学,学之言“习”,《史记》之前早已通用。《吕氏春秋·听言》曰“造父始习于大豆,螽门始习于甘蝇”,高诱注“习,学也”。《国语·周语》曰“是皆习民数者也”,韦昭注“习,学也”。故《史记》之苏秦“事师”是言其师从鬼谷先生学习,“习之于鬼谷先生”也是言向老师鬼谷先生学习,两句实指一事,故中间用连词“而”。

鬼谷在齐地何处?这要从齐地古老的原始崇拜谈起。鬼谷之名,起于鬼魂崇拜。我国古人迷信人死后灵魂不灭,活在另一个世界中,并能与活人打交道,报答生前怨德。这种观念在古齐地也十分流行。齐襄公为遮与妹通奸之丑,派公子彭生拉杀妹夫鲁桓公。又为堵鲁人责难而杀公子彭生。八年后,公子彭生鬼魂便来向齐襄公索命(见《左传·庄公八年》)。齐灵公曾因梧丘五位男子“罟而骇兽”,误了自己打猎,便“杀之,断其头而葬之”。后齐景公狩猎宿于此,五位男子之鬼魂便来诉冤(见《晏子春秋·内篇·杂下》)。古人还崇信这些不死的灵魂在另一个世界中有一聚居处。不同地域先民的原始崇拜不同,其鬼魂聚居处亦不同。齐东部海滨盛行海仙崇拜,故其鬼魂聚居处在“海外仙山上”(见《史记·封禅书》及《列子·汤问》)。齐西部山区流行山神崇拜,故其鬼魂聚居处在神山脚下。

---

① 《史记》卷六十九《苏秦列传》,中华书局 1959 年版,第 2241 页。

据《史记·封禅书》，齐地有“自古而有之”的“八神”崇拜，其“地主”之祠在泰山下之小山上。我华夏族自古流行土葬，故古人言人死后“形魄归于地”（《礼记·郊特牲》），要受“地主”辖制而聚居在泰山脚下。今人吕宗力、栾保群的《中国民间诸神》说：“东汉墓中出土的镇墓券中，常有‘生人属西长安，死属太山’的说法。”（见“东岳大帝”条）①《后汉书·乌桓传》言中原人谓死后“魂归岱山”，岱山即泰山。《后汉书·许曼传》载许曼“少尝笃病，三年不愈，乃谒太山请命”②。是古人崇信泰山下为鬼魂聚居处。清代俞樾尝论此曰：“鬼道属地，王者即禅泰山下小山，如云云、亭亭、梁父、高里诸山以报地，则云云、亭亭、梁父、高里诸山有鬼道矣。《遁甲开山图》云‘梁父主死’，然则高里何不可以主死乎？‘高里’之变为‘蒿里’，古字相通。师古注《汉书·武五子传》曰：‘蒿里，死人里。’……死人之里果安在乎？高里山左右有漆河桥，而世俗随附会为‘奈何桥’，虽似可笑，亦未谬。……死者魂归泰山，即归于地主耳。”③

就这样，我国古人由于崇信人死后“形魄归于地”和齐人崇拜泰山地主等，产生了鬼魂聚居泰山脚下之说，高里山便成了死人里、鬼聚处，其下山谷也便成了鬼谷。清代泰安人聂剑光所著《泰山道里记》曰：“元君庙……西为垂刀山，宋时得天

---

① 吕宗力、栾保群：《中国民间诸神》，河北教育出版社 2001 年版，第 235 页。

② 《后汉书》卷八十二下《许曼传》，中华书局 1965 年版，第 2731 页。

③ 俞樾：《茶香室丛钞》卷十六《奈何桥》，光绪九年（1883）上海进步书局本，第 2—3 页。

书于此。西为酆都峪,俗名鬼儿峪,水南流经金山北,又西南入漈河。”①此“鬼儿峪”即鬼谷。“鬼儿”为“鬼”之口语;“峪”,即“谷”,北方人呼“谷”为“峪”。顾炎武《天下郡国利病书·碣石丛谈》曰:“边方营砦,称‘谷’称‘庄’……然‘谷’有两音:南方人呼‘穀’,切以古禄;北方人呼‘育’,切以余六。”泰山当地人称“谷”多曰“峪”,《泰山道里记》便记有“桃峪”“白草峪”等称“峪”者几百处,而称“谷”者则绝少。又记“(恩谷)岭北为佛峪,亦曰佛谷”。是知“鬼儿峪”即鬼谷无疑。

《泰山道里记》又曰:“(元君庙)西为社首山……(社首山)西为亭禅山,本名高里山,崔嵬类龟;《汉书·武帝纪》‘太初元年十二月禅高里’,即此。……(高里)山之阴有古仙洞,讹谓‘鬼仙’②。萧协中曰:‘洞深暗。余尝偕友探奇,执灯笼火种而入。曲陉宽隘者三,有窟不甚深。内石床一,石磴二。登床扪其顶,一穴上有巨石塞之,旁无所通矣。’”③古仙洞在高里山北坡,鬼谷边。其洞曰“古仙”,当是因一位古代仙师隐于此洞而得名,与齐国隐士黔娄隐于济南历山背阴洞中,当地人因名此洞曰“黔娄洞”是一个道理。这位古代仙师是谁呢?此洞又称“鬼仙洞”,鬼谷先生又被称为“古之真仙”(见唐人杜光庭《录异记》),是知此洞系鬼谷先生隐居其中而得名。

---

① 聂鈫纂:《泰山道里记》,《丛书集成初编》本,商务印书馆 1937 年版,第 9—10 页。

② 聂氏言“古仙洞讹为鬼仙洞”,失考。上古音中“古”字为“见声鱼韵”,“鬼”字为“见声微韵”,发音差别大,难通。此必先称“鬼仙洞”,后改称“古仙洞”。

③ 聂鈫纂:《泰山道里记》,《丛书集成初编》本,商务印书馆 1937 年版,第 41 页。

由上述可见,泰山南脚之垂刀山下、高里山边之溪谷,因高里山传为“死人里”“鬼聚处”而名之曰鬼谷(当地人称“鬼儿峪”),战国中后期有一位钻研政治权谋术的大学者居此授徒,因号“鬼谷先生”。而其所居之山洞便被当地人称为“鬼仙洞”,年代久了又传为“古仙洞”。准此,泰山南脚之鬼谷即鬼谷先生隐身授徒地。泰山在战国中后期为齐地,又居洛阳之东,故司马迁言洛阳人苏秦“东事师于齐,而习之于鬼谷先生”。

讨论至此,还有一个问题需要辨明,即泰山下为“鬼聚处”“死人里”之说起于何时?顾炎武曾论证泰山“仙论起于周末,鬼论起于汉末”,因他见到最早言“泰山鬼府”的材料是《后汉书》(见《日知录》卷三十)。其后清人赵翼(见《陔余丛考》卷三十五)、今人钱锺书(见《管锥编》第一卷)皆从是说,因他们也没有见过更早的材料。今人吕宗力、栾保群言“泰山鬼论”起于西汉,因他们见到东汉墓中出土的镇墓券有“生人属西长安,死属太山”之语,而西汉国都为长安。[①] 照他们所言,“泰山鬼聚处”之说皆起于战国之后,那么因高里山“死人里”而称“鬼谷”的得名时间就在鬼谷先生之后,泰山下鬼谷便不是鬼谷先生授徒地了。事实果真如此吗?否!“泰山鬼聚处”之说,在齐人典籍中已先言之。《晏子春秋·内篇·谏上》言齐景公率兵伐宋过泰山,梦见二鬼向他发怒,晏婴说这是宋先祖汤、伊尹的鬼魂。《晏子春秋》的成书年代今人虽有争论[②],但说《晏子春秋》录记的是齐地的传说、故事,反映的是齐人的观

---

① 参见吕宗力、栾保群:《中国民间诸神》,河北教育出版社 2001 年版,第 235 页。

② 《晏子春秋》,或言作于春秋时,或言作于战国时,或言作于秦代,详见吴则虞《晏子春秋集释·序言》。

念则无异议。那么由这则记载,再联系古人“形魄归于地”受地主辖制和齐地古老的“泰山下祠地主”信仰来看,齐人早就崇信“死人魂归泰山”“泰山为鬼魂聚处”之说了,所以才言宋祖先的鬼魂也在泰山。由此可见,“泰山鬼聚处”之说,泰山“鬼谷”之名在鬼谷先生之前就已有之。

先秦之时,鬼谷先生确实在齐地授徒传学,所以他的学说便被保存在齐国文献总集《管子》中。《鬼谷子》之《符言》篇,与《管子》之《九守》篇虽然名字有异①,但内容大致一样。两文同样分九段,段后同样有段名,段名基本一样。《符言》之各段末曰“有主位”“有主明”“有主德”“有主赏”“有主问”“有主因”“有主周”“有主恭”“有主名”,《九守》之各段末曰“右主位”“右主明”“右主听”“右主赏”“右主问”“右主因”“右主周”“右主参”“右督名”。古时“有”“又”可通,《易·系辞上》“又以尚贤也”,《释文》曰:“又,郑作有。”《仪礼·飨射礼》曰“唯君有射于中国”,郑注:“古文有作又。”“有主德”之“德”,俞樾言为“听(聽)”之形讹;“有主恭”之“恭”,俞樾言为“参”之误。② 由此可知,两文之段名原是一致的。

又,对校两篇文字,字句完全一致的段落有一(“主问”段);字句基本一样;仅几个虚词有异的段落有一(“主明”段);两篇各有脱讹但意思一样、字句基本一致的段落有六(“主位”“主赏”“主因”“主周”“主参”“主名”段);意思有异的仅一段,系因关键词有脱误(《九守》之“主听”段有否定词“不”,

① 先秦人写文章往往不题篇名,而由后人加篇名,故此两篇文章内容一致而篇名有异。

② 参见俞樾:《诸子平议补录》,中华书局1956年版,第113页。

《符言》之“主德”段无），但两段其他文辞则基本一致。由此可见，《鬼谷子·符言》与《管子·九守》源出于一，是鬼谷先生在齐地授徒传学，故其学说被保存在齐国文献总集《管子》中之明证。

综上可见，鬼谷先生的隐身授徒地不在今河南登封，不在今陕西泾阳、耀州一带，更不在今湖北当阳，而是在今山东泰安。泰山南脚下之鬼儿峪，即鬼谷先生隐身授徒的鬼谷。

《鬼谷子》作者及流传考辨*

引　言

《鬼谷子》三卷，传为战国纵横家祖师鬼谷先生所作，鬼谷先生是一位生活在战国中期的政治思想家，曾有过丰富的政治斗争经验，后因故退居鬼谷（在泰山南脚下），设帐授徒。人们因其居而名曰鬼谷先生。

《鬼谷子》今存十五篇，主要讲述游说诸侯的程式、技术和政治勾斗权术及其习练方法，在古代政治斗争史上产生过深远的影响，故历代流传不绝。

但这样一本影响深远的著作，却因目录家著录较晚而存有较大争论，特别是关于作者和早期流传情况更是众说纷纭。今就作者及流传述己见于下，以就教于方家。

一、《鬼谷子》作者辨

最早著录《鬼谷子》的目录著作是《隋书·经籍志》。其后

* 本文原载于孔子文化大全编辑部编辑：《古籍整理研究论丛》第三辑，齐鲁书社 1994 年版。

有《旧唐书·经籍志》《新唐书·艺文志》《宋史·艺文志》《崇文总目》《中兴书目》《郡斋读书志》《直斋书录解题》《通志·艺文略》《文献通考·经籍考》《绛云楼书目》《述古堂书目》《孙氏祠堂书目》《清史稿·艺文志》等,皆著录或评介此书,真可谓源远流长,代代影响,使鬼谷先生的名字也随之世代流传,家喻户晓。可是,今传《鬼谷子》一书是否为鬼谷先生所作,前人却有不同的看法,发生过旷日持久的争论。综合看来,其说有五。

（一）鬼谷先生所作说

《隋书·经籍志·子部·纵横家》载:"《鬼谷子》三卷,皇甫谧注。鬼谷子,周世隐于鬼谷。"据明人胡应麟《四部正讹》言,《鬼谷子》,"皇甫谧序传之"。"传"即注解,"序"则是指序言。那么"鬼谷子"云云,或即出自皇甫谧之《鬼谷子序》,则"鬼谷先生所作说"是西晋时已有之。抑或此言不出自皇甫谧,则最迟是《隋书·经籍志》作者于志宁等人之言。《隋书》作于唐太宗贞观十五年(641)至唐高宗显庆元年(656),是此说唐初已盛行而被《隋志》作者采入。

（二）苏秦伪托说

《隋书·经籍志》于皇甫谧注《鬼谷子》三卷下又录曰:"《鬼谷子》三卷,乐一注。"乐一又作乐壹(见《旧唐书·经籍志》)。乐臺[1](见《新唐书·艺文志》),其行事无考,《史记·苏秦列传》张守节正义仅曰"字正,鲁郡人"。隋改兖州曰鲁

---

① 乐臺,疑为"乐壹"之形讹。

郡,唐武德五年(622)攻灭盘踞于此的徐圆朗,即复名曰兖州,由此而知乐壹为隋人。《史记正义》又曰:"《七录》有苏秦书,乐壹注云:秦欲神秘其道,故假名鬼谷也。《鬼谷子》三卷,乐壹注。"是自隋人乐壹起,即言《鬼谷子》为苏秦假托。此论一出,影响甚广,故后晋人刘昫等的《旧唐书·经籍志》题曰"《鬼谷子》三卷,苏秦撰"[①],宋人欧阳修等的《新唐书·艺文志》也署为"《鬼谷子》二卷,苏秦"。然我们细思此说,觉得大有问题。且不说乐壹之世距苏秦之时已有八九百年,说苏秦"欲神秘其道"而托名于鬼谷先生,恐是猜测之辞;即或乐壹之言真有所本,此论也站不住脚。战国之时,苏秦游说诸侯,合纵抗秦,曾挂六国相印,其声名足以振聋发聩,妇孺皆闻,何用假托一隐居山谷、避世研学的隐士型学者的名字来使其书流传呢?看一下先秦典籍,苏秦名字在《战国策》《吕氏春秋》等书中迭现,而无一今存先秦书录记鬼谷先生,就知道彼时谁的影响大小了。另外,据东汉班固的《汉书·艺文志》载,苏秦别有《苏子》二十一篇[②]传世。今检《太平御览》,既有《苏子》引文,又有《鬼谷子》引文[③],是在北宋初年,《苏子》《鬼谷子》两书仍并行于世,这怎能说《鬼谷子》是苏秦假托而为之呢?

---

① 《旧唐书·经籍志》系删节唐玄宗时人毋煚《开元内外经录》之"内录"中的"书目"部分而成,而《开元内外经录》则据唐玄宗开元六年(718)至开元九年(721)整修的《群书目录》修订而成。是则唐开元人已承乐壹"苏秦假托"之说。

② 班固注曰:"名秦,有《列传》。"

③ 今检《太平御览》,有《苏子》引文十条,《鬼谷子》引文十九条。

（三）《鬼容区》即《鬼谷子》说

此论起自明人杨慎（见其《鬼谷子评注》），而今天有台湾学者梁嘉彬、赵铁寒诸人为之发明。《汉书·艺文志·兵阴阳》有《鬼容区》三篇，《图》一卷。班固注曰："黄帝臣，依托。"杨慎曰："今案'鬼谷'即'鬼容'者，又字相似而误也。高似孙《子略》便谓《艺文志》无《鬼谷子》，何其轻于立论乎！"[①]此论出后，胡应麟驳曰："鬼臾区，黄帝之臣，汉《艺文志》兵阴阳家有《鬼容区》三篇，与《风后》《力牧》连类，说者谓即鬼臾区，以臾、容声相近，是矣。而杨以为'鬼谷'，则'区'字安顿何所乎？"[②]赵铁寒撰文申杨慎之论，驳胡应麟之说，考曰"谷""浴""臾"上古音同可通，"区""丘""之""子"亦音近可通，故"《鬼容区》即《鬼谷子》"。[③] 而梁嘉彬则用《史记·封禅书》之鬼臾区是黄帝臣，是秦汉方士们推重的仙家，而鬼谷子亦是杜光庭《录异记》等所尊的"古之真仙"来比附，证鬼臾区与鬼谷子为一人，《鬼容区》即《鬼谷子》。[④] 细核此说，破绽颇多。其一，鬼谷子为仙家之论晚出于南北朝时期，不足证鬼谷先生即传说中黄帝臣鬼臾区。其二，音同者未必假借，"鬼容区"通"鬼谷子"缺乏例证。其三，最重要的是，两书内容不类。《鬼容区》在《汉书·艺文志》中列入"兵阴阳"家类，班固曰："（兵）阴阳

---

① 转引自陈蒲清：《鬼谷子详解》，岳麓书社2005年版，第257页。

② 胡应麟撰：《少室山房笔丛》，上海书店出版社2009年版，第305页。

③ 鬼容区，《汉书·艺文志》颜师古注"即鬼臾区也"。

④ 梁嘉彬：《鬼谷子考》，（台湾）《大陆杂志》第10卷第4期，1955年。

者,顺时而发,推刑德,随斗击,因五胜[①],假鬼神而为助者也。”[②]是讲军事斗争中的阴阳奇正变化的军事著作,从此类所列《太壹兵法》《天一兵法》《神农兵法》《别成子望军气》《辟兵威胜方》等书目中,一眼便可看出此类书应归兵家。而今传《鬼谷子》则是讲权谋诈变、察言观色、游说人主、以干时政的政治权术之书。是知“《鬼容区》即《鬼谷子》说”不可信也。

（四）东汉或六朝人伪造说

此说起自明人胡应麟,他在《四部正讹》中说:

《鬼谷子》,《汉志》绝无其书,文体亦不类战国,晋皇甫谧序传之。案,《汉志》纵横家有《苏秦》三十一篇、《张仪》十篇,《隋经籍志》已亡。盖东汉人本二书之言会萃附益为此,或即谧手所成而托名鬼谷,若“子虚”“亡是”云耳。[③]

清人姚际恒承之曰:

《唐志》以为苏秦之书,案《史·苏秦传》云:“东事师于齐,而习之于鬼谷先生。”《索隐》曰:“乐壹注《鬼谷子》书云:秦欲神秘其道,故假名鬼谷。”然则其人本无考,况

① 五胜,颜师古曰“五行相胜也”。

② 《汉书》卷三十《艺文志》,中华书局1962年版,第1760页。

③ 胡应麟撰:《少室山房笔丛》,上海书店出版社2009年版,第305页。

其书乎！是六朝所托无疑。[1]

今人钱穆亦从是说。他在《先秦诸子系年·鬼谷子辨》中说："《鬼谷子》则犹为晚出伪书，不得谓今《鬼谷子》即出《汉志》'《苏子》三十一篇'。"[2]

今考胡应麟"东汉人会萃""皇甫谧手成"之言原无本，系猜测之语，故用"盖"，用"或即"。若《鬼谷子》系东汉人伪造，则东汉前之人无得见是书。但《史记·太史公自序》有"故曰，圣人不朽，时变是守。虚者，道之常也；因者，君之纲也"之言，司马贞《索隐》曰："此出《鬼谷子》，迁引之以成其章，故称'故曰'也。"今按此司马谈引文[3]，正与今传《鬼谷子》文句相类，是《鬼谷子》引文无疑。又，班固于《汉书·司马迁传》引此文时改"圣人不朽"为"圣人不巧"，王念孙曰："'巧'，古读若'糗'，正与'守'为韵。"[4]或是班固据当时传世之《鬼谷子》改正。总之，《鬼谷子》不是东汉人伪造，它在西汉时已传世，故为司马谈引用；东汉时仍存，故班固依其正引文。如果说，司马谈所引并未明言出自《鬼谷子》而是唐人司马贞考证出的话，那么西汉人刘向在《说苑》中则明言引《鬼谷子》。其《善说篇》曰："《鬼谷子》曰，'人之不善而能矫之者难矣……如此而说不行者，天下未尝闻也。"是则《鬼谷子》存于西汉时无疑了。

---

① 姚际恒：《古今伪书考》，《丛书集成初编》本，中华书局 1985 年版，第 14 页。

② 钱穆：《先秦诸子系年》，商务印书馆 2001 年版，第 359 页。

③ 上列"故曰圣人不朽"云云，在《史记·太史公自序》所录司马谈《论六家要旨》文中，司马贞称"迁引之"有误。

④ 王念孙撰：《读书杂志》，江苏古籍出版社 1985 年版，第 169 页。

明于此,“西晋人皇甫谧伪造《鬼谷子》说”和“六朝人伪造《鬼谷子》说”也就不攻自破了。

（五）《鬼谷子》为《汉志》所录《苏子》之一部分说

顾实等人主此说。顾实曰：

> 《鬼谷子》十四篇,本当在《汉志》之《苏子》三十一篇中。盖《苏子》为总名,而《鬼谷子》其别目也……故后世《苏子》书亡,而《鬼谷子》犹以别行而存也。[1]

此说近实,然亦有未安处。若说《鬼谷子》存于《苏子》之中,为《苏子》的一部分,为何刘向《说苑・善说》引之曰《鬼谷子》呢？是知班固作《汉书・艺文志》前有《鬼谷子》书流传而为刘向引用。

总观以上五说,“苏秦伪托说”“《鬼容区》即《鬼谷子》说”“东汉或六朝人伪造说”皆不可信;“鬼谷先生所作说”可信,但需论证;“《鬼谷子》为《苏子》之一部分说”近实,但需补充说明。以下论证补充之。

众所周知,鬼谷先生是战国中期的一位钻研操纵时代风云的捭阖权术的政治思想家,曾收生授徒。战国中后期,正是诸子蜂起、辩难诘问、各自著书立说以逞其志的时代。鬼谷先生教徒授课,理应有著之竹帛的著作以为讲习课本。清人章学诚曾说:“孔、孟以前,未尝得见其书也。至战国而官守师传之道

---

① 姚际恒原著,顾实重考:《重考古今伪书考》卷三,大东书局 1928 年版,第 5—6 页。

废，通其学者，述旧闻而著之竹帛焉。”①司马谈所见、刘向《说苑·善说》所引当即此种“著之竹帛”的教习课本，故《说苑》直称“《鬼谷子》曰”。

这种两汉时仍在流传的本子为何班固《汉书·艺文志》没有著录呢？这要从《苏子》中找原因。苏秦是鬼谷先生的高足，甚得鬼谷先生政治权术之精华，曾用它在战国后期的社会大舞台上导演过一幕幕政治斗争、外交斗争、军事斗争的悲喜剧。在这种亲自实践的经验体会的基础上，他对就学时录记下来的鬼谷先生的课业学问，或有所发挥，或有所补充，或有所修正，遂成《苏子》三十一篇（其中当然有他自己的超出先生学问范围之外的东西，据钱穆《先秦诸子系年·鬼谷子辨》言，还有苏代等人的言论），其对鬼谷先生政治权术领会之深，表述之精，当是无与伦比的，甚至在某些方面超过了《鬼谷子》的表达，故刘向在整理古籍时，只录记了保存《鬼谷子》精华的《苏子》，而汰舍了《鬼谷子》，后为班固移录在《汉书·艺文志》中。由此可见，顾实等言“《鬼谷子》十四篇，本当在《汉志》之《苏子》三十一篇中”是对的。东汉人服虔注《汉书·杜周传》赞语“业因势而抵陒”曰：“抵音纸，陒音羲，谓罪败而复抨弹之，《苏秦书》有此法。”而颜师古则曰：“一说陒读与戏同，音许宜反。戏亦险也，言击其危险之处，《鬼谷》有《抵戏篇》也。”②服虔与师古同论《抵巇篇》，而一曰在《苏子》中，一曰在《鬼谷子》中，便是《苏子》中包有《鬼谷子》部分篇章的明证。

但并不能因此而否认《鬼谷子》本子的流传。西晋人皇甫

① 章学诚：《文史通义》，岳麓书社1993年版，第21页。

② 《汉书》卷六十《杜周传》，中华书局1962年版，第2684页。

谧所注三卷本即《说苑》所引之《鬼谷子》,《史记·苏秦列传》刘宋人裴骃集解曰:"《鬼谷子》有《揣》《摩》篇",隋人王劭言"《揣情》《摩意》是《鬼谷》之二章名"①,他们说的都是这种单独流传而不为《汉书·艺文志》著录的《鬼谷子》本。而隋人乐壹所注《鬼谷子》则是从《苏子》中剔出的。《史记·苏秦列传》索隐言:"乐壹注《鬼谷子》书云'苏秦欲神秘其道,故假名鬼谷'。"②而《史记·苏秦列传》正义则曰:"《七录》有《苏秦书》,乐壹注云:'秦欲神秘其道,故假名鬼谷也。'"司马贞与张守节年代相去不远,而一言乐壹注《鬼谷子》,一言乐壹注《苏秦书》,正是乐壹所注系从《苏子》中剔出的《鬼谷子》之明证。准此,是自汉代以迄隋唐,鬼谷先生之《鬼谷子》与苏秦所录记之《鬼谷子》一直并行于世。

经过上述梳理和论证,我们可以肯定地说,《鬼谷子》为战国时期鬼谷先生所作,汉人或六朝人伪作说是站不住脚的。《鬼谷子》表达了鬼谷先生的学术思想,也有苏秦的补充发挥,它是战国纵横家理论学说的精华。

二、《鬼谷子》流传考

战国中期,张仪、苏秦之师鬼谷先生在齐地鬼谷隐身治学,钻研政治权术,收徒教学,所以《鬼谷子》中的部分篇章被收入齐国政治、经济、军事论文总集《管子》中,故今传《管子·九

① 《史记》卷六十九《苏秦列传》,中华书局1959年版,第2242页。
② 《史记》卷六十九《苏秦列传》,中华书局1959年版,第2241页。

守》与《鬼谷子·符言》字句基本一致，后来，这些学说流传到更广远的地区，因而被战国辩者编辑、补充的《邓析子》所收录[1]，这就是《邓析子》中某些词句与《鬼谷子》相同，某些思想与《鬼谷子》相类的原因。又，据《史记·平原君虞卿列传》讲，“游说之士”虞卿，“蹑蹻担簦”而说赵孝成王，“再见为赵上卿”。后失势“困于梁”，“不得意，乃著书。上采《春秋》，下观近世，曰《节》《义》《称》《号》《揣》《摩》《政》《谋》凡八篇，以刺讥国家得失，世传之曰《虞氏春秋》”。[2] 其《揣》《摩》《谋》三篇与今传《鬼谷子》中三篇之篇目同，疑其或亦师从鬼谷先生而记其学，或鬼谷先生学说传世后为其所采录。总之，说鬼谷先生的游说处世学说在战国后期已在社会上流传，并产生了一定的社会影响，大概不会过谬。只可惜书缺有间，流传的详情已难考定了。

秦始皇焚书禁百家言，鬼谷先生学说亦淹而不彰。汉惠帝四年（前191）三月除挟书律，诸子之书渐渐复出。淮南王刘安召集天下道学之士、齐地方士归附其门下，鬼谷先生之学亦首先在淮南再度流传，而被部分保存在《淮南子》中。《淮南子·氾论训》曰：“忤而后合，谓之知权。”“圣人之言，先忤而后合。”而《鬼谷子·忤合》曰：“古之善背向者，乃协四海、包诸侯，忤合之而化转之，然后以之求合。”又，《淮南子·说山训》曰“介虫之动以固，贞虫之动以毒螫”，而《鬼谷

① 今传《邓析子》虽也保留了邓析的某些思想学说，但今人研究多认为是战国后期的“辩者”整理成书的。《邓析子·中文篇》与《鬼谷子·符言》文句多同。

② 《史记》卷七十四《平原君虞卿列传》，中华书局1959年版，第2370—2375页。

子·权》曰“故介虫之捍也,必以坚厚;螫虫之动也,必以毒螫”,表现出明显的承接关系。又,《史记·太史公自序》曰:“故曰:圣人不朽,时变是守。虚者,道之常也;因者,君之纲也。”司马贞《索隐》曰:“此出《鬼谷子》,迁引之以成其章,故称‘故曰’也。”由此可见,是西汉武帝前,《鬼谷子》书已在社会上流传。

汉武帝初年,《鬼谷子》之书、苏秦之言等纵横家学说在社会上已相当流行,故汉武帝即位倡直言时,丞相卫绾马上奏言罢“苏秦、张仪之言”,勿举治其言者为“贤良”(事见《汉书·武帝纪》)。但《鬼谷子》在社会上的流传并没有因此而禁绝,刘向领命整理古代典籍,十分欣赏《鬼谷子》,而摘录其文记入自己所编著的《说苑》中。《说苑·善说》曰:“《鬼谷子》曰:‘人之不善而能矫之者,难矣。说之不行,言之不从者,其辩之不明也;既明而不行者,持之不固也;既固而不行者,未中其心之所善也。辩之,明之,持之,固之,又中其人之所善,其言神而珍,白而分,能入于人之心,如此而说不行者,天下未尝闻也。此之谓善说。’”①如此大段征引,必是亲见《鬼谷子》书无疑。另外,刘向还在论说中化用《鬼谷子》文意,发挥《鬼谷子》思想,请看下表:

① 刘向撰,向宗鲁校:《说苑校证》,中华书局1987年版,第266页。

《说苑》文	《鬼谷子》文
萌芽未动，形兆未见，昭然独见存亡之几，得失之要，预禁乎不然之前。（《臣术》）	其施外兆、萌牙蘖之谋，皆由抵巇。（《抵巇》） 巇始有朕，可抵而塞，可抵而却，可抵而息，可抵而匿，可抵而得。（《抵巇》）
功成事立，归善于君，不敢独伐其劳。（《臣术》）	隐貌逃情而人不知，故能成其事而无患。（《摩》）
明察幽，见成败，早防而救之，引而复之，塞其间，绝其源，转祸以为福。（《臣术》）	圣人见萌芽巇罅，则抵之以法。（《抵巇》） 事之危也，圣人知之，独保其身，因作说事，通达计谋，以识细微。（《抵巇》）
主所言皆曰善，主所为皆曰可，隐而求主之所好，即进之以快主之耳目，偷合苟容，与主为乐。（《臣术》）	用其意，欲入则入，欲出则出，欲亲则亲，欲疏则疏，欲就则就，欲去则去，欲求则求，欲思则思。（《内揵》）
—	人之有好也，学而顺之；人之有恶也，避而讳之。（《谋》）
圣王之举事，必先谛之于谋虑，而后考之于蓍龟。（《权谋》）	圣人……必先谋虑计定。（《忤合》） 先王乃用蓍龟者，以自决也。（《决》）
知命者，预见存亡祸福之原。（《权谋》）	圣人以道先知存亡。（《本经阴符七术》）
居乱世则不害于其身。（《权谋》）	事之危也，圣人知之，独保其身。（《抵巇》）

（续表）

《说苑》文	《鬼谷子》文
见事而得失成败之分，而究其所终极。（《权谋》）	圣人……见其计谋，必知其吉凶成败之所终。（《本经阴符七术》）
君子之权谋正，小人之权谋邪。……诚者隆至后世，诈者当身而灭。（《权谋》）	小人比人，则左道而用之，至能败家夺国。非贤智不能守家以义，不能守国以道。（《中经》）
意不并锐，事不两隆。盛于彼者必衰于此，长于左者必短于右。（《说丛》）	合于彼而离于此，计谋不两忠。必有反忤：反于此，忤于彼；忤于此，反于彼。（《忤合》）
天将毁之，必先累之。（《说丛》）	—
—	或先重累而后毁之。或以重累为毁，或以毁为重累。（《飞钳》）

由上表可见，《说苑》或借用《鬼谷子》词句，或借用《鬼谷子》思想，《说苑》本是刘向"采传记百家所载行事之迹以为此书"（《说苑·曾巩序》），所以我们可以说，刘向是见过《鬼谷子》并对此书甚为熟悉的。

西汉末年，扬雄作《法言·重黎篇》而论之曰："或问蒯通抵韩信，不能下，又狂之。曰：方遭信闭如其抵。曰：巇可抵乎？曰：贤者司礼，小人司巇，况拊键乎？"此必熟读《鬼谷子·抵巇》，方有此论。

东汉初年，班固作《汉书》，于《杜周传》末赞语中曰："（杜）业因势而抵陒，称朱博，毁师丹，爱憎之议可不畏哉！"东汉服虔注曰："抵音纸，陒音羲。谓罪败而复抨弹之，《苏秦书》

有此法。”①

东汉末年，大经学家郑玄注《周礼·春官·典同》曰：“凡声……微声韽”曰：“微，谓其形微小也。韽，读为‘飞钳涅闇’之闇。韽声小不成也。”贾公彦疏曰：“云韽读为飞钳涅闇之‘闇’者，谓《鬼谷子》有《飞钳》《揣》《摩》之篇，皆言从横辩说之术。飞钳者，言察是非，语飞而钳持之。揣摩者，云揣人主之情，而摩近之。云‘韽声小不成也’者，飞钳涅闇，使之不语，此钟声韽，亦是声小不成也。”②郑玄融会《鬼谷子》文意而用它来喻解钟声，必是郑玄熟读《鬼谷子》无疑。

通观上论，是两汉时期，挟书禁除后，《鬼谷子》在文人中间流传读习。某些大学问家对它较为熟悉，故或借用其文句、思想，融入自己的著述中，或用它来注说经书，引文释意。

魏晋南北朝时期，引用、评说《鬼谷子》者仍不乏其人。三国吴人杨泉《物理论·口铭篇》乃融《鬼谷子·捭阖》而成，如《物理论·口铭篇》曰：“存亡之机，开阖之术，口与心谋，安危之源。”而《鬼谷子·捭阖》曰：“观阴阳之开阖以命物，知存亡之门户。……口者，心之门户也；心者，神之主也。”又如，《物理论·口铭篇》曰：“枢机之发，荣辱随焉。”而《鬼谷子·捭阖》曰：“故言长生、安乐、富贵、尊荣、显名、爱好、财利、得意、喜欲，为阳，曰始；故言死亡、忧患、贫贱、苦辱、弃损、亡利、失意、有害、刑戮、诛罚，为阴，曰终。……阴阳相求，由捭阖也。此天

① 《汉书》卷六十《杜周传》，中华书局 1962 年版，第 2683—2684 页。

② 郑玄注，贾公彦疏：《周礼注疏》，《十三经注疏》本，中华书局 1980 年版，第 798 页。

地阴阳之道，而说人之法也。为万事之先，是谓圆方之门户。”还有，《物理论》言“指南车见《鬼谷子》”，而今本《鬼谷子·谋》曰：“故郑人之取玉也，必载司南之车[①]，为其不惑也。”由此可见，杨泉见过并熟悉《鬼谷子》。[②]

西晋人左思《蜀都赋》曰：“剧谈戏论，扼腕抵掌。”刘良注曰：“剧，甚也。《鬼谷先生书》有《抵戏篇》。”（见《六臣注文选》卷四）或是左思读过《鬼谷子》，因有此化用。

刘宋人裴骃注《史记·苏秦列传》“期年以出揣摩”曰：“《鬼谷子》有《揣摩篇》也。”[③]是故裴骃见过《鬼谷子》无疑。

齐梁人沈约于齐武帝永明年间修《宋书》，于《礼志五》叙述指南车时说：“指南车，其始周公所作……《鬼谷子》云：‘郑人取玉，必载司南，为其不惑也。’”[④]是沈约读过《鬼谷子》无疑。

萧梁人刘勰于《文心雕龙·论说》中论战国辩士时说：“暨战国争雄，辨士云涌；从横参谋，长短角势；《转丸》骋其巧辞，《飞钳》伏其精术；一人之辨，重于九鼎之宝；三寸之舌，强于百万之师；六印磊落以佩，五都隐赈而封。”《转丸》原为《鬼谷子》之一篇，在《符言》下，唐时已亡。[⑤]《飞钳》，今为《鬼谷子》第五篇，题曰《飞箝》，钳、箝古通。《史记·袁盎晁错列传》云：

---

① “必”字本脱，从《宋书》卷十八《礼志五》补。

② 以上引文参见杨泉撰，孙星衍辑，翟江月点校：《物理论》，《子海精华编》，山东人民出版社 2018 年版，第 91—122 页。

③ 《史记》卷六十九《苏秦列传》，中华书局 1959 年版，第 2242 页。

④ 《宋书》卷十八《礼志五》，中华书局 1974 年版，第 496 页。

⑤ 赵铁寒谓其于齐末梁初至唐尹知章世之间亡，见赵铁寒：《鬼谷子考辨(上)》，(台湾)《大陆杂志》第 14 卷第 5 期，1957 年。

“君今闭钳天下之口。”《汉书·袁盎传》钳作箝。又,《汉书·异姓诸侯王表》云“箝语焚书”,颜师古注引应劭曰:“箝与钳同。”是刘勰细读过《鬼谷子》无疑。

萧梁人阮孝绪继王俭《七志》作《七录》,于“子部纵横类”收书二种二帙五卷。《七录》早亡,未知收录详情,然唐人张守节注《史记·苏秦列传》“(苏秦)东事师于齐,而习之于鬼谷先生”时说:“《七录》有《苏秦书》。乐壹注云:‘秦欲神秘其道,故假名鬼谷也。’《鬼谷子》三卷,乐壹注。”其中包有《鬼谷子》,已见上论。要之,阮孝绪见过《鬼谷子》的另一种传本。

据《意林·篇目序》,梁人庾仲容《子略》曾录有《鬼谷子》。由上述可见,魏晋南北朝时期,《鬼谷子》已在社会上广泛流传,引用、研读、著录它的有哲学家(杨泉)、贵戚(左思)、达官(沈约)、和尚(刘勰)等。这一时期,还出现了《鬼谷子》流传史上的一个重要现象——出现注释、研究者。

西晋人皇甫谧是现知最早注《鬼谷子》的学者。《隋书·经籍志》曰:“《鬼谷子》三卷,皇甫谧注,鬼谷子,周世隐于鬼谷。”胡应麟《四部正讹》曰:“《鬼谷子》……皇甫谧序传之。”“序”即作序,“传”即注释。马总《意林》曾录《鬼谷子序》曰:“周时有豪士隐居鬼谷,自号鬼谷先生。”两相比较,《隋书·经籍志》“皇甫谧注”下所言,似节引皇甫谧《鬼谷子序》而成。但皇甫谧所注《鬼谷子》久佚,已难考详情。

今存《鬼谷子·持枢》“春生夏长秋收冬藏,天之正也,不可干而逆之。逆之者,虽成必败”注有云:“元亮曰:含气之类,顺之必悦,逆之必怒,况天为万物之尊而逆之乎?”“元亮”,东晋陶渊明(陶潜)之字。据此,后代研究者认为:东晋陶渊明注过《鬼谷子》。[①] 陶渊明生当东晋末世，无意仕宦，崇尚自然，对官场的黑暗污浊、尔虞我诈深恶痛绝。想此等高士，是不会为讲求游说君主、献谋求荣、排挤倾轧、互相勾斗的《鬼谷子》作注的。又，陶渊明于《晋书》（卷九十四）、《宋书》（卷九十三）、《南史》（卷七十五）并有传，但无一处言陶渊明注过《鬼谷子》。今存注中所引，或是陶氏文章中的语句。

据唐初长孙无忌《鬼谷子序》讲，萧梁人陶弘景曾注释过《鬼谷子》三卷。今传清人秦恩复石研斋刻本即题曰“梁陶弘景注”。但今传注本是否为陶弘景注，当代研究界有争论。[②] 但不管怎样，今传注本中收有陶弘景注语，所以说陶弘景曾注过《鬼谷子》是不容置疑的。

隋唐时期，《鬼谷子》的流传情况可分为四类来论述。其一，《鬼谷子》继续在社会上流传，为文人引用。《史记·苏秦列传》索隐引隋代史学家王劭订正裴驱“《鬼谷子》有《揣摩篇》”之言有曰：“《揣情》《摩意》，是《鬼谷》之二章名，非为一篇也。”这是因为二人所见本不同所致。隋人虞世南《北堂书钞》，录《鬼谷子》文“不放不忘”等六条（见其书卷二十七），录前人注文两条。此注文可能是皇甫谧注文。唐初欧阳询《艺文类聚》录《鬼谷子》文两条（卷十七、卷八十三），李善等人注《文选》，计录《鬼谷子》文七条（卷五、卷二十、卷二十一、卷二十五、卷四十七、卷五十四、卷五十五）。马总《意林》曾引《鬼谷子》曰：“人动我静，人言我听。”“能固能去，在我而问。”“知

---

① 俞棪曰：“元亮，晋陶渊明也”（鬼谷子著，陈道年笺注：《鬼谷子笺注》，黄山书社 2014 年版，第 157 页），即主陶渊明注过《鬼谷子》。

② 赵铁寒即主“今本非陶弘景注”，见赵铁寒：《鬼谷子考辨（下）》，（台湾）《大陆杂志》第 14 卷第 6 期，1957 年。

性则寡累，知命则不忧。忧累去则心平，心平而仁义著矣。”“以德养民，犹草木之得时。以仁化人，犹天生草木以雨润泽之。”

其二，仍有注释者据《隋书·经籍志》，隋人乐壹曾有《鬼谷子注》三卷。又据《旧唐书·经籍志》和《新唐书·艺文志》，唐人尹知章亦有《鬼谷子注》三卷问世。今检《隋书·经籍志》有皇甫谧注《鬼谷子》三卷，是其注在唐初仍存。但检《旧唐书·经籍志》皇甫谧注本已不载，《旧唐志》系删唐开元人毋煚《开元内外经录》中“书目”部分而成，是唐开元时已亡。又检两“唐志”，除载尹知章注《鬼谷子》三卷外，尚载有乐壹注《鬼谷子》三卷，是两书北宋时犹存。今检《太平御览》所载《鬼谷子》十九条引文中，篇目与今传本有异者六：今传本之“反应”“忤合”“揣”“摩”“权”“谋”，引文分别作“反覆”“午合”“揣情”“摩意”“量权”“谋虑”。此引文中之注文与今传本注文全异，共计八条：《抵巇》一条，《反应》一条，《摩》一条，《权》二条，《谋》三条。已知今传本为尹知章注本（说详下），故言《太平御览》所引本即乐壹注本。乐壹注本不仅注文不同于今传本，而且篇名与今传本亦有异，当是出自另一版本系统。

今传《鬼谷子》注本，题曰“陶弘景注”。细考之，大非。清人周广业曰：

> 若果系陶注，则同时刘勰作《文心雕龙》，明言“《转丸》骋其巧辞，《飞箝》伏其精术”矣，此岂不见原文者？可遽云《转丸》已亡乎？庾仲容亦梁人，其所钞子（书）今在《意林》，“人动我静”及“以德养民”二条，显有完书可据，

何是本"独以脱烂"为恨？此亦是尹非陶之明证矣。[①]

其言与陶弘景同时代人刘勰和庾仲容都依据《鬼谷子》全本评论和摘引，而今传本却曰"《转丸》《胠箧》二篇皆亡"，由此可见今传本非陶弘景注本。又，陶弘景从子陶翊曾撰《华阳隐居先生本起录》，其末附有陶弘景所著书目，计《三礼序》《老子注》《抱朴子注》等四十二种一百六十九卷，其中未有《鬼谷子注》。由此可知，今传《鬼谷子》三卷注本非陶弘景注。

那么今传注本系谁所为？曰唐人尹知章。周广业力主此说，曰：

观其注文，往往避唐讳，如以"民"为"人"，"世"为"代"，"治"为"理"，"缧绁"作"缧絏"之类，而笔注又绝似《管子注》[②]，是为尹注无疑。尹生中宗、睿宗之世，卒于开元六年，故于"隆基"字不复避也。[③]

今检今本注文，周广业之说信然。如《摩篇》"而民安之"注曰"故人安而不知其所以利"，改"民"为"人"，《中经》"或当抑拘成罪"注曰"谓贤人不辜，横被缧絏"，将"缧绁"作"缧絏"。但于《反应》"定基不审"则注曰"审基在于情明"，不避"基"字。又，据赵铁寒先生所见，台湾大学图书馆藏有日本皆

① 鬼谷子著，陈道年笺注：《鬼谷子笺注》，黄山书社2014年版，第185页。

② 尹知章曾注过《管子》。

③ 鬼谷子著，陈道年笺注：《鬼谷子笺注》，黄山书社2014年版，第184—185页。

川愿所刻汉文本《鬼谷子》,“赫然题曰‘尹知章注’,其注与今行陶注完全相同”①。由上述可见,今传注本确为尹知章注本,是唐人注释成果一直保存到今天。

其三,《鬼谷子》正式见于目录书著录。《隋书·经籍志·子部·纵横家》著录有《鬼谷子》皇甫谧注三卷本和乐壹注三卷本。《旧唐书·经籍志·子部·纵横家》著录有《鬼谷子》三卷及乐壹注三卷本及尹知章注三卷本。《新唐书·艺文志·子部·纵横家》著录有《鬼谷子》二卷②,及乐壹注三卷本和尹知章注三卷本。

其四,出现了研究性文章。唐初,长孙无忌曾作《鬼谷子序》,除著录皇甫谧、陶弘景、乐壹注本外,又曰:“从横者,所以明辩说,善辞令,以通上下之志也。汉世以为本行人之官,受命出疆,临事而制,故曰:‘诵《诗三百》,使于四方,不能专对,虽多亦奚以为?’《周官·掌交》‘以节与币巡邦国之诸侯,及万姓之聚,导王之德意志虑,使辟行之,而和诸侯之好,达万民之说’,谕以‘九税之利、九仪之亲、九牧之维、九禁之难、九戒之威’是也。佞人为之,则便辞利口,倾危变诈,至于贼害忠信,覆乱邦家。”对《鬼谷子》讲述的纵横之术及战国捭阖之士多有微辞。后有元冀,“好读古书,然甚贤《鬼谷子》,为其《指要》几千言”③。《鬼谷子指要》,即论述其书主旨、大意、主要技巧等。复有“唐宋八大散文家”之一柳宗元作《鬼谷子辩》,斥责《鬼谷

---

① 赵铁寒:《鬼谷子考辨》,(台湾)《大陆杂志》第14卷第5、6期,1957年。

② 疑此“二卷”为“三卷”之字误。

③ 柳宗元著,易新鼎点校:《柳宗元集》,中国书店2000年版,第63页。

子》"要为无取","学者宜其不道","其言益奇而道益狭,使人狙狂失守而易于陷坠",并对元翼作《鬼谷子指要》一事大加斥责,谓其"好术也过矣"。[①] 又有来鹄继起而攻之,言《鬼谷子》"教人诡给激讦揣愉猾之术"[②]。这种研究和争论,与唐代的思想解放潮流有关。

宋元时期,除了《崇文总目》和《宋史·艺文志》著录有《鬼谷子》三卷外,《太平御览》曾录《鬼谷子》文十九条(卷三百六七,二条;卷四百六十二,九条;卷五百三十,一条;卷六百二十,二条;卷七百二十八,一条;卷七百七十五,二条;卷八百五,一条;卷八百三十四;一条),《事类赋注》引《鬼谷子》文两条(皆卷十六)。另外,丁度等的《集韵》、惠洪的《冷斋夜话》等都曾引用过《鬼谷子》。

宋初大散文家欧阳修曾作《鬼谷子序》,谓《鬼谷子》"因时适变,权事制宜,有足取者"(钱东垣《崇文总目辑释》引),赞誉之辞溢于言表。刘泾则论曰:"老之翕张,儒之阖辟,其与鬼谷往来如环。鬼,幽而显者也。谷,扣而应者也。藏幽显露,一扣一应,信如其名哉!"(王应麟《汉书艺文志考证》引)叶梦得论曰:"苏秦学出于《揣》《摩》,未尝不卓然有志天下,反复无常,不守一道,度其隙苟可入者,则为之,此揣摩之术也。故始求说周,周显王不能用,则去而之秦,再求说秦。秦孝公不能用,则去而之燕。幸燕文侯适合而从说行。其所以说周者吾不能知。若秦孝公而听之,则必先为横说以噬六国,何有于周?此苏秦

① 柳宗元著,易新鼎点校:《柳宗元集》,中国书店 2000 年版,第 63 页。

② 见晁公武《郡斋读书志·子部·纵横家》。又,明归有光辑《诸子汇函》收有《来子》。

所以取死也!”(王应麟《汉书艺文志考证》引)此为叶氏以宋儒眼光论苏秦学用《鬼谷子》权谋术的偏见。其论“反复无常,不守一道”,即苏秦从《鬼谷子·忤合》“背向术”之说而为之;其论“度其隙苟可入者,则为之”,即苏秦从《鬼谷子·抵巇》“抵巇术”之说而为之。《鬼谷子》权谋术,只是百家争鸣中的一种干政用世之术,不可以后人的道德准则去要求前人。吕祖谦论曰:“战国游说之风,苏秦、张仪、公孙衍实倡之。秦,周人也;仪与衍,皆魏人也。故言权变辩智之士,必曰三晋两周云。”(王应麟《汉书艺文志考证》引)“权变辩智”,即《鬼谷子》之术。总之,宋儒从各种角度、各种立场,对《鬼谷子》之术、苏秦张仪纵横进行评说论述,使《鬼谷子》的研究逐步深入。另有元末宋濂作《鬼谷子辩》,对《鬼谷子》大加抨击,攻其为“蛇鼠之智”,“家用之则家亡,国用之则国偾”(见《诸子辩》)。元朝末年,中原汉族人民在外族的残暴统治下呻吟。宋氏此说,或出于对朝秦暮楚之人的痛恨而发,与他固辞元翰林院编修而入山为道士的行径有着相同的原因。

这一时期的某些目录学著作对《鬼谷子》的著录,一改前人只录书名、作者、注者、卷数的做法,而增录前人的研究论述,并且加上自己的评说。这就不仅仅是著录,而且有了研究性质。开此风者大概是陈骙。他在《中兴书目》中说:“《鬼谷子》三卷。周时高士,无乡里族姓名字,以其所隐,自号鬼谷先生。苏秦、张仪事之。授以《捭阖》以下至《符言》等十有二篇,及《转圆》《本经》《持枢》《中经》等篇,亦以告仪、秦者也。一本始末皆东晋陶弘景注。一本《捭阖》《反应》《内揵》《抵巇》四篇不详何人训释,中、下卷与弘景所注同。元冀为《指要》几千言。”他除了著录书名、卷数、两种注本及前人研究著作外,又对其书的作者进行考说，订正“新旧《唐志》”著录作者之误，在《鬼谷子》研究史上贡献非小。其后有晁公武《郡斋读书志》继用此法，著录篇卷、作者、前人评说及自己据《史记》所记作的推论。郑樵《通志·艺文略》、高似孙《子略》、王应麟《汉书艺文志考证》及《玉海·艺文·诸子》、陈振孙《直斋书录解题》、马端临《文献通考》等或录前人评说，或据前人评论加以发挥考订，推动了《鬼谷子》研究的发展。

明清及近代，除了著录和评说外，还出现了不少注本、校本、刻本、抄本等。

明人胡应麟重翻“作者旧案”，他在《四部正讹》中说：“《鬼谷子》，《汉志》绝无其书，文体亦不类战国。晋皇甫谧序传之。案，《汉志》纵横家有《苏秦》三十一篇、《张仪》十篇，《隋经籍志》‘已亡’。盖东汉人本二书之言会萃附益为此，或即谧手所成而托名鬼谷，若子虚、亡是云耳。”①这样，自陈骙所认定的“鬼谷先生作《鬼谷子》”之说又面临着挑战。胡应麟怀疑《鬼谷子》成书于战国，认为或为东汉人所作，或为西晋皇甫谧所作。明末清初人钱谦益在《绛云楼书目》中著录曰：“《鬼谷子》三卷，苏秦。陶弘景注《鬼谷子》三卷。”亦否定《鬼谷子》为鬼谷先生作。

清初钱曾除在《述古堂书目》中著录《鬼谷子》外②，又在其《读书敏求记》中论道：“陶弘景注《鬼谷子》三卷。鬼谷子无乡里族姓名字，战国时隐居颍川阳城之鬼谷，故以为号。其

---

① 胡应麟撰：《少室山房笔丛》，上海书店出版社 2009 年版，第 305 页。

② 《述古堂书目》曰：“《鬼谷子》，陶弘景注，六卷。”按“六卷”有误。

《转丸》《胠箧》二篇，今亡。贞白曰：或云即《本经》《中经》是也。"[1]贞白，陶弘景号。清乾嘉时人阮元曾于秦恩复刻本上作《跋》曰："元读《鬼谷子》中多韵语"，"合古声训字之义，非后人所能依托"。同时人汪中在《经义新知录》中亦断为非后人伪托。《鬼谷子》作者问题又争论起来。姚际恒在《古今伪书考》中认为鬼谷先生"其人本无考，况其书乎！是六朝人所托无疑"。姚振宗在《隋书经籍志考证》中承王应麟之说而论定《鬼谷子》为苏秦书。近人梁启超亦论为伪作。顾实《重考古今伪书考》亦承之曰："《鬼谷子》十四篇，本当在《汉志》之《苏子》三十一篇中。"[2]钱穆《先秦诸子系年·鬼谷子辨》又曰："《鬼谷子》则犹为东汉后晚出伪书。"[3]黄云眉则集前人"《鬼谷子》伪书说"之大成，在《古今伪书考补证》中提出《鬼谷子》四不可信处："玩其语气，不过谓苏秦伏读《阴符》，以期年之功，成揣摩之术，而出以说当世之君耳。成者成是术也，出者出是术也，非谓成是书而出是书也。今《鬼谷子》乃有《揣》《摩》之篇，其不可信一也"；"就令《揣摩》系书名，则此书乃由苏秦用苦功读太公之《阴符》而来，非习之于鬼谷，何以《揣》《摩》之篇，乃在《鬼谷》之书？其不可信二也"；"若谓苏秦所读之《阴符》，即今《鬼谷子》中之《阴符》，则《阴符》可属《鬼谷》，《揣》《摩》应属苏秦，今《鬼谷子》既有《阴符》，又有《揣》《摩》，其不可信三"；"'揣摩'二字，其含义若何，虽难确定，然

---

① 钱曾撰，丁瑜点校：《读书敏求记》，书目文献出版社 1983 年版，第 77 页。

② 姚际恒原著，顾实重考：《重考古今伪书考》卷三，大东书局 1928 年版，第 5 页。

③ 钱穆：《先秦诸子系年》，商务印书馆 2001 年版，第 359 页。

大率当连读,不当分读……今《鬼谷子》乃分为《揣篇》与《摩篇》,既状一'揣'字,又状一'摩'字,义相属而辞不相涉,分之不患其拘耶……分之不嫌其复耶! 其不可信四"。①

明代,刊刻《鬼谷子》者有多家。无名氏辑,正德嘉靖间刊刻的《十二子》中有《鬼谷子》一卷、《外篇》一卷;谢汝韶辑,万历六年(1578)吉藩崇德书院刊刻的《二十家子书》中有《鬼谷子》一卷,题曰"梁陶弘景注";周子义等辑,万历中刊刻的《子汇》中有《鬼谷子》一卷、《外篇》一卷;吴勉学辑,万历中刊刻的《二十子》中有《鬼谷子》一卷;方疑辑,明代刊刻的《且且庵初笺十六子》中有《鬼谷子》一卷;冯梦桢辑,万历三十年(1602)绵眇阁刊刻的《先秦诸子合编》中有《鬼谷子》一卷;张懋寀辑,天启五年(1625)张氏横秋阁刊刻的《杨升庵先生评注先秦五子全书》中有《鬼谷子》一卷,后杭州无名氏于天启中辑刊《合诸名家批点诸子全书》时收有此本,题曰"杨慎评注、张懋寀校、横秋阁刊";归有光辑,天启六年(1626)序刊的《诸子汇函》中收有《鬼谷子》;无名氏辑,崇祯间刊刻的《诸子褒异》中有《鬼谷子》一卷。明世,还有题曰"龛石斋评定、临安高衙藏板"的高金体评点本行于世,又有《正统道藏》所收《鬼谷子》三卷为道徒收存,亦有无名氏嘉靖三十四年(1555)抄蓝格本,后为苏州文氏所藏,辗转归于傅增湘,今存台湾"中央图书馆"。

清代刻本中,最为称道的是秦恩复石研斋刻本。石研斋本出自乾隆间孙星衍自华阴华岳《道藏》所录,江都秦恩复于乾隆三十年(1765)刊刻发行。后经卢文弨校补,又以钱曾述古

---

① 黄云眉:《古今伪书考补证》,商务印书馆 2019 年版,第 91—92 页。

堂抄本(经鲍以文等校)对勘,见"钱抄本"优于"《道藏》本",故又于嘉庆十年(1805)以"钱抄本"为底本、以"《道藏》本"参校重新刊行,仍于板心下题"石研斋"。此本集两大系统版本之优,故其后《湖北先正遗书》《四部备要》皆录此本。另外,清代刊行的其他本子有:光绪元年(1875)湖北崇文书局刊《子书百家》中有《鬼谷子》一卷(民国八年上海扫叶山房石印《百子全书》同),光绪十九年(1893)上海鸿文书局石印《二十五子汇函》中有《鬼谷子》一卷,宣统三年(1911)育文书局石印《子书二十八种》中有《鬼谷子》一卷,民国九年(1920)上海五凤楼石印《子书四十八种》中有《鬼谷子》一卷,民国十六年(1927)上海商务印书馆排印《说郛》中收有《鬼谷子》,民国二十三年(1934)"国学小丛书"中收有俞棪《鬼谷子新注》。其他还有"守山阁本""抄补《道藏》本""徐鲲手写本"等。俞樾《诸子平议补录》中收有《鬼谷子》校语多条,是俞氏精心研究的成果,颇有参考价值。

总括上述,可以看出,《鬼谷子》自战国中期产生后,不久即在社会上流传,被《管子》《邓析子》等书转录、摘引、化用。其后,代有传播、研读、抄录者。自西晋皇甫谧起,出现了注释本。自明代起,出现了刻本。

纵横家的阴阳转化哲学观*

先秦诸子"九流十家"中有纵横家。纵横家崛起于社会生产力大发展、阶级关系大变动、人本思潮大兴盛的战国中期，以从事合纵连横的诸侯外交斗争为务。在长期的纵横游说和政治斗争实践中，纵横策士们总结出一套行之有效的社会政治斗争理论，被记录在纵横家传世之作《鬼谷子》中。其中，阴阳转化哲学观是这一理论的重要组成部分。概言之，其阴阳转化哲学观包括阴阳概遍说、阴阳转化说、柔弱为强说三个方面。

一、阴阳概遍说

世界本源是先秦诸子研讨的重要课题之一。自从民神易位、天神统治人间的有神论被否定之后，进步的思想家们开始把探索的目光投向自然界：世上万物是怎样生成的？其推动力是什么？世界万物之演化有没有一个统一可循的规律？这个规律是什么？对于此，诸子各派有不同的回答。

---

* 本文原载于《齐鲁学刊》1997 年第 6 期，中国人民大学复印报刊资料《中国哲学》1998 年第 2 期全文转载。

纵横家以为世界万物是“无形”化生而出的。《鬼谷子·反应》曰:“古之大化者,乃与无形俱生。”①大化,即一种演化机制。在混沌一片的“无形”世界,这种机制既已存在。其后,由“无形”经“大化”而为“有形”,“有形”即世界;世界有形之万物,皆生于“无形”。此观点,近似于道家的“道生一,一生二,二生三,三生万物”说,但却比道家的“世界本源论”更突出地强调了演化机制即“大化”的作用,所以它更加接近科学现实。1916年,爱因斯坦提出广义相对论。1917年,爱因斯坦率先把这一理论用于宇宙学研究,得到了一个有限无界的静态宇宙模型。1924年,弗里德曼在此理论框架下,论证了宇宙要么膨胀,要么收缩,而绝不会保持静态不动的理论。1929年,哈勃利用多普勒效应理论研究宇宙运动,得出了大多数星系的光谱都表现出红移,而且红移量大致同星系的距离成正比的结论,从而证明了所有星系都在离我们而去,其退行速度正比于同我们的距离——此即哈勃定律。由此而推知:所有星系都在彼此远离,宇宙在大膨胀。这便支持了大爆炸生成宇宙说。

而大爆炸理论认为,星球是由大爆炸生成的原始云气经过分馏、坍缩、凝聚而形成的。太阳系和地球的生成也不例外。太阳系是50亿年前由气体尘埃云形成的。地球约在47亿年前诞生,它是由原始的太阳星云分馏、坍缩、凝聚而成的。其后几亿年,由于冲击效应、压缩效应、放射衰变等,使地球星胎变热并超过铁的熔点,形成液态的地核。40亿年前左右形成了岩石层。其后,水从岩石中释放出来,部分聚集为大洋。而后

---

① 郑杰文:《鬼谷子奥义解说》,山东大学出版社1993年版,第49页。(下引同)

有机小分子生成,逐步演化出多种多样的生物,直至人。

概括起来讲,地球的生成是一个在“大化”即“大爆炸”推动下的演化过程。回过头来检验一下纵横家“无形”化成世界万物的推断,是大致符合科学实际的;其对于“大化”的强调,比其他先秦诸子的“世界生成说”更有独到之处。

纵横家不但论述了“大化”对于地球生成的决定作用,还论述了地球上自然万物的化生过程。《鬼谷子·捭阖》曰:“粤若稽古,圣人之在天地间也,为众生之先。观阴阳之开阖以名命物,知存亡之门户。”尹知章注:“阳开以生物,阴阖以成物。生成既著,须立名以命之也。”世界自然万物的生成,关键在于“阴阳之开阖”,即阴阳化生。阳气动,促物生;阴气凝,使物成。阴阳交互作用,才化生出世界万物。圣人观此阴阳过程,遂一一为世界万物立名。于是,有了一个现实的物质世界,也有了一个供人们研究、论说的理论态的“世界”。

纵横家的阳生物、阴成物理论,可能是受四季之气促草木荣枯的启发推出的。春天阳气发,促动万物萌生;阳气渐壮,万物渐长;秋天阴气发,万物随老,于是收获:一个草本植物生长周期就结束了。由此短暂、可观察的植物周期,可推出阴阳化生万物的学说。

阴阳既然是世界万物的催化剂,世界万物都是在阴阳催化的作用下由“无形”而生成的,那么在阴阳作用过程中生化出的万物就不能不存留着阴阳的特质,世界万物就不能不保留着阴阳属性。有的物体阴多于阳,故呈阴性;有的物体阳胜于阴,故呈阳性。或阴性,或阳性,成为世界万物的根本属性。反过来讲,世界万物都可以用阴或阳来区分,亦即可以用阴或阳来概遍。《鬼谷子·捭阖》曰:“故圣人之在天下也,自古及今,其道一也。变化无穷,各有所归:或阴或阳,或柔或刚,或开或闭,或弛或张。”柔刚、开闭、弛张,都是阴阳运化的表现形态。柔刚指物性而言,开闭指物态而言,弛张指物动而言,它们都是阴阳的具体化,是阴阳的某一形态。物体属性之刚柔,物体静态之开闭,物体运动之弛张,都是物体阴阳的不同属性。而阴阳属性,方是世界物质的根本属性;阴阳,可以统括世界上的一切物质属性。纵横家的可贵之处,在于他们找到了统括世界物质属性的钥匙。

当然,纵横家的“阴阳化生万物”理论的形成不能不受阴阳家的影响。作为战国诸子之一的阴阳家,“深观阴阳消息”①,对世界物质的生成做了深入的观察和推演,是十分可贵的。其“先验小物,推而大之,至于无垠”②的研究世界物质起源、演变的方法,也不能不说在当时是一种进步的方法,不能不对包括纵横家在内的其他先秦诸子各家产生或大或小的影响,但其“作怪迂之变”,论载“禨祥度制”③等作为,却把这种本来颇具科学因素的观察和推断引入了神秘主义的泥潭,因而在社会历史发展推论中产生出“五德终始”的历史循环论。

纵横家则不然。他们把自然领域的“阴阳概遍论”运用到社会论说中,用阴阳来区别社会事物,从而产生出“变动阴阳而利导之”的能动性社会争斗观。《鬼谷子·捭阖》曰:“故言

---

① 《史记》卷七十四《孟子荀卿列传》,中华书局 1959 年版,第 2344 页。

② 《史记》卷七十四《孟子荀卿列传》,中华书局 1959 年版,第 2344 页。

③ 《史记》卷七十四《孟子荀卿列传》,中华书局 1959 年版,第 2344 页。

长生、安乐、富贵、尊荣、显名、爱好、财利、得意、喜欲，为阳，曰始。故言死亡、忧患、贫贱、苦辱、弃损、亡利、失意、有害、刑戮、诛罚，为阴，曰终。”始为乾，乾为阳，故“始”“阳”并言；终为坤，坤为阴，故“终”“阴”并言。长生、安乐、富贵、尊荣等，是人生之追求，它引领着人们去奋斗，去拼搏，去与命运抗争；它能激发人们奋发追求的积极性，从而对社会政治斗争起到促进作用，所以纵横家将它们归结为阳性事物；而死亡、忧患、贫贱、苦辱等，是人生之忌恶，若人生奋斗、拼搏的结果是死亡、忧患、贫贱、苦辱等，那么人们便无力奋斗，无意抗争，从这种意义上来说，它们对社会政治斗争可起抑制作用，所以纵横家将它们归结为阴性事物。经过这样归类综合，对社会斗争哲学就可以进行整体探讨和把握了。

喜欢长生、安乐、富贵等阳性事物，厌恶死亡、忧患、贫贱等阴性事物，是人之常情，是人生奋斗所希冀的结果。但社会斗争是人与人之间的斗争，是人与人为争夺社会利益而进行的争斗。社会利益，从量的方面来观察，它是恒定的。人们进行社会斗争，为的是本人或本集团占有更多的社会利益量。那么，一个人或一个社会集团所占有的社会利益量多了，必然导致另一人或另一个社会集团所占有的社会利益量减少。社会斗争的目的，归根结底，就是争夺社会利益占有量，就是使自己或本集团成员长生、安乐、富贵、尊荣、显名……其结果，则必然会使自己或本集团的敌对者死亡、忧患、贫贱、苦辱、弃损……总而言之，就是使自己变阳，而使敌对者转阴。

总之，纵横家认为：欲从事社会斗争，首先要认识社会事件的阴阳性质，分析社会事件由阴向阳（或由阳向阴）转化、变动的可能性，而用个人或集团的力量去促动这些变动和转化，从而使斗争形势向有利于自己趋阳的方向发展,最终使己方事件变阳,而使敌方事件转阴。

二、阴阳转化论

纵横家把讨论自然物质变化的阴阳理论用于社会政治斗争,认为社会事件可以用阴阳去概遍,去区分,从而为人们从哲学角度认识社会事件找到了钥匙。纵横家还进一步认为,不但社会事件可以用阴阳去区分,社会事件内部因素也可以用阴阳去分辨。那些有利于社会事件向着阳性方向转化的因素,就是阳性因素;那些促使社会事件向阴性方向转化的因素,就是阴性因素。社会事件发展变化的原因,是内部阴、阳因素斗争的结果。

就内部关系来说,事件内部的阴阳因素是相互对立而又相互依存、相互转化的。它们随着事件的运动而发生变化,随着事件的发展而产生转化。反过来说,社会事件的发展又是内部阴阳因素相互作用、相互斗争、相互排斥而又相互转化的结果,阴阳因素的变化和转化是社会事件发展的原动力和催化剂。对于此,纵横家归结为:“益损、去就、倍反,皆以阴阳御其事。阳动而行,阴止而藏。阳动而出,阴隐而入。阳还终阴,阴极反阳。”(《鬼谷子·捭阖》)事件的发展变化,都是事件内部阴阳因素相斗相生而导致的事件外部形态的发展变化。阳动欲行欲出,阴止欲藏欲入,两两相对,互相争斗,交互作用,才使社会事件运动发展。阳盛极,转化为阴,事件发生了质变;阴至极,又转化为阳,事件又一次发生质变。事件的每一次质变,都使它由正面转化到它的反面,从而成为有性质之别的另一事件。事件由正面转化到反面,由反面转化到正面,从而使事件不断发展变化成另一事件,都是阴阳斗争的结果。

纵横家从事社会斗争,是为了使己方获得较多的社会利益。为达此目的,就必须变动阴阳,促阴转阳,因势而利导之。为促使阴阳变动,就要对阴阳事物施加外力,就要对阴阳形势施予人为影响。纵横家把这种促阴转阳的努力称之为"捭阖"。《鬼谷子·捭阖》曰:"捭阖者,以变动阴阳四时,开闭以化万物。""化万物"就是促使万物由阴向阳转化,就是变动事物的阴阳性质。欲要如此,就必须用捭阖之术。捭阖之术的主要特征是"开闭",使用捭阖之术,就要大开大闭。《鬼谷子·捭阖》曰:"故捭者,或捭而出之,或捭而内(纳)之。阖者,或阖而取之,或阖而去之。"对某一社会事件施以人力,使之大开大启,并在开启时抛弃一部分内容,接纳一部分内容;或使之大关大闭,也同样在关闭时滞留一部分内容,扬弃一部分内容。经过这样一番在事件大变动中的接纳、滞留和抛弃、扬弃,使事件的发展更有利于己方。这就是捭阖之术在社会斗争中的作用。

为了使社会事件由阴转阳,向着有利于己方的方向发展,就必须变动事件内部阴阳因素的比例,用捭阖之术去促使事件内部因素由阴向阳转化,或促使阴性因素消亡而使阳性因素增长。当事件内部的阳性因素增长到足以压倒阴性因素,足以占据主导地位时,事件便由阴变阳,成为阳性事件,成为对我方有利的事件了。

纵横家把这种理论运用到游说中。在游说时,为促使社会事件之阴阳因素的转化,纵横家主张使用捭阖之术去变动阴阳气氛;使用阴阳言辞去开闭游说对象的阴阳情怀,从而促阴转

阳,获取胜利。《鬼谷子·捭阖》曰:

> 捭阖者,道之大化,说之变也,必豫审其变化,吉凶大命系焉。口者,心之门户也。心者,神之主也。志意、喜欲、思虑、智谋,此皆由门户出入。故关之以捭阖,制之以出入。捭之者,开也,言也,阳也。阖之者,闭也,默也,阴也。阴阳其和,终始其义。

游说者在游说时,应用捭阖之术去变动游说气氛,从而制造一个利于自己取胜的说辩环境。而后用"说辞"去"变动"游说对象的阴阳观念(即他对于事物优劣、事件正误、人物好坏以及结局胜负的看法),使之与游说者的观点相符,即与游说者的阴阳观念认同。游说对象与游说者阴阳观念统一了,游说便成功了。

欲要游说取胜,游说者就必须明确区分游说对象的阴阳情怀,用阴阳之言去开闭游说对象的阴阳情怀,用阴阳游说技巧去增强游说效果。《鬼谷子·捭阖》曰:

> 夫贤不肖、智愚、勇怯、仁义有差,乃可捭,乃可阖,乃可进,乃可退,乃可贱,乃可贵,无为以牧之。

人之品性,贤、智、勇、仁义者为阳;不肖、愚、怯、不仁义者为阴。由此而将游说对象区别为阳性人物或阴性人物;因而选用不同的阴、阳之辞去游说他。《鬼谷子·捭阖》曰:

> 诸言法阳之类者,皆曰始,言善以始其事。诸言法阴

> 之类者，皆曰终，言恶以终其谋。捭阖之道，以阴阳试之。故与阳言者依崇高，与阴言者依卑小。以下求小，以高求大。

游说者去游说品性“阳”之游说对象时注意用阳言，致崇高之辞，阐崇高之意，开发其阳性；游说品性“阴”之游说对象时注意用阴言，用卑小之辞，言卑小之意。各用所用，各投其好，各致其喜，各顺其欲，以得其意，以御其情，以制其志，使之认同，从而游说取胜。

但这并非说游说阳性对象仅用阳言，游说阴性对象仅用阴言。在游说实际中往往阴阳言并用，使之交互作用。既用阳言崇高之意开导之，又用阴言卑小之意警悟之，双管齐下，以求速胜。《鬼谷子·捭阖》曰：

> 以阳动者，德相生也。以阴静者，形相成也。以阳求阴，包以德也。以阴结阳，施以力也。阴阳相求，由捭阖也。此天地阴阳之道，而说人之法也。

阴阳既对立又互倚，既互斥又互生，阴阳是相互转化的。明白了社会事件中的阴阳之理，掌握了社会事件中的阴阳转化，而又能用捭阖之术去开闭阴阳，以人为之努力去促使事件内部阴阳因素的转化，因而使事件由阴变阳，方可在社会斗争中稳操胜券。

三、柔弱为强说

纵横策士大都出身于平民，他们在从事社会政治活动时，相对于游说对象来说是弱小的——其游说对象往往是君王或权相，他们争宠勾斗的对象往往是已得势的权臣。这种力量对比的悬殊必然促使他们在斗争实践中摸索出一种以弱胜强的方法，总结出一套以弱胜强的方法论指导。

纵横家阴阳转化论的精华是“大化”，是动，是变，是阴阳可以相互转化。由此理论去分析社会事件，那么在强大的阳性事件中就包含着转变为柔弱的阴性事件的可能性，在柔弱的阴性事件中也隐括着发展成强大的阳性事件的可变因素。任何事件内部，都存在相反相成、相互化生的、对立的阴阳要素。因而任何事件，从它一产生的那时起，其内部就同时诞生了向对立面转化的因子。这个因子的初始形态，对于事物内部其他因素来说，当然是十分柔弱的。但是这个柔弱的因子，相对于事物中其他强壮的因素来说又是最具有生命力的。《老子》第七十六章曾用人和草木的生命过程来论证这一问题，说：“人之生也柔弱，其死也坚强；万物草木之生也柔脆，其死也枯槁。故坚强者死之徒，柔弱者生之徒。”①

促使社会事件内部柔弱因子生长以变动事件阴阳，其关键环节是把握事件内部阴阳因素的对比消长，促使阳性因素由柔

① 王弼注，楼宇烈校释：《老子道德经校释》，中华书局 2008 年版，第 185 页。

弱变为坚强，由寡少变为众多，使其在事物因素比例中逐渐占据主导地位乃至统治地位，因而使事物发生质变，成为利于自己的阳性事物。纵横策士欲在社会斗争中取胜，欲以自己的柔弱之势去战胜强大的对手，就要做这种促使柔弱因子生长、壮大的工作。

在从事这一工作而促使事物阴阳转化中，要特别注意掌握阴阳转化的关键时刻。《鬼谷子》把这一关键时刻的事物形态称为“几微之动”。其《本经阴符七术》曰：“事有适然，物有成败。几微之动，不可不察。”在这种事物成败、决定事物发展方向和生成性质的关键时刻，事物发生着“几微之动”，即具有无限生命力的新生因子萌生。这时，首先要用敏锐的眼光发现这种“几微之动”，并倾注全力去培养这种“几微之势”，扶持这种“几微之动”，使它迅速成长、壮大起来，与旧有事物因素抗衡、争斗，战胜之，而使事物内部阴阳因素比例发生变化，从而使事物发生质变。此即苏子说秦王时所说的“微之为著者强”（《战国策·赵策三》①）之意。

发现这种“几微之动”，培养这种“几微之势”，促使事物阴阳转化，便可在社会斗争中取胜。“几微之动”“几微之势”，是社会政治斗争中以弱胜强、由弱变强的关节点，所以《鬼谷子·揣》反复强调：“观蜎飞蠕动，无不有利害，可以生事。变生事者，几之势也。”纵横策士们善于把握这种“几微之势”，就会引导社会事件向有利于自己的方向发展，就会以弱胜强，而自己也由弱变强。

---

① 何建章注释：《战国策注释》，中华书局1990年版，第665页。（下引同）

纵横家在社会政治活动中严格贯彻了这一柔弱变强的理论，主张以柔克刚以制君，导人自败以制敌，以静驭动以游说。

先看以柔克刚。纵横策士游说君王，是为了让君王接受他们设计的解决问题的方案。策士们在游说中处于被动地位，是弱者；而君王处于主动地位，是强者。如何以弱胜强，让君王听从策士的决策呢？纵横家总结出一套“应”“塞”“惑”的控制君王的程式，以便以弱胜强，说动君王。《鬼谷子·谋》曰：“符而应之，壅而塞之，乱而惑之，是谓计谋。”“柔弱”的策士要控制“强大”的君王，第一步是“符而应之”，即像应声虫那样去迎合君王，以取得好感和信任。具体做法，即《鬼谷子·谋》篇所言的“人之有好也，学而顺之；人之有恶也，避而讳之；故阴道而阳取之也”。顺君王之好去说、去做，避君王之讳而不提、不做，从而使君王认为此策士与他好恶相同、心声相应则生好感和信任感。这是控制君王的基础。在此基础之上，第二步“壅而塞之”，即选择有利于策士的信息讲给君王听，并使君王相信这些信息的真实性，而壅塞其他信息渠道，在君王面前制造“一言堂”，这是控制君王的基础。第三步“惑而乱之”，即在封锁其他消息、唯此策士所提供信息之为听的基础上，迷惑君王的心智，使他认为此策士所提供的是解决问题的最佳方案。唯此策士之决策之为听，唯此策士之计谋之为行，即控制了君主的决策权，也就在政治上控制了这位君王，此策士便成了“不在位的君王”。经过这三步权术，处于“柔弱”地位的策士便战胜了处于“强大”地位的君王，达到了以柔克刚的目的。

再看导人自败。事物的发展达到了极限，便会走向反面，由上升转向下降，由强大转为衰亡。社会事件亦如此，发展到顶点必开始走下坡路，直至失败。楚策士黄歇说秦昭王时曰：

“物至而反,冬夏是也;致至而危,累棋是也。”(《战国策·秦策四》)

明白了“物至而反”的道理,就有了战胜强大的政治对手的决心。由此道理亦可推演出战胜强大对手的方法和权术,此即《鬼谷子·谋》所说的“故去之者从之,从之者乘之”。就是说,当政治对手势炎熏天、炙手可热时,处于“柔弱”地位的策士不能硬施外力抑制他的势力,阻止他发展,而是要“从之”,纵容他发展,引导他尽早达到极限而转为急剧衰退,由强变弱,走向灭亡。公孙衍与势炎正盛的张仪争斗时就用过此术。他引导张仪劝新即位的魏襄王禅位于张仪,从而使张仪之权欲极端膨胀,引起魏襄王的反感和恐惧,因而逐走张仪,改任公孙衍为相,处于“柔弱”地位的公孙衍战胜了处于优势地位的张仪。

欲引导对手自取灭亡,就要善于发现可以利用的“几微之势”,即可以发展成为让对手盛极转衰的关键事件的苗头。此苗头即《鬼谷子·抵巇》中所说的“隙巇”,即可让人利用的缝隙。公孙衍正是抓住张仪权欲无厌的“几微之势”,加以培养,才引导他自败的。

策士们掌握了这种权术,便可在与政治对手的勾斗中由弱变强,以弱胜强了。

柔弱为强术贯彻到游说中,便是以静制动,深藏不露。《鬼谷子·摩》曰:“用之有道,其道必隐。……故微而去之,是谓塞窌匿端。隐貌逃情而人不知,故能成其事而无患。”游说者揣摩别人时要保密,使游说对象不知道游说者在揣摩他,因而把真相暴露出来,从而为游说者反验原得之情、验证原制定之决策获取了可靠资料。同时,游说者要以静观动,以静驭动,用“静观静听”法从游说对象那里套取真情。《鬼谷子·反应》曰:“人言者,动也;己默者,静也;因其言,听其辞。……己欲平静,以听其辞,察其事,论万物,别雄雌。”游说者要静下心来,才能静听、静观游说对象,从游说对象的夸夸其谈和表情神态中分析、判断,从而弄清真假虚实,掌握真情实意,为游说者进行有目的、有针对性的游说打下基础。

隐起自己的目的和手腕,以静观动,以静驭动,就可说动握有主动权的、处于主导地位的游说对象,让他听从游说者的决策,依照游说者为游说对象制定的策略去解决游说对象的问题。从这种意义上说,游说者便成了以弱胜强的胜利者。

总之,纵横家认为:世界是“无形”经“大化”生成的,世界万物是经阴阳开阖而繁衍出的,因而世界万物中都存留着相反相成的阴阳属性。同时,纵横家把这种哲学理论运用到社会科学领域,用阴阳来区分社会事件,产生出“变动阴阳而利导之”的能动性社会争斗观,强调发挥个人作用去促使社会事件发生阴阳转化,从而使己方胜利,使敌方失败。这就是纵横家的“阴阳概遍论”。

社会事件的阴阳转化,是事件内阴阳因素相斗相生而导致的事件外部形态的变化。欲使事件内部阴阳因素发生变化,就要用捭阖之术去变动阴阳。具体到游说上,即用捭阖之术去变动阴阳气氛,开闭游说对象的阴阳情怀,使之对事件的阴阳认识与游说者一致。这就是纵横家的“阴阳转化论”。

用捭阖之术去变动社会事件的阴阳形态,其关键是掌握社会事件的“几微之势”,抓住事件内部的“几微之动”,发现和培植事件内部那些柔弱但具生命力的阳性因子,促其生长壮大,从而压倒阴性因子而占据主导地位,使事件变阳。这就是纵横家的“柔弱为强说”。

阴阳概遍论、阴阳转化论、柔弱为强说，构成了纵横家的阴阳转化哲学观，从而为战国时期以重视和发挥人的社会作用为主要特征的人本思潮的发展，从哲学高度奠定了理论基础。

山东大学儒学高等研究院教授自选集

◎王绍曾　《文献学与学术史》
◎吉常宏　《古汉语研究丛稿》
◎龚克昌　《中国辞赋学论集》
◎董治安　《先秦两汉文献与文学论集》
◎孟祥才　《学史集》
◎张忠纲　《耘斋古典文学论丛》
◎徐传武　《古代文学、文化与文献》
◎马来平　《追问科学究竟是什么》
◎郑杰文　《墨家与纵横家论丛》
◎冯春田　《〈文心雕龙〉研究》
◎孙剑艺　《里仁居语言论丛》
◎王学典　《史料、史观与史学》
◎黄玉顺　《生活儒学与现象学》
◎张其成　《国学之心与国医之魂》
◎杨朝明　《洙泗文献征信》
◎戚良德　《〈文心雕龙〉与中国文论话语》
◎李平生　《中国近现代史研习录》
◎赵睿才　《唐诗纵横》
◎杜泽逊　《文献探微》
◎叶　涛　《民俗文化与民间信仰》
◎张士闪　《民俗之学：有温度的田野》
◎宋开玉　《语文丛考》

◎徐庆文 《儒学的现代化路径》

◎王承略 《古典文献与学术史论丛》

◎刘　培 《历史、思想与文学》

◎聂济冬 《汉唐文史论集》

◎周纪文 《和谐美散论》

◎赵卫东 《道教历史与文献研究》

◎何朝晖 《书与史》

◎孙　微 《杜诗的阐释与接受》

◎陈　峰 《重访中国现代史学》

◎王加华 《农耕文明与中国乡村社会》

◎龙　圣 《山河之间：明清社会史论集》